우석호 기자의
우리역사 중심 찾기

**우석호 기자의
우리역사 중심 찾기**

2014년 11월 20일 초판 인쇄
2014년 11월 26일 초판 발행

지은이 | 우석호
펴낸이 | 이찬규
펴낸곳 | 북코리아
등록번호 | 제03-01240호
주소 | 462-807 경기도 성남시 중원구 사기막골로 45길 14
　　　 우림2차 A동 1007호
전화 | 02-704-7840
팩스 | 02-704-7848
이메일 | sunhaksa@korea.com
홈페이지 | www.북코리아.kr
ISBN | 978-89-6324-394-8 (03900)

값 20,000원

TV문화시대 프로 진행을 맡아
수면 위 파장이 생기듯, 그의 보도는 커다란 동심원을 그리며 전 국민에게 전달되었다.

회고록 출판 기념회

우석호 기자의 저서들

들녘에서 바라본 광적성당 전경

광적성당 기공식 때
김옥균 주교와 함께

초급 장교시절
208GP장으로,
소대원들과 함께

일본에서,
아내 김은숙과 함께

임진강 리비교에서

우석호 기자의 첫 MC진행 사진   KBS 보도국 부국장 때 TV기자석 사회를 보며

EBS 워크숍에 참석중 연지에서

고향집 텃밭에서 파를 다듬으며   임진강 화석정에서

우석호 기자의

우리
역사
중심 찾기

우석호 지음

북코리아

책머리에

　어느 나라든 한 나라의 역사는 영광과 치욕이 혼재하는 선조들의 삶과 활동을 기술한 것이다. 우리나라의 역사도 선조들이 주변 민족들과의 숱한 충돌 속에서 겪은 영욕榮辱의 기록이다. 한민족의 역사는 고조선의 건국에서 출발했다. 그 강역疆域이 대륙과 반도에 걸친 고조선은 북방계인 예濊부족과 맥貊부족, 그리고 남방계인 한韓부족이 연맹하여 세운, 한민족 최초의 초강대국이었다.

　이후 한족漢族이 고조선을 멸하고, 한사군漢四郡을 설치하자, 한민족은 남북6국(마한·변한·진한·부여·옥저·동예)을 세웠다. 한제국漢帝國이 축출된 뒤 고조선의 고토에는 고구려·백제·신라가 들어섰다. 당唐 제국이 등장하면서 삼국 간 패권 다툼의 역사는 신라가 대동강 이남을 아우르는 소小 통일로 매듭지어졌다. 고구려의 옛터에 발해가 들어선 후 통일신라와 발해가 양립하는 남북국 시대가 열렸다. 발해가 거란의 공격으로 멸망한 후 태봉·후백제·신라가 분립한 이른바 후삼국시대를 거쳐 태봉의 후신, 고려가 청천강 이남을 아우르는 중中통일로 이어졌다. 고려를 이은 조선은 한민족의 영토를 북으로는 만주의 간도와 시베리아의 연해주, 남으로는 대마도까지 넓혀 이른바 대大통일 시대를 맞았다.

　조선왕조를 창건한 이성계는 수도를 개성에서 한양으로 옮겼다.

한양은 일찍이 고조선 건국의 한 축인 한족韓族의 본거지였고, 고조선 멸망 이후 부여와 함께 한사군 축출을 주도한 마한馬韓의 강역이었다. 신라의 풍수지리가인 도선道詵도 최적의 수도로 꼽은 한반도의 정치·지리적 중심지이자 요충지였다. 한양천도는 한마디로 한민족의 이상과 국가목표를 새로 설정한 한민족 최대 거사擧事였다. 한양천도 이전 고조선에서 고려까지의 역사는 한민족과 주변 이민족들 사이의 투쟁사이자 민족 내부의 투쟁사였다. 그러나 한양천도 이후는 하나된 한민족과 주변 이민족들 사이의 투쟁사였다.

한 세기 전 대한제국 시절 서구의 산업혁명과 서세동점西勢東漸이라는 세계적 추세에 편승한 제국주의 일본에 의해 강제합병의 치욕을 겪기도 했지만, 곧 국권을 회복한 후 자유민주주의 체제의 국민국가인 대한민국을 세웠다. 동족상잔의 비극에도 불구하고 대한민국은 산업화와 민주화를 동시에 이루었다. 냉전 붕괴 후 대한민국은 세계화라는 새로운 역사발전의 흐름에 부응해 세계가 주목하는 국가로 성장했으며 통일을 향해 힘차게 전진하고 있다. 그러나 우리역사에 대한 사회 일각의 눈은 매우 우려할 만하다. 국수주의적 민족주의사관에 김일성의 주체사상을 접목시킨 주체유물사관主體唯物史觀이란 북한 중심사관에 입각해 큰 성취를 이룬 대한민국의 역사를 왜곡해 서술하고 있는 것이 엄연한 현실이다.

대한민국의 역사적 정통성과 자유민주주의적 가치를 부정하는 이러한 사관은 우리역사 흐름의 정통성을 조선민주주의인민공화국이 이어받았다고 본다. 심지어 구한말, 대한제국 시대, 나아가 일제 치하 항일독립투쟁조차 김일성 중심의 항일독립투쟁으로 날조하고 대한민국을 이승만이 주도한 일본과 미국의 꼭두각시 정부로 매도한다. 이러한 역사왜곡은 남북 사상전쟁은 물론 남남 간의 이념갈등을 심화시켜 대한민국의 발전을 저해하고 국력의 결집을 저해할 뿐 아니라 통일로 가는 길목조차 가로막는 중대한 장애요인이 되고 있다.

이러한 현실에 직면해 필자는 우리 민족의 웅혼한 기상을 직시하며 한국사의 중심을 찾아 지킬 필요성을 절감했다. 이에 현장 속에서 대한민국의 성취를 지켜본 언론인으로서, 아니 시민공동체 속 한 명의 시민으로서 필자는 과도한 민족주의를 넘어서는 세계사적 관점에서 우리 민족의 역사를 인식하는 '열린 한국사관韓國史觀'에 입각해 우리역사를 새롭게 써보기로 마음먹었다. 우리역사를 보는 필자의 사관인 "열린 한국사관"은 한마디로 종래 우리 뇌리를 사로잡았던 단일민족이라는 배타적 민족관념을 내려놓고 고대로부터 한韓족을 비롯한 여러 종족이 외부로부터의 침략에 맞서 하나의 공동체를 구성하여 공동발전을 추구해왔다고 보는 개방적 역사관이다. 바야흐로 세계화 시대를 사는 오늘의 대한민국은 "세계 속의 한국"과 "한국 안의 세계"라는 대전제 아래 우리역사를 올바로 기술하고 인식해야 할 시점에 와있다.

"열린 한국사관"의 관점으로 우리역사를 조명할 때 다양한 이견이 결집·융합될 수 있다. 특히 좌파들이 부정하는 이승만의 민주적 독재와 박정희·전두환의 군사적 독재, 그리고 우파들이 비판하는 김대중·노무현의 친북좌파 정책 모두가 "대한민국의 발전"이라는 커다란 틀 속에 동등한 가치로 이해될 수 있을 것이다. 다만 명백한 역사적 사실에 대한 오류와 오판에 대해서는 냉철한 비판이 필요하며, 같은 일이 되풀이 되지 않도록 하는 이성적 분별이 우리 국민 한 사람 한 사람에게 요구되는 때다.

"분노와 열정이 없는 객관적 태도는 환관적宦官的 객관성일 뿐이다. 역사가는 오히려 자신의 조국과 정치적·종교적 확신, 그리고 진지한 연구 등이 제공해주는 하나의 관점 위에서 말할 수 있을 뿐이다." 독일의 저명한 역사가 드로이젠Johann Gustav Droysen, 1808-1884은 그의 명저『역사학Historik』(이상신 역, 나남, 2010)에서 사가史家가 갖춰야 할 최고의 덕목으로 "조국에 대한 애국심"을 꼽았다. 마찬가지로 우리역사를 쓰는 이의 가슴에 담겨야 할 요체도 애국심이다. 대한민국에 사는 이들 모두에게 우리역사는 우리가 가슴으로 따뜻하게 품어야 할 역사이기 때문이다.

고려대 총장을 지낸 동양사학자 김준엽도『역사의 신』(나남, 2008)이란 저서에서 "역사의 신이 있다"고 말한다. 그렇다. 우리에게는 우리역사의 신이 있다. 우리역사 안에 보이지 않는 모습으로 좌정해 갖은 간난艱難 속에서도 역사의 맥이 끊이지 않고 이어져 내려오도록 이 역사의 신이 지켜주고 있을 거라고 필자는 믿는다. "역사의 신"이 진실하고 치우침이 없듯이, 필자 또한 이 글을 써 내려가면서 우리역사에 대해 치우침이 없는 인식을 갖고자 애썼다. 이러한 마음가짐을 담아 이 책의 제목에 필자의 이름을 넣어『우석호 기자의 우리역사 중심 찾기』로 정했다.

우리역사의 중심은 조국이다. 그렇다면 우리에게 조국이란 무엇인가? 그것은 한국인의 뜻과 맘이 축적된 역사적 응결체이다. 세계사를 보면 수많은 나라들이 역사에 나타났다가 사라졌다. 세계 모든 나라의 역사 속에 담긴 진리는, 영속하는 것은 하나도 없다는 것이다. 이러한 역사의 진리를 되새기면서 필자는 문득 엉뚱한 생각을 머리에 떠올렸다.

미구에 우리나라가 통일 한국을 만들어 대마도와 간도·연해주 등 주변 강대국들에게 빼앗긴 고토古土를 되찾게 될 것이란 꿈이다.

오늘날 전쟁을 통해 국경선이 바뀌는 일은 지난至難하다. 그렇다. 지진에 의한 지각의 융기와 침하, 그리고 해수면의 변동에 의한 육지의 생성과 소멸 등 전 지구적 불가항력으로 국경선이 바뀐다면 모를까. 그렇더라도 여전히 주목해야 할 가능성이 있다. 제정 러시아가 알래스카를 미국에 넘겼듯이, 경제적 이유로 국경선은 변동될 수 있다. 즉 대금을 치르고 다른 나라의 땅을 살 수 있을지도 모른다. 우리가 지속적인 성장을 통해 국력을 극대화시켜 나아간다면, 언젠가는 일본이 대마도를, 러시아가 연해주를, 중국이 간도를 사줄 것을 요청하는 날이 오지 않겠는가. 우리 국민의 끈기와 저력을 믿으며 필자는 그런 날이 반드시 오리라 확신한다.

이 책을 쓰면서 여러 역사학자들의 노고와 땀이 어린 논저를 섭렵하며 많은 도움을 얻었다. 이 지면을 빌려 그분들에게 감사인사를 드린다. 아울러 모진 병마와 싸우면서도 글을 쓸 수 있었던 것은 곁에서 응원해준 가족의 힘이었다. 소중한 가족에게 마음을 담아 고마움을 전하고 싶다.

우석호

CONTENTS

CONTENTS

1장

인류사에 비춰 본
한국 역사의 태동

세계는 그때

나는 누구이며 우리는 누구인가? 우리가 사는 지구는 어떻게 생성됐는가? 이 같은 물음에 대한 해답은 인류의 탄생과 지구의 생성에 대한 인류학적, 고고학적, 지리학적, 천문학적인 연구와 분석, 그리고 이 같은 과학적 연구와 분석을 토대로 한 역사적 고찰에서 찾을 수 있다. 그러나 그것은 너무나 오래전에 시작된 사안들이기 때문에 불변의 진리로 받아들이는 데 한계가 있다. 그래서 종교의 기원론이 힘을 얻기도 한다. 기독교 교리의 정수가 담긴 성경은 그 첫머리에 인류의 탄생과 지구의 생성에 대해 언급하고 있다.

성경의 「창세기」에 따르면, 태초에 하느님이 빛과 어두움, 하늘과 땅을 창조하고, 땅을 바다와 육지로 갈라 육지와 바다, 하늘에는 온갖 생물이 자라게 했다. 그리고 육지의 동쪽에 있는 에덴에 동산 하나를 만들고, 흙으로 빚어 만든 사람의 코에 숨을 불어넣으니 사람이 생명체가 되었다. 하느님은 사람을 잠들게 하고 그의 갈비뼈를 빼내어 여자를 만들었다.

여기에 주목할 부분이 있다. 천지만물의 창조를 기술한 맨 마지막에 인류가 탄생하고 있다는 점이다. 나아가 하느님은 천지를 창조하고 인간을 만드는 데 그치지 않고 제한된 자유와 풍요에 대한 약속과 같은, 인간 삶에 대한 적극적 관여를 드러내 보이고 있다.

그러나 하느님의 관여에 의해 세상에 나왔건만 아담과 이브는 순종하지 않았다. 선악과善惡果를 따먹은 아담과 이브가 부끄러움을 알게 되자 벌거숭이로 지내던 몸의 일부를 나뭇잎으로 가렸다. 순명順命하지 않았지만 하느님은 인간에 대한 관여를 멈추지 않는다. 금단의 열매를 따 먹은 죄에 대한 징벌로 하느님은 평생 남자에게는 노동의 고통을, 여자에게는 출산의 아픔을 각각 짊어지도록 단호한 조처를 내린다. 그뿐만 아니었다. 생명에도 제한을 두어 무한한 생명을 유한한 생명으로 축소시켰다.

바로 이 고통과 생명의 제한 속에 인류발전의 동인이 잠복해 있었다. 창조자가 내린 징벌을 통해 인간은 성장과 발전의 동력을 얻게 되는 역설을 썼다. 또한 아담과 이브 두 육신의 결합을 통해 인간은 유한한 생명을 넘어서는 인간 사슬을 만들었다. 이 사슬은 개체인 인간을 하나의 유기체로 통합하고, 시간과 공간이라는 날줄과 씨줄로 엮어 무한의 영속성을 갖게 했다. 여기서 신앙적 시각을 넘어 성경의 상징이나 비유들이 과학적 이론과 분석도 포용하는 근거가 될 수 있다는 가설을 세울 수 있다. 흔히 신이 지구와 인간을 만들었다는 창세론과 대척점에 진화론이 있다고 말한다. 그러나 반드시 그렇지만은 않다. 모든 생물은 자연환경에 적응해가는 과정에서 끊임없이 새로운 모습이나 형태로 진화한다는 진화론 역시 설득력이 있다. 오랜 시간을 두고 지구와 인류의 생성 변화를 추적해 나온 학설이기 때문이다. 따라서 창세론의 언어적 시간차와 진화론의 과학적 시간차를 비교·추정해볼 필요가 있다.

먼저 진화론의 내용을 일별해보자. 지구 생성 기원에 대해서는 고온高溫기원설과 저온低溫기원설이 있다. 전자는 지구를 형성한 물질이 작열 상태에서 중력의 작용으로 응집되어 둥근 모양을 형성하고 무거운 금속인 니켈과 철은 지구 중심부로 모여 핵core이 됐고 가벼운 규산염은 맨틀mantle이 됐다는 것이다. 후자는 태양을 둘러싼 두터운 가스와 우주진宇宙塵의 덩어리가 태양의 중력과 가스 내부의 마찰, 그리고 열의 방출에 수반되는 가스의 냉각에 의하여 점차 태양의 자전면自轉面 안으로 집중된 상태에서 내부 마찰과 인력引力에 의하여 한 점에 집중하기 시작해서 마침내 둥근 모양의 지구가 형성됐다는 것이다. 그러나 물의 증발 문제에 대한 해답을 제시하지 못하는 고온기원설보다 저온기원설에 무게가 실려 있다. 이 학설에 따르면 지구 내부의 온도가 상승하면서 철과 니켈 등이 용해되어 규산염과 함께 지구 중심에 모여 핵을 형성하고 나머지는 맨틀로 분리되어 층서層序를 이룬 행성行星으로 진화하는 데 1억 년이 소요되었다 한다.

생성 이후 지구는 수많은 지각변동(지진)과 화산폭발, 그리고 여러 차례의 빙하기를 거쳐 대륙을 형성했다. 동시에 대기층과 해수가 만들어지면서 지구는 생명체 탄생에 좋은 조건을 갖추었다. 지구에 원시적 생물체가 생긴 것은 적어도 30억 년 전이었다. 바닷물에 들어 있던 이산화탄소가 산소로 대체되자, 이를 에너지원으로 사용하여 움직이는 생물체, 즉 동물이 나타났다. 원시 조상형의 세포에는 핵막이 없는 모네라(단세포)와 핵막이 있는 전핵세포(원생생물) 두 계열이 있다. 원시 모네라에서 세균과 남조류가 생겨났다. 그리고 원생생물이 진화하면서 생겨난 엽록소에서 편모충류가 나왔으며, 이 편모충류에서 조류藻類와 다세포로 이뤄진 동식물動植物이 나타났다.

특히 포유류 가운데 인류의 기원인 영장류는 반원류半猿類와 원류猿類로 나뉜다. 원류는 다시 꼬리의 유무를 기준으로 유미원류有尾猿類와 유인원類人猿으로 나뉜다. 제1빙하기 이전인 약 200만 년 전에 동아프리카에 최초의 원인猿人인 진잔트로푸스 보이세이Zinjanthropus boisei가, 그리고 제2빙하기인 40만 년~50만 년 전에 인도네시아의 자바와 중국의 북경에 원인 피테칸트로푸스Pithecanthropus와 시난트로푸스Sinanthropus가 살았다. 46억 년 전에 생성되기 시작한 지구에 현생 인류의 조상인 신인新人 호모 사피엔스Homo sapiens가 탄생한 것은 마지막 빙하기인 약 4만 년 전이었다. 200만 년 전 최초의 원인猿人이 등장한 때부터 무려 196만 년 동안 진화를 한 것이다. 이처럼 오랜 진화 과정을 거쳐서 직립해 두 다리로 걷고 두 팔로 각종 도구를 쓰게 됨에 따라 두뇌 발달이 촉진, 마침내 지구를 지배할 능력을 갖춘 인간이 탄생한 것이다.

고도의 두뇌를 가진 호모사피엔스들은 돌과 나무를 이용하여 사냥과 수렵을 하는 이른바 석기 문화를 일구었다. 두 손으로 돌과 나무를 다듬어 각종 연장을 만들어 썼으며, 번개나 바람에 의한 나무 마찰로 자연 발생한 불씨에서 불을 얻어 추위를 이기고 고기를 익혀 먹기 시작했다. 2만 년 전부터 활과 화살을 발명해서 어떤 맹수라도 잡을 수 있게 되었고, 1만 년 전부터 농경과 목축을 본격적으로 영위할 수 있었다. BC 8000년에는 개를 가축으로 키우기 시작했고 BC 7000년에는 큰 강을 중심으로 대단위 농경과 목축이 발달됐다. BC 3000년경 청동기 문화의 등장과 함께 이른바 4대 문명(나일 강 유역의 이집트 문명, 유프라테스·티그리스 강 유역의 메소포타미아 문명, 갠지스 강을 낀 인도 문명, 황하 인근 중화 문명)이 큰 강을 끼고 번창했다.

요르단의 예리코Jericho에서는 BC 5000년경부터 풍부한 샘물로 관개농업을 시작했고 둘러싸인 성벽 안에 2,000명이 모여 사는 대도시를 형성했다. BC 4000년쯤 수메르인은 메소포타미아 남부에 정착, 농경 문화를 꽃피웠고, 최초의 문자인 설형문자(쐐기글자)를 발명했다. BC 3000년경에 이집트는 파피루스 종이와 상형문자(그림글자)를 발명, 여러 부족들을 통합한 나르메르Narmer 왕은 최초의 역사 기록을 남겼다. 메소포타미아의 우르ᵘʳ 왕국도 역사를 기록했으며, BC 2500년에 여섯 마리의 소가 끄는 사륜차四輪車를 발명해서 사람과 물자 수송에 혁명적 발전을 이룩했다.

BC 2333년에는 한반도와 만주 대륙을 아우르는 한민족의 고조선이 세워졌다. BC 2000년에는 중국 대륙에서 한족漢族의 하夏 왕국이 들어서는 등, 동아시아 지역에도 고대국가가 나타났다. BC 2000년에는 중앙아시아의 유목민들이 말과 수레를 이용해 사람과 물자의 이동속도에 혁명을 일으켰고, 전쟁에도 활용했다. BC 1360년에는 철제무기로 무장한 히타이트인들이 말과 전차를 이용해 카데시 전투에서 대승을 거둬 이집트를 정복했다. 중국에서는 BC 1100년 주周 나라 무왕武王이 은殷을 멸망시켰으며, BC 841년에는 주나라 여왕의 폭정에 맞선 백성들의 봉기로 여왕이 추방되고 귀족회의가 13년간 통치하는 이른바 공화제共和制가 실시되었다. BC 403년에는 여러 나라가 분립, 각축을 벌이며 이른바 춘추전국시대를 열었는데 BC 221년 진시황이 천하를 통일하고 진秦나라를 세웠다. 그러나 강압 통치와 분서갱유 등 폭정을 일삼은 진시황이 죽자 중국은 다시 분열되었다. BC 202년 항우와의 패권 다툼에서 승리한 유방은 한漢 왕조를 열었다. 북쪽의 흉노족을 토벌한(BC 121년) 7대 천자 무제武帝는 BC 109년 동북쪽의 위만조선衛滿朝鮮을 멸망시킨 후 한사군漢四郡을 설치했다. 이에 맞서 우리 민족은 만주의 동북부와 한반도 남부 지역에 걸쳐 6개국(부여, 동예, 옥저, 마한, 변한, 진한)을 세워 한사군을 축출하기 위한 공동 전선을 형성했다. 영토를 지키려는 한민족韓民族과 침략자 한족漢族 간의 숙명적인 싸움은 이후 양 민족 간 투쟁사의 출발점이 되었다.

서양에서는 BC 800년 귀족정치로 출범한 도시국가 아테네가 역사상 최초의 민주정치를 펼쳤다. 아테네는 그리스인이 에게해 일대에 건설한 천여 개의 도시국가 가운데 가장 강력한 중심 도시국가였다. 생산과 방위의 거점을 '폴리스Polis'라 명명하고 그 중심에 성채(아크로폴리스)와 광장을 만들어 올리브유와 도기, 무기 등을 수출하고 대량의 곡물과 노예를 수입하는 인구 30만 명 규모의 대도시였다. 또한 전 주민이 아고라에 모여 토의하고 정책을 결정하는 민주정치를 실시했는데, 이른바 직접 민주정치의 효시라 하겠다. 이에 반해 또 하나의 대표적 도시국가였던 스파르타는 엄격한 교육과 훈련에 기반을 둔 군사 독재국가였다. 민주적 아테네와 군사적 스파르타 사이에 벌어진 잦은 패권 전쟁은 아테네의 승리로 끝이 났다. 싸움터로부터 백리나 달려와서 승전 소식을 전하고 쓰러진 숨진 병사의 정신을 기억하기 위해 시작된 마라톤 경기는 오늘날 '올림픽'이라는 세계의 축제로 발전하여 지구촌 인류를 하나로 묶어주고 있다. 유장한 역사의 강줄기다. 그 강줄기를 따라 흐르는 시간은 천년도 하루 같아 역사를 보는 우리의 시야를 넓혀준다.

1
한민족의 형성과
대륙 · 한반도의 만남

오랜 지각변동을 통해 지구 동쪽에 제일 드넓은 대륙이 솟아오르고 가장 크고 깊은 태평양도 형성되었다. 그리고 그 중심에 아름답고 윤택한 한반도가 뻗어 내렸다. 우랄알타이어족Ural-Altaic languages에 속하는 통구스족Tungusic peoples의 한 갈래인 한韓민족의 선조들은 인류의 발상지인 중앙아시아의 파미르고원Pamir Plat에서 해 돋는 동쪽을 향해 전진하면서 살기 좋은 땅을 찾았다.

동진로東進路는 세계의 지붕인 히말라야 산맥의 북쪽과 남쪽을 따라 내려오는 두 갈래 길이었다. 북쪽 길을 택한 북방계 한민족의 선조들은 빙하로 뒤덮인 험준한 산악과 광활한 사막을 넘고 깊은 강도 건넜다. 1만 년 전 신석기 시대에 이들은 요동과 요서, 만주의 송화강 유역과 연해주, 그리고 한반도 북부를 아우르는 광활한 지역까지 진출해 삶의 터전을 일구었다. 이 지역에는 이미 오랜 세월에 걸쳐 여러 경로로 유입된 언어와 풍속을 달리하는 한족漢族을 비롯한 거란, 흉노, 여진, 말갈, 몽골 등 여러 민족 집단이 섞여 살아 피가 섞이기도 했지만, 한韓민족이 그 주류였다. 초원과 산림이 많은 이 지역에서 우리 민족의 조상들은 목축과 수렵을 주업으로 삼았다.

한편 남쪽 길로 들어선 한민족의 선조들도 1만 년 전 인도와 인도차이나반도를 거쳐 바닷길로 한반도 남부 지역에 이르렀다. 남방계 한민족은 처음부터 바다에 익숙해서 어업과 무역을 주업으로 삼았다. 그들은 한반도 남부를 중심으로 제해권制海權을 장악해 대마도와 일본의 서부지역, 그리고 중국의 산둥반도까지 생활권을 확대해 나갔다. 또한 이들은 비옥한 평야지대를 터전 삼아 농업을 영위하며 발전시켰다. 남방계 한민족은 인도, 아라비아, 베트남, 일본에서 건너온 이들을 받아들여 동화시켜 나갔다. 심지어 북방 흉노족도 그 중의 하나였다. 흉노의 번왕인 휴도왕休屠王의 장남인 김일제金日磾가 신라에 귀부歸附했다는 설화가 이를 뒷받침하고 있다.

북방계와 남방계 한민족 사이의 생활권 경계는 대체로 임진강과 추가령 지구대였던 것으로 추정된다. 훗날 이들이 나라를 세울 때 이 지역을 경계 삼은 사실이 이를 입증한다. 초기의 한민족은 평화롭고 협동적인 생활을 영위했다. 그러나 인구가 늘어나면서 식량 확보 문제가 떠오르기 시작했다. 영역 안에서 생산하는 식량과 채집하는 물고기와 짐승만으로는 직계가족 또는 씨족을 먹여 살리기가 어려운 상황이 된 것이다. 부득이 영역 밖으로 나갈 수밖에 없게 되자 필연적으로 다른 가족 또는 다른 씨족들과의 협동 또는 충돌이 야기되었다. 이러한 현상은 농수산물이 풍부한 남쪽보다 산악지대가 많은 북쪽에서 심하게 나타났다. 게다가 북쪽에는 많은 이질적 부족집단이 섞여 사는지라 "살기 위한 투쟁"이 한층 더 격렬할 수밖에 없었다. 가족 단위의 공동체나 씨족 단위의 공동체로는 살아남을 수가 없게 되자 생존을 위해 보다 강력한 공동체의 필요성이 급속히 커져갔다. 씨족들이 연합해서 부족 공동체를 만들기 시작했다. "국가가 만들어진 요인은 사람이나 집단 간의 갈등에서 비롯됐지만, 동시에 함께 더불어 살지 않으면 안 되는 상황이나 조건 속에서 조직되었다고 본다"는 김기흥(『새롭게 쓴 한국고대사』, 역사비평사, 1993)의 분석은 설득력이 크다.

인간은 사회적 동물이다. 함께 살아가지 않으면 생명을 영위하는 일이 불가함을 오랜 시간의 진화과정에서 터득했기에 인간은 누구나 공동체적 삶의 지향을 생래적 유전자로서 공유하고 있다. 따라서 혈연의 씨족사회, 마을 단위의 부족사회는 자연발생적인 공동체 조직이라 할 수 있으며, 이러한 공동체에서 조직을 이끄는 1인 또는 복수의 지배층이 나오는 것 또한 자연발생적 필요조건이다. 그 결과 종래 인간 사이의 수평적 평등관계가 수직적 차등관계로 변하고, 부족 구성원은 지도자의 명에 따라 움직이는 피동적 존재가 되고 말았다. '살고자 하는 의지' 안에서 '권력에의 의지'가 배태되어 나온 것이다.

고대 부족사회의 지배층은 더 많은 부와 보다 강력한 권력을 얻기 위해 영역 확장에 나섰다. 동등한 인간관계를 기본으로 하는 공동체 생활이 끝나고 지도자의 명령에 따라 부족 구성원들은 영역 확장을 위한 전쟁터로 내몰렸다. 부족사회는 사실상 준準 국가조직이었다. 당시 두각을 드러낸 부족이 북방계의 예濊족과 맥貊족 그리고 남방계의 한韓족이었다. 예족은 만주 길림성의 예강濊江(송화강 북류) 유역에서 일어나 만주의 동북부와 한반도의 동북부 지역으로 세력을 확장했고, 고기잡이와 수렵을 주업으로 한 부계사회였다. 지금의 흑룡강성과 내몽골 자치주 사이를 흐르는 눈강嫩江 유역의 유적에서는 석검石劍이 많이 나오고, 남성 부족장이 사슴과 멧돼지 사냥을 지휘했던 흔적도 발견되었다.

반면 맥족은 여성 족장이 지배한 모계사회였다. 이들은 백랑수白狼水(오늘의 大凌河)의 중·상류지역과 내몽골 자치구 동부를 흐르는 시라무

렌 강 상류 유역에서 일어나 만주의 요서·요동 지방에 널리 퍼졌고 그 세력을 불리면서 압록강을 건너 청천강과 대동강까지 진출한 한민족 북방계의 핵심세력이었다. 백랑수와 시라무렌 강 유역의 홍산문화紅山文化 유적들과 기원전 3500년경의 우하량牛河梁 유적들은 맥족이 남긴 것이다. 홍산문화 유적에서 옥玉패물과 같은 여성 장식품들이 많이 나오고 석검石劍과 같은 무기류는 거의 출토되지 않았다는 사실로 보아 맥족은 곰으로 상징되는 여신女神을 섬겼던 것으로 보인다.

한족은 한강 유역에서 신석기 최초의 단립 벼 재배를 중심으로 하는 농경문화를 일으켜 이른바 찬란한 '한강문화'를 꽃피웠다. 한족의 농사는 벼를 비롯해 보리, 수수, 조, 기장, 콩, 팥 등 잡곡을 두루 재배했고, 그 농사 기술이 중국과 일본에까지 전파되었다. 또한 돌을 갈아 만드는 석기제작 기술이 발달되어 날카로운 칼과 창, 화살촉 등을 제작 맹수 사냥이 수월해지고 흙으로 그릇을 만들어 이용하는 토기문화도 꽃을 피웠다. 한강 변 미사리와 암사동에서 발굴된 뾰족 빗살무늬 토기는 한강문화의 중심이 된 농경문화를 보여주는 대표적 유물이다. 한강 유역에서 발굴된 뾰족 빗살무늬 토기는 BC 6500년경에 사용되기 시작했는데, 남쪽으로는 남해안과 낙동강, 북으로는 청천강, 동쪽으로는 양양 오산리까지 확산되면서 한족이 유목민에서 정착민으로 바뀌어 간 과정을 잘 보여준다. 5~6명이 거주할 수 있는 대형 움집을 짓고 안에는 화덕을 만들어 취사와 난방에 이용했고 쪽구들(온돌)을 설치하기도 했다.

특히 한족의 청동기 문화는 만주지역에서는 BC 1500년경, 한반도에서는 BC 1000년경에 본격적으로 발달했다. 고조선의 건국과 발전이 청동기 초기에 이루어졌고 고구려·백제·신라 삼국의 정립과 융성이 철기시대에 이루어진 만큼 각종 금속무기와 농기구의 발명·이용이 국가 전투력과 농업생산성을 높이는 데 크게 기여했으리라 본다. 요컨대 한족은 태양을 숭배하는 천손의식天孫意識을 가진 부족이었다. 한족은 신神을 하느님(한님, 하늘의 경칭)으로 불렀으며, 철저한 부계사회로 부족을 통솔하는 군장軍葬은 반드시 남성이었고 군장의 무덤에서는 석검石劍과 같은 무기들이 대량 발굴되었다.

한족이 한민족 최초의 국가인 고조선의 개국과 삼한三韓 건국을 주도했다. 한족은 구석기시대에서 신석기 시대에 이르기까지 한반도와 중국 동북 지역에서 농경과 목축생활을 하는 여타 주민들과 어울리며 한민족의 역사를 열어간 우리 민족의 기원이다. 여기에 원래 중국의 산둥 반도와 발해만 일대에서 이른바 동이문화권을 형성했다가 팽창하는 한漢족에 밀려 이주해온 예족과 맥족이 한韓족에 합세해 만주와 한반도, 곧 대륙과 반도에 걸친 위대한 한민족 문화를 여는 기반을 닦은 것이다. 요컨대 고조선은 남방계의 한족이 북방계 예족 · 맥족과 연맹하여 세운 한민족 최초의 국가였다.

2
한국 역사의 출발,
고조선 건국

　　북방계 한족은 한漢족은 물론 거란 · 흉노 · 여진 · 말갈 · 몽골 등 강력한 종족들과 이웃해 사는 동안 영역을 놓고 무수히 충돌했다. 북방계 한족은 여러 부족국가를 조직하고 이민족들의 영역 침범에 대응했다. 그러나 그 힘이 집중되지 못했을 뿐더러 때로는 한족 부족국가 간에도 충돌이 일어나는 형편이었다. '보다 강력한 공동체'의 필요성이 커짐에 따라 북방계 한족은 부족국가들의 연맹체인 고대국가를 조직하게 된 것이다. 당시 이를 주도한 부족은 예족과 맥족이었다.

　　13세기에 편찬된 일연의 『삼국유사三國遺事』와 이승휴의 『제왕운기帝王韻紀』에 따르면, 한민족 최초의 국가는 단군조선이다. 이 사서史書에 보이는 단군조선의 건국신화를 요약하면 다음과 같다.

　　　하느님의 아들 환웅桓雄이 인간세상으로 내려와서 태백산(지금의 묘향산) 꼭대기 신단수神檀樹아래에 신시神市를 열었다. 환웅은 곰에서 인간이 된 웅녀熊女와 결혼해 단군왕검檀君王儉을 낳았다. 단군왕검은 기원전 2333년에 요서에 있는 평양성에 고조선을 세웠다. 청동기 문화를 기반으로 형성된 고조선은 강력한 상무정신을 바탕으로 영역을 넓혀 나갔다. 고조선의 영토는 한반도 북부와 요동과 요서, 압록강·두만강 이북의 만주 땅을 아우르는 대국이었다. 고조선은 '널리 사람 사는 세상을 이롭게 한다'는 홍익인간弘益人間이란 국가 이상을 내걸고 인본주의 정책을 폈다. 또한 「범금8조犯禁八條」를 제정해 나라의 기강을 바로 세웠다. 8조 중 '1조: 살인자는 사형에 처한다. 2조: 상해를 입힌 자는 곡식으로 변상시킨다. 3조: 도둑질한 자는 그 집의 노예가 된다. 속죄하고자 하면 매每 인당人當 50 만전萬錢을 내야 한다' 등 3개 조목만 현전한다. 단군왕검은 1,500년간 나라를 다스리다가 주나라 무왕이 BC 1122년 기자箕子를 조선왕으로 보내자 아사달로 돌아가 산신이 되었다.

무릇 세계의 모든 신화가 그러하듯 우리 신화에도 곱씹어 보아야 할 역사적 상상이 남겨있다. 호랑이를 토템으로 하늘을 숭배하는 부족과 곰을 토템으로 땅을 숭배하는 부족의 결합으로 탄생하는, 다시 말해 천지인天地人의 합일체로서의 새로운 지도자의 탄생이 무엇을 의미하는지를 곰곰 살펴보아야 한다. 왜냐하면 단군신화에는 우리 민족의 신성한 자부심과 홍익인간의 세계관이 들어있기 때문이다. 고조선이 중국 측 기록에 나타나기 시작한 것은 기원전 7세기, 제나라에서 편찬한 『관자管子』라는 책에서다. 제나라와 고조선의 교역을 기록한 이 책은 고조선이 국제적으로 활동을 한 국가임을 말해주고 있다. 개국 후 1,000여 년이 지난 기원 전 12세기 무렵, 동이족이 세운 은殷나라가 주周나라에 망하면서 은의 귀족 기자箕子가 5천 명의 지식인과 기술자를 데리고 조선으로 들어왔다. 기자는 고조선을 다스리는 왕이 되었다. 고급 인력들로 구성된 망명자들이 들어오면서 철기문화가 열려 조선의 국력은 일취월장하여 요동반도 서쪽 요하를 넘어 연燕나라와 마주할 만큼 넓은 영토를 갖게 되었다. 중국으로부터의 망명자들은 기원전 4~5세기까지 파상적으로 이동을 해오며 고조선의 새로운 지배계층으로서의 위치를 굳건히 했다. 그러나 기원전 3세기 중엽, 중국이 통일되는 과정에서 다시 많은 수의 유민이 고조선으로 건너왔다. 특히 BC 194년경 연나라의 위만衛滿이 무리 1,000명을 이끌고 패수浿水를 건너 고조선의 준왕準王을 축출하고 스스로 왕이 되었다.

　일연은 『삼국유사』에서 기자조선箕子朝鮮을 정벌한 위만을 조선 출신의 연나라 사람으로 보고, 위만조선衛滿朝鮮을 사실상 고조선의 후계 나라로 설명하고 있다. 위만의 국적문제는 위만조선의 정체성과 직결된다. 일제 식민주의사관은 위만을 중국인으로 보았으나 이후 사학자들의 연구와 사회학·고고학·민속학 등 주변 학문이 거둔 연구 성과에 힘입어 우리 고대사에 관한 논란이 정리되어가고 있는 추세다. 사학자 이병도는 위만이 상투를 틀고 조선인 옷을 입었다는 기록을 토대로 조선 유민 출신이라고 했으며, 단재 신채호는 실제 위만이 차지한 지역은 고조선의 일부에 불과하므로 고조선의 국통이 끊어진 것은 아님을 지적한 바 있다. 더구나 위만조선이 국호나 정치체제, 수도 등을 옮기지 않은 채 기존 고조선의 정체성을 그대로 유지했던 점을 보면, 위만은 고조선이 요동 일대를 잃었을 때 그 지역에 남아 연나라 국적으로 살았던 조선인이며 고조선의 정체성은 위만 조선 때도 그대로 계승되었다 하겠다.

　이세까시 고소선을 중국의 변방 속국으로 본 중국의 중화주의 사관과 고조선 건국을 가상의 신화神話로 깎아내린 일본의 식민주의사관 모두 우리역사를 의도적으로 폄훼貶毁하는 오류를 범하고 있는 것이다. 다시 말해 국가 수장의 칭호가 '단군'인 고조선의 개국 신화는 더 이상 신화에 머무르지 않고 역사적 사실로 인식되고 있다. 중국의 주나라 무왕이 파견했다는 기자 또한 한족韓族임이 입증되었다. 멀리 있는 한족漢族 출신 기자가 한반도의 평양까지 와서 왕이 됐다는 것은 불가능한 일이다. 단군조선을 떠받들고 있던 한민족韓民族의 저항이 컸을 것이기 때문이다. 그래서 개국 때부터 북방계 예족·맥족과 함께 단군조선의 주도세력 중 하나였던 남방계의 한족韓族 출신 기자箕子가 자연스럽게 단군조선을 이어받았다. 위만도 한漢의 지원을 받아 기자조선을 멸하고 위만조선을 세웠으나, 위만이 북방계 한민족인 동이족東夷族 출신이었기 때문에 한 제국의 지배로부터 벗어나려는 독립노선을 취했던 것이다. 철기문화를 수용해 중앙정치조직을 정비하고 중계무역으로 막대한 이익을 취하던 위만조선이 한나라의 교역로까지 가로막자 한무제가 위만조선을 쳐서 멸하고 한사군을 설치한 것이다. 세계사적 시각으로 볼 때 아시아의 두 문화권, 즉 황하 중류에서 일어나 꽃을 피운 중화문화권과 발해만을 끼고 도는 동북 지방과 한반도를 아우르는 동방문화권의 힘겨루기는 이때부터 시작되었다.

종래 단군조선의 개국을 주도한 세력에 대한 학설은 이병도의 '예맥 일—부족설'과 김상기의 '예족·맥족 이二 부족설'이 일반적이었다. 그러나 최근 이러한 북방계 한민족 주도설에 반박하는 학설이 대두되기 시작했다. 고조선을 개국한 세력이 한반도의 심장지대인 한강 유역을 지배하던 남방계 한민족의 한족韓族이란 설과 남방계의 한족과 북방계인 예족·맥족과 연맹설이 그것이다. 특히 신용하는 『고조선 국가형성의 사회사』(지식산업사, 2010)에서 고조선의 건국을 주도한 세력은 한강 유역에서 농사를 주업으로 하던 한족이었다고 본다. 그의 학설의 주지는 한족이 곰을 숭배하는 맥족과 혼인동맹을 맺고 예족을 후국족侯國族으로 끌어들여 동아시아의 최초의 고대국가인 고조선을 세웠다는 것이다. 환언하면 고조선은 한 · 예 · 맥 세부족의 연맹국가인 셈이다. 한강 유역에는 기원전 1만 년 전부터 벼농사가 시작되었고 농경 생활의 도구인 뾰족 밑 빗살무늬 토기도 한족이 최초로 발명해 사용했는데, 이 뾰족 밑 빗살무늬토기가 한강 유역을 중심으로 남해안과 낙동강 유역, 강원도의 양양, 청천강 유역까지 거의 한반도 전역에 분포되어 있다는 것이 주된 논거다. 한강 유역의 한족이 이처럼 한민족의 최초의 국가인 단군조선의 개국을 주도했다는 신용하의 학설은 한강 유역을 비롯한 한반도 남부지역의 비옥한 농토와 삼면을 바다로 한 해상무역의 최적지로서 풍부한 재정을 확보할 수 있었다는 점에서 설득력이 크다 하겠다. 요컨대 현재 고조선의 개국과 멸망에 관해 통설적 지위를 얻은 학설은 다음 네 가지로 정리된다.

첫째, 『삼국유사』,『제왕운기』,『한단고기』 등에 보이는 고조선 개국신화는 이제 역사학과 고고학, 사회학 등 인접학문의 연구 성과에 힘입어 역사적 사실로 받아들여지게 되었다. 이들 사서史書에는 고조선의 개국이 성스럽고 위대하다는 염원과 이상이 담겨져 있다.

둘째, 고조선이 북방계 한민족(예족 · 맥족)만으로 세워진 것이 아니라, 남방계 한민족의 대표 부족 격인 한강 유역의 한족이 북방계의 예족 · 맥족과 연맹하여 건국한 최초의 한민족韓民族 국가라는 사실이다. 특히 고조선 건국과정에서 막강한 재정 능력을 갖춘 한족이 그 주도세력으로 활약했고, 이러한 한족의 지도력은 훗날 한반도와 그 부속도서를 한민족만의 배타적 생활권으로 확정짓는 과정에서도 주도적 역할을 하며 다시 발휘되었다.

셋째, 우리 모두는 단군의 자손이라는 배타적 민족주의에서 놓여나야 한다. 오늘날 지구상에 존립하는 200여 개 국가 중에서 혈통에 의한 단일민족 국가는 하나도 없다. 오늘날 인류의 생활단위는 민족에서 국민으로 바뀌었다. 물론 단군의 자손들도 있지만, 한민족의 다수는 단군이 고조선을 개국하기 이전에 이 땅에 살던 수많은 사람들의 자손들이 연합한 집단이었다. 즉 우리 민족은 단 하나의 혈통으로 이어져온 단일민족이 아니다. 최초의 한민족 국가 고조선도 한민족을 주류로 주변 민족을 포용해 이룩한 다민족 국가였다.

넷째, 기자조선이 기원전 3세기 전반에 연나라의 침공을 받아 요동 2천여 리 땅을 내어주고 수도를 한반도의 평양으로 옮긴 것을 쇠락과 패퇴의 시각만으로 보아서는 안 된다는 점이다. 시각을 달리하면 이것은 한반도가 한민족 고유의 영토임을 확인한 최초의 사건이었다. 훗날 삼국시대에 신라, 고구려, 백제가 경주와 평양, 그리고 부여를 도읍으로, 즉 한반도를 중심으로 대륙 진출과 해양 진출을 도모할 수 있었던 근거가 바로 기자조선의 평양 천도임을 기억할 필요가 있다.

3
삼한국(三韓國)과
북삼국(北三國)시대

BC 194년 기자조선이 멸망하고 위만조선이 들어서자 고조선 개국의 한 축이었던 한족韓族은 위만조선의 영역 밖 한강 유역에 목지국目支國을 세웠다. 목지국은 한족의 지도자로 부상한 진왕辰王이 주도하여 만든 나라로 한강 유역의 풍부한 물자를 바탕으로 영역을 확장해나갔다. 진왕은 주변의 다른 부족들을 흡수하는 한편 기자조선의 왕족과 유민들을 다수 받아들여 목지국을 부족연맹체인 진국辰國으로 발전시켰다. 진국은 이후 마한馬韓으로 성장했다. 마한은 그 영역이 지금의 전라도, 충청도, 경기도의 전체와 강원도와 경상도의 서부지역을 아우르는 대국이었다. 마한의 건국에 이어 변한弁韓과 진한辰韓도 세워졌다. 이들 세 나라가 삼한국三韓國이다.

중국의 역사서 『위지魏志』와 『후한서後漢書』에 따르면, 마한은 54개 부족으로 이뤄졌고 변한과 진한은 각각 12개 부족으로 구성된 부족연맹국가였다. 이 가운데 진한은 마한의 동북쪽인 강원도와 경상도 낙동강의 동쪽에 기자조선의 마지막 임금인 준왕準王이 유민들을 이끌고 내려와서 세운 나라였다. 달리 말하면 고조선에서 한솥밥을 먹던 진한의 지도층이 준왕에게 한민족 나라의 대를 잇게 했다는 뜻이 내포되어 있었다. 따라서 마한과 진한은 두 나라이면서 하나였다고 할 수 있다.

삼한국은 중국을 상국으로 예우했으나, 자주국가로서의 체면을 잃지 않았다. 중국은 물론 그 속국인 낙랑군과 대방군의 침공을 받기도 했지만 그때마다 일치단결하여 침략군을 격퇴했다. 삼한국은 비옥한 농토와 풍부한 강물이 준 높은 농업생산력을 통해 키운 국력을 바탕으로 경제는 물론 문화도 발전시켰다. 씨 뿌리는 5월과 수확하는 10월에는 부족민 전체가 모여 제사를 지내고 노동의 수고와 수확의 기쁨을 함께하는 축제를 벌었다. 이뿐만 아니었다. 삼한국은 바다에 접한 지리적 위치를 십분 활용해 어업을 발전시키는 한편 멀리 중동 지역과도 교역할 정도로 바닷길을 이용한 국제무역도 활발히 전개했다. 특히 전라도의 동쪽과 낙동강의 이서 지역을 차지한 변한은 철제 농기구는 물론 무기 제조 등 철을 다루는 기술이 발달해 제련된 철과 철기를 마한과 진한뿐 아니라 중국·일본·낙랑·대방까지 수출했다. 지금도 일본 가고시마에는 한국신韓國山이라는 이름의 산이 있을 정도로 왕래가 활발했던 대마도와 규수지방은 삼한국의 영토나 다름없었다.

훗날 마한 지역엔 백제가, 변한 지역엔 가락국이, 그리고 진한 지역엔 신라가 들어선 데서 알 수 있듯이, 남방계 한민족의 삼한국은 부족국가의 연맹체이면서 각 부족들 사이에 독자성이 보장된 정치사회체제를 갖고 있었다. 군장君長 아래 있던 부족국가의 우두머리인 신지臣智, 검측儉側, 읍차邑借 등의 직명과 부족 단위의 공동체적 조직이 매우 강했으며 삼한국은 공共히 정치와 종교가 완전히 분리된 이원체제였다. 천군天君이라 불리는 제사장이 각 국읍國邑마다 있는 소도蘇塗 또는 솟도로 불린 제사 장소를 관할했으며, 이곳은 매우 신성시되어서 범죄자라도 함부로 끌어낼 수 없었다.

한편 북쪽에 있던 한민족들 가운데 가장 먼저 국가형태를 갖춘 부여는 예·맥족이 세운 나라였다. 송화강 상류의 넓은 평야지대를 차지한 부여는 두 개의 건국설화를 갖고 있을 만큼 우리역사에서 점하는 비중이 매우 크다. 일명 북부여로도 불린 부여는 BC 100년경에 만주의 장춘 지방을 중심으로 세력을 형성해 왕을 중심으로 한 귀족정치를 펼쳤다. 해부루왕 때 수도를 가섭원迦葉原으로 옮긴 뒤부터 동부여로 불리기 시작했으며, 훗날 고구려를 세운 주몽도 동부여의 왕자였다. 부여는 중국에서 철기문명을 도입했고 은력殷曆을 사용했지만, 고구려와 백제의 모태가 될 만큼 세력이 컸던 부여는 한사군 축출 운동에도 가장 앞장을 섰다. 우리민족의 상징인 흰옷을 즐겨 입었고 일부다처제와 순장의 풍습이 있었다. 농경사회였던 부여에서는 추수 뒤 영고迎鼓라는 제천의식이 행해졌다.

동예東濊는 지금의 강원도 북부와 함경남도 남쪽에 세워졌으며, 고구려와 옥저와 함께 예·맥족에 속한다. 매년 10월에는 무천舞天이란 추수감사제를 올려 밤낮을 춤추고 노래하며 즐겼는데, 이는 부여의 영고와 고구려의 동맹東盟과 같은 풍습이었다. 주민들은 검소하고 근면했고 특히 보병전步兵戰에 능했다. 옥저는 부여夫餘계열이 세운 나라로 지금의 함경북도 함흥평야가 터전이었다. 옥저도 한사군을 축출하는 데 적극적이었으나 고구려가 강성해진 뒤 수탈을 견디지 못하고 병합되었다.

이같이 한반도의 남과 북에 여섯 나라를 세운 한민족은 당시 공통의 현안인 한사군 축출을 위해 힘을 모아 연합전선을 형성해 북과 동과 남으로부터 입체적인 공격작전을 전개했다. 한사군은 중국을 통일한 한漢무제武帝가 BC 108년 위만조선을 멸망시킨 뒤 그 영토 안에 설치한 한제국의 직할 영토였다. 한사군은 위만조선의 멸망과 동시에 낙랑·임둔 · 진번의 세 군이 설치되고 현도군은 이듬해인 BC 107년에 설치되었다. 한사군은 모두 유주幽州 관하에 편입되었고 한제국의 군현제에 따라 속현屬縣이 설치되었다. 그리고 태수太守와 영令 등을 비롯한 속관들도 모두 한제국의 중앙정부에서 파견된 관리들이었다. 낙랑군은 지금의 평안남도와 황해도 북부지역을 관할했고, 임둔군은 지금의 강원도를, 현도군은 지금의 함경도를 관할했으며, 대방군(일명 진번군)은 황해도 남부지역과 경기도를 관할했다. 한무제의 뒤를 이은 소제昭帝때인 BC 82년에 진번군을 폐해 낙랑군에 통합했으며, 임둔군도 현도군에 합쳤다.

한사군의 설치는 한민족의 정치 · 경제 · 사회 · 문화에 큰 영향을 미쳤다. 특히 한족의 지배를 직접 받은 한사군 내 한민족들에게 더 큰 영향을 끼쳤다. 한족의 발달된 금속문화는 한반도 전체로 번졌고, 고조선 시대에 8조에 불과했던 법률조항이 30개로 늘어난 데서 알 수 있듯이 각종 범죄가 급증했다. 한제국의 동방 지배에 새 기원을 수립한 한사군 설치는 동시에 서북쪽의 하서사군河西四郡 설치와 함께 흉노족에 대한 견제 전략의 소산이었다. 그리고 이를 끝까지 반대, 한사군을 축출한 삼한국, 북삼국과 삼국(신라 · 고구려 · 백제)의 대를 이은 투쟁은 역사적으로 매우 중요한 의미를 갖는다. 그것은 한족漢族의 첫 침략과 지배를 물리치기 위해 단결된 힘을 보인 한민족의 강렬한 자주정신의 발현이었기 때문이다.

삼한국과 북삼국에 대한 종래의 역사적 평가는 근본부터 재검토해야 한다. 그동안 한민족 역사에 대한 서술은 고조선에서 기자조선과 위만조선, 삼국시대를 거쳐 신라통일, 후삼국, 고려, 조선왕국에 이르는 과정에 집중되어 있었다 해도 과언이 아니다. 심지어 일부 학자들은 고구려를 추켜세우기 위해 통일신라의 역사적 의미를 무시하고 고조선에서 고구려와 발해를 거쳐 고려와 조선 왕국으로 이어진다는 억지 주장을 펴기도 한다. 그러나 이 주장들은 명백한 역사적 사실을 간과한 중대한 오류를 범하고 있다. 있는 역사를 없는 역사처럼 외면한다 하여 그 역사가 지워질 수 있겠는가?

한민족의 국가 족보는 북방계의 예·맥 부족과 남방계의 한韓 부족이 연맹해 개국한 고조선에서 기원했으며, 고조선이 멸망한 후에는 북방계가 부여·옥저·동예 북삼국을, 그리고 남방계가 마한·진한·변한의 삼한국을 세워 남북 6국 시대를 열었다고 보는 게 옳다. 특히 남방계 삼한국 안에는 고조선의 왕족과 귀족, 그리고 다수의 유민들이 흡수되었음을 주목해야 한다. 따라서 부여, 옥저, 동예 등이 고조선의 동북부 변방지역에 세워진 일종의 망명정부 성격이었다면 고조선의 왕족과 유민들을 받아들인 삼한국은 사실상 고조선의 국가적 정통성을 이어받은 한민족 국가라고 할 수 있다.

2장

한민족의 전성시대,
삼국의 정립

세계는 그때

세상은 크게 요동쳤다. 정치적 · 종교적 · 국제적으로 새로운 질서가 만들어지기 시작했다. 오랫동안 동 · 서양세계를 지배하던 한漢과 로마제국이 붕괴되기 시작했다. 내부적으로 정치적 격동을 겪고 외부적으로 이민족들의 도전을 받아 주변 국가들에 대한 정치적 영향력이 약화되었다.

로마에서는 강력한 송교 세력(가톨릭)이 흥기하여 정치세력과의 충돌 및 양립하는 사태를 빚었으며, 국경을 넘어 서양을 하나의 정신세계로 묶어 나가기 시작했다. BC 146년 로마는 카르타고의 강력한 도전을 제압했다. 그러나 로마제국은 잇따른 전쟁에서 세력이 커진 군인들의 반란으로 BC 101년 군사독재정치 하에 들어갔으며, 급기야 BC 74년에는 스파르타쿠스의 반란이 터지는 등 혼란기를 맞았다. 이 같은 정치적 혼란 끝에 BC 60년 제1차 삼두정치가 시작됐으나, BC 44년 시저가 암살된 후 옥타비아누스와 안토니오 간의 이른바 악티움해전(BC 31년)이 일어나는 등 격동의 소용돌이에 빠져들었다. 폼페이 시가 베수비오 화산폭발로 매몰된 후 5현제시대를 맞아 로마는 기중기와 수력제분기獸力製粉機를 개발하고 나사와 물레를 발명하는 등 눈부신 기술혁명으로 일시적 부흥기를 맞기도 했다. 그러나 AD 54년 네로의 폭정이 잘 말해주듯이, 로마제국은 총체적 난국으로 빠져들어갔다.

　동양의 한漢제국은 BC 121년 북쪽의 흉노족을 토벌하고 BC 108년 한반도의 고조선을 멸망시켜 한사군漢四郡을 설치하는 등 한껏 세력을 팽창시켰으나, 한무제가 사망한 BC 87년 이후 내우외환 속에 영향력이 약화되기 시작했다. 184년 황건적의 난이 터지자 전국의 영웅호걸들이 봉기하여 황건적을 토벌하면서 하북河北의 조조와 하남河南의 손권, 그리고 서촉西蜀지방의 유비가 천하를 삼분하는 이른바 삼국시대가 열렸다. 삼국은 합종연횡하며 패권을 다투었다. 조조에 손권·유비 연합군이 맞선 적벽대전(208년)에서 손권과 유비 연합군이 대승을 거두는 등 삼국 간의 밀고 밀리는 오랜 전쟁 끝에 조조의 위魏가 삼국을 통일했지만, 사마염司馬炎은 280년 위를 멸하고 서진西晉을 건국했다. 서진도 300년 8왕의 난 끝에 멸망한 후 중국은 다시 분열되어 5호16국五胡十六國 시대를 맞았다. 이 같은 정치적 혼란 속에 평주인平州人 하요夏瑤가 천여 가구를 이끌고 집단으로 고구려에 투항·귀화하기도 했다. 중국 대륙의 정치적 혼란과 격변은 끝을 모른 채 계속되었다. 동진東晉의 멸망에 이어 420년 송宋(남조)이 건국되고, 북위北魏가 589년 하북 지방을 통일할 때까지 150년 동안 송의 멸망과 제齊의 흥기, 제의 멸망과 양梁의 흥기, 그리고 진陳의 흥기와 북제北齊의 멸망, 북주北周의 흥기 등 숱한 정치적 격변을 겪었다. 이 같은 중국의 혼란은 주변 민족들이 흥성할 수 있는 기회가 되어 만주와 한반도에서는 한민족韓民族이 서쪽으로 세력을 확장시켜 나갔다. 특히 한민족은 신라, 고구려, 백제의 삼국으로 정립하여 경쟁적으로 영토를 확장하고 앞선 문물을 받아들여 이른바 한민족 전성시대를 열었다. 그러나 이어 수隋를 이은 당唐이 잇달아 동북아의 패자인 고구려를 침공하면서 치열한 패권전쟁을 벌이게 되었다.

　그 당시 종교는 현실 정치 내면에 깊숙이 파고들어 국가 경영철학의 지침이 되었다. 이로 인해 종교는 국가 간 전쟁의 불씨가 되기도 했다. BC 500년 전후 인도의 석가모니가 창시한 불교가 중국을 거쳐 372년 고구려를 필두로 한반도에 전파되었다. 만들어진 것은 모두 변한다는 무상無常을 자각, 번뇌를 극복하는 수행을 하며 중생의 구제를 교의로 한 대승불교가 삼국의 호국 종교가 되었다. 서양에서는 BC 4년경 유대의 베들레헴에서 탄생한 예수에 의해 창시된 기독교가 로마제국의 강력한 탄압을 이겨내고 급속히 성장하기 시작했다. 특히 네로는 64년 일어난 로마의 대화재를 기독교도에게 뒤집어씌워 대대적인 박해를 가했으나, 기독교는 이에 굴하지 않고 더욱 교세를 늘려나갔다. 마침내 313년 로마제국은 밀라노 칙령을 발표해 기독교를 공인하고 392년에는 국교로 삼기에 이르렀다. 그러나 로마제국이 395년 동서로 양분된 후 서로마제국은 476년 게르만 민족의 대이동으로 멸망했으며, 동로마제국에서는 모하메드가 622년 기독교에 반기를 들어 이슬람교를 만들었다.

이처럼 동양과 서양 공히 패권 국가들의 내부적 혼란과 주변 국가들의 도전이 계속되던 정치적·종교적 격동기는 만주와 한반도에서 세력을 키워가던 한민족에게는 융성할 좋은 기회가 되었다. 한반도에서는 명실상부한 고대국가체제를 확립한 한민족의 고구려·백제·신라 삼국이 경쟁하며 발전하는 바야흐로 삼국정립시대가 열렸다.

1

한반도에 굳건히 자리한
삼국(三國)시대의 개막

    중국 대륙을 통일하고 북쪽의 여러 민족들을 공략해 차례로 복속시킨 한漢은 위만조선을 멸망시킨 뒤 한사군을 설치했지만, 한민족은 부족공동체별로 힘을 키워가면서 한나라 세력을 몰아내기 위한 연합투쟁을 전개했다. 부여를 비롯해 동예와 옥저 등이 만주와 연해주, 그리고 한반도의 동북부지역에서 활발하게 세력을 팽창해갔다. 송화강 유역에서 일어난 부여는 동부여東夫餘로 갈라져 나와 간도와 연해주, 한반도의 동북지역을 지배하는 강력한 국가를 형성했다. 동부여의 왕자인 주몽이 압록강 유역에 세운 졸본 부여는 BC 37년 고구려의 건국으로 이어졌다.

    고구려는 동부여에서 갈라져 나온 주몽과 그 집단이 졸본 부여의 토착세력인 계루부桂婁部와 연합하여 세운 나라다. 주몽, 즉 동명왕東明王이 자신의 본처 소생 유리를 세자로 책봉하자, 주몽의 둘째 부인인 계루부 출신 소서노는 자신의 아들인 비류와 온조와 함께 고구려를 떠나 남하해서 BC 18년 한강 유역의 위례성(지금의 하남)에 세운 나라가 백제이다.

온조와 그를 따라 내려온 집단은 한강 유역에서 세력을 떨치던 남방계 한민족 마한의 지배세력과 평화적인 관계를 유지했다. 건국 초기 백제는 삼한국 가운데 가장 큰 나라였던 마한의 일부를 지배하는 수준이었다. 백제는 점차 우수한 무기와 기마병을 기반으로 지금의 경기도와 강원도 일대로 세력을 뻗쳐 나갔지만, 여전히 마한의 지배 하에 있던 충청도와 전라도 지역에는 50여 개의 크고 작은 부족국가들이 존속했다. 백제와 마한이 양립兩立하는 상태는 상당기간 지속되었다.

사실 신라는 삼국 가운데서 가장 빠른 BC 57년 진한 땅에서 건국했다. 학자들마다 의견이 다르지만, 삼국 중 신라의 건국연대가 가장 빠르다는 것이 통론이다. 김기홍에 의하면, 신라의 빠른 건국은 고구려와 백제에 비해 상대적으로 일찍 경주지역에 정착한 김金씨가 토착세력화해 보다 강고한 기반을 잡고 있는 중에 다른 주민들이 유입되면서 연합을 형성했기에 가능했다. 경주 땅에는 김씨가 먼저 자리를 잡았고 박朴씨와 석昔씨가 시차를 두고 유입해 들어왔다. 박혁거세가 신라의 건국 시조가 되긴 했지만, 이후 김씨들이 계속 왕권을 차지했다. 신라 건국을 주도한 김씨의 시조가 김알지金閼智이고, 그는 놀랍게도 흉노왕족 김일제의 7대손이다. 김일제의 후손들은 한나라에 대해 반란을 일으킨 왕망王莽의 난에 연루돼 경주로 도망쳐 와서 토착세력이 되었고, 마침내 박씨·석씨와 연합해 신라를 세운 것이다. 신라는 삼국 중에서 화백和白회의란 독특한 제도가 있었다. 화백은 부족공동체의 중대 사안에 대한 회의로서 참석자는 백관百官이었고, 만장일치제를 택했기 때문에 한 사람이라도 반대하면 사안은 처리되지 못했다. 이 제도는 국가를 운영하는 귀족들의 회의뿐 아니라, 신라의 모든 모임에서 통하는 원칙이 되었다. 박혁거세도 이 화백회의에서 신라의 첫 왕으로 선출되었고, 훗날 신라가 삼국을 통일할 수 있었던 힘도 이 같은 민주적 제도에 의한 통합력에서 나온 것으로 볼 수 있다. 한반도의 동남쪽에 존재했던 삼한국 중 변한은 가야로 이어졌다가 신라에 통합되었다. 이로써 한반도와 만주대륙에는 한민족의 삼국시대가 열리게 되었다.

　　삼국은 건국과 동시에 주변의 부족 공동체들을 경쟁적으로 점령하는 영토 확장 경쟁을 벌여 나갔다. 고구려는 동부여·옥저·동예를 위시하여 송화강 유역의 옛 고조선 땅을 회복한 뒤 남진정책을 펼쳤고, 백제는 마한의 옛 영토를 모두 흡수한 뒤 북쪽으로 눈을 돌렸으며, 신라는 가야를 복속한 후 북진정책을 강력히 추진했다. 따라서 삼국의 행정조직도 효율적인 전쟁수행을 위하여 군사조직으로 개편되었다. 고구려·백제·신라는 5부五部, 5방五方, 6주六州를 설치하고, 여기에 군 지휘관으로 각각 군정장관과 욕살褥薩, 방령方領, 군주軍主를 파견했다.

　　삼국은 나라의 규모가 커지면서 위계질서를 지키기 위한 신분계급제도도 갖추었다. 삼국시대는 기본적으로 귀족국가체제였다. 원래 토지와 신민은 왕이 지배한다는 왕토왕신王土王臣 사상이 지배적이었지만, 성읍국가 때부터 소유하고 있는 토지와 신민이 완전히 왕권으로 귀속되지 않은 가운데, 전쟁에서 노획한 토지와 신민을 귀족들이 차지하고 공신들은 식읍食邑이란 이름으로 군현郡縣 전체를 하사받기도 했다.

　　고구려에서는 최고 귀족인 왕족과 왕비족을 고추가古雛加라고 했는데 이들은 대부분 왕경에 살면서 최고 관등까지 올라갈 수 있었다. 무공을 세웠다거나 국가에 공을 세운 왕족이 아닌 귀족들도 대가大加 혹은 소가小加로 분류되어 높은 관등을 받을 수 있었다. 백제는 처음 국명을 십제十濟라 했다가 형 비류를 따라 미추홀로 갔던 백성들이 다시 온조에게 돌아온 뒤에 백제로 고쳤다. 백제에는 8성八姓의 귀족이 있었는데, 이 가운데 왕족인 부여씨扶餘氏와 왕비족인 진씨眞氏와 해씨解氏가 중앙의 고위 관직과 22담로擔魯의 지방장관을 독점했다. 1세기 중엽 고이왕古爾王때 낙랑군과 대방군을 북으로 밀어내면서 영토를 넓혔고 중앙에 6명의 좌평佐 平을 두어 업무를 분담케 하고 16품의 관등제로 지방 족장들을 중앙관료로 발탁하는 등, 정비된 왕국체제를 갖추었다. 이렇게 다져진 국가체제를 바탕으로 서해와 남해의 해상권을 장악하고 일본에 정치적·문화적 영향력을 행사하기도 했다.

신라는 체계화된 골품제骨品制를 갖고 있었다. 골품제는 혈통에 따라 정치적 출세나 일상생활 속에서 차별을 두는 제도다. 최고의 귀족인 성골聖骨은 김씨 왕족인데, 왕도 성골에서만 나왔다. 이 성골은 무열왕武 烈王 이후 폐지되었다. 그 다음 귀족이 진골眞骨인데, 성골이 사라진 뒤 진골에서 왕이 나오게 되었다. 진골 아래에는 6·5·4두품頭品과 3·2·1 두품頭品이 있었는데, 득난得難으로 불리는 6두품은 진골 다음가는 권위와 권력을 가졌고 경주의 하급귀족인 3·2·1 두품은 훗날 폐지되어 평인 또는 백성이 되었다. 지방에는 5두품이나 4두품에 해당하는 권위를 가진 촌주村主가 지방관을 보좌했다. 촌주 밑에는 평민 또는 양인良人으로 불리는 자영농이 다수 있었는데, 소규모의 토지를 소유한 이들은 국가에 대해 공납, 군역軍役의 의무를 지었다. 또한 조세와 공납을 받을 때 인정人 丁, 즉 장정의 머릿수를 기준으로 했는데, 나중에는 기준이 재산으로 바뀌었다. 평민 아래에는 품팔이하는 용민傭民과 어업과 목축 등 천한 일에 종사하는 부곡민部曲民이 있었으며, 최하층에는 전쟁포로와 살인자, 빚쟁이, 범죄인 등 노예奴隸가 있었다.

삼국은 공히 중국에서 한문을 받아들였고 유교·도교·불교를 수용하여 우리식으로 발전시켰다. 특히 불교의 전래는 삼국의 건축과 미술·음악·문학 등의 발전에 결정적 역할을 했을 뿐 아니라 사상과 정신의 토대가 되었다. 동시에 태고부터 형성되었던 우리민족의 독자적인 언어·종교·풍습 등도 그대로 지켜져 내려왔다. 특히 언어는 중국어가

티베트어계에 속해있는데 반해 우리는 알타이어계에 속해 있어 발음체계가 다르다. 종교 또한 천·지·인의 삼신사상으로 천손天孫의 자부심과 인간존중의 도덕심, 언제든 하늘로 돌아간다는 생명에 대한 낙천성을 바탕으로 삼고 있어 중국과 달랐다.

삼국에 불교가 전래된 순서는 다음과 같다. 고구려는 소수림왕 2년(372년) 전진前秦의 승려 순도順道가, 백제는 침류왕 원년(384년) 동진東晉의 승려 마라난타摩羅難陀가, 그리고 신라는 눌지왕 때 고구려를 거쳐 들어온 승려 아도阿道가 불교를 전파했지만 귀족들이 전통사상에 어긋난다는 이유로 반대했다. 그 후 양梁나라 승려 원표元表가 들어와 본격적으로 불교를 전파했는데 이때 적극 불교전파에 나선 이차돈異次頓이 순교(527년)하면서 비로소 신라의 국교로 공인되었다. 삼국이 불교를 받아들인 이유는 불교사상이 건국신화建國神話가 갖는 허구성을 보완하는 논리를 제공했기 때문이다. 즉 부처님은 건국의 주체처럼 하늘의 아들이 아니라 사람이다. 그러나 진리를 깨친 선각자이며, 선각자로서의 부처는 선각자로서의 왕이라는 논리였다. 삼국 모두 불교를 국가 경영의 버팀목으로 삼고 왕은 부처의 권위를 빌려 왕권의 안정을 도모했다. 나아가 신라의 팔관회가 잘 말해주듯이, 전쟁에 나가 나라를 위해 싸우다 전사한 장병들을 위한 법회를 열고, 전생의 업보에 의해 내세에 다른 존재로 태어난다는 윤회설을 주장함으로써 당시의 계급질서를 정당화하는 호국불교로 발전시켰다.

고구려는 초기에 태학太學이란 유학을 가르치는 교육기관을 설치해 불교의 영향력이 상대적으로 약했다. 그러나 6세기 초 학승 승랑僧郎이 중국에 가서 진리는 유有도 아니고 무無도 아닌 공空이라고 주장하는 불교 종파인 삼론종三論宗 발전에 크게 기여한 것을 보면 불교도 중시한 것을 알 수 있다. 백제는 중국 남조의 영향을 받아 개인의 소승적 해탈을 강조하는 계율종戒律宗이 성행했는데, 계율종은 6세기 초 성왕 때 겸익謙益이 직접 인도에 가서 율장律藏을 갖고 올 만큼 융성했다. 백제의 불교도 말기에는 호국적 경향을 보이기 시작했는데 무왕이 사비성 부근에 세운 왕흥사王興寺와 익산에 세운 미륵사는 호국불교의 상징이었다.

신라의 승려 원광圓光이 화랑도의 계율로 정한 세속오계世俗五戒는 호국불교의 극치였다. 화랑은 명산대천을 순례하고 군사훈련을 받으며 세속오계로 정신력을 키웠다. 세속오계는 "임금에게 충성하고, 부모에게 효도하고, 친구를 믿음으로 사귀고, 싸움터에서 물러나지 않고, 죽이고 살림을 가려 한다君臣有義, 事親以孝, 朋友有信, 臨戰無退, 殺生有擇"는 다섯 조항이다. 특히 선덕여왕은 자장慈藏의 건의에 따라, 황룡사에 높이 70여 미터의 9층탑을 세우고 사방 아홉 나라를 굴복시켜 조공을 받는다는 호국의 기원을 담았다. 경주 구황리에 있는 황룡사는 566년에 완공되었고, 그 이후에 세워진 1장 6척의 부처인 장육존상丈六尊像과 천사옥대天賜玉帶와 9층탑(645년)이 신라 3보로 지칭되었다.

삼국시대에는 전쟁이 잦아 전국 곳곳에 많은 성城을 쌓았다. 고구려의 국내성이나 백제의 풍납토성처럼 평지에 사각형으로 쌓은 것도 있지만, 대개는 방어하기에 유리한 강변이나 산의 능선을 이용한 산성들 위주였다. 돌로 견고하게 쌓은 산성들은 삼국 간에 치열한 쟁투가 벌어졌던 임진강 유역과 한강 이북지역에 집중적으로 분포되어 있다. 고구려가 임진강 북쪽 고랑포에 축조한 호로고루성, 신라가 임진강 남쪽 적성에 세운 칠중성, 백제가 한강·임진강 합류지점에 세운 오두산성과 양주산성 터 등이 아직도 남아있다.

삼국은 한자가 보급되면서 중국 경전이나 역사서를 읽을 수 있게 되고 애국심을 고취하고자 역사편찬에도 박차를 가했다. 아쉽게도 지금 남아있는 역사서는 없으나 중국과 일본의 기록물에 우리역사서가 인용된 것이 자료로 남아있다. 신라·고구려·백제 간의 치열한 패권경쟁은 당초에는 단순한 영토 확장 욕구로 시작되었으나 나중에는 나라의 명운이 걸린 국가 전략 차원으로 확대되었다. 그 이유로는 세 가지를 꼽을 수 있다.

첫째, 한반도 패권전쟁이 주변 이민족들과 복잡한 관계로 얽히게 된 것이다. 만주 대륙의 신흥세력과 중국 대륙의 지배세력, 그리고 일본 지배세력들과의 친소親疎 혹은 연합까지를 검토해야 하는 국제 전쟁의 성격으로 변하기 시작했다. 둘째, 삼국 사이에 더 이상 동족관계 개념이 존재하지 않았다. 인구가 늘고 개별 국가체제가 운영되면서 한반도에서 만주대륙에 이르는 광대한 땅에 거주하던 여러 계통의 한민족은 각각의 국가체제로 결속이 되어갔다. 더하여 한민족으로서의 동질성을 인정할만한 공통의 글이 존재하지 않았다. 셋째, 고구려가 갑자기 수도를 국내성에서 평양으로 천도한 이후 대륙으로 뻗어가던 고구려의 상무정신과 막강한 군사력이 한반도 패권 장악 쪽으로 집중되었다. 결국 고구려의 평양천도는 신라와 백제의 국가안보를 결정적으로 위협하는 요인이 되었다. 이에 자극받은 신라는 당과, 그리고 백제는 일본과의 연합을 위해 치열한 외교협상을 전개해나갔다. 특히 신라는 고구려의 남진정책을 저지하기 위한 외교전략을 일찍부터 구사했다. 당과의 친교를 도모하고 백제와도 나제동맹을 맺고, 황금과 명주를 보내는 등 친교를 게을리하지 않았다. 백제는 답례로 신라에 말馬을 보내왔다.

여기서 삼국의 건국연대에 대해 살펴볼 필요가 있다. 신라가 삼국 중 가장 먼저 나라를 세웠는데도 대부분의 역사책, 특히 한국사 교과서들이 고구려가 신라보다 앞서 건국한 것처럼 잘못 기술하고 있다. 먼저 삼화출판사의 『고등학교 한국사』는 "고조선의 뒤를 이어 만주와 한반도에서는 부여, 고구려, 옥저, 동예, 삼한三韓 등 여러 국가들이 성장했고 이 중 고구려는 부여에서 갈려나와 압록강 졸본지역에 자리 잡았다"
고 기술했다. 다음으로 천재교육이 펴낸『고등학교 한국사』는 "고조선에
이어 부여가 건국되었고, 494년에 고구려에 병합되었다. 고구려는 압록
강 중류의 졸본을 중심으로 성장, 이후 수도를 국내성으로 옮겨 나라의
기틀을 다졌다. 백제는 고구려 · 부여 지역에서 내려온 유 · 이민이 한강
유역의 토착세력과 연합하여 세운 마한의 목지국에서 출발했다. 신라는
진한의 사로국에서 출발했다. 고조선 유민들이 경주로 이주하여 6촌을
이루었고, 이들이 연합하여 사로국을 건국했다. 6세기 전반에 지증왕은
신라를 공식 국호로 정했다"고 기술하고 있다.

　　삼화출판사의 한국사 교과서는 구체적 연대 기술 없이 고조선 이
후의 6국(부여, 옥저, 동예, 마한, 변한, 진한)에 고구려를 어물쩍 끼워 넣었고, 천재
교육의 한국사 교과서는 삼국(신라, 고구려, 백제)의 건국연대는 기술하지 않
은 채 494년에 부여가 고구려에 병합되었고, 신라가 신라라는 국호를 사
용하기 시작한 것을 6세기 초 지증왕 때였다고 기술함으로써 고구려가
고조선의 정통성을 이어받아 신라, 백제보다 먼저 건국되었음을 부각하
려 하고 있다. 그리고 두 출판사 교과서 모두 고구려를 남북 6국시대의
역사지도에 표기하는 오류를 범하고 있다.

　　역사지도에서 굳이 고구려를 표기하고 싶다면, 고구려라는 표기
위치에 졸본부여를 써 넣는 게 옳을 것이다. 졸본부여는 훗날 주몽이 고
구려를 세운 땅이기 때문이다. 교과부의 검인정 한국사 교과서 12종 가
운데 나머지 9종 교과서들도 유사한 서술과 역사지도를 그려 넣었다. 특
히 미래앤컬쳐 그룹의『고등학교 한국사』는 삼국사기를 인용해, "고구려
는 부여에서 남쪽으로 내려온 주몽이 건국했고(BC 37년), 백제는 고구려를
건국한 주몽의 아들 온조가 하남 위례성에 내려와 건국했다(BC 18년). 신
라는 진한의 소국이었던 사로국에서 출발, 박혁거세가 신라를 건국했다

(BC 57년)"고 기술하고 있다. 그런데 이 교과서는 삼국의 건국연대를 신라, 고구려, 백제의 순서로 명기하면서도 고구려를 남북 6국에 포함, 남북 7국으로 잘못 표기한 문제의 역사지도를 싣는 오류를 범했다.

EBS가 펴낸 한국사 관련 교재들도 거의 한결같이 고구려의 건국이 신라와 백제보다 앞선 것으로 기술함으로써 마치 고구려가 고조선의 멸망직후 태동한 남북 7국(부여·동예·옥저·고구려·마한·변한·진한) 중 하나인 양 기술하면서, 12종 고등학교 한국사 교과서들과 마찬가지로 잘못된 역사지도를 싣고 있다. 특히 EBS 교재 『기특한 한국사』(2011. 1.)는 교육과학기술부의 새 교육과정을 반영해 새로 집필한 점을 강조했지만, 문제의 잘못된 역사지도를 그대로 싣고 있다. 또한 본문 설명에서는 주몽이 졸본지역에 고구려를 세운 시기를 BC 37년으로 명기했지만, 「삼국의 건국」 편에서는 고구려·백제·신라의 순서로 건국내용을 기술하면서 삼국의 건국시기를 아예 삭제했다. 오히려 『기특한 한국사』를 제외한 기존의 EBS 한국사 관련 교재들은 대체로 삼국의 건국시기(신라:BC 57년, 고구려: BC37년, 백제: BC18년)를 명기하고 있는지라, 새 교육과정에 따른 EBS 국사교재의 내용개선은 말뿐인 개선인 것이다. 삼국을 세운 건국 지도자(박혁거세, 주몽, 온조)의 이름을 삭제한 것 역시 개선이라기보다는 개악이라고 해야 옳다.

이 같이 12종의 검인정 고등학교 한국사 교과서와 EBS 교재들이 보이고 있는 '고구려 제일주의'는 마치 고구려가 고조선의 국가적 정통성을 계승한 나라인양 기술하는 오류를 범했다. 이는 넓게 보면, 한국 역사의 주도세력을 북방계 한민족으로 한정시키는 잘못된 역사인식에서 비롯된 것이다. 이 책들은 고조선도 북방계 한민족인 예족과 맥족이 세운 나라였다고 주장하고 있다. 최근 인류학과 고고학, 역사학의 많은 연구들이 고조선은 북방계(예족·맥족)와 남방계(한족)가 함께 건국한 부족연맹국가임을 밝히고 있으며, 한반도 전체와 만주 대륙 전역에서 출토되는 각종 유물과 유적들도 이를 증명하고 있는데도 북방계 중심론자들의 주장은 요지부동이다. 심지어 이들은 신라의 삼국통일을 인정하지 않고 한민족의 국가적 정통성은 고조선에서 고구려를 거쳐 발해와 고려로 이어졌음을 강조하고 있다. 북방계 중심론은 훗날 김일성 정권의 주체사관 속에 스며들어 김일성 가족 중심의 독립투쟁 역사를 날조하기에 이르렀다. 더구나 북한은 북한정권을 한민족의 국가적 정통성을 승계한 유일한 정권으로 격상시키기 위해 평양에 소위 단군릉을 축조하고 고조선과 고구려 시대의 역사 유적 발굴을 대대적으로 전개했다. 그러나 한국사의 큰 흐름이 북한의 주장과는 상반된다. 한민족의 웅혼한 역사는 북방계가 주도한 게 아니라 남방계가 주도했다.

고조선은 앞에서 이미 설명했듯이 북방계(예족·맥족)와 남방계(한족)의 연맹 하에 세운 국가였고, 고조선 멸망 이후 고조선의 유·이민들이 남북6국(부여·옥저·동예·마한·변한·진한)으로 흩어졌다. 사실상 고조선의 문화와 국가적 전통은 고스란히 이들 남북 6국으로 분산·흡수된 것이다. 따라서 고구려만을 고조선의 국가적 전통 계승국으로 기술한 것은 명백한 잘못이다. 이렇게 분산·흡수된 고조선의 문화와 국가적 정통성은 신라·고구려·백제를 거쳐 통일신라로 승계된 것이다. 고구려가 멸망하자 고구려의 광활한 영토는 신라와 당나라가 분할 점령했지만, 고구려 유민들은 고구려 부흥운동을 맹렬하게 전개해 대륙과 반도의 고구려 고토 거의 모두를 회복해 발해국을 건국했다. 이 과정에서 고구려의 문화와 국가적 정통성은 고스란히 발해국으로 흡수·인계되었고, 소수의 고구려 왕족과 고위관리, 백성들은 신라로 흡수되었다. 역사 기록에 따르면, 신라가 건국될 때에는 고조선의 유·이민이 주도적 역할을 했고, 신라가 삼국을 통일할 때에도 상당수의 고구려 유·이민이 신라의 백성이 되고 고위관리가 되었다. 고구려의 문화적, 국가적 정통성을 고스란히 인수받은 발해대국이 멸망한 뒤에도 역시 수많은 발해의 유·이민들이 통일신라로 흡수되거나, 통일신라의 국가적 정체성과 문화적 정통성을 승계한 고려에 흡수되었다.

이처럼 한민족의 역사는 북방계와 남방계가 한반도와 만주대륙을 아우르는 한민족 공동체의 발전을 공동으로 추진하고, 북방계가 이민족들의 도전을 받아 위기에 몰릴 때마다 남방계가 주도하는 한민족 역사 속에 흡수·통합되었다. 그럼에도 북한에 공산정권을 세운 김일성이 북방계 중심론의 허상을 버리지 못한 채 북한이 남한(대한민국)을 흡수통일하는 것이 통일의 정석이라는 억지 논리를 펴고 있다. 더욱이 북방계 중심론이 중국이 고조선과 고구려를 자국의 변방 속국으로 간주하는 '동북공정'을 무력화시킬 수 있는 대응논리라고 주장하는 것은 어불성설이다. 고조선의 국가적·문화적 계승국을 고구려와 발해로 보든 신라와 고려로 보든, 그것과 무관하게 한국과 중국 간의 영토분쟁과 역사전쟁은 계속될 터이기 때문이다. 역사의 진실을 모르쇠 외면하는 나라의 고질적 역사왜곡에 한 치의 흔들림 없는 역사 인식으로 맞서야 할 당위當爲가 우리 앞에 상존常存해 있다 하겠다.

2
삼국의
한반도 패권쟁탈전

　　국가의 기본을 완성한 삼국은 각각 자국의 영토를 확장하기 위한 무한경쟁에 돌입했다. 앞에서도 언급했지만 그 당시 삼국 간에는 동족이라는 인식이 매우 희박했다. 고조선이 한漢나라를 비롯한 이민족들과의 투쟁하던 때에는 한민족이라는 동족의식이 작용했지만, 삼국 간의 영토확장을 위해 한반도 내에서 패권을 다툴 때에는 한민족이란 민족의식보다는 각자의 국가에 대한 귀속의식이 더 강했다. 더욱이 만주대륙에서 이민족들과 쟁투하던 고구려가 수도를 국내성에서 평양으로 이전(AD 427년)하고 적극적인 남진정책을 표방한 이후부터 삼국 간의 영토 확장 전쟁은 한층 격화되었다. 이러한 쟁투는 임진강과 한강 유역에서 주로 전개되었는데, 이 지역이 바로 한반도의 심장지대heartland이기 때문이었다. 임진강과 한강 유역이 지정학적으로 한반도의 중심지역이란 것은 이 지역을 지배하는 세력이 한반도 전체를 지배하게 됨을 의미하는 것이다. 따라서 이 지역 장악을 위해 고구려는 남진정책을, 백제와 신라는 북진정책을 추진했던 것이다.

영토 확장을 위한 북진정책은 가장 먼저 백제에서 달아올랐다. 한사군 가운데 마지막까지 남았던 낙랑군이 멸망(AD 314년)하자, 백제와 고구려는 직접 국경을 접하게 되었다. 이때 백제의 왕은 근초고왕이었고 고구려 국왕은 고국원왕이었다. 백제의 근초고왕은 고구려와의 전쟁에 대비해서 신라와 중국 동진東晉에 각각 사신을 두 차례씩 보내어 친선을 강화하고 내부적으로 군사력을 크게 증강시켰다. 고구려의 고국원왕은 두 차례(AD 369년, 371년) 백제를 쳤으나, 그때마다 반격에 밀려 패퇴했다. 이에 자신감을 얻은 근초고왕은 그해(AD 371년) 겨울 대군을 이끌고 패하(지금의 대동강)를 건너 고구려의 평양성(당시 수도는 국내성)을 공격했다. 이 전투에서 고국원왕이 백제군의 화살을 맞고 그 자리에서 즉사하자, 근초고왕은 고구려가 결사항전의 반격에 나설 것을 우려해 철군했다. 그러나 백제는 고구려와의 전투에서 승리한 것에 힘입어 한반도의 중심인 한강과 임진강 유역을 독점 지배하는 전성기를 맞았다.

근초고왕은 중국이 북방민족들과의 전쟁으로 분열된 틈을 타서 요서지방에 진출했다. 백제는 요서에 백제군百濟郡을 설치하여 고구려의 요동 진출을 견제하는 한편 해상무역의 전진 기지로 삼았다. 또 일본의 서쪽지방에 뿌리내린 한민족 일파와 교통하는 해양진출정책을 써서 규수지방에 대한 지배력을 강화했다. 이로써 요서의 발해만과 서해, 그리고 동중국해에 이르는 해상 무역로를 장악한 백제는 무역을 통해 부富를 크게 신장시킬 수 있었다.

신라에 건국 초기부터 화백제도가 있었던 것처럼 백제에도 전성기라고 할 5세기경부터 정사암政事巖이란 독특한 재상 선출 방법이 있었다. 정사암이란 수도 사비(지금의 부여) 근처의 호암사湖巖寺에 있는 큰 바위 위에 자격자 3~4인의 이름을 봉합해 두었다가 얼마 후, 이름에 인적印跡이 있는 자를 재상으로 선정하는 제도였다. 삼국의 한반도 패권경쟁에서 백제가 가장 먼저 주도권을 장악할 수 있었던 힘은 어디서 나온 것일까? 그것은 건국의 기초를 한강 유역에 세우고 농업생산력을 극대화하면서 한강과 바다를 연결하는 국제무역의 활성화를 통하여 막대한 국부를 창출할 수 있었기 때문이었다. 한강 유역은 예부터 지정학적으로 대단히 중요한 한반도의 심장지대였다. 이 점에서 백제가 한강 유역을 첫 도읍지로 선정한 것은 역사적으로 매우 중요한 의미를 갖는다. '비류 시조설'에 따르면, 비류와 온조는 패수浿水(지금의 대동강)와 대수帶水를 건너 미추홀(지금의 인천)에 정착했다. 정약용은 대수를 한강으로, 이병도는 임진강으로 보았다. 온조는 미추홀이 외적의 침략에 취약하다고 보고 한강 중류 위례성(지금의 하남시)으로 도읍을 옮겼다. 이때부터 백제의 한강시대가 본격적으로 개막된 것이다.

반면 고구려는 막강한 군사력을 갖고 있으면서도 만주의 국내성에 도읍하여 한족漢族을 비롯한 흉노, 거란, 여진, 몽골 등 강력한 이민족들과의 영토전쟁을 벌이느라고 국력을 소모했으며, 신라는 한반도의 동남쪽에 치우쳐 있어서 항상 왜구의 침략과 약탈에 시달려야 했다. 그래서 후세 역사가들은 만일 백제가 한강 유역의 수도를 굳건히 지켜나갔다면, 훗날 백제가 삼국을 통일했을 것이란 가설을 제기하기도 했다. 그러나 백제는 한강 유역의 수도를 끝내 지켜내지 못했다. 평양으로 천도한 고구려의 남진정책에 밀려 웅진(지금의 공주)으로 천도하고 다시 신라의 서진정책에 밀려 사비(지금의 부여)로 수도를 옮기면서 국운이 급속히 기울기 시작했다.

백제의 전성기가 저물 무렵 중국의 침입과 백제의 공격으로 연거푸 국난을 겪던 고구려가 소수림왕에 이르러 다시 국가체제를 정비하고 내치를 다져 웅비의 기틀을 마련했다. 마침내 고구려에는 광개토대왕이란 걸출한 인물이 등장, 고구려군을 동아시아 최강의 군대로 키웠다. 고구려의 광개토대왕은 조부(고국원왕)를 죽인 백제에 대한 복수전을 개시했다. 7월에 시작된 공격(392년)에서 수곡성 등 예성강 이북 10개성을 점령하고 10월에는 백제의 군사요충인 관미성關彌城을 함락시켰다. 관미성은 한강과 임진강이 합류하는 군사요충지인데 지금의 파주 교하면에 위치한 오두산성이다. 광개토대왕은 빼앗긴 땅을 되찾기 위해 북진해온 백제군을 수곡성에서 격파(394년)하고 백제와의 국경지대에 호로고루성(지금의 임진강 고랑포 부근) 등 7개성을 쌓았다. 이어 백제의 58개성을 정복하고 아신왕으로부터 항복을 받아낸 뒤 철군했다. 백제의 항복을 받은 광개토대왕은 후연後燕의 모용성이 침공해오자, 402년 요하를 건너 후연의 숙군성宿軍城을 공격해 격파하고 후연의 넓은 땅을 정복한 다음 북쪽의 거란족을 격퇴했다. 광개토대왕은 이어 연해주와 두만강 유역의 동부여를 쳐서 복속시켰다. 이로써 광개토대왕 시대의 고구려 영토는 남쪽으로는 한강 유역, 서쪽으로는 요하, 북쪽으로는 개원開原과 영안寧安, 동쪽으로는 훈춘琿春까지 확장되었다.

고구려는 한반도의 중심인 임진강과 한강 유역까지 남해 아차산성을 축조하고 최대의 전성시대를 열었다. 광개토대왕은 400년 백제와 일본, 그리고 일본의 입김이 강한 임나가야任那伽倻의 연합군이 신라를 공격하자, 대군을 이끌고 신라를 지원했다. 광개토대왕은 먼저 백제군을 제압하고 신라로 들어가 일본군과 가야군을 물리쳤다. 그리고 가야를 쳐서 항복을 받고 일본을 몰아냈다. 당시 고구려의 군사력은 삼국을 통일하고도 남을 만큼 강력했다. 광개토대왕이 그때 막강한 군사력으로 신라와 가야, 그리고 백제까지 멸망시켜 통일된 한민족 국가를 건설할 수도 있었을 텐데, 그렇게 하지 않은 것은 어떤 이유 때문이었을까? 이보다 앞선 395년 백제를 칠 때도 수도 위례성(지금의 하남)을 점령하고 백제왕의 항복을 받아냈으나, 멸망시키지 않고 철군했다. 그것은 당시에 한민족의 통일 국가를 세운다는 의식이 부족해서가 아니라, 하나의 통일 국가 보다는 삼국의 정립이 주변의 외적들을 막아내는 데 훨씬 효과적이라는 판단에서였을 것이라고 필자는 추정해본다.

고구려에는 제가회의諸家會議라는 권력의 핵심기관이 있었다. 제가회의는 부족연맹체에서 출범할 당시부터 고구려가 주요 사안들을 부족장들이 모여 논의해 결정하는 제도였다. 가장 강력한 부족장을 의장으로 선출하고, 정사政事를 잘못 돌보는 왕을 폐위시키거나 전쟁의 선포와 고위관료의 임명과 국사범의 처리 등 주요 국사들을 결정했다. 제가회의는 왕이 주로 주재했으나 국상國相이 왕 대신 의장을 맡기도 했다. 그래서 제가회의는 왕권의 강화인 동시에 왕권에 대한 견제이기도 한 셈이었다.

고구려의 전성기는 광개토왕에서 장수왕 때까지 이어졌다. 장수왕은 송과 북위와 외교관계를 맺어 백제와 북위의 연합을 견제하는 한편 472년 수도를 국내성에서 평양성으로 이전한 다음 본격적으로 남진정책을 펼쳤다. 장수왕은 마침내 한강까지 밀고 내려왔으며, 아차산성 전투에서 백제의 개로왕을 전사케 하는 전과를 올렸다. 도읍을 하남에서 웅진성으로 옮긴 백제가 신라와 동맹해 대항하자, 481년 장수왕은 신라를 공격해서 호명성(지금의 청송군) 등 7개의 성을 점령했다. 이로써 고구려는 서쪽으로 요하, 북쪽으로 개원, 남쪽으로 아산만과 죽령에 이르는 광대한 영토를 차지하기에 이르렀다.

이후 삼국의 판도가 뒤바뀌는 또 한 번의 전기轉機가 온다. 한반도의 대부분과 만주대륙을 장악한 고구려가 동아시아 패권을 놓고 수隋·당唐과의 한판승부를 벌이게 된 것이다. 수는 네 차례(598년~614년) 대규모 군대를 동원해 공격해왔고, 당 역시 수차례(645년~649년) 대군을 이끌고 고구려를 침공했다. 남쪽에서는 신라와 백제가 공격해 옴으로써 고구려는 우군인 말갈족을 제외하고 고립무원의 국제적 고립상태에 빠졌다. 강력한 군사력과 을지문덕, 연개소문, 양만춘 등 명장의 출현으로 침략에서 나라를 지켜냈지만, 국력이 약해진 고구려는 안에서부터 서서히 무너지기 시작했다. 고구려의 권력투쟁과 이로 인한 내분은 의문 속에 죽은 제22대 안장왕 때부터 비롯되었다. 권력투쟁의 희생양이 된 안장왕의 뒤를 이은 제23대 안원왕도 545년 두 왕비 추군과 세군 사이의 암투에서 야기된 3년간의 무력 충돌 끝에 피살되고 말았다. 수와 당의 연이은 침공에 대비하느라고 일시 소강상태를 보인 고구려 내부의 권력투쟁은 연개소문의 쿠데타로 재발되었다. 642년 연개소문은 군사를 일으켜 제27대 영류왕을 시해하고 반대파 권신 180여 명을 살해한 뒤 권력을 장악했다. 연개소문은 제28대 보장왕을 꼭두각시 왕으로 옹립하고 전권을 휘둘렀다. 665년 연개소문 사후 그의 세 아들(男生, 男建, 男産) 간에 권력투쟁이 일어나 장남 연남생은 당나라에 항복했으며, 연개소문의 동생 연정토는 신라에 투항했다. 강력한 군사독재국가였던 고구려는 외침으로 망한 것이 아니라, 내분으로 무너지고 만 것이다.

　　　5세기에 고구려가 주도한 남진정책의 최대 피해국은 신라였다. 신라는 고구려에 죽령 이북과 실직주(지금의 삼척), 토맹성(지금의 청송군) 등 7개성을 빼앗겼고, 백제와 가야와 일본 연합군의 침공을 받아 서쪽 영토의 일부를 상실했다. 백제도 임진강과 한강 유역의 한반도 중심지역 모두를 고구려에 빼앗겼다. 건국 이후 최소의 영토로 위축된 신라와 백제는 실지失地 회복을 위해 '나제동맹'을 맺었다. 신라와 백제군은 연합하여 북진을 시작했다. 이때 백제는 523년 성왕이 즉위하고 신라에서는 540년 진흥왕이 왕위에 올랐다. 신라와 백제의 두 영걸지주英傑之主는 551년 손을 잡고 한강과 임진강 유역의 고구려군 축출전쟁을 벌였다. 가야군까지 가세한 나제연합군은 마침내 한강과 임진강 유역에서 고구려를 몰아냈다.

백제는 한강 하류의 6군을 회복했고, 신라는 한강 상류의 죽령 이북·철령 이남의 10군을 되찾았다. 하지만 백제와 신라의 동맹은 오래가지 못했다. 553년 이사부異斯夫가 이끈 신라군이 갑자기 동맹국인 백제의 한강 하류지역을 공격해왔다. 이사부는 512년 우산국을 정복해 울릉도와 독도를 신라의 영토로 편입한 당대 최고의 명장이었다. 한강 하류지역을 차지하기 위한 '나제전쟁'에서 허를 찔린 백제군은 속절없이 무너졌다. 신라는 한강 하류유역을 점령하고 그곳에 신주新州를 설치했다. 당시 백제에 대한 신라의 공격이 성공한 이유는 한강 유역을 모두 차지하려는 신라의 의욕이 컸던 데다 때마침 돌궐족의 침략을 받은 고구려가 신라가 한강 하류지역을 차지하는 것을 묵인해주었기 때문이었다. 신라의 배신에 분노한 백제는 곧장 신라의 관산성菅山城을 공격했다. 지금의 옥천지방에 있는 관산성 전투는 신라와 한강 유역을 연결하는 군사 요충지여서 두 나라의 운명을 건 치열한 싸움이 전개되었다.

백제군은 관산성을 함락시켰으나, 신주의 군주軍主인 김무력金武力이 은밀히 신라를 지원해 신라군이 승기를 잡았다. 결국 백제의 성왕이 전쟁터에서 신라 매복병의 기습을 받아 사망하고 전투는 신라의 대승으로 마무리되었다. 관산성 전투의 승리로 한강 유역은 신라의 영토가 되었다. 진흥왕은 여세를 몰아 562년 남쪽의 가야를 쳐서 멸망시켜 영토를 넓혔다. 이후 신라는 서로는 백제, 북으로는 고구려와 양면전쟁을 치러야 하는 상황이 되었다. 가야를 점령한 진흥왕은 곧 바로 북진정책을 강력히 추진했다. 한강에서 동북쪽으로 전진해 임진강 유역을 완전 장악한 뒤 비열홀주(지금의 안변지역)를 점령해 사찬沙飡 성종成宗을 군주로 임명했다. 그리고 그곳을 북진 기지로 삼아 전진을 계속해 568년 함흥평야를 장악함으로써 신라 역사상 최대의 판도를 이룩했다.

진흥왕은 점령지 곳곳에 순수비巡狩碑를 세웠다. 561년 경남에 창녕비를 세운 것을 시작으로 한강 유역에 북한산비, 임진강 유역에 감악산비, 함흥군에 황초령비, 그리고 이원군에 마운령비를 세웠다. 진흥왕은 이 같은 정복 전쟁과 함께 국민의 정신적 통합을 위해 적극적인 불교 진흥정책을 펼쳤다. 법흥왕 때 짓기 시작한 흥륜사를 545년 완공하고, 월성 동쪽에 짓던 궁전을 절로 바꿔 554년 황룡사를 세운 후 574년 신라 최대의 불상인 장육상丈六像을 조성했다. 진흥왕은 불교 교리 전파에도 힘을 기울이고 수많은 사찰을 건립하고 화랑제도를 창설하는 등 불교를 호국불교의 반석 위에 올려놓았다. 진흥왕은 특히 국가에 대한 자긍심을 심어주기 위해 개국開國(551년), 대창大昌(568년), 홍제鴻濟(572년) 등 독자 연호를 제정해서 사용하기도 했다.

삼국은 경쟁적으로 대륙과 해양으로 세력을 확장하는 한편 일본에 대한 문화 전파에도 적극적이었다. 특히 백제는 일본에 대한 문화 전파를 주도했다. 백제는 고구려의 남진정책과 신라의 서진정책西進政策에 밀리면서 규슈九州 등 일본 진출에 나섰다. 일본의 고대문화는 선사시대부터 삼한시대를 거쳐 삼국시대에 이르기까지 한국문화의 깊은 영향 아래 꽃피웠다. 특히 규슈에서 꽃핀 일본 고대문명은 백제인들이 건너가 주도했고 나라 지방의 아스카 문명도 가야와 백제 유민들의 손에 의한 것이었다. 4세기경부터는 백제 왕실은 일본 왕가와 혼인동맹을 맺었는데, 백제의 태자가 일본에 건너가 결혼하고 살다가 귀국하여 왕이 되었고, 백제의 왕녀가 일본 왕과 결혼해 태자를 낳기도 했다. 일본 태자에게 한자를 가르친 아직기阿直岐, 경학과 역사를 가르친 왕인王仁, 6세기 전반 유학을 전수한 마정안馬丁安 등 5경 박사, 천문학과 역법曆法을 전수한 왕보손王保孫, 이 밖에도 역사·지리·의학 등에 영향을 끼친 뛰어난 지식인들이 모두 백제 사람이었다. 사람뿐 아니었다. 음악, 춤, 그림, 불교, 말, 농기구 등등 문화·예술·종교·생활도구에 이르기까지 모든 것이 한반도에서 일본으로 전수되었다. 심지어 한민족 부족국가의 축제까지도 모방했으며, 그것이 오늘 일본의 마츠리(일본어 '마츠리'는 우리말 '맞이하다'에 연원을 두고 있다)의 원형이 되었다.

　　고구려는 영양왕 때, 담징曇徵이 건너가 법륭사 금당벽화를 그렸는데, 담징은 이때 오경五經과 종이 · 먹 · 맷돌의 제조법도 전수했다고 한다. 고구려의 승려 혜자惠自는 쇼토쿠聖德태자의 스승이 되었고, 혜관慧灌은 일본 삼론종三論宗의 시조가 되었으며, 이 밖에 고구려의 의학과 약학 기술도 일본에 널리 전파되었다. 신라는 조선술造船術과 축제술築堤術, 도기 제조법, 의약, 불상, 음악 등을 일본에 전수해주었다. 신라는 오늘의 일본 국호를 처음으로 칭해준 나라이기도 하다. 일본으로 건너간 한국인 지배자들은 애초에 일본을 '왜'라는 호칭으로 불렀는데 7세기 후반 삼국 통일을 주도한 문무왕 때에 이르러 왜를 일본으로 지칭했다.

　　모든 문화 전파는 한반도에서 일본으로 향하는 일방통행이었다. 일본에게서 우리가 받은 것은 전무라 해도 과언이 아니다. 그러나 일본은 역사를 고쳐 썼다. 일본에서 가장 오래된 역사서인『고사기古事記』와『일본서기日本書紀』는 유독 한 · 일 관계사에 초점을 맞춘 내용이 많이 실려 있으며, 존재조차 불분명한 일본 왕들의 이야기가 허위로 적혀 있어 역사서로는 신뢰도가 떨어지는 책이다. 이 역사서들은 백제의 역사를 일본 역사로 둔갑시켰으며, 도쿠가와 막부 시절에는 '국학國學'이라는 미명 아래 우리 문화전통을 마치 자기 것인양 견강부회牽强附會했다.

3

신라의 한반도 소(小)통일과
발해의 건국

한강 · 임진강 유역을 장악하기 위한 삼국의 쟁투는 오랜 기간 지속되었다. 그러나 삼국 중 한 나라가 한반도의 심장지대인 한강 · 임진강 유역을 장악하게 되더라도 이 지역을 넘어선 확전은 없었다. 이 지역을 백제가 장악했던 4세기에는 고구려와 신라의, 고구려 손에 이 지역이 들어갔던 5세기에는 백제와 신라의, 그리고 이 지역이 신라 지배 하에 놓인 뒤에는 고구려와 백제의 공세가 거셌다. 그러나 삼국 중 어느 나라도 이 지역을 수중에 넣은 뒤 그 여세를 몰아 상대국의 수도까지 밀고 들어가 상대를 멸망시키려 하지 않았다. 그 이유는 삼국이 한민족이란 동족의식을 갖고 있었기 때문이 아니었다. 그보다는 무력에 의한 통합이 결코 쉽지 않다는 현실적 판단과 이미 각각의 국가 틀이 안정된 상태였기 때문이었다.

그러나 삼국의 지배세력은 한강 · 임진강 유역의 패권을 놓고 공방을 거듭하면서, 한반도에 통일국가를 세워야 한다는 인식을 서서히 갖기 시작했다. 통일된 나라의 건설은 필연적으로 삼국 중 한 나라 외에 다른 두 나라가 사라지는 것을 의미했다. 통일을 위한 선제공격은 먼저 고구려와 백제의 연합으로부터 시작되었다. 6세기 여·제 연합군은 한강·임진강 유역을 장악한 신라를 남북에서 협공했다. 이때 위기에 몰린 신라에서는 나라를 구할 두 영웅 김춘추金春秋와 김유신金庾信이 혜성처럼 나타났다. 김춘추는 제25대 진지왕의 손자로서 이찬 김용춘의 아들이며, 어머니는 제26대 진평왕의 딸이다. 성골聖骨에서 진골眞骨로 강등되어 왕위 계승 서열에서 멀어진 김춘추는 화랑을 거쳐 정계에 입문했다. 조부인 진지왕이 정란황음政亂荒淫(음란한 행동으로 나라를 어지럽힘)의 죄로 화백회의에서 폐위되는 바람에 그의 아버지 김용춘도 왕위를 잇지 못했다. 그러나 가문이 처한 어려운 상황에 굴하지 않고 학문과 무예를 갈고 닦은 김춘추는 뛰어난 용인술과 외교술로 두각을 나타냈다. 특히 천하명장 김유신과의 만남은 그가 난세를 헤쳐나가는 데 결정적 힘이 되어주었다.

김춘추와 김유신은 삼국통일을 목표로 원교근공遠交近攻의 전략을 구사했다. 이를 위해 김춘추는 내치內治는 김유신에게 맡기고 외교에 전념했다. 김춘추는 일본에 건너가 일본과 백제와의 유대관계를 단절 내지 약화시키는 한편 당나라에 가서 고구려·백제 협공으로 위기에 처한 신라에 대한 군사지원을 요청했다. 김춘추는 당의 환심을 사기 위해 그동안 써오던 독자 연호를 폐지하고 당나라 연호를 채택한 후 정치체제도 모두 당나라식으로 고쳤다. 진덕여왕 사후 645년 화백회의에서 제29대 왕으로 추대된 김춘추는 김유신을 상대등에 임명해 왕권을 강화하는 한편 통일전쟁 준비에 들어갔다. 때마침 고구려가 백제와 연합해 북쪽 33개성을 공격해오자 김춘추는 당에 긴급지원을 요청했다. 이에 당은 북쪽에서 고구려를 공격하고, 660년 3월에는 나·당 연합군이 백제를 치고 들어갔다.

소정방蘇定方이 이끄는 당군 13만 명이 서해를 건너 백제의 사비성으로 진격하고 김춘추가 이끄는 신라군은 동쪽에서 백제의 사비성으로 진군했다. 김유신이 이끄는 신라군 5만 명은 황산벌에서 백제의 계백階伯이 이끄는 결사대 5,000명과 운명을 건 결전에 돌입했다. 김유신은 압도적 군사력으로 밀고 나갔으나, 네 차례에 걸쳐 번번이 패퇴했다. 이때 화랑 반굴盤屈이 홀로 말을 몰아 적진에 뛰어들어 싸우다 죽고, 이어 화랑 관창官昌이 단기로 뛰어들어 싸우다 생포되었다. 16살의 관창을 사로잡은 계백은 그 충의에 감탄하여 관창을 살려 보냈다. 돌아와서 물 한 모금을 마신 관창은 다시 말머리를 돌려서 백제 진영으로 달려들어 싸우다 죽었다. 이를 지켜본 신라군이 대반격을 개시해서 계백의 백제군을 무너뜨렸다. 660년 7월 13일 나·당 연합군은 마침내 사비성을 함락시켰다. 웅진성(지금의 공주)으로 도주한 백제 의자왕이 사비성으로 돌아와 항복하니, 건국한 지 678년 만에 백제는 멸망했다.

김춘추 사후 제30대 문무왕文武王에 즉위한 김인문金仁問은 부왕父王의 유지에 따라 고구려 정벌에 나섰다. 문무왕은 백제 부흥운동을 평정하고 당군과 함께 고구려를 남북에서 협공했다. 마침내 668년 9월 21일 나·당 연합군은 평양성을 함락시키고 고구려 보장왕의 항복을 받아냈다. 백제에 이어 고구려마저 정복한 신라는 두 가지 난관에 부딪혔다. 하나는 고구려 유민의 부흥운동이고 다른 하나는 당나라의 한반도 지배 야욕이었다. 즉 고구려 유민 검모잠劍牟岑을 비롯한 부흥운동세력의 저항이 강력하게 일어나고 있었으며, 당나라는 웅진도독부熊津都督府와 안동도호부安東都護府를 설치해 옛 고구려와 백제 지역을 지배했다. 심지어 신라 땅에도 계림도독부鷄林都督府를 두려 했으며 일본에는 축자도독부筑紫都督府를 설치하려 했다.

이제 신라의 당면과제는 백제와 고구려의 옛 땅을 당의 지배로부터 회복하고 자주국으로서의 위상을 확립하기 위해 당군과 일전을 벌이는 것이었다. 신라는 당나라의 관할 아래 있던 한강·임진강 유역의 63 개성을 탈환하고 사비성에 있던 당나라의 꼭두각시 웅진도독 부여륭扶餘隆을 견제하기 위해 백제의 옛 땅 금마저에 고구려 유민 안승安勝을 정착시켰다. 이에 당나라는 674년 대군을 일으켜 신라 정벌에 나섰다. 그러나 신라는 675년 매초성(지금의 적성 칠중성) 전투에서 당나라의 이근행李謹行이 이끄는 20만 군사를 격파하고, 이듬해에는 서해를 따라 내려오던 설인귀薛仁貴의 해군도 기벌포(지금의 금강하류)에서 격파했다. 이로써 신라는 한반도의 대동강 이남 지역을 완전히 장악하게 되었다. 신라가 주도한 최초의 한반도 통일이 이루어진 것이었다.

신라의 한반도 통일에 대해 대동강 이북의 한반도와 만주대륙에 걸친 고구려의 옛 영토를 상실한 점을 들어 '실패한 통일', '미완성의 통일'로 평가절하하려는 견해가 있다. 그러나 한반도를 중심으로 한 한민족 최초의 통일국가였다는 점에서 신라의 한반도 통일은 그 의미가 자못 크다. 굳이 말한다면 '한반도의 소통일小統' 징도로 자리매김해야 할 것이다. 실제로 신라의 소통일은 한민족의 한반도 시대를 열었다. 또 신라가 외세를 빌려 동족국가들을 멸망시켰다고 보아 신라의 소통일은 반민족행위로 비판하는 견해도 있다. 그러나 패권을 놓고 다툰 삼국 중 어느 한 나라도 외세를 빌려오지 않은 나라는 없다. 삼국 공히 외세와 손잡고 상대국을 공격하는 전략과 전술을 구사했다는 사실에 주목해야 한다. 당나라와 손잡은 신라만을 겨냥해 비판할 수는 없다. 더욱이 신라는 백제와 고구려가 멸망한 뒤 한반도 전체를 수중에 넣으려던 당나라에 무력으로 맞서 당군을 몰아냈다는 점을 오히려 높이 평가해야 할 것이다.

고구려 유민들도 만주지역을 중심으로 역동적인 부흥운동을 전개했다. 그 중심에 대조영大祚榮이 있었다. 뛰어난 전략가였던 대조영은 698년 말갈족의 협조를 얻어 발해渤海를 건국했다. 고구려가 멸망한 지

30년 만에 만주의 동모산(지금의 길림성 돈화시)을 수도로 건국한 발해의 영토는 대동강 이북의 한반도와 요동지방, 송화강·아무르강 유역, 회덕·장춘·농안 등 지금의 연해주와 하바롭스크 전 지역을 지배했다. 이로써 한민족은 대동강 남쪽의 한반도와 대마도 및 일본의 규슈지방을 장악한 신라와 대동강 이북의 옛 고구려 영토와 연해주까지 아우르는 발해의 남북국시대를 열었다.

신라와 발해는 때로는 영토분쟁을 일으켰으나, 이전의 삼국시대처럼 치열한 통일경쟁을 벌이지는 않았다. 대신 신라는 대륙을 향한 북방진출보다는 해상을 통한 남방진출에 힘을 쏟았다. 청해진(완도)과 당성진(당진), 혈구진(강화도)등에 군진軍鎭이 설치되어 해적을 소탕하고 해상무역을 발전시켰다. 특히 장보고는 청해진에 만 명이 넘는 병력을 확보해서 서해와 동중국해 일대를 장악했다. 이 시기 중국 산동성에 신라방新羅坊이 설치되고 대마도와 규슈지방이 신라의 지배 하에 들어왔다. 신라의 해양대국 시대가 열린 것이다.

발해는 건국 초기에는 고구려처럼 당과 신라의 협공을 받을 것에 대비해서 북쪽의 돌궐족과 남쪽의 일본과의 관계를 개선하는 등 국제적인 외교안보 전략을 구사했다. 그러나 신라와의 관계가 좋아진 이후 동북쪽의 연해주 진출에 집중할 수 있었다. 마침내 발해는 10대 선왕宣王에서 14대 위해왕에 이르는 동안 국력이 크게 신장돼서 연해주 전역을 장악하게 되었다. 이 같은 발해의 대륙진출과 신라의 해양진출은 남북으로 영토와 영해를 넓혀 삼국시대보다 더 넓은 영역을 지배한 남북국시대를 열었다.

대발해국은 영토 확립과 함께 문화 창달을 도모하여 당이 '해동성국海東盛國'으로 부를 정도였다. 실제로 발해는 요하에서 송화강·아무르강에 이르는 지역 및 연해주에 걸친 광활한 땅이 한민족의 영토임을 다시 한 번 입증해주었다. 그러므로 발해사는 오늘날 중국과의 압록강 북쪽 지역에 대한 영토 분쟁과 러시아와의 두만강 북쪽 연해주 영토분 쟁에 있어 중요한 자료를 제공한다는 점에서 그 의미가 크다. 따라서 발 해의 멸망이 우리민족에게 안겨준 비애는 더할 나위 없이 크다. 이로 말 미암아 만주와 연해주와 요동의 넓은 영토를 잃고 반도국가로 위축되었 기 때문이다. 그렇지만 동시에 발해의 멸망은 이후 한민족의 역사가 남 방계 한민족의 주도로 엮어지기 시작했음을 의미하기도 했다. 다시 말 해 발해의 멸망은 고조선과 삼한, 고구려와 신라, 발해와 고려가 대륙과 반도에 걸쳐 함께 엮어온 한민족 역사시대가 저물고 반도국가로서의 한 민족 역사시대가 열리게 된 출발점이었다.

　　여기서 우리는 발해의 멸망을 아쉬워하지 않을 수 없으며, 망국 의 이유를 좀 더 깊이 있게 고찰할 필요를 느낀다. 발해의 멸망은 내인內 因과 외인外因으로 나눠 살펴볼 수 있다. 먼저 내인으로는 지배층의 사치 와 향락, 과도한 세금 징수와 부역 부과, 그리고 문신과 무신 간의 권력투 쟁이 심해지면서 지배층과 백성 사이에 공동체 의식이 붕괴된 점을 꼽 을 수 있겠다. 건국 초기에는 지배층과 민초들이 합심하여 주변의 이민 족들을 밀어내고 영토를 넓혀나갔다. 이렇게 확장된 영토를 지키기 위 해 백성들에게 세금과 병역, 노역 등의 무거운 짐이 지워졌지만, 지배층 은 사치와 향락, 안일에 빠져 주변 이민족들의 침략에 대한 대비책을 세 우는 데 게을렀던 것이다. 주변 국제정세는 급박하게 돌아가기 시작했 다. 907년 당나라가 주전충朱全忠의 후량後梁에 망하고, 923년 후량은 이 존욱李存勖의 후당後唐에 멸망하고 신라도 국력이 쇠퇴해 신라 · 후백제 · 태봉(훗날 고려)의 후삼국이 분립해 과거 삼국시대처럼 물고 물리는 각축 전의 소용돌이에 휘말렸다. 그런가 하면 906년 발해 서쪽 질라부迭剌部의 귀족 야율아보기耶律阿保機가 혜성처럼 나타나 거란의 여러 부족들을 묶어 거란을 세웠다. 거란은 916년 대군을 일으켜 주변의 돌궐 · 토혼 · 당황 · 소번 · 사태 등 여러 종족들을 공격해 모두 굴복시켰다. 거란은 중국 북부지역을 평정한 다음 발해를 정복하기 위한 작전에 들어갔다. 거란은 아율아보기의 3촌뻘 되는 할저가 반역을 꾀하다 발각되어 도망한 것으로 가장해 발해에 거짓 귀순하게 했는데, 발해는 내막을 모른 채 할저를 받아들여 중책을 주자 그는 발해의 내부 상황을 파악해 거란으로 도망쳤다. 919년 거란은 대군을 출동시켜 발해를 공격했으나, 발해군의 완강한 저항에 부딪혀 실패했다. 그러나 연이은 거란군의 공격에 925년 부여성이 함락되었고 이듬해 수도 상경용천부도 거란의 수중에 떨어지고 말았다.

그러나 멸망 후 200여 년간 발해 유민들의 부흥운동은 줄기차게 전개되었다. 다음은 북한이 펴낸『발해사』의 마지막 대목이다. "옛 발해국을 되찾기 위하여 발해 유민들은 근 200년 동안 줄기찬 투쟁을 벌여 왔으며 그 결과 정안국과 오사성 발해국, 흥료국과 대발해국을 창건할 수 있었다. 고구려, 발해를 계승한 이 소국들의 출현은 자기나라를 옹호하고 외적을 반대하는 우리 선조들의 불굴의 민족적 기상의 발현이라고 할 수 있다." 북한은 이『발해사』에서 신라가 동족인 발해를 탐탁지 않게 여긴 나머지 733년 당나라와 연합군을 만들어 발해를 공격한 적이 있고, 발해가 거란국의 침공을 받아 지원을 요청했는데도 끝내 도와주지 않았다고 비판했다. 북한의 주체사관에 따르면, 한민족 역사상 최초의 남북국시대(신라 · 발해)에서 발해의 존재가치가 신라를 훨씬 압도한다. 즉 발해는 고구려의 부흥운동으로 건국되었고, 거란에 의해 멸망한 이후에도 줄기찬 발해 부흥운동을 벌였으며, 이 운동의 연장선상에서 고려가 건국되었다는 것이다. 이 같은 발해중심사관은 한민족의 역사적 전통이 삼국시대의 고구려에서 발해를 거쳐 고려로 이어졌다고 보려 하기 때문에 탄생했다.

　　그러나 북한의 발해중심사관은 지나친 논리적 비약이며 과장이다. 이러한 역사해석은 조선민주주의인민공화국이 고구려에서 발해를 거쳐 고려와 조선으로 이어진 적통을 계승한 국가임을 주장하기 위한 아전인수식 역사왜곡일 뿐이다. 물론 한민족 역사에서 발해의 존재가 소홀하게 취급된 것은 사실이다. 특히 만주와 한반도의 대동강 이북 지역을 자국 영토로 간주해온 중국 역사가들과 오랜 세월 이를 추종해온 사대주의사가事大主義史家들에 의해 발해의 존재가치가 의도적으로 평가절하되었다. 더구나 대한민국 건국 이후에도 분단에 따른 발해사 연구의 제약 때문에 우리 학계가 발해사 연구에 소홀했던 점을 간과할 수 없다.

　　비록 북한의 역사적 정통성을 주장하려는 정치적 목적에서였지만, 북한학계의 발해사 연구에 힘입어 우리 학계에서도 발해사를 바로 보고 다시 쓰게 된 것은 참으로 다행스러운 일이라 하겠다. 발해는 신라와 더불어 최초의 남북 2국 시대를 엮어나간 한민족 역사의 중요한 한 축軸임에 틀림이 없다. 그리고 고구려 멸망 이후 거란족에 빼앗겼던 만주와 연해주의 광활한 영토를 되찾아 230년 동안 지배했다는 점에서 우리 역사상 발해의 존재가치는 아무리 강조해도 지나치지 않는다. 발해의 멸망으로 만주와 연해주는 한민족의 손을 떠났다지만, 발해의 일부 영토와 왕족, 그리고 유민들이 신라와 고려로 귀부한 것은 중요한 의미를 지닌다. 그것은 발해의 꿈과 민족적 정통성이 통일신라와 고려에 계승되어 한민족의 위대한 역사의 한줄기가 되었기 때문이다.

3_장

고려의 중통일

세계는 그때

9세기 말에 접어들면서 동·서양 세계에서는 패권을 쥐기 위한 신흥세력들의 치열한 쟁투가 벌어졌다. 콘스탄티노플에 도읍한 동로마제국(비잔틴제국)은 891년 원유를 원료로 화염폭탄을 제조해 전투력을 향상시켰고, 중국에서는 코크스를 이용한 제철법이 발명되어 철 생산량을 크게 늘려 전투력은 물론 산업도 발전했다. 북유럽에서는 노르만의 일족인 데인인Danes이 세력을 불리더니 수차례에 걸쳐 잉글랜드를 침공한 끝에 1016년 크누드Canute가 덴마크·잉글랜드의 왕에 즉위했으며, 1028년에는 노르웨이까지 판도를 넓혔다.

중동지역에서는 이슬람제국의 힘이 약화되자, 중앙아시아의 투르크족이 흥기하여 소아시아에 침입해 성지 예루살렘을 점령했다. 이에 위기에 몰린 동로마제국 비잔틴 황제가 로마 교황에게 도움을 요청했다. 평소 야심이 많던 교황 우르바누스 2세Urbanus II는 남프랑스 클레르몽에서 공의회를 열고 원정개시를 결의했다. 이것이 제1회 십자군 원정(1096년)이다. 연이은 원정은 제2회(1147년), 제3회(1189년)에서 7회까지 이어졌으나 모두 실패로 끝나고 1291년 십자군의 마지막 거점인 야콘Yarkon의 함락과 함께 200년에 걸친 십자군 운동은 막을 내렸다.

십자군 원정은 이슬람교도에 대한 성전聖戰이라는 미명 아래 너

무도 많은 학살을 자행, 가톨릭의 암울한 기록으로 남아있다. 그럼에도 서유럽을 열광시킨 십자군 운동은 유럽사회에 커다란 변혁을 가져왔다. 무리한 원정을 강행했던 제후들이 몰락하고 상대적으로 왕권이 강화되어 통일국가로 가는 수순을 밟기 시작했다. 또한 십자군 수송을 맡았던 이탈리아 도시들이 무역의 중심지로 급성장하고 도로망이 확장되어 상업이 활성화되었다. 상업 발달은 자연 인구가 밀집하는 도시를 탄생시키고 그곳에서 물류 네트워크가 사방으로 퍼져갔다. 특히 영국의 유대인 상인들이 원정비용을 부담했으며, 신성 로마 황제 하인리히 6세에게 포로로 잡힌 사자왕 리처드 1세Richard I의 몸값을 지불하는 등 전쟁에 편승해 많은 이권을 따내기도 했다.

동양에서는 960년 송宋이 중국에 들어서고 1115년에는 여진족이 금金을 건국했으며, 1192년에는 일본 가마쿠라鎌倉막부가 세워졌다. 특히 요원의 불길처럼 일어난 몽골제국은 1206년 칭기즈 칸의 즉위를 계기로 남쪽과 서쪽으로 급속히 세력을 팽창했다. 부친이 독살을 당한 뒤 고난에 찬 유년시절을 보냈던 소년 테무진이 45세가 넘어 몽골고원의 여러 부족을 통일하고 몽골제국의 지배자가 된 것이었다. 그는 당시 몽골고원을 지배하고 있던 금의 군사제도를 받아들여 십진법을 토대로 강력한 중앙집권체제를 갖춘 다음 중앙아시아 상업망인 실크로드 통상로를 따라 서아시아 제국을 공략해 들어갔다. 특히 서아시아의 신흥세력인 호라즘Khwarezm 제국을 차례로 격파했다. 칭기즈 칸의 뒤를 이은 아들 오고타이 칸은 1234년 스승 격이었던 금나라를 멸망시키고, 남러시아 평원에 사령관 바투Batu를 파견해 키에프 공국公國을 비롯한 러시아 전체를 정복했다. 러시아는 그 후 240년 동안 몽골의 지배를 받았다. 바투가 이끄는 몽골군은 내친 김에 헝가리와 폴란드로 쳐들어가 유럽연합군을 격파하고 킵차크Kipchak 한국汗國을 세웠다.

1251년 형 몽케가 제4대 칸의 자리에 오르자 쿠빌라이는 중국 방면의 대총독에 임명되었다. 그는 송의 수도 북경을 점령한 후 원元을 세웠으며, 1279년에는 회하淮河 이남으로 쫓겨간 남송南宋을 멸망시킨 뒤 베트남·버마·자바 등 남아시아 전역을 정복했다. 이 원나라가 한반도를 중中통일한 고려를 여섯 차례의 전쟁 끝에 굴복시켜 속국으로 삼고 여·몽 연합군을 결성해 1274년과 1281년 두 차례에 걸쳐 일본을 침공했으나 실패했다. 4대 몽케 칸은 이슬람세계 정복에 나서 바그다드를 함락시키고 일한국一汗國을 세움으로써 7세기 이후 세계사를 이끌어온 이슬람 제국을 역사의 뒤안길로 사라지게 했다.

서양에서는 잉글랜드가 1284년 웨일즈를 병합하고 1295년 모범의회제를 출범시켰으며, 프랑스도 1302년 삼부회三部會를 구성하는 정치개혁을 실시하더니 1337년 영·불 간의 백년전쟁이 폭발했다. 표면상으로는 왕위계승문제를 둘러싸고 일어난 전쟁이었으나 실제로는 포도주와 모지물 산지인 플랑드르Flandre와 포도주 산지인 보르도Bordeaux에 대한 지배권을 잡기위한 전쟁이었다. 영국이 승리할 것 같았던 이 전쟁은 어린 소녀 잔 다르크Jeanne d'Arc의 등장으로 영국군이 프랑스에서 패퇴함으로써 100년 동안 단속적으로 벌어졌던 전쟁이 막을 내렸다. 백년전쟁은 이슬람세계에서 전해진 총과 대포가 전장에서 위력을 발휘하는 현장이 되었다.

초원의 유목민에게 한족漢族의 나라를 빼앗겼던 중국에서는 1351년 홍건적의 난이 발발하는 등 원나라의 힘이 급격히 약화되는 가운데 1368년 한족 출신 주원장朱元璋이 명나라를 세웠다. 이러한 변화의 와중에서 요동정벌에 나선 이성계李成桂가 '위화도 회군'을 단행해 고려를 멸하고 조선을 건국했다.

1
후삼국의 정립과
고려의 한반도 중(中)통일

      당군과 연합해서 백제와 고구려를 멸하고 대동강 이남의 한반도를 통합하는 이른바 한민족의 소小통일 시대를 연 신라는 안으로는 제도개혁을 통해 국력신장을 꾀하는 한편, 밖으로는 고구려 유민을 흡수해 고구려 고토를 회복하기 위한 북진정책을 추진했다. 신라 문무왕文武王은 넓어진 영토를 효율적으로 관리하기 위해 귀족의 권한을 약화시키고 국왕과 관료의 권한을 강화해서 중앙 집권적 관료제도를 확립했다. 특히 신문왕神文王은 681년 왕비의 아버지 김흠돌金欽突의 반란사건을 계기로 귀족세력을 숙청하고 수도 경주의 지정학적 편협성을 보완하기 위해 전국에 9주 5소경을 설치했다. 주州는 신라(상주·양산·진주), 백제(공주·광주 전주), 고구려(한성·춘천·강릉)의 옛 땅에 각각 3군데씩 설치하고 이를 관장할 관리로 군주軍主를 파견했으며, 원주·충주·청주·남원·김해 오소경五小京에는 경주와 지방의 귀족들을 옮겨 살게 했다. 통일신라시대에 풍수지리 사상이 크게 발달한 것도 이 같은 한반도의 정치적·지리적 중심을 찾는 필요에서 기인한다.

　　신라 말기에 한반도 전체를 풍수지리학적 관점에서 답사 연구한 선승 도선道詵은 한반도의 중심인 개성·평양·한양이 통일신라의 수도가 돼야 한다고 설파했다. 당시의 수도 경주는 국토의 중심이 아니라는 것이었다. 도선이 초석을 쌓은 풍수지리사상은 통일신라를 지나 고려와 조선왕국에서도 정치·사회·문화 각 분야에 지대한 영향을 미쳤다. 그리고 그의 예언대로 훗날 고려의 왕건은 수도를 철원에서 개성으로 옮겼고, 이성계는 개성에서 한양으로 천도했다. 풍수지리설에 따르면, 신라가 고구려와 백제를 멸하고서도 대동강 이북지역을 통합하지 못한 것은 수도 경주가 삼국 정립시의 신라 도읍지로서는 손색이 없었으나 통일신라의 도읍지로서는 적합하지 않았기 때문이라고 한다.

　　아무튼 영토가 넓어진 통일신라는 수도 경주의 지정학적 편협성 때문에 중앙 귀족세력과 지방 호족세력들이 급속히 성장하기 시작했다. 지방 호족들은 경제력을 바탕으로 자체 군사력을 갖추게 되고 그들의 세력이 커지면서 수도 경주에 있는 국왕의 지배력은 급속히 약화되었다. 대공大恭의 난(768년)과 김헌창金憲昌의 난(822년)에 이어 장보고張保皐의 난(839년)이 잇따라 일어났지만, 사치와 향락에 빠진 무능한 왕들은 백성들의 신망을 잃었다. 지방 호족과 야심가들이 살기 어려워진 민중들을 선동해서 전국 곳곳에서 반란을 일으켰다. 889년 사벌주(지금의 상주)에서 일어난 원종元宗·애노哀奴의 난을 필두로 충주에서 기훤箕萱이, 원주에서 양길梁吉이, 전주에서 견훤甄萱이 잇따라 반란을 일으켰다. 양길의 휘하에서 독립한 궁예弓裔는 901년 한강과 임진강 유역을 점령하고 개경을 수도로 후고구려를 건국했다. 국호를 마진摩震으로 고친 궁예는 905년 철원으로 천도하고, 911년 국호를 태봉泰封으로 개칭(911년)했다. 이에 앞서 900년 견훤은 백제 유민들의 반 신라감정을 이용, 완산주(지금의 전주)

에 후백제를 세웠다.

　이로써 한반도는 다시 신라와 후고구려, 후백제가 뒤엉켜서 서로 치고받는 통일전쟁의 소용돌이 속으로 빠져들었다. 후삼국시대 초기엔 후백제의 견훤이 가장 큰 세력을 형성했지만, 후고구려의 왕건王建이 918년 궁예의 폭정을 타도하고 고려高麗라는 새로운 나라를 개성에 세우면서 힘의 중심은 급속히 고려로 쏠리기 시작했다. 이후 한반도의 지배권을 둘러싼 싸움은 주로 왕건과 견훤 사이에서 벌어졌다.

　왕건의 통일전략은 견훤을 무력으로 제압하고 신라를 평화적으로 흡수·통합하는 것이었지만, 견훤의 통일전략은 고려와 신라 모두를 무력으로 굴복시키는 것이었다. 결과적으로 보면 왕건의 전략이 적중했다. 견훤은 무력으로 경주를 쳐서 경애왕景哀王을 폐위시키고 경순왕敬順王을 세웠다. 사실상 신라는 후백제의 속국이 된 것이다. 그러나 견훤의 무력 침략은 신라 민심을 견훤을 떠나 왕건에게 쏠리게 하는 결과를 빚었다. 견훤이 세워준 경순왕은 935년 천년 사직社稷을 들고 개성에 가서 왕건에게 바쳤다. 천년을 지켜온 신라의 허무한 멸망이었다. 신라의 붕괴가 전쟁을 거치지 않고 이뤄졌다는 점에서 당시 신라 내부의 국론분열이 얼마나 극심했는지를 짐작할 수 있다. 당시 신라의 국론은 세 갈래로 나뉘었다. 고려에 항복하자는 국왕파와 후백제에 항복하자는 파, 그리고 죽을 각오로 천년사직을 지키자는 왕자王子파로 분열해 싸운 끝에 국왕파의 뜻에 따라 왕건에게 항복한 것이다.

　신라가 멸망한 이후 견훤에게 항복하자는 파는 후백제로 가서 몸을 의탁했고, 고려에 항복한 경순왕과 귀족들은 직위에 맞는 내우를 받았다. 경순왕은 왕건의 맏딸 낙랑공주와 결혼하고 정승이 되었다. 그에게는 급록 1천 석이 주어졌고 경주를 식읍으로 받았다. 고려에 투항을 반대했던 태자는 망국의 한을 되씹으며 삼베옷을 입고 지냈다고 해서 훗날

마의태자麻衣太子로 불리었다. 당시 경순왕이 반대를 무릅쓰고 나라를 들어 고려에 바친 명분은 신라를 지키기 위해 맞서 싸우다가는 백성의 죽음과 고통이 더욱 심해지므로 이를 예방하기 위해서였다는 이야기도 있다. 경순왕의 행위에 대한 역사적 평가는 나라를 팔아 일신의 영화를 취했다는 부정적 평가와 한민족의 통일국가 건설을 위해 대승적 결단을 했다는 긍정적 평가가 엇갈린다. 백제와 고구려를 쳐서 한반도의 소통일을 이룩했던 신라는 천년사직을 포기하면서 고려의 한반도 중통일에 결정적 역할을 했다. 신라가 발해보다 9년 뒤 멸망했으므로 신라ㆍ발해의 남북국시대는 260여 년간 지속된 셈이다.

후삼국 중 가장 강력한 군사력을 보유했던 후백제는 견훤의 아들들이 권력을 놓고 이전투구를 벌이면서 급격히 약화되기 시작했다. 아들들의 권력투쟁에 전의를 상실한 견훤이 고려에 항복한 뒤 아들들은 차례로 고려군에 의해 진압되었다. 고려의 후삼국통일이 완성(936년)된 것이다.

왕건의 후삼국통일은 신라의 삼국통일보다 더 큰 역사적 의미를 갖는다. 신라의 삼국통일은 당이라는 외세의 도움을 받아 이룩했지만, 고려의 후삼국통일은 외세 지원 없이 자력으로 성취했기 때문이다. 왕건이 외세의 지원 없이 후삼국을 통일할 수 있었던 것은 중국대륙에서 정치적ㆍ군사적 격동이 반복적으로 일어났기 때문이다. 즉 강력한 당나라가 사라진 907년부터 송이 대륙을 통일하는 960년까지 5대10국五代十國의 혼란기가 지속되었다. 만주대륙에서는 거란족이 세력을 확대하는 등 대륙의 정세가 크게 요동쳐서 어느 나라도 한반도 문제에 눈을 돌릴 여유가 없었다. 앞선 한반도 역사의 흐름이 잘 말해주듯이 대륙의 이민족들이 서로 싸울 때, 한반도의 한민족에게는 안정 속에 세력을 떨칠 기회가 주어졌다.

왕건은 후삼국을 통일함과 동시에 과감한 북진정책을 펼쳐 신라의 삼국통일 때 확보된 북쪽 국경선을 대동강을 넘어 청천강까지 올리고 동북쪽으로도 원산만에서 영흥까지 확대했다. 한반도 중통일의 길을 연 것이다. 특히 왕건은 거란의 침공으로 926년 발해가 멸망한 이후 신라에 귀의하지 않고 부흥운동을 전개하던 발해 왕족과 유민들을 적극적으로 받아들였다. 발해국의 세자 대광현大光顯에게 왕씨성을 내려 왕계王繼라 명명하고 왕족으로 우대하는 한편, 유민들에게는 관직과 토지를 주어서 고려 백성으로 대우했다. 또한 고려통일에 비우호적이던 호족豪族 세력들을 국가권력 안으로 포섭하기 위해 호족들에게도 역시 왕씨 성을 하사하는 사성賜姓정책을 펼치는 한편 호족의 딸을 왕비로 맞는 등 적극적인 호족 포용정책을 썼다. 이로써 고려가 후삼국뿐 아니라, 발해국까지 통합한 한민족의 정통국가임을 대내외에 선언한 것이다.

2
고려의 북진정책과
대몽항전

왕건이 나라 이름을 고려라 한 것은 만주와 한반도를 지배했던 고구려 계승의식의 발로였다. 동시에 고구려의 후속 국가로 대조영이 세웠던 발해의 정통성도 이어받겠다는 것이기도 했다. 고구려·발해 계승을 천명한 왕건은 여진족을 쳐서 몰아내고 평양을 서경西京으로 승격시켜 북진정책의 전진기지로 삼았다. 평양에는 개성과 비슷한 규모의 관청을 설치해서 자신의 동생 왕식렴王式廉을 태수로 임명했다. 왕건은 특히 발해 유민들을 유치하기 위해 심혈을 기울였다. 그 결과 938년 발해인 박승朴昇이 3천여 호를 이끌고 귀순하자 왕건은 그를 환대했다.

그러나 왕건의 북진정책은 당시 한반도 북부에서 세력을 키우고 있는 여진족과 더 북쪽에서 강력한 세력으로 커져 요나라를 세운 거란족이 버티고 있어서 쉽지 않았다. 이 때문에 왕건은 여진족과 수많은 전투를 치렀지만 서쪽으로는 청천강 이남, 동쪽으로는 영흥 이북까지 여진족을 밀어내는 데 만족해야 했다. 왕건이 여진족을 밀어내면서 북진을 계속하자 거란은 942년 사신을 보내 화친을 제의해왔다. 그러나 왕건은 발해를 멸망시킨 원수 나라와는 화친할 수 없다면서 사신을 귀양 보내고 선물로 갖고 온 낙타를 굶어죽게 했으며 국교단절을 선언했다. 당시 왕건은 북진정책의 성공을 위해서는 국민의 정신적 통합이 무엇보다 중요하다고 보아 지나친 숭불정책에 제동을 거는 한편 제왕의 덕치德治를 중시하는 유교적 인본사상을 강조했다. 이 점은 그가 죽기 전에 후대 왕에게 남긴 '훈요10조訓要十條'에 잘 나타난다.

1) 불교를 진흥시키되, 승려들의 사원쟁탈을 금지할 것.
2) 사원증축을 경계할 것
3) 서열에 관계없이 덕망 있는 왕자가 왕위를 잇도록 할 것
4) 중국 풍습을 억지로 따르지 말고 거란의 풍속과 언어를 본받지 말 것
5) 서경에 100일 이상 머물러 왕실의 안녕을 도모할 것
6) 연등회와 팔관회 행사를 증감하지 말고 원래 취지대로 유지할 것
7) 상벌을 분명히 하고 참소를 멀리하며 간언諫言에 귀 기울여 백성의 신망을 잃지 말 것
8) 차령산맥 이남 공주강(지금의 금강) 외곽출신은 반란의 염려가 있으므로 벼슬을 주지 말 것
9) 백관의 녹봉을 증감하지 말고 병졸들의 사기진작을 위해 매년 무예가 출중한 자에게 적당한 벼슬을 줄 것
10) 경전과 역사서를 널리 읽어 옛일을 교훈삼아 반성하는 자세로 정사에 임할 것

그러나 왕건이 고구려와 발해 고토회복의 깃발을 내걸고 평양을 북진정책의 전진기지로 삼은 것은 훗날 개경파와 서경파가 대립하며 왕위쟁탈전을 벌이는 화근이 되었다. 왕건 사후 개경파에 의해 2대 왕 혜

종惠宗이 등극하고 다시 서경파에 의해 3대 왕 정종定宗이 등극하는 등 극심한 파란이 일었다. 특히 정종은 947년 서경천도를 선언하고 대규모 궁궐 축조공사를 시작했다. 정종이 개성의 지기地氣가 다했다는 명분으로 서경천도를 천명하는 한편 거란군의 침입을 막기 위해 광군光軍 30만 명을 조직하는 등 북진정책에 채찍을 가했다. 이에 개경파가 반기를 든 상황에서 정종이 갑자기 병들어 죽으니, 서경 천도도 물거품이 되었다. 제4대 왕에 등극한 광종光宗은 건국 이후 골이 깊어진 개경파와 서경파의 파벌 싸움을 근본적으로 치유하기 위한 개혁작업을 단행했다.

광종은 호족세력을 눌러 왕권을 강화하는 동시에 민생을 안정시키고자 유교적 관료정책을 과감히 도입했다. 광종이 펼친 개혁정치의 두 날은 노비안검법奴婢按檢法과 과거제科擧制의 실시였다. 노비안검법은 노비 실태를 파악하여 부당하게 노비가 된 사람들을 해방시키는 법으로서, 당시 호족들의 경제적 · 무력적 기반이 된 노비들을 원래의 신분으로 되돌렸다. 과거제는 사회에 널리 인재를 찾아 관직을 부여하는 제도로서, 당시 호족들의 자제나 호족들이 추천하는 자들로 채워지던 관료사회에 일대 변혁이 일어났다. 958년 노비안검법과 과거제의 실시로 호족들은 힘을 잃었다. 광종은 960년 강화된 왕권의 상징으로 '준풍峻豊'이란 독자 연호를 채택해 대외적인 국가 위상을 제고시켰다. 이러한 자주정책이 가능했던 이유는 독자 연호를 써도 시비를 걸 수 없을 만큼 당시 중국 후주後周의 힘이 약해졌기 때문이다.

광종에 이어 제5대 왕이 된 성종成宗은 안으로는 화합정치를 펴면서, 밖으로는 북방민족의 침입에 대비해 중국과의 외교를 강화했다. 이 무렵 중국 대륙에서는 5대10국의 혼란을 수습하고 중원을 통일한 송과 만주대륙을 석권한 거란이 대륙의 패권을 잡기 위한 대회전大會戰의 전운이 감돌았다. 거란은 송을 치기 위해 고려와의 화친을 제의해왔으나,

960년 발해 유민들이 압록강 중류지역에 세운 정안국定安國을 공격해 멸망시켰다. 이에 정안국의 왕족과 유민들이 고려에 유입되었다. 이후 거란은 고려를 침공할 만반의 준비를 갖추고 기회를 엿보고 있었지만, 고려도 거란의 침공을 예측하고 만반의 대응태세를 갖추고 있었다. 거란은 압록강 하류에 내원성來遠城을 쌓고 여진족 잔류세력과 고려의 접촉을 차단했다. 그리고 마침내 수십만 대군을 동원해서 고려로 밀고 들어왔다. 993년 1차 공격에 맞서 고려군은 청천강 전선에서 거란군의 침공을 막아냈다. 당시 거란군 공세에 놀란 고려 조정에서는 청천강 이북의 평안도 지역을 거란에 내어주고 화친하자는 주장이 제기되었다. 그러나 중군사로 거란군과 대치하고 있던 서희徐熙가 적진으로 직접 나가서 적장 소손녕蕭遜寧과 담판해 거란군의 철군을 이끌어냈다. 협상내용은 다음과 같았다.

1) 고려는 만주를 차지했던 고구려의 후신이므로 청천강 북쪽의 여진 땅을 차지할 권리가 있다.
2) 고려가 여진 땅을 차지하여 거란과 국경을 접하게 되면, 마땅히 거란과 외교관계를 맺는다.

이때 거란이 고려의 제안을 순순히 받아들인 이유는 고려와의 국경을 평화롭게 유지하면서 송을 공략하기 위해서였다. 거란군이 퇴각한 뒤에 고려는 청천강 이북과 압록강 이남의 여진 땅에 강동6주江東六州(興化鎭, 龍州, 通州, 鐵州, 龜州, 郭州)를 설치하고, 여기에 견고한 성을 쌓았다. 이처럼 고려가 압록강까지 영토를 확장하자, 거란은 강동6주를 넘겨달라고 강요했고 고려는 이를 거절했다. 그런데 이때 공교롭게도 서북면 도순검사 강조康兆가 목종穆宗과 외척 김치양金致陽 등을 죽이고 현종顯宗을 새 왕으로 추대하는 정변이 일어났다. 이를 기회 삼아 1010년 40만 거란군이 고려를 침공해 들어와 이듬해 개경을 함락시켰다. 그러나 고려의 반격이 거세지자 거란군은 고려에 대해 현종의 입조入朝를 약속받고 퇴각했다.

현종이 이 핑계 저 핑계를 대면서 입조하지 않자, 거란은 현종의 입조와 강동6주의 반환을 거듭 요구하면서 10만 대군을 동원해 다시 쳐들어왔다. 1018년 거란의 3차 침공이 시작되자 전국에서 관군과 민병의 반격이 치열하게 전개되었다. 특히 강감찬姜邯瓚 장군이 이끄는 정예군은 귀주성에서 퇴각하는 거란군을 물리쳤다. 이 귀주대첩은 거란군 10만 명 중 불과 수천 명이 살아 돌아갔을 정도로 대승이었다.

세 차례에 걸친 거란군의 침공을 막아낸 고려는 확장된 북방 영토를 공고히 지키기 위해 서쪽의 압록강 어귀 위원, 흥화, 정주. 화주를 거쳐 동해의 도련포에 이르기까지 천여 리에 이르는 한반도 최장의 석축으로 된 장성을 쌓았다. 이 천리장성은 1033년 덕종德宗 2년에 착공해 11년 뒤인 1044년 정종靖宗 10년에 완공했는데, 모든 성을 새로 쌓은 것이 아니라 기존의 성과 성벽들을 보수하거나 새로 쌓은 성들과 연결시키는 방식이었다. 고려의 북방영토를 대폭 넓힌 천리장성의 축조는 대동강 이남에 그친 신라의 '한반도 소통일'에 비해 고려의 '한반도 중통일'로 부를 수 있는 확실한 계기가 되었다. 이와 함께 고려는 산업을 발전시키고 무역을 확대해서 국가재정을 튼튼히 했다. 고려의 무역은 송과 요, 일본, 인도차이나반도와 아라비아에까지 진출했다.

고려는 백성들의 애국심과 관료들의 공인公人정신을 고취하기 위해 당 태종이 펼친 유교정치의 요체를 기록한 『정관정요貞觀政要』를 위정의 지침서로 삼고 신라 말 이래로 난립해온 불교의 종파를 정리, 불교가 백성들의 삶에 다가갈 수 있도록 진흥정책을 썼다. 특히 연등회와 팔관회같이 임금과 신하, 백성들이 하나가 되는 행사를 거국적으로 치렀다.

연등회는 정월 15일에 전국적으로 실시되었는데, 왕을 비롯한 고관들과 스님, 그리고 신도들이 함께 춤추고 노래하면서 나라를 위해 목숨을 바친 영령들을 추모하고 민족적 정체성과 호국의지를 다지는 행사였다. 팔관회는 11월 15일 개경과 서경에서만 열린 행사로서 왕은 법왕사法王寺를 찾아 스님과 신도들이 한데 모여 불교의 8계율을 지킬 것을 다짐하고 순국 영령들을 추모하며 국가와 왕실의 태평을 기원하는 행사였다.

'고려'하면 가장 먼저 떠오르는 것이 있다. 바로 고려대장경이다. 이는 고려 불교의 대표적 상징물이다. 거란의 두 번째 침공이 진행된 1011년에 시작된 고려대장경 간행 작업은 1087년에 완성되었다. 이 대장경은 대구 부인사符仁寺에 도감을 두고 대반야경 600권 등 총 6,000여 권을 만들었다. 이 초판 고본 대장경은 1232년 몽골의 침공 때 소실되고, 남은 1,715권이 일본으로 건너갔다. 고려가 8만대장경을 간행한 것은 불력佛力으로 외적의 침공을 물리치고 국태민안國泰民安의 세상을 기원하는 뜻이 담겨 있었다. 고려가 일찍이 8만대장경을 간행하는 등 출판문화를 발전시킨 연장선에서 '세계 최초의 금속활자 발명'이란 획기적 성과가 나왔다. 금속활자의 제작과 사용은 고려 고종高宗 때 처음 시작되었다. 고종 21년(1234년)에 최이崔怡가 최윤의崔允儀의 『고금상정예문古今詳定禮文』50권 28부를 주자鑄字해 찍어냈는데, 이 책이 금속활자로 간행한 최초의 책이었다. 그러나 당시에는 대부분 목활자로 책을 찍어냈다. 그래서 그로부터 2년 뒤에 간행된 제1차 8만대장경도 목활자 인쇄본이었다. 훗날 조선 태종3년(1403년)에 동활자銅活字 수십만 개를 만들고, 세종 16년(1434년)에 정교한 갑인자甲寅字를 개주改鑄하는 등 눈부신 인쇄기술의 발선으로 금속활자에 의한 서적출판이 크게 발전했다. 이러한 고려의 금속활자 발명과 서적 간행은 독일의 구텐베르크가 금속활자를 제작한 1450년보다 무려 200여 년이나 앞선 획기적인 것이었다.

3
무신정권과
국운의 쇠락

    거란의 세 차례 침공을 물리치고 천리장성을 쌓아 북방영토를 확장한 고려는 대륙에서의 연이은 세력다툼과 거란·여진·몽골 등 북방 민족들 사이의 쟁패가 가열되는 와중에, 위태로운 평화를 즐기는 사회 풍조가 만연했다. 간혹 거란이나 여진의 크고 작은 침략을 받았으나 그때마다 위기를 모면해가면서 압록강 하구와 동해의 도련포를 잇는 한반도의 땅을 그대로 유지할 수 있었다. 하지만 이 같은 불안한 평화의 위태로움을 인식하지 못한 고려 왕실은 왕위 다툼을 둘러싼 반란사건이 빈발하는 등 무사안일에 빠져 있었다. 나라를 방비하는 상무尙武 정신이 희박해지고 문약文弱에 빠져 문신들이 왕을 둘러싸고 권력을 전횡하는 상황에서 문신과 무신 사이의 갈등이 증폭되었다. 게다가 나라를 걱정하는 문신의 간언조차 왕은 듣지 않았다. 특히 제18대 의종毅宗은 문신들이 사치와 향락에 탐닉하는 것을 경계하는 간언을 올리자 아예 문신들을 멀리한 채 측근과 내시들을 중용하는 정치를 폈다. 이른바 환관정치였다. 결국 사단이 나고 말았다.

    1170년 의종은 문관과 환관들을 대동하고 장단 인근 임진강 변에 있는 보현원普賢院에 행차해 대대적인 연회를 베풀었다. 이날 의종은 경비와 행사준비 등으로 고생이 많은 무관들을 위로한다는 뜻으로 수박희手搏戱라는 경기를 벌이게 했다. 공교롭게도 이날 젊은 문관 한뢰韓賴가 경기에서 진 대장군 이소응李紹膺의 뺨을 때리는 사건이 일어났다. 이에 화가 난 정중부鄭仲夫를 비롯한 무관들이 병사를 일으켜 문관들을 보이는 대로 죽였다. 정중부는 의종과 태자를 거제와 진도로 유폐시키고 의종의 아우인 익양공翼陽公을 제19대 명종明宗으로 추대했다. 이른바 무신정권 시대의 시작이었다. 무신정권의 등장은 무신에 대한 문신들의 모욕과 경시 등, 누적된 불만의 폭발로 보는 견해가 많지만, 거기에 더해 누적되어온 문신 중심의 국가경영에 대한 반감이 일으킨 사건이라고 보아야 한다. 종래 무신들은 대체로 문신 중심의 정치를 받아들이는 분위기였다. 병권의 최고책임자를 문신으로 임명하는 것도 우발적으로 발생할 수 있는 무신들의 반란행위를 막고, 병사들의 불만을 융통성 있게 해결할 수 있다는 차원에서 수용해왔다.

    더욱이 외교 담판으로 강동6주를 돌려받은 서희와 구주대첩의 영웅 강감찬, 그리고 여진을 정벌하고 동북9성을 축조한 윤관尹瓘 등이 모두 무신이 아닌 문신이란 사실을 무신들은 잘 알고 있었다. 그러던 중 이자겸李資謙의 난을 계기로 무신 사회에 큰 변화가 일기 시작했다. 이자겸은 문신이면서도 사병私兵을 양성하여 나라의 군사제도를 무너뜨렸고, 자신을 도와준 무신 척준경拓俊京에게 정2품의 평장사平章事 벼슬을 내려서 무신이 정3품 이상 오르지 못한다는 오랜 관례를 깨뜨렸다. 무신도 이젠 재상이 될 수 있다는 희망을 갖고 있던 터에 의종 시대의 극심한 무신 경시풍조를 맞아 무신 쿠데타로 확대된 것이다. 하지만 정치경륜이 태부족한 무신들은 이전투구泥田鬪狗의 권력투쟁을 이어가면서 문신보다 더 혹독하게 백성들을 수탈했다.

이 무신정권은 정중부에서 이의방李義方으로 갔다가 다시 정중부로, 그리고 경대승慶大升을 거쳐 이의민李義旼으로 권력의 중심이 이동했다. 그러다가 최충헌崔忠獻이 등장해 최씨 무신정권 시대 60년을 열었다. 최씨 무신정권은 거란과 여진의 연속되는 침략을 간신히 막아냈으나 새로 북방을 통합해 강력한 세력을 구축한 몽골의 침입에는 어쩔 수 없었다. 13세기 초엔 칭기즈 칸이란 영웅이 출현해서 1206년 그동안 거란과 여진족에 예속되어 있던 몽골족의 통일국가를 건설하고 무서운 속도로 남진하여 금나라를 공격, 중국의 북부지역을 점령했다.

이때 몽골군에 밀린 거란족의 일부가 압록강을 넘어 들어오자, 고려는 몽골군과 연합해 거란족을 밀어냈다. 몽골은 고려에 사신을 보내 거란족을 몰아내는 데 힘을 보탰으니 많은 공물을 내놓으라고 요구했다. 몽골은 귀국하던 중 사신이 압록강 근처에서 피살되자, 1231년 이를 빌미로 고려를 공격해왔다. 몽골군이 개성을 포위·공격하자 고려는 강화를 요청했다. 몽골군이 철수한 후 고려는 장기적인 대몽항전을 위해 강화도로 수도를 옮겼다. 강화도는 수전水戰에 약한 몽골군을 막기에 좋다는 이유에서였다. 이후 몽골군은 1259년 고려와의 최종적인 강화조약이 맺어질 때까지 30년 동안 모두 6차례나 고려를 침략했다. 고려의 국토는 황폐화되고 백성은 죽거나 다쳤으며 몽골로 끌려갔다. 1271년 몽골은 국호를 원元으로 바꾸고 고려의 일부지역을 직할지로 지정했다. 탐라총관부耽羅摠管府가 설치된 제주도는 목마장이 되었고, 쌍성총관부雙城摠管府가 설치된 영흥은 철령 이북의 땅을 관할했으며, 동녕부東寧府가 설치된 평양은 자비령 이북을 관장했다.

사실상 고려는 원나라의 속국이 된 것이다. 원은 나아가 남송을 점령하고 중앙아시아와 유럽까지 진출해서 세계 역사상 최대의 제국을 건설했다. 이처럼 강력한 몽골국과의 기나긴 전쟁과 굴절 속에서 무신정권이 재조대장경再彫大藏經(속칭 8만대장경)을 완성했다는 것은 높이 평가할 일이다. 재조대장경은 최이 무신정권이 강화도의 선월사에 도감을 설치한 후 16년간(1236~1252) 고려의 구본을 토대로 제작되었다. 총 1,511부 6,805권으로 구성된 이 대장경은 훗날 합천 해인사로 옮겨졌다.

원나라의 고려 복속정책이 강화되면서 고려의 국가적 자주성이 크게 훼손되고 원에 대한 조공이 늘어 백성의 인적·물적 손실이 눈덩이처럼 커졌다. 무신정권은 원의 지배로부터 벗어나기 위해 안간힘을 썼으나 역부족이었다. 1270년 무신정권의 마지막 집정執政 임유무林惟茂가 살해되자, 백 년간 지속된 무신정권이 종식되고 고려 왕궁은 강화도를 떠나 개경으로 환궁했다. 임유무가 죽은 뒤, 무신정권의 사설 군부대인 삼별초가 고려왕의 친몽정책과 출륙환도出陸還都를 반대하면서, 자주국가의 깃발을 내걸고 남해안 진도로 옮겨 세력을 키워나갔다. 삼별초는 남해의 제해권을 잡고 전라도 일대를 지배했지만, 1271년 고려는 몽골군과 연합해 진도를 함락시켰다. 이 싸움에서 삼별초를 지휘하던 배중손裵仲孫이 전사하고, 나머지 삼별초가 제주도로 옮겨 항전을 계속하다가 1237년 여·몽 연합군의 대공세로 붕괴되었다.

삼별초의 소멸과 함께 제주도는 원나라의 영토가 되었다. 그리고 고려의 제25대 왕이 된 충렬왕忠烈王은 원나라 세조의 부마답게 적극적인 친몽정책을 추진했다. 충렬왕은 태자일 때 연경燕京에 머물면서 1274년 원 세조의 딸 제국대장공주齊國大長公主 쿠투루칼리미쉬忽都魯揭里迷失과 결혼했는데, 그해 6월에 원종이 죽자 귀국해서 제25대 왕에 올랐다.

충렬왕은 몽골 풍습에 따라 머리를 변발하고 호복을 입었으며 모든 조신들에게도 변발을 강요했다. 궁중에서는 몽골 언어를 쓰고, 몽골 풍속이 만연했다. 고려는 관제官制를 낮추라는 원나라 요구에 따라 중서

문하성中書門下省과 상서성尚書省을 합쳐 첨의부僉議府로, 추밀원樞密院을 밀직사密直司로, 어사대御史臺를 감찰사監察司로 격하하고 왕의 시호 앞에는 모두 충忠자를 붙이게 되었다.

충렬왕은 원나라의 요청에 따라, 일본 원정에 앞장섰다. 원나라는 1274년 조공을 반대하는 일본을 치기 위해 몽골군과 고려군 4만 명의 연합군을 동원했던 것이다. 려·몽 연합군은 대마도를 정복하고 일지도로 진격했다. 그러나 일본군의 결사적인 방어로 아군의 피해가 늘어나자, 려·몽 연합군은 뱃머리를 돌려 퇴각했다. 이때 태풍이 몰아쳐서 수많은 전함들이 파손되고 병사들이 익사하는 큰 손실을 입었다. 원나라는 1277년 두 번째 일본 원정을 단행했다. 이번엔 고려의 김방경金方慶과 몽골의 홍다구洪茶丘가 이끄는 려·몽 연합군 5만 명과 범문호范文虎가 이끄는 남만군 10만 명 등 모두 15만 명의 대군이 일본 본토를 정복하기 위한 공격을 시작했다. 그러나 려·몽 연합군은 일본군의 강력한 저항을 받아 또 다시 큰 피해를 입었고, 후발대로 참전한 남만군이 폭풍을 만나 거의 대부분이 바다에 빠져 죽었다. 두 차례의 일본원정 패배로 고려가 입은 인적·물적 피해는 엄청났다. 고려는 병사와 전함, 그리고 군량미를 댔기 때문이다.

이처럼 고려의 정치와 사회와 문화의 모든 분야가 몽골화되어가는 상황에서 한민족의 긍지를 일깨우는 역사서를 승려 일연一然이 펴냈다는 것은 역사적으로 매우 의미 있는 사건이었다. 일연이 쓴『삼국유사三國遺事』는 한민족의 국가기원을 고조선에서 찾고 후삼국까지의 역사를 기록한 책이다. 몽골의 고려지배가 한창이던 1277년에 집필된 것으로 추정되는 이『삼국유사』는 고려의 문화와 역사가 격하되고 민족성이 희박해져 가던 때에 한민족의 자긍심을 일깨우고 우리역사와 문화에 대한 인식을 새롭게 각성하도록 해주었다는 데 의미가 있다.

그리고 이 같은 새로운 바람은 고려 왕국의 멸망과 새로운 나라의 건국이라는 대변혁의 신호탄으로 보였다. 민심은 이제 고려 왕국을 떠나고 있었다. 민심의 흐름을 읽고 왕위에 오른 제31대 공민왕恭愍王은 기울어가는 고려왕국을 바로 세우기 위해 필사적인 노력을 기울였다. 원나라에 머물다가 1351년 제31대 왕에 등극한 공민왕은 즉위 초부터 고려의 국권 회복을 위해 내정개혁과 배원排元 정책을 추진했다. 왕의 칭호도 원나라가 지정해준 충자를 버리고 공민왕으로 정했다. 그리고 변발과 호복 등의 몽골풍속을 금지(1352년)했고, 원의 연호를 폐지함과 동시에 관제를 문종 시대의 것으로 복원했으며 쌍성총관부를 폐지, 서북과 동북지역의 영토를 회복했다. 서북면 영토회복에는 이자춘李子春(이성계의 아버지)의 힘이 컸다. 그러나 공민왕의 배원정책과 민족성 회복운동은 이를 뒷받침할 군사적·재정적 준비가 미흡해서 난관에 부딪히게 되었다. 원나라가 80만 대군을 동원, 응징하겠다고 벼르는 가운데 중국의 하북성 일대에서 일어난 중국의 불교계 비밀결사단 '홍건적'의 침공을 받은 고려는 할 수 없이 원나라와 화해하고 친원 정책으로 돌아섰다. 고려는 1361년 홍건적의 두 번째 침공을 받자, 20만 대군을 동원해서 개성을 탈환하고, 홍건적을 압록강 건너로 몰아냈다.

　　개경의 탈환에는 최영崔瑩과 이성계 힘이 컸다. 홍건적의 침공으로 막대한 피해를 입은 데 이어 1363년 김용의 반란과 이듬해 최유의 반란이 잇달아 일어나고, 남해안과 경상도 일대에는 왜구가 빈번히 침입하여 살인과 약탈을 일삼았다. 더욱이 공민왕의 신임이 두터운 신돈辛旽이 개혁을 한답시고 국정을 농단해서 나라를 혼란 속으로 밀어 넣었다. 더이상 고려는 국토와 국민을 지킬 힘이 없었다. 공민왕이 즉위한 뒤 원으로부터의 간섭을 벗어나고자 개혁을 주도하고 성균관을 부흥시켜 다음 세대를 이끌어갈 신진사대부의 인재를 끌어모았다. 고려사회의 모순이

극에 달했음을 인식한 이 사대부들에 의해 혁명의 기운이 감돌기 시작했다. 그들은 백성을 주인으로 하는 새로운 나라를 세워야 한다는 목소리를 내면서 백성들의 신뢰를 쌓아갔다.

고려는 신라의 한반도 소통일을 중통일로 격상시키면서 몽골, 거란, 여진, 한족漢族 등 이민족들의 잇따른 침략에 맞서야 했고, 그 과정에서 민족적 자주성을 지키기 위한 노력을 지속해나갔다. 고려는 삼국시대의 호국불교로서의 불교문화전통을 이어받고 정교분리의 원칙 하에 중앙집권적 관료체계의 국가 경영을 했다. 그리고 충효와 애민사상을 근간으로 하는 유교 이념으로 귀족사회의 문제점을 극복하고 호국불교와 함께 한민족 국가의 정체성을 세워나갔다.

광종 때에 당나라의 과거제도가 도입·실시되어 귀족들이 독점하는 국가 경영에 신진 유학자들이 참여하게 되었고, 성종 때에 국자감國子監이 설치되자 유교문화는 본격적인 성장단계로 접어들었다. 성종 때에는 유학자 최승로崔承老가 시무상소時務上疏를 올려 불교는 수신修身의 학문이고, 유교는 치국治國의 도리임을 강조했는데, 이는 승려의 정치 참여가 불가함을 선언한 것이었다. 숙종 때에는 국자감에 서적포書籍鋪를 두어 서적을 간행하고 평양에 기자사당箕子祠堂을 지어 기자를 '교화教化의 임금'으로 숭앙하는 제사를 지내기 시작했다. 이는 우리나라의 유교 전통을 단군조선에서 찾으려는 주체의식의 발현이었다. 고려의 불교문화는 왕건이 '훈요10조'에서 불교를 진흥시키되, 사찰의 증축을 경계하고, 승려의 사원 쟁탈을 금지하며, 팔관회 등 불교행사도 현 수준에서 유지할 것 등 이른바 '숭불정책의 절제'를 유훈으로 남겼지만, 삼국시대부터 민족신앙으로 뿌리내린 불교문화는 고려시대에 와서도 자연스럽게 이어졌다.

두 차례에 걸친 팔만대장경의 간행은 고려시대 불교문화의 극치였다고 해도 지나치지 않다. 고려 불교는 영향력이 증대됨에 따라 아무나 승려가 될 수 없도록 승과僧科를 실시, 시험을 통해 승려를 선발하고, 승려에게 법계法階를 부여했다. 법계 중 가장 높은 계급은 교종의 승통僧統과 선종의 대선사大禪師이고 그 위에 왕사王師와 국사國師가 있어서 왕실의 고문역할을 맡았다. 그리고 팔관회와 연등회 등 불교행사가 나라와 왕실의 안녕과 백성의 평화를 기원하는 국가적 행사로 거행되었다.

고려시대의 사상은 불교, 유교와 함께 풍수지리사상이 민간신앙을 토대로 크게 발달했다. 신라 말기에 승려 도선道詵이 창조한 풍수지리사상은 음양오행사상에 뿌리를 두고 땅을 유기체로 간주, 생명의 기氣가 많이 모여 있는 명당을 찾아내는 학문이었다. 그런데 도선을 비롯한 풍수지리사상가들은 국가의 수도를 어디에 두어야 국운이 뻗어 가는가에 대해 주안점을 두고 연구했다. 풍수지리사상은 근세 서양에서 발달한 정치지리학地政學과 맥락을 같이한다. 정치지리학은 정치적·경제적·문화적 조건들을 과학적으로 분석해 지역 혹은 국가마다 지리적 중심이 되는 땅, 즉 심장지대Heartland를 찾아내는 학문이다. 고려 초기의 풍수지리학자들은 개경이 평양과 함께 수도가 들어설 명당이라고 주장했다. 이에 따라 왕건은 수도를 철원에서 개경으로 옮겼다. 문종 때부터 한강 변의 한양이 수도가 들어설 명당이란 주장이 제기되었다. 도선의 후계자 김위제金謂磾는 "한양으로 천도하면 한강의 어룡魚龍들이 사해四海로 뻗어나가며 사해의 신어神魚들이 한강으로 모여들고, 국내외 상인들이 보배를 가져와 바치는 세상이 열린다"며, 개경의 기가 다했으므로 한양으로 천도해야 세계 70개국이 조공을 바치게 된다고 주장했다.

이에 문종은 한양을 남경南京으로 승격시켰고, 숙종은 한양에 궁궐을 짓는 등 개발 사업을 추진했으며 예종은 풍수지리설을 담은 각종 비록秘錄들을 모아 『해동비록海東秘錄』을 편찬했다. 이와는 달리 서경西京

명당설을 주장한 묘청妙淸과 정지상鄭知常 등은 예종에 이어 등극한 인종을 부추겨 서경천도를 추진했다. 인종은 유신정교維新政敎를 선포하고, 서경에 새로 궁궐을 짓기 시작했다. 묘청은 이때 서경에 신궁新宮: 大花宮을 세우면 금나라가 스스로 항복해오고 여러 나라들이 조공을 바치게 된다고 인종을 부추겼다. 그러나 유학자들의 반대에 부딪혀 서경천도가 어려워지자, 묘청은 서경에서 반란을 일으켰다. 묘청은 1135년 대위국大爲國이란 새 나라를 서경에 선포하고 연호를 천개天開로 정했다.

묘청의 세력은 한때 평안도 일대를 장악할 정도로 강력했으나, 김부식을 비롯한 정부 진압군의 반격에 괴멸되고 말았다. 인종仁宗은 묘청의 난을 평정한 뒤에 묘청 일파의 국수주의와 모험주의를 경계하고 합리적 관료체계를 안정시키기 위해 1145년 김부식金富軾 등으로 하여금『삼국사기三國史記』를 편찬하도록 했다. 사마천司馬遷의『사기史記』를 본떠 편찬된『삼국사기』는 삼국과 통일신라시대의 역사를 본기本紀, 연표年表, 지류紙類, 열전列傳의 순서로 기술한 역사서로서 현존하는 유일 최고의 정사正史이다.

이제현李齊賢이 쓴『사론史論』은 고려 말 성리학자의 역사의식을 대표한다고 할 수 있는데, 애국적 입장에서 영토를 넓히고, 도덕적 유교정치를 편 임금을 높이 평가하고 사치와 낭비를 했거나 간신들을 등용하여 국정을 어지럽힌 임금들을 비판했다. 충렬왕 때 일연一然이 쓴『삼국유사三國遺事』는 삼국의 유사遺事를 모아 연표年表를 싣고 기이記異, 흥법興法, 의해義解, 신주神呪, 감통感通, 퇴은退隱, 효선孝善의 항목으로 엮었다. 이 책은『삼국사기』에 빠진 고기古記의 기록들을 원형대로 모았는데, 단군신화를 비롯한 고대의 신화, 전설, 민속, 사회, 고어휘古語彙, 성씨록姓氏錄, 지명기원地名基源, 사상, 신앙, 일사逸事 등을 금석金石과 고적古籍 그리고 견문見聞을 인용해 기술했다. 그리고 삼국을 비롯해 단군조선, 기자조선, 위만조선, 삼한三韓 등의 역사도 기술했는데, 경주 중심의 신라 불교 전통을 부각시켜 신라와 통일신라의 역사적 정통성을 강조했다.

이승휴李承休가 쓴 『제왕운기帝王韻紀』 상권은 중국의 반고盤古에서 금金까지의 역대사적을 칠언시七言詩로 엮었고, 하권은 우리나라 역사를 2부로 나누어 기술했다. 제1부는 '동국군왕개국연대東國君王開國年代'라 하여 단군 이후, 기자조선, 위만, 사군四郡, 삼한, 신라, 고구려, 부여, 후고구려, 백제, 후백제, 발해의 사실史實을 칠언시七言詩로 엮었으며 제2부는 '본조군왕세계연대本朝君王世界年代'라 하여 고려 시조에서 충렬왕 때까지의 사실을 오언시五言詩로 엮었다. 『제왕운기』는 단군에 관한 기록들이 돋보인다. 『삼국유사』와 『제왕운기』의 공통점은 우리역사의 시작을 단군조선에 두고 단군을 비롯한 역대 시조들의 신비스런 설화를 기록했으며, 민족의 주체성과 도덕성을 기준으로 역사를 평가함으로써 몽골간섭 시대에 위축된 민족적 정통성과 자존심을 회복하고자 한 데 있다.

이 시기에 고려사회는 성리학의 영향력이 크게 증대되었다. 남송의 주자朱子가 완성한 성리학은 원나라의 간섭시기에 고려에 전파되었으며, 원나라가 중앙아시아 점령을 통해 들여온 과학과 기술이 고려에 유입되면서 고려 문화를 한 단계 높이는 계기가 되었다. 성리학은 천자중심체계를 군신공치체계君臣共治體制로 바꾸어 신권臣權을 강화했고, 개인주의와 공동체주의의 양극화를 지양하고, 개인과 공동체의 조화로운 통합을 지향했다.

4장

조선의 한반도 대통일

세계는 그때

    조선이 1394년 한양으로 도읍을 옮겨 한반도의 자주 민족국가로 발전할 기틀을 다지고, 1443년에는 한글을 창제해 민족주의의 원형을 닦고 있을 무렵 세계는 급격히 변하고 있었다. 십자군 전쟁 이후 슬라브족과 페르시아 등 여러 민족의 협공에 시달리며 근근이 명맥을 유지하던 동로마제국이 1453년 마침내 소아시아 지역을 장악한 오스만투르크의 공격을 받아 멸망함으로써 천년을 지켜온 신성로마제국과 찬란한 비잔틴 문화는 종말을 고했다.

    1492년 콜럼부스Christopher Columbus가 아메리카 대륙을 발견하고 1498년에는 바스코 다가마Vasco da Gama가 인도항로를 개척했으며, 1519년 마젤란Ferdinand Magellan은 남아프리카의 케이프타운(희망봉)을 돌아 세계 일주 항해에 성공하는 등, 신대륙과 신항로 개척이 활발해짐으로써 이후 유럽 각국이 해외시장과 식민지 쟁탈전의 기원을 열었다. 17세기 이후 유럽 각국을 휩쓴 민족주의의 바람은 국민국가 운동과 종교개혁에 불을 붙여 중세 기독교 세계에 엄청난 변혁을 초래했다. 그리고 종교개혁은 산업혁명과 시민혁명의 등을 업고 등장한 자본주의 발달에 정신적 힘이 되어주었다. 더 열심히 일하는 자에게 더 많은 부가 돌아갈 수 있다는 믿음은 동기부여가 되었고, 그렇게 해서 축적된 국력은 해외시장 진출과 식민지 확보전의 토대가 되었다.

1760년대 영국에서 시작된 산업혁명은 기계의 발명, 증기기관, 철도와 증기선의 등장을 촉발했으며, 네덜란드와 프랑스와 해외시장 개척경쟁에서 이기기 위한 중상주의적 정책에 의해 촉진되었다. 도시에 많은 공장들이 세워지고 인구가 몰려들면서 상대적으로 농촌 인구가 줄어들었다. 농민층이 분해되면서 선대객주제先貸客主制와 매뉴팩처manufacture의 형태를 취한 초기 자본주의적 생산관계가 자연스럽게 이루어졌기 때문이다. 특히 16세기 중엽 이후에 불어닥친 목재자원의 고갈이 빚은 연료위기를 극복하기 위해 영국 정부가 추진한 석탄사업 중심정책(1540~1640년)이 석탄 관련 여러 산업의 생산 확대를 유발했다. 때마침 전 산업 분야에서 진전된 기술혁신은 산업의 발전 속도를 배가시켰다.

케이John Kay가 발명한 '플라잉셔틀flying shuttle'은 방추기紡錘機를 혁신했고, 하그리브스James Hargreaves가 만든 제니Jenny방적기는 여러 개의 방추를 사용해 면직공장의 생산성을 높였다. 이후 연이어 아크라이트Richard Arkwright의 수력水力 방적기, 크롬턴Samuel Crompton의 뮬Mule 방적기, 로버츠Richard Roberts가 개량한 자동 뮬 방적기 등이 가져온 기술혁신은 방적공업을 획기적으로 발달시켰으며, 카트라이트Edmund Cartwright가 발명한 역직기力織機는 직포 부문의 공장기계 생산체제를 확립하게 해주었다. 면공업의 급속한 발전은 제철과 기계공업의 발전을 촉발하는 효과를 가져왔다. 특히 1708년 다비Abraham Darby의 코크스로爐 제련법 개발과 단철鍛鐵 생산과정에서 코트의 파들 제련법 개발은 제철과 기계생산에 있어 획기적 발전을 가져왔다. 산업혁명은 경제적 부를 갖춘 신흥 부르주와지('도시에 사는 사람'이라는 뜻)를 생성시켰고, 이들 시민계급이 주도한 1648년과 1688년 두 차례에 걸친 시민혁명으로 봉건적 사회경제체제가 무너지고 자본주의적 사회경제체제가 구축되었다.

영국에서는 1732년 선거법 개정으로 시민계급이 피선거권을 행사하게 됐고, 종래의 지주와 부유한 상인, 귀족중심의 모든 법률과 제도가 폐지되었다. 1813년 엘리자베스 도제법 폐지를 필두로 1846년과 1849년 곡물법과 항해조례의 폐지가 이어지면서 1869년 자유주의 경제체제를 완성했다. 영국의 산업혁명과 시민혁명은 곧 서구 각국으로 번져나갔다.

프랑스는 영국과 달리 시민혁명을 계기로 시민사회를 형성함으로써 의회가 주권을 갖는 국민국가를 출현시켰다. 18세기 부르봉 왕조 시대 재정 궁핍과 계속되는 흉작으로 민중의 생활이 궁핍해진 것이 배경이 되어 일어난 시민혁명에서 제3 신분인 시민이 헌법의 개정을 요구, 국민의회를 조직했다. 이러한 움직임에 대해 정부가 탄압을 하려 들자, 파리의 시민들이 바스티유 감옥을 습격했다. 이들은 인권선언을 발표하고 루이 16세를 처형했으나, 1804년 나폴레옹이 쿠데타를 일으켜 프랑스 제국의 황제로 등극하면서 프랑스는 다시 왕정체제로 복귀했다. 황제 나폴레옹은 국민투표로 폭넓은 지지를 받아 제위帝位에 오른 뒤 대제국 건설의 야심을 품고 영국, 스페인, 러시아 등을 침공했다. 그러나 1805년 트라팔가 해전에서 영국의 넬슨Horatio Nelson 제독에게 패하고, 스페인에서는 민중의 게릴라전에 두 손을 들었으며 러시아에서는 동장군의 눈보라에 참패를 당했다. 나폴레옹을 따라 러시아로 간 40만 명의 프랑스군 중 살아 돌아온 사람은 단 3명뿐이었다 하니 그 패배의 참혹함이 어떠했을지 불문가지다. 혁명의 와중에 있던 프랑스는 노동운동, 사회주의 운동과 함께 산업혁명이 진행되었다. 임시정부가 실업자를 구제하기 위해 국립 작업장을 만들어 일감을 모아주고 노동자들은 참정권을 얻게 되었다.

독일은 프로이센의 프리드리히 빌헬름 시대(1640~1688)에 중상주의 경제정책을 추진해 산업화에 의한 부국강병의 토대를 만들었고, 이를 발판삼아 프리드리히 대왕시대(1740~1786)에 프로이센을 유럽의 강대국으로 도약하는 데 성공했다. 프리드리히 대왕은 산업입국産業立國을 표방하면서 행정제도를 개편하고 의무교육제와 징병제를 실시했으며, 신앙의 자유를 허용하는 등 국력증강에 힘썼다. 그러나 나폴레옹군의 침략을 받은 이후 34개의 주권국가로 구성된 독일연방의 정치적 지도력이 미약한 데다 프랑스 시민혁명의 영향과 노동자ㆍ농민계급의 사회주의 운동 등이 겹쳐 정치적 혼란 속에 빠져들게 되었다.

1861년 빌헬름 1세가 즉위해 임명한 비스마르크 수상은 산업발전과 군비확장에 매진하는 이른바 철혈정책鐵血政策을 밀어붙였다. 국력을 증강시킨 프로이센은 1866년 오스트리아와의 전쟁에서 승리한 뒤 북독일연방을 수립하더니 1870년 프랑스를 쳐서 굴복시키고 이듬해 독일제국 수립을 선언했다. 빌헬름 2세는 1888년 즉위하자마자 비스마르크를 퇴진시키고 적극적인 해외진출에 나섰다. 독일은 오스트리아ㆍ이탈리아와 '삼국동맹'을 맺고 세계진출에 공동전선을 폈다. 이들 삼국동맹의 세계진출 정책은 곳곳에서 영국ㆍ프랑스ㆍ러시아의 '삼국협상' 세력과 충돌했다.

16세기 초, 세계사의 흐름을 바꾼 대사건은 뭐니 뭐니 해도 종교개혁이다. 종교개혁의 횃불은 독일의 수도사 루터가 1517년 "면죄부에 관한 95개조"를 비텐베르크 대학 성교회城教會 대문에 게시함으로써 타올랐다. 이 95개조는 마인츠의 알브레히트 대주교가 재정위기를 타개하기 위해 판매한 면죄부의 부당성을 루터가 신학적으로 비판한 것이었다. 루터는 구제救濟란 인간의 선행善行으로 되는 게 아니라, 오직 그리스도를 믿는 신앙信仰만으로 이루어진다고 보아 '만인 사제주의'라는 새로운 기독교론을 주창해 교황권의 절대성을 부정했다.

결국 1520년 루터는 파문되고 말았다. 당시 신성로마제국의 황제로서 독일과 스페인을 지배하고 있던 칼 황제는 교황과 손잡은 프랑스와 동방을 장악한 투르크를 동시에 막아야 하는 입장이어서 가톨릭과 프로테스탄트 간의 화해를 시도했지만 실패했다. 루터파 프로테스탄트 측은 1531년 슈말칼덴 동맹Schmalkaldischer Bund을 결성하고 30년 종교전쟁을 일으켜서 그 세력을 확대해나갔다. 종교개혁은 스위스에서는 츠빙글리Zwingli에 의해, 프랑스에서는 르페브르Jacques Lefèvre d'Étaples와 파렐Guillaume Farel에 의해 전개되었으나 탄압을 받아 무산되었다. 그러나 파렐이 제네바로 가서 일으킨 종교개혁을 칼뱅Jean Calvin이 세운 제네바교회가 이어받아 프랑스의 프로테스탄트 교회를 지도하게 되었다.

칼뱅은 루터처럼 복음주의에 기반을 두었지만, 구원을 받은 자는 하느님의 도구로서 열심히 활동해야 한다는 일종의 예정설豫定說을 주장한 점이 특이하다. 칼뱅의 신앙관은 훗날 퓨리턴淸敎徒정신의 뿌리가 되었다. 청교도주의는 현실 직업에 충실한 것이 하느님의 예정을 확정하는 것이며 돈을 많이 버는 것도 하느님의 예정이라는 것이나. 이것은 자본주의의 발전에도 큰 영향을 미쳤다. 일찍부터 산업혁명이 일어난 영국에서는 헨리 8세의 이혼문제를 계기로 다른 형태의 종교개혁이 일어났다. 헨리 8세는 1534년 성직자 임명법과 수장령을 공포해 국왕을 수장으로 하는 성공회를 세워 로마교황청에서 독립했다. 그러나 영국에서는 성공회와 프로테스탄트 간 충돌이 잦았다. 결국 1649년 성공회 중심의 왕당파와 청교도 중심의 의회파 사이에 종교전쟁이 터졌다. 이때 의회군을 지휘한 크롬웰Oliver Cromwell이 청교도 신앙으로 뭉친 철기군을 조직해 왕당파 군대를 제압했다.

스코틀랜드로 피신했던 찰스 1세는 결국 의회군에 넘겨져 반역죄로 처형되고 잉글랜드 왕국은 공화국이 되었다. 크롬웰은 의회를 해산하고 "통치헌장"을 제정, 스스로 호국경에 취임했다. 이 1654년의 명예혁명 이후 프로테스탄트파가 생겨났고, 그들이 미국으로 건너가 프로테스탄트 국가를 세웠다.

바라지 않은 일이지만 종교개혁을 계기로 로마교황청의 가톨릭도 자체개혁을 통해 종래의 모순점을 고쳐서 새로운 종교로 출발해 다시금 강력한 영향력을 행사하는 종교세력으로 발돋움을 했다. 이렇게 산업혁명과 시민혁명, 그리고 종교개혁 등으로 강력한 국민국가를 세운 서양의 국가들은 때로는 군사력으로, 때로는 자본력으로, 때로는 종교를 앞세워 동양 국가들의 문을 두드렸다. 중국과 일본은 개항과 쇄국을 오가면서 대응했으나, 대부분의 동양 국가들은 쇄국으로 일관했다.

중국에서는 원제국이 내부의 권력투쟁으로 약화되자, '멸몽흥한滅蒙興漢'의 깃발을 들고 중국의 전역에서 크고 작은 반란이 일어났다. 이 가운데 홍건적紅巾賊세력이 가장 컸는데, 이에 가담한 주원장朱元璋이 백련교도의 지원을 받아 양자강 일대를 점령한 뒤 남경南京에 수도를 정하고 1368년 명明을 건국했다. 명은 원의 수도 북경을 점령, 몽골족을 외몽골지방으로 밀어냈다. 몽골이 북원조北元朝를 세우고 고려와 합심해 대명항전對明抗戰을 도모하자, 명은 동북지방의 요동을 정벌하고 고려와 국경을 접하게 됐다. 이때 이성계는 명군을 치라는 고려 국왕의 명에 따라 출병했다가 '위화도 회군'으로 쿠데타를 일으켰다.

건국 이후 300년 동안 왕조를 이어가던 명도 내분과 끊임없이 일어나는 이민족의 반란 등으로 국력이 쇠해갔다. 특히 왕조말기 1592년 조선에서 임진왜란이 터지자 원군을 보내 조선을 지원하다 국력이 고갈되고 말았다. 명은 이들 여진족을 해서 · 건주建州 · 야인으로 삼분해서 일종의 분할통치를 했으나, 명이 만주지역 여진족을 견제할 여력이 없던 틈을 타고 건주의 누르하치가 1616년 여진족을 통합해 후금後金을 건국했다. 후금은 1619년 명군과의 전쟁에서 이겨 요하 이동以東 지역을 점령함으로써 조선과 국경을 접하게 되었다. 후금은 조선과 명과의 연합을 깨기 위해 1627년 과 1636년 조선을 침공했다. 후금의 누르하치는 내몽골을 점령한 뒤 스스로 황제에 올라 1636년 국호를 대청大淸으로 고쳤다. 청은 명의 수도 북경에서 일어난 이자성李自成의 난을 평정하고 중국 본토를 점령했다. 이어 한족의 명明 부흥운동과 소위 '삼번三藩의 난'을 평정한 뒤, 1689년 러시아와 네르친스크 조약을 체결해 러시아의 남진을 저지하는 한편, 1712년 조선과의 변계조약을 체결해 백두산 정계비를 세워 국경을 명시했다. 청은 중앙아시아의 위구르Uighur와 중가르Jungar를 점령하고, 1759년 칭하이青海를 속령으로, 티베트를 보호령으로 만드는 등 중국 최대의 통일대국을 만들었다. 그러나 다시 변경 지역에서 이슬람교도와 먀오족苗族의 반란이 일어나고 한족의 부흥을 바라는 민란이 곳곳에서 터졌으며, 서구열강들의 개항 압력이 가중되는 위기상황에 직면했다.

영국이 청교도들이 신내륙에 상륙해서 세운 미국은 1766년 영국과의 독립전쟁에 승리해 13개주가 참여한 미합중국을 건국했다. 노예문제를 두고 1865년 남북 간 빚어진 내전인 남북전쟁이 터졌지만 '하나 된 미국'을 호소한 링컨의 지도력으로 수습이 되었다. 남북전쟁 이후 미국은 신흥대국으로 급부상을 하면서 본격적인 해외진출에 뛰어들었다.

1853년 미국의 페리제독이 포함을 이끌고 일본의 우라가浦賀 항구에 들어와 도쿠가와德川 막부의 개항을 강력히 요구했다. 개항을 둘러싸고 반대하는 막부파와 찬성하는 천황파 간 권력투쟁 끝에 1868년 메이지明治유신이 일어나 일본은 서양문물을 본격적으로 받아들였다. 메이지유신으로 산업화하고 군사력을 발전시킨 일본은 동양 국가로는 유일하게 해외시장 개척과 식민지 확보 경쟁에 끼어들었다.

한편 본격적인 해외진출에 뛰어든 미국은 우선 북미대륙의 서북쪽에 위치한 알래스카에 눈독을 들였다. 알래스카는 얼음과 황무지로 돼 있지만, 좁은 베링 해협을 경계로 아시아의 러시아와 연결돼 있어서 러시아의 팽창을 저지할 수 있는 전략적 요충지였기 때문이다. 때마침 재정난에 허덕이던 러시아가 알래스카를 팔기로 했다는 정보를 입수한 미국은 즉시 러시아와 협상을 벌였다. 결국 1867년 152만Km²에 가까운 광대한 알래스카를 미국은 720만 달러에 매입했다. 알래스카는 원래 러시아황제의 의뢰를 받은 덴마크의 탐험가 베링이 1741년 발견한 땅이다. 이후 영국·프랑스 등의 탐험가들이 잇달아 알래스카를 찾자 러시아 황제는 알렉산드르 팔라노프를 지사로 급파해 영토로 관장해왔다. 훗날 알래스카는 원유를 비롯한 금광 등 풍부한 지하자원, 어족자원과 관광자원을 개발하고 유사시 러시아의 침공에 대비하는 천혜의 전략적 요충지가 되면서 매입 당시 국민적 비판에 시달렸던 대통령과 국무장관은 선견지명이 있는 지도자로 재평가되었다. 미국의 다음 진출목표는 태평양과 아시아 지역이었다. 미국은 아시아 진출의 전진기지로 필리핀을 주목했다. 당시 필리핀은 스페인 지배 하에 있었다. 동남·동북아시아 진출의 교두보를 찾던 신생 대국 미국은 1898년 스페인과 전쟁에서 승리해 전리품으로 필리핀을 차지했다.

1
한양천도와
대륙 · 해양으로의 진출

　　고려 무장 출신 이성계가 조선을 건국한 것은 중국의 패권이 원에서 명으로 넘어가는 교체기였다. 당시 고려는 원과 명 어느 쪽에 서야 하느냐는 어려운 결정을 내려야 할 입장에 처해 있었다. 명나라는 갑자기 일방적으로 지금의 강원 고산군과 회양군 사이에 있는 철령鐵嶺 이북의 땅을 요동부遼東府에 복속시키겠다고 통보해왔다. 이에 우왕禑王은 최영崔瑩의 건의를 받아들여 명나라에 항의서한을 보내는 한편 1388년 요동정벌군을 편성했다. 우왕은 최영을 팔도도통사八道都統使로, 조민수曺敏修와 이성계를 좌우도통사로 임명하고 우현보禹玄寶를 개성방어사로 임명했다. 그때 이성계가 우왕에게 낸 요동정벌의 '사불가론(1. 작은 나라가 큰 나라를 치는 것은 불가능하다. 2. 농사철에 군을 동원하는 것은 불가능하다. 3. 요동정벌을 틈탄 왜구가 침략해 올 수 있다. 4. 비가 와 무기가 녹슬고 질병의 위험이 있다)'은 받아들여지지 않았다.

　　1388년 5월 5만 군사를 이끌고 출병한 이성계와 조민수는 압록강 위화도에 머물며 도강 기회를 찾고 있었으나 강물이 불어나 건널 수 없었다. 당시 이성계는 명나라를 치는 것보다 관망하는 편이 낫다는 판단을 하고 우왕에게 회군을 요청했으나, 우왕이 허락하지 않자 일방적으로 회군을 단행했다. 이성계의 위화도 회군은 어명에 대한 항명을 넘어서는 일종의 쿠데타와 같은 행동이었다. 사실 이 회군은 고려의 멸망과 새로운 국가 조선의 건국을 향해 내디딘 이성계의 첫 발걸음이었다. 개경으로 돌아온 이성계는 우왕을 비롯한 최영, 정몽주鄭夢周 등 반대파들을 숙청한 다음 민심을 얻기 위해 공양왕恭讓王 3년 1391년 과전법科田法을 시행해서 무상 몰수와 무상 분배라는 사상 최초의 농지 개혁을 단행했다. 고려 말기 이후 권문세족權門勢族의 토지 겸병이 자심해 농민들은 이중 삼중의 소작료를 부담했으며 신분상으로도 지주에게 예속된 노예에 가까웠다.

이런 형국에서 이성계가 혁명적으로 선포한 과전법의 시행으로 기존의 권문세족이 심각한 타격을 받았지만, 일반 관료와 향리 · 군인들은 생계의 안정을 가져왔으며 농민들도 농노의 신분에서 해방되어 일정한 소작료를 내고 농사를 지을 수 있게 되었다. 이성계는 민초들로부터 높은 지지를 받았다. 노쇠해질 대로 노쇠해진 고려 왕조를 폐하고 아예 새로운 나라를 세울 것을 주장하는 정도전鄭道傳과 조준趙浚 같은 개혁파 관료들의 강력한 지지를 업고 마침내 이성계는 새 나라의 임금으로 추대되었다. 이로써 1392년 고려의 마지막 왕, 공양왕이 폐위되고 고려의 역사는 종지부를 찍었다.

새로운 왕으로 추대된 이성계는 새 나라의 국호를 조선朝鮮으로 정했다. 국호를 '조선'으로 정한 이유는 한민족 최초의 나라, 고조선의 국통을 이어받기 위해서였다. 이성계는 만주가 우리 땅이라는 확고한 신념으로 단군 숭모사상을 민초들에게 고취하면서 고조선과 고구려, 그리고 발해의 영토였던 만주와 요동을 회복하기 위해 요동 정벌운동을 벌였다. 이성계가 국호를 조선으로 정한 것에 대해 사대주의 산물이라고 평가절하하는 사학자도 있다. 왜냐하면 이성계가 '조선'과 '화령和寧' 두 개의 국호 중 하나를 명나라에게 택정擇定해 줄 것을 요청해 '조선'으로 결정되었기 때문이다. 당시 명은 '조선'을 중국의 제후국이었던 '기자조선'의 맥을 잇는 것이라고 생각한 반면, 이성계는 한민족의 최초의 국가인 단군조선의 맥을 잇는 것으로 생각했던 것이다. 일종의 동상이몽이었다.

이성계는 일찍이 명을 치라는 우왕과 최영의 명을 어기고 위화도 회군을 감행하여 조선을 건국했다. 때문에 그는 즉위 초부터 쇠퇴기의 원나라를 멀리하고 상승기의 명나라에 접근하는 실리 외교를 전개했다.

그러나 명나라의 공물 요구가 심해지자, 이성계는 요동정벌론을 제기해 명으로부터의 정치적 독립을 추구하는 한편, 기존의 북방영토를 지키는 것을 넘어 새 영토를 개척하려 했다. 이를 위해 그는 사병私兵 혁파, 군량미 비축, 그리고 군사훈련 강화 등 군사력 확충에 힘썼다. 그리고 고려시대 정치에 깊숙이 관여했던 불교의 폐단을 막기 위해 이른바 억불숭유抑佛崇儒정책을 강력히 펼쳤다.

이성계는 도읍도 옮겼다. 1394년 개경에서 한양으로의 천도는 조선 건국이 단순히 왕王씨에서 이李씨로 바뀐 역성易姓혁명이 아니라, 이념과 체제를 달리하는 새로운 나라의 건국임을 만천하에 선언한 국가적 혁명이었다. 한양은 일찍이 신라와 고려의 유수한 풍수지리학자들이 수도의 최적지로서 꼽았던 땅이었다. "한양은 전국 산수의 정기가 모두 모이는 곳이기에 반드시 왕성이 들어설 것이며, 왕성의 주인은 이李씨가 될 것이다"는 도선의 예언은 적중했다. 한양은 한강의 북쪽과 북한산의 남쪽에 위치해 천혜의 요새지이면서 물산의 중심지이고 한양은 임진강과 한강 유역, 이른바 한반도의 심장지대에 위치한 핵심적인 중앙中央이다.

한양을 수도로 정한 조선 조정에서는 왕궁을 세울 곳을 놓고 무학대사와 정도전의 의견이 갈렸는데, 인왕산 아래를 주장한 무학대사의 안이 채택되지 않고, 북악산 아래를 주장한 정도전 안이 채택되었다.

한반도가 한민족의 배타적 생활권으로 확정된 이후 많은 나라들이 생성·소멸한 끝에 비로소 한반도의 지정학적 중심지역인 한양에 한민족의 통일국가인 조선왕국의 도읍이 들어선 것이다. 이로써 한양을 터전 삼아 건국된 반도국가 조선의 미래는 북으로의 대륙진출과 남으로의 해양진출을 힘차게 도모해나갈 수 있는 지리적 위치를 점하게 되었다. 조선 4대 임금 세종世宗은 북진정책과 남진정책을 본격적으로 추진해 한반도와 그 부속도서를 완전히 장악하는 한반도의 대大통일을 완성했다.

2
한글창제와
민족국가의 토대 완성

세종은 북방 민족과 일본의 침략에 대비하기 위해 기왕의 군사력 강화정책을 견지했다. 군사훈련 강화, 신무기 개발, 화약제조, 병선개량, 성城의 보수와 신축, 병서兵書 산행 등이 활발히 선개됐다. 모든 준비를 마친 세종은 1419년 대마도 정벌에 나섰다. 삼군 도체찰사三軍都體察使 이종무李從茂가 이끄는 1만 7천 명의 정벌군은 227척의 병선을 타고 대마도를 공격해 일본군을 섬멸하고 항복을 받아낸 뒤 철수했다. 대마도 정벌로 왜구의 침범 행위는 사라졌다. 당시 조선은 오키나와, 태국, 인도네시아 등으로부터도 조공을 받았다. 대마도가 조선의 땅인지 일본의 땅인지에 대한 논란은 오래전부터 있었다. 『세종실록』 1419년 7월17일조에 실린 상왕上王 태종太宗이 대마도에 대해 한 말은 주목할 만하다.

대마도라는 섬은 경상도 위의 계림에 속했으니 본래 우리나라 땅이란 것이 문적에 실려 있어 분명히 상고할 수가 있다對馬爲島, 隸於 慶尙道之 雞林, 本是我國之地, 載在文籍 昭然可考.

또 『세종실록』 1444년 4월 30일조에는 "대마도가 본래 조선의 목마지牧馬地"였음이 기록되어 있고, 임진왜란 당시 일본이 제작한 「조선팔도총도朝鮮八道總圖」와 훗날 김정호金正浩가 만든 「대동여지도大東輿地圖」에도 조선의 영토로 명기되어 있음은 주지의 사실이다.

남방을 평정한 세종은 곧바로 북진정책을 추진했다. 세종은 1433년 최윤덕崔潤德을 보내 압록강 변의 여진족을 밀어낸 뒤 4군四郡(자성·우예·여연·무창)을 설치했다. 이듬해에는 김종서金宗瑞를 보내 두만강 변에서 여진족을 몰아내고 6진六鎭(회령·종성·온성·경원·경흥·부령)을 설치했다. 이로써 압록강과 두만강 이남의 땅이 조선의 영토로 편입되었고, 그 이북의 만주 땅은 두만강 건너 7백 리에 공험진公嶮鎭 정계비를 세워 관리했다. 즉 압록강과 두만강 이남 지역은 수복된 고토古土로 간주해 토착민을 토관土官으로 인정해서 일정한 자치를 허용했고 강 건너 간도 지방은 미수복 영토로 간주하면서 지배했다.

세종은 훗날 러시아와의 경계지점이 된 두만강 하구의 녹둔도鹿屯島도 경흥부에 귀속시켜 관리하도록 했다. 조선 농민들이 농사철에 녹둔도에 들어가 농사짓고 수확해서 돌아왔다. 녹둔도는 성종成宗 때에 이르러 농민들이 정착해 살면서 확고한 조선의 영토가 되었다. 세종의 적극적 북진정책의 성공은 역사적 의미가 매우 크다. 북진정책으로 압록강과 두만강이 조선의 영토로 확정되었고 간도지방과 연해주까지도 지배하기에 이르렀으니 이른바 한민족의 한반도 대통일 시대가 완성된 것이다.

무엇보다 세종의 위대함은 국방력의 강화로 영토를 넓혀서 대통일 국가를 이룬 업적에 머물지 않고 문화, 과학, 경제를 두루 발전시켜 문무가 모두 융성한 민본民本국가를 완성했다는 데 있다. 세종은 집현전集賢殿이라는 두뇌집단, 즉 씽크탱크Think Tank를 활용해 집현전 학자들이 연구하고 건의하는 내용을 중심으로 정책을 짜고 이를 현실에 구현하는 방법을 썼다. 학문연구와 인재양성, 그리고 새로운 문화의 정착 등에 중심적 역할을 한 집현전과 소속 인재들은 세종시대 모든 정책의 산실이었다.

중국과 우리나라의 역사를 연구해 신권臣權과 왕권王權의 조화와 균형을 이루는 유교적 왕도정치를 이끌어냈다. 그뿐만 아니었다. 『농사 직설農事直說』을 비롯한 농서를 펴내 농업을 발전시켜 경제력을 키웠으며, 의학 · 화기 · 인쇄 등에서 과학혁명을 이끌었다. 천문학을 연구하는 서운관書雲觀을 설치해 천문을 보는 간의대簡儀臺를 돌로 쌓아 만들었으며, 천문시계인 혼천의渾天儀를 비롯한 해시계와 물시계, 측우기 등 각종 천문 · 기상 관측기구들을 제작했다. 특히 장영실이 제작한 '앙부일구仰 釜日晷'라는 해시계는 단순히 시간만 알려주는 것이 아니라, 바늘의 그림자 끝만 따라가면 시간과 절기를 동시에 알 수 있는 다기능 시계였다.

세종은 사대주의 학자들의 거센 반대를 무릅쓰고, 한민족의 얼이 담긴 훈민정음訓民正音 창제를 주도했다. 훈민정음은 세종과 집현전 학자들의 합작품으로서 세종 25년 1443년에 창제 · 반포된 우리나라의 글자다. 세종이 훈민정음을 창제한 취지는 훈민정음에 대한 한문해설서인 『훈민정음예의본訓民正音例義本』 첫머리에 잘 설명되어 있다.

나라 말씀이 중국과 달라 한자와 서로 통하지 아니하므로, 일반 백성이 말하고자 하나 제 뜻을 능히 펴지 못할 자가 많은지라, 내 이를 불쌍히 여겨 새로 28자를 만드나니 사람마다 쉽게 학습하여 사용하는 데 편케 하고자 할 따름이다 國之語音 異乎中國, 與文字 不相流通, 故愚民 有所欲言 而 終不得伸其情者, 多矣, 予一 爲此憫然 新制二十八字, 欲使人人易習, 便於日用耳.

우리 민족은 예로부터 이두吏讀와 구결口訣을 써 왔다. 이두는 우리 말이 분명했지만, 우리말을 자유자재로 적을 수 없었고 표기법에 일원성이 없어서 한자를 먼저 배워야 하는 단점이 있었다. 구결은 한문에 구두句讀를 떼는 데 쓰는 보조적 수단에 그쳤다. 그래서 한자를 쓰지 않고서도 우리말을 자유롭고 쉽게 표현할 수 있는 새로운 글자를 만들어야 한다는 의견이 줄곧 제기돼오던 터에 세종이 집현전 학자들과의 뼈를 깎는 연구 끝에 마침내 한민족의 글자 훈민정음을 만들어낸 것이다. 한글 창제3년 뒤인 1446년 정인지 · 최항 · 성삼문 등 8명의 집현전 학자들이 한글 글자를 지은 뜻과 사용법 등을 풀이해 놓은『훈민정음해례본訓民正音解例本』에 따르면, 문자모양은 발음기관發音器官과 천지인天地人의 모습을 닮았고 문자조직은 역철학易哲學의 원리를 응용한 것이다. 즉 기본자음 (ㄱ·ㄴ·ㅅ·ㅁ·ㅇ)은 목구멍의 모양을 본떴고 그 소리는 각각 오행의 木(ㄱ), 火(ㄴ), 金(ㅅ), 土(ㅁ), 水(ㅇ)에 해당한다.

과학적이면서 익히기 쉬운 훈민정음의 창제는 이후 우리나라 역사에 가히 혁명적인 변화를 가져왔다.『용비어천가』와『월인천강지곡』, 그밖에 여러 불경들이 국문으로 번역되어 유포되었으며, 한문책을 국문으로 풀이한 많은 책들이 발간되어 일반 백성들이 널리 읽게 되었다. 16세기에 들어서는 사서삼경을 비롯한 유교경전과 농업 · 천문학 등 과학기술 서적들이 번역 출간됐다. 정부에서는 한문을 모르는 일반 민중들에게 국문으로 된 정책 설명서를 배포해서 정부 시책들을 알렸다. 일반 민중들의 국문 이용이 확대되면서 국문을 이용한 문학서적들이 봇물 터지듯이 쏟아져 나왔다. 특히 부녀자들의 국문을 통한 문학 활동이 활발했다. 국문은 한민족에게 원초적 형태의 민족주의 사상과 민본주의 사상을 고취하는 데 결정적 역할을 했다. 한민족의 민족주의 사상은 이때까지만해도 매우 미미했다. 특히 북방민족의 오랜 지배 속에서 그들의 문화에 익숙할 수밖에 없었기 때문이다. 민족의식이란 보통 피와 문화와 언어로 구별되는데, 한민족의 피 속에는 그동안 관계를 맺어온 중국 · 몽골·여진·흉노·거란·일본·동남아시아·중동 등 이민족들과의 혼혈이 있었다. 때문에 조선시대에 피의 순수성 내지 동질성은 거의 없어졌다고 할 수 있다. 문화와 풍속도 마찬가지다. 한민족만의 순수한 문화, 고유한 문화는 없었다. 다만 언어만이 민족의 정체성을 갈라주는 척도로 남아 있었다. 따라서 세종의 훈민정음 창제는 한민족이 한민족임을 인식하고 하나가 되는 혁명적 계기가 된 것이다. 한마디로 한민족의 글자가 만들어짐에 따라 비로소 민족을 단위로 한 민족국가의 기틀이 확고히 다져졌다 하겠다.

조선은 왕조 개창 초기에 출현한 성군들의 탁월한 지도력으로 민족을 단위로 한 민족국가로서 발전할 탄탄한 기반을 닦았지만, 시간이 흐르면서 토지의 편중을 막아 농민의 자립에 기여했던 과전제도가 무너지면서 조선왕조의 통치기반이 흔들리기 시작했다. 되살아난 토지 겸병으로 왕실과 척신戚臣들은 풍요를 누렸지만, 자영농민들 중 많은 이들이 토지를 잃고 소작농이나 뜨내기 상인으로 전락했다. 또 백성의 대부분이 농민이었던 조선에서 전세田稅·공납貢納 등 과중한 조세 부담이 민심을 이반하게 만드는 요인이 되어 크고 작은 민란이 연이어 일어나기 시작했다. 더구나 조선 중기로 들어서면서 권신들의 파벌 간 권력투쟁과 일본과 청나라의 침략으로 국운이 서서히 쇠퇴해가기 시작했다.

연산군燕山君의 폭정에 따른 사림파士林派와 훈구파勳舊派가 벌인 피에 젖은 무오사화(1498년)와 갑자사화(1504년), 중종반정中宗反正의 여파가 빚은 기묘사화(1519년), 명종明宗 때의 을사사화(1545년) 등, 잇달아 일어나는 사화士禍로 국론이 분열되고 국가 정책이 아침저녁으로 바뀌어 백성들의 삶을 피폐하게 했다. 마침내 1559년 '의적義賊' 임꺽정의 민중을 내세운 반란이 일어났다. 이처럼 피로 피를 씻는 권력투쟁의 와중에서 민중반란이 연이어 일어나던 그때 세계는 급격히 변화하고 있었다.

서양에서는 1492년 콜럼부스가 아메리카 신대륙을 발견하는 등 서구 각국이 대외 팽창정책을 경쟁적으로 펴나갔고, 중국에서는 지진과 기근으로 명나라의 세력이 약해지면서 북방의 여진족이 힘을 키우고 있었으며, 일본에서는 전국시대의 혼란이 더욱 심해지면서 중앙정부의 통제가 약해져 명나라와 조선의 해안지방에 대한 왜구들의 노략질이 한층 심해졌다. 세종은 왜구를 소탕한 뒤 1443년 일본과 계해약조癸亥約條를 맺어 무역과 체류를 허용했다. 그러나 개항에 따른 무역과 일본인 거주가 급증하자 조선은 삼포(동래 부산포, 웅천 제포, 울산 염포)에 거주하는 일본인들의 위반행위를 강력히 다스렸다. 이에 반발한 삼포 체류 일본인들은 1510년 삼포왜란三浦倭亂을 일으켰다. 이후 1555년에는 왜구가 전라도의 영암·장흥·강진·진도 지방에 침입해 마을에 불을 지르고 물자를 약탈한 을묘왜변乙卯倭變이 일어났다.

왜구의 이 같은 잦은 침략에도 조선 왕국은 왜구 격퇴를 위한 근본 대책을 세우지 못했다. 이는 저들로 하여금 조선을 약체국가로 판단하게 하는 빌미를 주었다. 일본이 국력을 총동원해 일방적으로 침입하면 속수무책으로 당할 상황인데도 조선조정은 동인東人과 서인西人으로 파당을 지어 상대를 꺾기 위한 권력투쟁에 날이 새고 저물었다. 일본 실정 파악을 위해 일본에 함께 갔다 왔지만, 서인 황윤길黃允吉이 일본에 대한 경계와 대책수립의 필요성을 말하자, 동인 김성일金誠一은 일본의 대대적 침략은 없을 것이라는 상반된 주장을 임금에게 보고했다. 물론 시각의 차이가 있을 수도 있다. 그러나 그것이 국가적 중대사안일 경우, 잘못된 판단이 엄청난 후폭풍을 몰고 올 수 있다는 데 문제의 심각성이 있다. 김성일이 백성의 동요를 염려한 충심에서 일본의 침략이 없을 것이라 보고했다고 두둔하는 주장도 있으나 설득력이 없다. 작은 염려를 하느라 더 큰 위험을 외면하는 근시안적 처사일 뿐이다.

사림士林의 분열에 따른 붕당朋黨정치의 폐해는 16세기 선조宣祖 때부터 눈에 띄게 드러나기 시작했다. 서인 정철鄭澈에 대한 치죄를 놓고 사형을 주장하는 이산해李山海·이발李潑과 가벼운 처벌을 주장하는 유성룡柳成龍·우성전禹性傳이 대립했다. 이때 이산해·이발을 북인이라 불렀고 유성룡·우성전을 남인이라 했다. 정치적으로 서인 쪽에 섰던 이이李珥는 정쟁을 조정하고 선의의 경쟁으로 나라를 위해 일해야 한다는 입장을 고수했다. 그의 학문적 입장은 퇴계 이황李滉의 '이선기후론理先氣後論'도 아니고, 서경덕徐敬德의 '기일원론氣一元論'도 아니었다. 그는 물질과 이데아를 분리될 수 없는 유기체적 형태로 파악하는 '이기일원론理氣一元論'을 주장했다. 그의 이 같은 학문적 태도는 실생활에서 인본주의에 바탕을 둔 중용中庸의 정신을 이끌어냈다. 인간과 사회를 이롭게 하는 것이면 명분과 이익을 함께 취할 수 있으며 이를 위해 현실과 이성을 조화·발전시켜 나가야 한다는 것이다. 그의 이 같은 인본주의 사상은 훗날 실학의 핵심적인 사상으로 발전됐으며 조신중기 이후의 역시 전개에 큰 영향을 미쳤다. 이이는 1583년 3월 경연經筵 석상에서 선조에게 10만 양병의 필요성을 제기했다.

국세의 부진함이 심하니 10년을 지나지 아니하여 마땅히 토붕土崩의 화禍가 있을 것이다. 원컨대, 미리 10만 병을 양성하여 도성에 2만, 각 도에 1만씩을 두어 군사에게 호세를 면제해주고 무예를 단련케 하고 6개월마다 번갈아 도성을 수비하다가 변란이 있을 때에는 10만을 합하여 지휘케 하는 등 위급에 대비해야 한다. 그렇지 않으면 하루아침에 변이 일어날 때 백성들을 전장에 몰아넣게 됨을 면치 못할 것이니 그때에는 일이 틀리고 말 것이다.

이이의 10만 양병론에 대해 대신들은 평화 시의 양병養兵은 화를 기르는 양화養禍일 뿐이라고 일축하고 말았다. 율곡은 파주 율곡리로 내려가 자운서원을 차리고 후학들을 가르치면서 임진강변에 화석정花石亭을 짓고 시를 썼다. 경연석상에서 양병의 필요성을 말한 1년 뒤에 율곡은 세상을 뜨고 그의 예언대로 10년이 못 된 1592년 4월에 임진왜란壬辰倭亂이 일어났다. 침략자 일본을 물리치기 위한 7년 전쟁이 시작된 것이다. 아무런 대비가 없던 조선은 치밀한 계획 하에 침략해 들어온 30만 대군 앞에 맥없이 무너졌다.

이율곡의 선견지명과 애국심을 읽을 수 있는 대목이다. 왜군의 한양 진격이 임박하자 선조임금은 피난길에 올랐다. 일행이 어둔 밤 장대비 속에 임진강을 건너기 위해 초평도가 보이는 임진나루에 당도했다. 그때 임진나루 남쪽 산에 세워진 화석정이 불타면서 비 내리는 밤하늘을 밝게 비췄다. 이 불빛에 의지해 선조 일행은 황급히 배를 타고 임진강을 건너 의주까지 몽진할 수 있었다. 이율곡이 살아있을 때 목조 건물인 화석정에 기름을 칠해둔 덕분이었다.

전쟁 초반 조총과 대포 등 신무기로 무장한 일본군은 세 방향으로 나누어 파죽지세로 조선의 관군을 무너뜨리며 전 국토를 유린했다. 의주까지 피난해 더 이상 갈 곳이 없던 선조는 명나라에 지원을 요청했다. 명나라의 5만 병력과 방방곡곡에서 분연히 일어난 의병義兵들이 일본군에 맞서 싸웠다. 한편 해상에서는 거북선을 앞세운 이순신李舜臣의 조선 수군이 옥포 · 당포 · 한산도 · 부산포 해전 등에서 일본군을 연파해 보급로를 차단했다. 그러나 일본군을 격퇴하는 데 가장 큰 공을 세운 이순신은 전쟁 수행 중 반대파들의 모함을 받아 잠시 옥에 갇혔으나 곧 사면되어 백의종군白衣從軍, 탁월한 전술과 전략으로 왜군을 연파했다. 그러나 화의和議교섭의 결렬로 일본군이 다시 침공해오니 1597년 정유재란丁酉再亂이다. 이순신 대신 수군통제사에 오른 원균元均은 재침해오는 일본군을 맞아 싸우다 대패하고 자신도 전사하고 말았다. 왕은 다시 이순신을 수군통제사로 임명했다. 이순신은 남은 병력과 함선 13척으로 일본의 대군을 물살이 빠른 명량해협일명 울돌목으로 유인해 대승을 거뒀다. '학익진鶴翼陣'을 펼쳐 적을 섬멸한 이순신의 전술은 세계 해전사에 길이 남은 탁월한 전술이었다. 그러나 그는 전투에서 도요토미 히데요시豐臣秀吉의 사망으로 황급히 철수하는 왜군 잔당을 노량 해협에서 섬멸하다 적의 흉탄을 맞고 전사했다. 그에게는 충무공忠武公이란 시호가 내려졌다.

두 차례 왜란으로 조선은 전 국토가 초토화되고 무수한 사람이 죽거나 다쳤고 가옥과 문화재가 불탔으며, 재물과 도공을 비롯한 기술자들도 납치되었다. 조선을 지원하느라 국력이 기울기 시작한 명나라나 조선은 여진족을 견제할 수 없었다. 이러한 힘의 공백을 틈타 종래 부족 단위로 흩어져 있던 여진족을 규합해 강력한 세력으로 키운 이가 후금後金을 세운 누르하치였다. 1616년 후금이 명을 공격하자 명은 왜란 때 조선을 도운 것을 내세워 지원병을 요청했다. 그러나 동아시아 정세가 요동치던 그때 광해군光海君은 명과 후금과의 전쟁에서 어렵게 중립을 지켜나갔다. 세자로 임진왜란의 참화를 직접 목도한 광해군은 쇠퇴기에 접어든 명나라와 대륙의 신흥강자로 떠오른 후금의 틈바구니에서 나라를 지키기 위해 중립이란 실용주의 외교 전략을 구사하는 한편 국방력 강화도 도모했다. 대포 등 신무기를 만들고 북방지역에 군사를 늘리는 한편, 명나라의 원병 요청에 따라 출병하는 강홍립에게 후금과 싸우는 척하다가 투항하라는 밀지密旨를 내려 명과 후금을 동시에 만족시켰으며 왜란 이후 중단됐던 일본과의 외교관계도 복원시켰다. 광해군은 1608년 전후 복구와 민생안정을 위해 대동법을 실시해 백성들의 세 부담을 줄이는 한편 1611년 양전量田을 시행해 경작지를 늘리고 바닥난 국고를 채우기 위해 노력했다.

특기할 만한 광해군의 업적은 그가 국운을 다시 일으키기 위해 수도를 전란으로 황폐화된 한성에서 경기도 파주 교하交河로 옮기려 했던 점이다. 한반도의 남북에서 발원한 임진강과 한강이 만나는 교하지역은 외침에서 방어에 유리한 전략 요충지이고, 넓은 평야와 풍부한 수자원이 있어 농사에 유리하다는 이유에서였다. 광해군의 이러한 수도 이전 계획은 단순한 천도遷都가 아니라 조선 건국 이후 지속된 중국과의 군신君臣관계를 청산하고 자주국의 위상을 지켜나가는 계기로 삼고자 했던 깊은 심지에서 세운 계획이었다. 그러나 이 원대한 천도계획은 명나라와의 사대관계를 유지하려는 대신들의 극심한 반발에 부딪쳤다. 1623년 인조반정仁祖反正으로 광해군이 제주도에 유폐되고 그가 꿈꾼 원대한 개혁과 자주국 운동은 물거품이 되고 말았다.

3
정조(正祖)의 개혁과
국민국가로 가는 길

후금은 광해군의 명과 후금에 대한 양면 중립외교에 따라 조선 국경을 침범하지 않았다. 그러나 반정 후 인조가 배금친명排金親明정책을 펼쳐 요동을 되찾으려는 모문룡毛文龍 휘하의 명明나라 군대를 평북 철산鐵山의 가도椵島에 머물게 하면서 은밀히 원조하자 바로 압록강을 건너 쳐들어 왔다. 1627년 1월의 정묘호란丁卯胡亂이다. 아민阿敏이 이끄는 3만의 침략군은 조선군과 명군을 격파하면서 파죽지세로 한양까지 밀고 내려왔다. 전국 각지에서 조선의 의병들이 일어나 후금군을 게릴라 전법으로 공격하니 후금은 화의를 요청해왔다. 조선과 후금 간 정묘약조가 체결되었다.

1) 후금군이 평산을 넘지 않을 것
2) 맹약 후 후금군은 즉시 철수할 것
3) 철군 후에 후금군은 다시 압록강을 넘지 않을 것
4) 양국은 형제국으로 칭할 것

5) 조선은 후금과 맹약해도 명에 적대하지 않을 것

정묘약조 이후 명나라를 침공해서 만리장성을 넘어 북경을 함락시킨 후금은 나라 이름을 청淸으로 바꾼 1636년, 조선에 "군신관계로 바꿀 것, 황금과 백금 1만 량과 전마 3천 필을 세폐歲幣로 바칠 것, 정병 3만 명을 지원해 줄 것" 등을 요구했다. 조선이 이를 거부하자 그해 12월 1일 청 태종이 직접 군사 12만 명을 이끌고 압록강을 건넜다. 병자호란丙子胡亂이었다. 청군은 임경업林慶業이 지키는 의주성을 피해 질풍처럼 남진해서 5일 만에 한양을 점령했다. 인조는 황급히 남한산성으로 들어가 45일간 항전했으나 끝내 항복하고 말았다. 인조는 삼전도(지금의 송파)의 청군 진영에 내려가 청 태종에게 엎드려 절하고 신하의 예를 갖추는 굴욕을 감수해야만 했다. 이때 맺어진 화친조약의 내용은 청에 대해 신하의 예를 갖출 것, 명과의 교류를 끊을 것, 청에 물자와 군사를 지원할 것 등이었다. 정묘약조와는 판이하게 다른 이 굴욕적 화친조약으로 1895년 청일전쟁에서 청이 패해 한반도에서 물러날 때까지 청과 조선은 종주국宗主國과 속국屬國의 종속宗屬관계가 지속되었다. 실용주의 외교를 펼친 광해군의 리더십 대신 친명 사대주의에 빠져 변화하는 국제정세를 올바로 파악하지 못한 대가는 컸다. 참으로 비통한 역사의 한 장이 아닐 수 없다.

삼전도의 굴욕을 세자로서 직접 겪은 효종孝宗은 왕위에 오르자, 어영청御營廳 소속 군사를 2만 명으로 대폭 늘리고 특별 조총부대를 창설하는 등 군사력 강화에 힘쓰면서 북벌정책을 추진했다. 1654년 청과 러시아 사이에 국경충돌이 일어나자 청의 원병 요청에 따라 조총으로 무장한 100여 명의 정예부대를 파견해서 러시아군을 격퇴했다. 영고탑(송화강유역) 부근에서 치러진 이 전투의 결과 러시아군은 흑룡강 이북으로 물러갔는데 이를 제1차 나선정벌羅禪征伐이라 한다. 1658년 제2차 나선

정벌 때 효종은 200명의 조총부대를 파견해서 러시아군을 또 격퇴했다. 그 결과 조선은 훗날 두만강 북쪽의 만주와 연해주에 대한 영유권을 주장할 수 있는 근거를 얻었다. 1712년 숙종肅宗 때 청과 담판을 벌여 백두산정계비를 정상에서 동남방 4Km 떨어진 해발 2200m 지점에 세웠다.

국경회담 시 청의 대표였던 오라총관烏喇摠管 목극등穆克登과 조선 대표 박권朴權이 함께 백두산 정상에 올라 세운 정계비에는 다음과 같은 글귀가 기록돼 있다.

서쪽으론 압록강, 동쪽으론 토문강의 분수령에 돌을 세운다西爲鴨綠, 東爲土門, 故於分水嶺上, 勒石爲記.

이 비문에 따르면, 토문강 동쪽에 있는 간도間島지방이 조선의 영토임이 분명하다. 이보다 앞서 숙종 22년 1696년에는 안용복이 울릉도와 우산도(지금의 독도)에 빈번히 출몰하는 왜구를 격퇴한 뒤 일본 정부와 담판을 벌여서 조선의 영토임을 확인받기도 했다.

이처럼 병자호란으로 청나라의 속국이 된 조선은 건국 이후 확장된 영토를 지키기 위한 외형상의 노력은 나름대로 기울였으나, 청나라의 지배로부터 벗어나고 급변하는 국제 정세에 대비해서 나라의 안전과 백성의 행복을 도모할 수 있는 근본적 대책 마련에 대해서는 여전히 절벽이었다. 인조반정을 계기로 정권을 잡은 서인西人은 숙종 때 노론老論과 소론小論으로 다시 갈라졌다. 영조英祖 때까지 지속된 당파싸움은 국가의 발전 방안을 놓고 토론하고 합의된 의견을 도출하기보다 지엽적인 문제에 놓고 벌린 권력쟁탈전의 성격이 컸다. 조선이 왕조국가이긴 하나 모든 국가정책이 왕과 신하들의 의견 수렴을 통해 시행되는 체제여서 공의公議에서 벗어난 당파싸움은 국력 낭비에 불과했으며, 이는 나라 밖의 변화를 제대로 인식하지 못하게 만들어 결국 나라를 망국으로 몰아가는 요인이 되었다. 그럼에도 불구, 당쟁의 긍정적인 측면 또한 없지 않다고 후세 사학자들은 말한다.

당쟁의 문제점을 간파한 영조가 탕평책蕩平策을 썼으나, 영조 자신도 자신의 아들 사도세자思悼世子를 당파싸움의 희생자로 만들 수밖에 없었다. 아버지의 비극을 목도했던 아들 정조正祖는 왕이 되자마자, 탕평책과 함께 획기적인 국정개혁정책을 추진했다. 백성이 골고루 잘사는 나라를 만드는 데 초점이 맞춰진 정조개혁의 이론적 뒷받침은 규장각奎章閣 소속 신진학자들이 맡았다. 박제가朴齊家, 유득공柳得恭, 박지원朴趾源 등 이른바 북학파北學派와 이벽李蘗 · 정약용丁若鏞 · 이가환李家煥 등 이른바 서학파西學派들이 중추적 역할을 했다. 주자학을 신봉해 청나라를 오랑캐로 간주하는 보수파와 달리 북학파는 청의 장점을, 그리고 서학파는 서양의 선진문명을 받아들여 조선을 발전시키자는 논리를 폈다. 특히 서학파는 천주교를 믿거나, 호의적인 학자들이 많았다. 북학파와 서학파 모두 선진문물을 하루빨리 수용해야 한다는 개방주의자였다. 이들은 민주주의라는 이념은 알지 못했지만, 모든 백성이 나라의 주인이 되는 민국民國을 세워야 한다는 생각을 갖고 있었다. 이들의 앞선 생각은 정조가 관가의 노비들을 해방하고 서얼庶孽을 철폐하는 동력으로 작용했다.

정조의 관노비 해방으로 조선 건국 때 국민의 40%였던 노비가 10%대로 감소했다. 규장각에 서얼출신들이 등용되고 새로운 농법과 잠사법 등이 담긴 실학파들의 저술이 널리 보급되었다. 농업 · 광업 · 어업 · 지리 · 천문 · 의학 · 약학 · 병기 등에 획기적인 발전이 있었으며, 나라의 재정이 풍부해지고 백성들의 살림살이도 나아졌다. 한영우가 『다시 찾는 우리역사』에서 "정조는 양반(사족) 중심의 국가운영을 탈피하여 소민小民을 보호하는 민국民國건설에 목표를 두었다"고 지적했듯이,

정조가 꿈꾼 새로운 나라는 그 누구보다 백성이 편안하게 잘사는 민국民國의 건설이었다.

그러나 변화하는 국제정세에 맞춰 경쟁력 있는 새로운 나라로 개혁하려 했던 정조의 꿈은 뿌리 깊은 수구세력들의 저항에 부딪쳐 순조롭게 진행되지 못했다. 영민한 군주였지만 정조는 천주교 교리를 수긍하면서도 박해할 수밖에 없었고, 실학파들의 참신한 개혁구상에 동조하면서도 이들을 외면하고 멀리할 수밖에 없었다. 정조가 급서急逝한 후 안동 김씨, 풍양 조씨 등의 세도정치勢道政治와 삼정三政의 문란紊亂으로 인해 조선은 급속한 국운 쇠퇴기에 접어들었다. 세도가들은 매관매직賣官賣職과 부정부패를 일삼아 민심을 잃었고, 수취기구였던 삼정의 문란으로 인한 극심한 수탈에 항거하는 농민들의 봉기가 곳곳에서 일어났다. 삼정은 전세를 징수하는 전정田政, 군포를 걷어 들이는 군정軍政, 그리고 환곡을 관리하는 환정還政을 말한다. 실제 소유하지 않은 토지에 세금을 징수하는 백지징세白地徵稅나 죽은 자에게 군포를 징수하는 백골징포白骨徵布가 잘 말해주듯 전정과 군정의 횡포는 말할 수 없을 만큼 컸으며, 환정도 받기를 거부하는 백성에게도 강제로 환곡을 주고 과도한 이자를 물리는 등 폐해가 심했다. 이에 참다 못한 농민들이 홍경래洪景來 난 등 민란을 일으켜 폭정에 항거했으며,『정감록鄭鑑錄』과 미륵신앙이 잘 말해주듯이 새로운 왕조와 초월적 구원자가 나타나기를 꿈꿀 만큼 현실은 참담했다.

선각한 지식인들은 폭정을 개혁하고 선진문물을 받아들여야만 한다는 개혁과 개방정책을 주장하고 나섰다. 그러나 보수 세력의 벽은 높았다. 서양의 발달된 문명을 받아들이려 했던 개방파들은 탄압의 된서리를 맞았다. 특히 개혁과 개방을 선도해온 천주교가 호된 박해의 대상이 되었다. 서학파를 중용했던 정조가 죽은 이듬해 1801년에 벌어진 신유사옥辛酉邪獄 당시 백성들을 다섯 집 단위로 묶어 감시하던 오가작통

법五家作統法은 맹위를 떨쳤다. 천주교를 받아들인 실학자 이가환李家煥, 정약종丁若鍾, 이승훈李承薰 등을 비롯해 300여 명의 신자들이 처형되었다. 연이어 그해 10월에는 황사영黃嗣永 백서사건帛書事件이 일어나서 황사영 등 500여 명의 천주교도들이 처형되고 정약용은 전라도 강진으로, 정약전丁若銓은 흑산도로 유배되었다. 그러나 박해에도 불구하고 유배지에서 정약용은 『목민심서牧民心書』·『경세유표經世遺表』·『춘추고징春秋考徵』 등을, 정약전은 『자산어보玆山魚譜』와 같은 저술을 펴내며 개혁의 꿈을 접지 않았다.

1836년 기해사옥己亥邪獄 이후 박해가 소강상태에 접어들면서 천주교 교세가 급격히 신장되자, 1846년 조정은 병오박해丙午迫害를 일으켜 우리나라 최초의 신부 김대건金大建을 비롯해 임치백, 현석문, 남경문, 한이형, 이간난, 우술임, 김임이, 정철열 등을 처형했다. 그러나 갖은 박해에도 서민과 지식층은 신앙을 위한 순교를 두려워하지 않았다. 1856년 베르디 주교가 입국했고, 이듬해에는 다블뤼 주교의 착좌식이 거행되었으며 한국 천주교회전체회의가 열렸다. 이 무렵 신자수는 30여 년 전에 비해 두 배 많은 2만 3,000여 명에 이르렀다.

대원군은 집권 초기에는 러시아를 견제하기 위해 서양의 천주교 주교들을 이용했지만, 러시아의 직접적 위협이 없는 것으로 보이자, 쇄국정책을 펼치며 천주교를 탄압하기 시작했다. 1866년 병인박해丙寅迫害 때 베르디 주교 등 프랑스인 주교 7명과 최형 등 한국인 신자 17명이 처형됐고, 대원군이 실각할 때까지 순교한 천주교 성직자와 신자가 8,000여 명에 달했다. 병인박해는 프랑스함대의 침공 등 이른바 병인양요丙寅洋擾의 원인이 되었다. 세도정치와 삼정의 문란, 그리고 쇄국정치는 변화하는 세계정세에 눈멀고 깨어나기 시작한 백성의 목소리에 귀를 막은 형국으로 치달았다. 극소수 우국충정의 대신들을 제외한 대부분의 세도가

들은 국가의 안위보다 권력과 재산을 챙기는 데 급급했다. 가렴주구로 백성들의 삶은 피폐해지고 국고가 바닥이 났으며, 변변한 군대 조직도 없는 상황에서 조선왕국은 중국·일본·러시아 등 주변 강대국들과 밀려드는 미국·영국·독일·프랑스 등 서양의 제국주의 국가들의 개방 압력에 속수무책이었다.

흥선대원군興宣大院君은 1863년 아들 고종高宗이 조선 왕국의 제26대 왕으로 등극하자, 실권을 장악하고 서원 철폐와 세도정치 타파 등 개혁정치를 펴는 한편 국가재정 증대와 군비 확충 등 부국강병책을 추진했다. 그러나 대원군은 대외적으로는 강력한 쇄국양이鎖國攘夷정책을 추진했다. 1866년 병인양요 때 대원군은 프랑스 함대가 강화도를 점령하고 프랑스 신부 살해범 처벌과 통상조약 체결을 요구해오자 이들을 무력으로 격퇴시켰으며, 미국 상선 제너럴셔먼 호가 대동강을 따라 평양으로 들어와서 약탈과 살육을 자행하자 화공을 가해 불태워 버렸다. 1871년 신미양요辛未洋擾 때 미국과 싸워 이긴 뒤 대원군은 전국 200여 곳에 척화비를 세워 자주 배외사상을 한껏 고취해나갔다.

그러나 1873년 대원군이 물러나고 고종의 친정親政을 계기로 청국과 일본 양국의 조선을 지배하기 위한 경쟁이 노골화되기 시작했다. 쇄국도 개방도 모두 가납嘉納하기 힘든 상황은 결국 외세가 파고들 틈을 주고 말았다. 1868년 메이지유신을 단행한 일본은 서양의 발달된 문물을 신속히 받아들여 산업화를 통한 북국강병에 박차를 가했다. 1875년 메이지 정부는 군함 운양호사건을 일으켜 조선의 개항을 압박했으며, 일본의 무력시위에 밀린 조선 정부는 이듬해 1876년 강화도조약江華島條約을 체결해 굳게 닫힌 문호를 열었다. 이 조약 제1조는 조선이 자주국임을 명시하고 있지만, 이는 사실상 조선이 중국의 속국이 아니라는 것을 밝혀 일본의 조선 침략을 자유롭게 하려는 저의가 들어있는 내용이었다. 개항을 전후 해 조선 왕국에는 서구를 따라 배울 것을 주장하는 개화파들이 등장하기 시작했다. 이들은 김윤식金允植·김홍집金弘集 등 온건穩健 개화파와 김옥균金玉均·박영효朴泳孝·홍영식洪英植 등 급진急進 개화파로 양분되었다. 전자는 청국의 양무운동洋務運動을 본받아 우리의 정신문화를 지키면서 서양의 과학기술을 수용하자는 동도서기東道西器를 주장했으며, 후자는 일본의 메이지 유신을 본받아 서구의 정신문화와 제도의 수용도 필요하다고 보았다.

1876년 개항 이후 조선 정부는 개화정책을 추진해나갔다. 1880년 통리기무아문統理機務衙門이 설치되고 이듬해 조사시찰단朝士視察團과 영선사領選使가 각각 일본과 중국에 파견되었으며, 일본인 교관이 훈련시키는 신식군대였던 별기군別技軍도 조직되었다. 고종의 개방정책에 따라 조·일 수호조약 체결(1876)을 시작으로 1882년에는 조·미 수호통상조약과 조·일 수호조규속약과 조·청 상민수륙무역장정이 체결되고, 1883년에는 조·영 수호통상조약과 조·독 수호통상조약이, 1884년에는 조·이伊 수호통상조약과 조·러 수호통상조약, 그리고 1886년에는 조·불 수호통상조약이 체결되었다. 이 조약들은 하나같이 최혜국 대우와 치외법권을 담은 것들이어서 우리나라보다는 상대국들에게 유리한 내용으로 채워져 있었다. 이러한 급속한 개방은 국내자본과 시장이 열악한 상황에서 형성됨으로써 외국자본의 무제한 침투와 우리나라 경제의 예속화를 촉진시키는 결과를 초래했다.

그러나 같은 해 서구의 근대 문물과 기술을 수용하려는 개화의 물결을 거스르는 구식 군인들의 봉기인 임오군란壬午軍亂이 터졌다. 봉급이 13개월이나 밀리는 등 차별대우에 불만을 품은 구식군인들은 선혜청宣惠廳 당상堂上 민겸호閔謙鎬를 죽이고 일본공사관을 습격해 불태웠다. 다시 집권한 대원군은 오군영五軍營과 삼군부三軍府를 부활시키는 등 역사의 시계바퀴를 거꾸로 돌렸다. 이에 청국은 이른바 속국을 보호한다는 명분 아래 3천 명의 군대를 급파해 임오군란을 진압하고 대원군을 청국으로 데려갔다. 일본도 거류민을 보호한다는 명분 아래 군함 4척과 육군 1개 대대를 서울에 파견해 1882년 제물포조약과 수호조규속약을 체결해 임오군란 피해 배상금을 받아냈다.

서울에 군대를 파견한 청국의 요구에 따라 조약문에 조선이 청국의 속방屬邦임을 명시한 '조중상민수륙무역장정朝中商民水陸貿易章程'을 체결했다. 이는 일본의 조선 지배를 차단하기 위한 청국의 의도가 작용한 것이다. 청국은 백두산 정상의 북쪽 절반도 요구해왔다. 백두산정계비에 명시된 토문강이 북쪽으로 흐르는 토문강이 아니라 동쪽으로 흐르는 두만강이라는 억지 주장이었다. 조선은 청국의 요구를 단호히 거부해 이 억지주장은 없던 일이 되었다. 이후 조선 정부에서는 두만강 하류에 있는 녹둔도에 서북경략사西北經略使 어윤중을 파견, 주민들을 격려하고 백두산에서 두만강에 이르는 지역이 조선 영토임을 분명히 했다.

이처럼 청국의 간섭이 심해지자 1884년 급진 개화파 세력이 일본의 지원을 받아 갑신정변甲申政變을 일으켰으나, 청국 군대의 무력 개입으로 '3일천하'로 끝나고 말았다. 이후 청국의 압제는 더욱 심해졌다. 1885년 청국은 간도국경회담에서 간도를 넘겨줄 것을 요구했으나, 조선 대표 이경하李景夏가 "내가 죽으면 죽었지 절대로 간도를 내줄 수 없다"고 버티는 바람에 회담은 결렬되었다. 그러나 이경하가 목숨을 걸고 지킨 간도는 1909년 일본이 만주지역에서의 철도부설권을 얻는 조건으로 청국에 넘겨준 이른바 '간도협약'으로 우리 손을 떠났다.

사실 고종은 1884년 갑신정변甲申政變이 실패로 돌아간 후 고종의 대내외 정치를 감시하기 위해 보낸 감국監國 원세개袁世凱의 반대를 무릅쓰고 교육에 나라의 미래를 거는 교육입국 정책을 펼쳤다. 1885년 아펜

젤러가 세운 배재학당을 필두로 선교사들이 세운 신식 학교가 문을 열었다. 1886년에는 스크랜턴이 이화학당을, 언더우드가 정신학교를 설립해 서구식 근대교육을 실시했다. 같은 해 정부도 『한성주보漢城週報』를 창간해 민중들에게 세계 동향을 알리고 개화사상을 전파하는 한편 육영공원育英公院을 설립해서 현직관료와 고관자녀들에게 영어 등을 가르쳤다. 또한 고종은 특히 갑신정변 이후 더욱 드세진 청국의 간섭을 견제하기 위해 다면외교를 펼쳤다. 1887년에는 박정양朴定陽을 주미 전권공사로 파견하는 자주 외교를 펼쳤으며, 1884년 7월 갑신정변 직전에 통상조약을 체결한 러시아세력을 끌어들여 청국을 견제하려는 인아책引俄策을 구사했다. 그러나 청국의 압제는 더욱 심해졌고 이에 기생한 민씨 척족 정권의 가렴주구도 그칠 줄 몰랐다. 1894년 도탄에 빠진 민초들이 동학농민봉기를 일으켰고, 이를 기화로 벌어진 청일전쟁으로 조선 근대화의 꿈은 점점 멀어져 갔다.

5장

대한제국의 꿈은
사라지다

세계는 그때

대한제국 시기(1897~1910)의 세계는 산업혁명과 시민혁명, 그리고 종교개혁 등으로 국력을 한껏 증강한 서구 국민국가들, 즉 제국주의 열강들이 해외시장과 식민지를 개척하기 위한 경쟁에 온통 혈안이 되어 있었다. 1882년부터 1915년까지 독일 · 이탈리아 · 오스트리아는 삼국동맹을 맺고 해외진출을 도모했고, 이에 영국 · 프랑스 · 러시아는 삼국협상을 통해 맞내응했다. 미국은 1898년 중'남미지역에서 선점권을 누리던 스페인과의 전쟁에서 이겨 1902년 쿠바공화국을 독립시켜 미국자본의 지배 하에 두었다. 또한 1898년 스페인에 저항하는 필리핀 민족주의 독립운동이 일어나자 이를 기회로 삼은 미국은 스페인과 전쟁을 벌여 필리핀을 할양받은 다음 1902년 저항운동을 진압했다. 필리핀을 전진기지로 확보한 미국은 조선을 비롯한 일본, 중국, 인도, 베트남, 인도네시아, 말레이시아 등 아시아지역에 대한 진출을 본격화했다.

서구 선진국들이 아시아와 아프리카, 남아메리카에 해외시장과 식민지를 개척하기 위한 각축전을 벌이는 가운데, 서구 제국주의 열강을 본뜬 중국 · 일본 · 러시아 등 한반도 주변의 강대국들의 패권 다툼도 치열하게 전개되었다. 한반도가 강대국들의 각축장이 되어 풍전등화처럼 위태롭던 그때 고종은 기울어가는 국운國運을 바로 세우기 위해 1897년 대한제국大韓帝國을 대내외에 선포하고 광무개혁光武改革을 단행했다. 그러나 조선도 예외가 아니었다. 쇄국도 개방도 모두 가납嘉納하기 힘든 상황은 결국 외세가 파고들 틈을 주고 말았다. 일본·러시아·영국·독일·프랑스·미국 등 열강들은 조선의 지하자원과 각종 이권을 얻어내기 위한 경쟁으로 조정의 문턱이 닳을 지경이 되었다. 각국의 이권 쟁탈로 조선의 재화와 지하자원은 외국으로 넘어갔다. 1880년 이후 각국에 넘어간 이권들을 열거해보면 다음과 같다.

청국은 평안도·황해도 연안 어업권(1882년)과 인천·한성·의주 간 전선가설권과 서울·부산 간 전선가설권(1885)을 차지했다. 일본은 부산·시모노세키 해저전선가설권과 항·관세 대리 수납권(1883년), 전라·경상·강원·함경 연안 어업권(1883년), 부산절영도 저탄소 설치권과 창원 금강채굴권(1886년), 제주도연해 어업권(1887년), 인천월미도 저탄소 설치권과 경상도 연해 포경권(1891년), 그리고 인천·부산, 인천·대동강, 인천·함경도 유선 정기항로 개설권(1895년)을 차지했다. 러시아는 원산 저탄소 설치권(1891년), 경원·종성 광산 채굴권과 인천 월미도 저탄소 설치권(1896년), 압록강·울릉도 산림 벌채권과 동해 포경권(1896년), 그리고 부산 절영도 저탄소 설치권(1897년)을 얻어냈다. 미국은 운산 금광 채굴권(1895년), 경인 철도 부설권(1896년), 서울 전기수도 시설권(1897년), 그리고 서울 전차 부설권(1898년)을 차지했다. 영국은 은산 금광 채굴권(1898년)을 얻었고 프랑스는 창성 금광 채굴권(1901년)과 평양 무연탄 채굴권(1903년)을 차지했다.

일본이 1894년 청일전쟁의 승리에 이어 1904년 러일전쟁에서까지 승리한 후 대한제국은 일본의 독무대가 되고 말았다. 청국과 러시아를 따돌린 일본은 신흥강대국으로 급성장한 미국을 조선 패권경쟁에서 배제하기 위해 1905년 이른바 가쯔라-태프트 밀약을 체결했다. 이 밀약에서 일본은 미국의 필리핀 지배를 인정하는 대신 조선에서의 일본의 주도권을 받았다. 그리고 영국과 러시아의 남진정책을 공동으로 대처하기 위한 영·일 동맹을 체결해 조선에서 영국의 발을 묶어놓았다. 조선에서 독점권을 장악한 일본은 더 이상 망설일 것이 없었다. 1905년 고종의 반대에도 대신들을 강박해 을사조약乙巳條約을 맺어 외교권을 박탈해 보호국으로 만들어 통감統監정치를 실시하기에 이르렀다. 이후 도입된 차관 가운데 일본으로부터의 차관 비중이 압도적으로 높아졌고 대한제국의 상권도 거의 일본인들의 손에 넘어갔다. 대한제국은 재정이 파탄 지경에 이르렀으며, 스스로 나라를 지킬 힘이 없었다. 일제는 마침내 1907년 대한제국 군대를 해산시킨 후 1910년 병탄해버렸다.

1

동학농민봉기와
독립협회의 구국개혁운동

　　나라의 명운이 경각에 달리자, 크고 작은 구국운동이 전국에서
일어났다. 이 가운데 우리나라 역사에 큰 영향을 끼친 운동이 동학농민
봉기東學農民蜂起와 독립협회獨立協會 구국개혁운동이었다.

　　두 운동은 구국운동이란 점에서만 공통점을 지녔을 뿐이고, 그
목표와 성격은 전혀 상이했다. 동학농민봉기가 외세배격과 자주국가를
추구한 무력항쟁이었던 반면에 독립협회운동은 개방된 국민국가의 건
설을 추구한 비폭력 민중운동이었다고 하겠다.

　　먼저 동학농민운동은 민중의 생활고를 외면한 구태의 봉건적 지
배체제에 맞서고 외세의 침략에 대항한 우리역사상 가장 큰 규모의 농
민운동이었다. 그 발단은 1894년 전라도 고부古阜군수의 탐학에 더 이상
버틸 수 없는 상황에서 죽창을 든 농민들이 관청으로 쳐들어가 일으킨
단순한 봉기였다. 당시 고부군수 조병갑趙秉甲은 만석보萬石洑 수세水稅를
비롯해 황지과세荒地課稅와 불효·불목죄에 대한 과세 등 부당한 세금을
징수·착복하자 분노한 농민들이 전봉준全琫準의 지휘 아래 관아를 습격,

창고에 쌓아둔 세미稅米를 백성들에게 나누어 주고 만석보를 파괴했다. 이때 봉기의 참여자 대다수가 일반 농민이었는데도 정부가 그들 모두를 동학으로 통칭하고 일제 검거해 처단했다. 이에 전봉준은 삼남지방의 농민군을 편성하고, 보국안민輔國安民의 깃발 아래 전주로 진격해 관군을 격파한 후 1894년 5월 정부와 화약을 얻어냈다. 이른바 전주화약全州和約이다. 여기까지가 동학농민군의 1차 봉기다.

　화약을 맺은 동학농민군은 전라도 각 고을에 농민자치기구인 집강소執綱所를 두어 정부에 썩은 정치의 개혁을 요구했다. 그러나 약속은 지켜지지 않았고 정부는 몰래 청나라에 병력 파견을 요청했다. 그러자 이를 구실로 일본도 군대를 파견했다. 청국군 3,000명이 아산만을 통해 상륙하자, 일본군도 7,000명이 인천을 통해 청국군과 거의 동시에 들어왔다. 그러나 일본군이 한발 앞서 경복궁으로 진입해 조선군의 무장을 해제하고 민씨 척족들을 내몰고 대원군을 섭정으로 앉혀 뒤에서 조종을 하고자 했다. 그리고 아산만에 주둔한 청국군을 기습 공격해 청일전쟁을 도발했다. 전주화약으로 정부와 협조해 개혁을 추진하고자 했던 동학농민군은 일본의 내정간섭이 도를 넘자 다시 봉기했다. 1894년 10월, 전봉준의 10만 호남군과 손병희의 10만 호서군은 논산을 거쳐 공주로 진격하는 2차 봉기를 감행했다. 그러나 애시당초 승산 없는 진격이었다. 신식 무기로 무장한 관군과 일본군 앞에서 농민군의 구식 무기는 상대가 될 수 없었다. 동학농민군은 서울로 가는 관문인 공주의 우금치에서 관군과 일본군을 상대로 혈전을 벌였으나 참패하고 총대장 전봉준은 순창에서 체포, 한양으로 압송되어 반란죄로 처형되었다.

　동학농민운동을 지칭하는 역사용어는 '동학농민혁명', '동학농민전쟁', '갑오농민전쟁' 등등 학자마다 견해가 분분하다. 그러나 당대 조선 조정에서는 동학교도들이 일으킨 반란으로 보아 '동학란東學亂'이라 불렀다. 동학은 1860년 최제우崔濟愚가 창시한 신흥종교로서 유儒·불佛·선仙의 교리와 풍수지리사상을 토대로 만들어졌다. 또한 당시 확산되고 있던 서학西學, 즉 천주교에 대응하는 민족종교의 의미를 드높이기 위해 동학東學이라 명명했다. 그러나 교리를 보면 동학과 서학은 서로 상통하는 바가 적지 않다.

동학의 핵심 교리는 "사람이 곧 하늘"이라는 의미의 '인내천人乃天'이다. "하늘의 마음이 곧 사람의 마음天心即人心"이라는 동학의 교리와 하느님이 당신 모상模像대로 인간을 창조하고 인간 안에 하늘마음天心이 들어있다고 하는 서학의 교리가 크게 다르지 않은 것이다. 아무튼 주체성을 강조하는 지상천국의 이념과 만민평등사상의 동학사상은 당시 정부의 가렴주구와 생활고에 시달리던 백성들에게 가뭄의 단비처럼 가슴을 시원하게 해주는 희망의 메시지였다. 그것이 농민들의 작은 힘들을 모아 큰 힘으로 결집케 하고 그 힘이 전국으로 확산되어 급기야 동학 농민군의 한양진격을 가능하게 하는 동력이 되었다. 최근 일부 역사학자들은 전봉준이 동학교도가 아니었다고 보기도 하지만, 당시 전봉준의 농민군이 동학의 조직망을 통해 동지를 모으고 봉기를 할 수 있었음은 자명한 사실이다.

청일전쟁이 끝난 후 일본은 시모노세키조약下關條約을 맺어 요동반도와 대만을 떼어 받기로 하고 조선을 보호국으로 만들려고 했다. 그러나 이와 같은 일본의 독주와 팽창주의는 러시아·독일·프랑스 삼국에 의해 제동이 걸렸다. 러시아가 주도한 삼국 간섭三國干涉으로 일본은 요동반도를 청국에 돌려주었으며, 조선 보호국 기도도 포기할 수밖에 없었다. 러시아의 압력에 밀려 일본세력이 퇴조의 기미를 보이자 고종과 민비는 러시아 세력을 끌어들여 일본을 견제하는 정책을 펼치기 시작했다. 당시 국민교육의 신장이 국가의 보존과 중흥에 절대 필요하다고 본 고종은 교육입국정책을 펼쳐나갔다. 1895년 2월 2일자 「교육입국조서」에는 이러한 고종의 생각이 잘 담겨있다.

> 세계의 형세를 두루 살펴건대, 부하고 강하며 독립하여 응시하는 모든 나라는 다 국민의 지식이 개명했다!… 짐은 정부에 명하여 학교를 널리 세우고 인재를 양성하여 그대들 신민의 학식으로써 국가중흥의 큰 공功을 세우려 하노니, 그대들 신민臣民은 충군 애국하는 심성으로 그대의 덕과 몸을 기를 지어다.

그러나 러시아의 진출에 위기감을 품은 일본은 이를 주도한 민비를 제거하기 위한 음모를 꾸몄다. 1895년 8월 20일 새벽, 일본은 수비대와 낭인(사무라이)들을 동원, 경복궁을 급습해 민비를 시해했다. 날로 거세지는 일본의 폭압을 피해 고종은 1896년 2월 11일 러시아 공사관으로 몸을 피하는 아관파천俄館播遷을 단행해 이범진·윤치호·이완용 등으로 친러 내각을 구성했다. 고종이 러시아 공사관에 머문 1년간은 러시아의 견제 때문에 일본의 기세가 한풀 꺾여 있었다.

한편 격동의 소용돌이 속에서 독립협회獨立協會의 민권운동과 구국운동이 활발히 전개되었다. 1896년 4월 7일 갑신정변 실패 후 미국에 망명했다 귀국한 서재필徐載弼은 『독립신문』을 창간해 서구의 과학문명과 민주·민권사상을 전파했다. 창간호에 실린 "국문으로 신문을 발행하는 뜻은 한문보다 국문이 더 우수하기 때문이다. 인민이 이 신문을 보고, 외부물정과 내부사정을 알게 하기 위함이다. 새 지각과 새 학문이 생길 것이다"라는 논설의 한 대목은 이를 잘 보여준다. 처음에는 주 3회 발행되던 『독립신문』은 지방의 독자까지 호응하자 일간신문으로 확대 발행되었다.

또한 서재필은 1896년 7월 독립협회를 결성해 자주 · 민권 · 자강사상을 역설했다. 독립협회 운동은 외세로부터의 자주독립과 국민의 참정권 확대, 의회의 설립과 경제발전, 교육입국, 군비 강화 등을 통한 근대국가의 건설에 목표를 두었다. 그러나 서재필 자신이 일본식 개혁을 주장했던 '변법개화파'의 일원이었기에 독립협회의 자주적 독립 주장에는 한계가 있었다. 즉 그의 자주독립은 오직 러시아의 지배로부터 해방되는 것을 의미했기에 일본으로부터의 해방의지를 찾아볼 수 없었던 것이다. 따라서 그가 펴낸 『독립신문』과 그가 주도한 독립협회에는 러시아의 침략에 대한 반대 의견은 찾아볼 수 있어도 일본에 대한 비판은 거의 없었다.

　　아무튼 서구식 민주주의든 일본식 입헌군주제든 민주와 자주의 나라를 세워야 한다는 독립협회의 주장은 다수 민중의 지지로 이어졌다. 배재학당에 다니던 이승만李承晩은 서재필의 지도 아래 「협성회」란 토론회를 조직하고 『협성회 회보』라는 잡지를 만들어서 신 사상을 고취했다. 이승만은 독립협회운동에 참여, 만민공동회의 총대위원으로 적극적인 활동을 벌였다. 독립협회의 민주 · 구국운동은 고종의 대한제국 건국에 결정적 동기를 부여했다고 봐야 한다. 이기백(『한국사신론』, 일조각, 1990년)은 독립협회의 활동에 대해 다음과 같이 높은 평가를 내리고 있다.

　　독립협회의 목표는 외세로부터의 자주독립과 국민의 참정권 확대, 의회의 설립, 경제 · 교육 · 군사력 강화였다. 이 같은 독립협회의 활동은 근대화 추진이란 점에서 역사적으로 높이 평가되어야 할 것이다. 최근 독립협회활동을 저평가하고 대한제국을 세운 고종의 광무개혁을 높이 평가하는 경향이 있다. 그러나 광무개혁이란 우리나라의 근대사 발전에 주류가 될 수 없다.

실제로 자주 국권과 자유 민권과 국민 참정권과 국정 개혁운동을 벌인 독립협회는 국정개혁과 애국 계몽운동에 커다란 영향을 미쳤다. 독립협회운동은 특히 재정권과 군사권을 외국에 맡겨선 안 된다고 강력히 촉구했다. 이에 따라 대한제국 정부는 러시아와의 비밀협약추진을 포기했다. 러시아의 절영도 조차租借 요구와 목포·중남포 해역의 토지매입 요청을 거부하고 탁지부度支部 고문관인 알렉세예프Evgenii Ivanovich Alekseev와 러시아 군사교관을 철수시켰다. 또한 독립협회의 반대로 정부는 일본이 갖고 있던 석탄고 기지를 반환받고 프랑스와 독일의 광산채굴권 요구를 거절했다.

2

국운을 다시 세우려 했던
대한제국의 흥망

　　1년 넘게 러시아 공사관에 머물면서 일본의 국정간섭을 힘겹게
저지해온 고종은 1897년 2월 20일 주권국가로서의 국격과 국왕으로서
의 권위를 되찾기 위해 미국과 러시아 공사관이 가까이 있는 경운궁(지금
의 덕수궁)으로 환궁했다. 고종은 종래의 체제로는 국가적 위기를 타개할
수 없다고 생각하고 구본신참舊本新參과 민국건설民國建設의 새로운 이념
아래 혁명적인 개혁에 들어갔다. 구본신참이란 옛것을 바탕으로 서양제
도를 가미함이고, 민국건설이란 민중중심의 나라를 세움이다. 이러한 움
직임은 독립협회의 주장과 건의에 상당한 영향을 받은 것으로 보인다.

　　1897년 8월 16일 고종은 우선 연호를 광무光武로 고쳐 선포했다.
10월 12일에는 하늘에 제사지내는 원구단에 문무백관을 거느리고 나가
황제즉위식을 거행하고, 국호를 '삼한을 아우른다'는 뜻의 '대한'으로 바
꾸고 헌법격인 「대한국국제大韓國制」를 공포해 국제법상 근대국가의 모
습을 갖추게 되었다. 이로써 이성계가 세운 조선 왕국은 508년 만에 막
을 내리고 대한제국의 시대가 새로 열리게 되었다. 이때부터 조선왕국

은 대한제국으로, 조선민족은 한민족으로, 조선반도는 한반도로 불리게
되었다. 나라 이름을 '대한'으로 짓기는 역사적으로 처음이며 이 '대한'
이란 국명은 1919년 대한민국 임시정부(초대 대통령 이승만)를 거쳐 1948년
대한민국(초대 대통령 이승만)의 건국으로 이어졌다. 이제 한국韓國이란 나라
이름은 명실상부하게 고조선시대부터 삼한에 이르기까지 유장한 우리
역사의 주인이었던 한부족, 한민족, 나아가 한국민의 정체성을 일깨워
주는 이름이 되었다.

　　고종은 대한제국의 자주성을 높이기 위해서는 국방력과 경제력
의 신장이 필요하다고 보고 상공업 육성에 주력하는 한편 고급장교를
양성할 무관학교도 설립했다. 왕궁을 지키는 시위대侍衛隊와 지방의 진
위대鎭衛隊를 크게 증강하고 원수부 안에 육군 헌병대를 설치했다. 이는
지방의 국방력을 키우고 도성의 왕궁을 수비하기 위함이었다. 또 두만
강 북쪽의 간도지방에 대한 영유권확보와 한민족보호를 위해 해삼위海
參崴 통상사무관과 북변도관리北邊島管理를 설치했다. 또한 고종은 1898년
양지아문量地衙門을 설치해서 전국 농지에 대한 조사를 실시하고 토지 소
유농민에게는 증서를 발급했다. 고종은 차관을 도입하거나 국내자본을
투입해 철도를 건설하고 전기·전화를 가설하는 한편 공장도 지었다.

　　고종이 대한제국의 기본 틀을 갖추기 위해 힘쓰고 있을 때인
1898년 10월, 독립협회는 만민공동회를 개최하고 토론회를 열었다. 이
자리에는 박정양을 비롯한 정부대신들이 다수 참석했다. 토론 끝에 결
의문을 채택해서 황제에게 입헌군주제의 실시를 건의하는 아래와 같은
「헌의6조獻議六條」를 올렸다.

1) 외국인에게 아부하지 않고 관민이 동심협력해 전제왕권을 공고히
　　할 것

2) 광산·철도·탄광·산림의 개발 및 차관·차병借兵과 외국과의 조
   약은 각부대신과 중추원의장이 합동으로 서명하지 않으면 시행되
   지 못하게 할 것
3) 전국의 재정은 모두 탁지부에서 관할하여 다른 기관이나 사회사私會
   社가 간섭하지 못하게 사회사의 예산과 결산을 인민에게 공포할 것
4) 죄인을 재판에 회부하되 피고가 자복한 후에 시행할 것
5) 칙임관勅任官은 황제가 정부의 과반수의 찬성을 받아 임명할 것
6) 장정章程을 실천할 것

이 건의문에 담겨진 주요 내용은 국왕의 전제권에 제한을 가함과
동시에 중추원 의장의 권한을 강화해서 입헌군주제로 지향하는 것이었
다. 이날 만민공동회에 참석한 박정양은 건의문을 고종에게 올릴 것을
약속했고, 건의를 받은 고종도 이의 실천을 약속했다. 나아가 고종은 중
추원을 의회로 개편해 절반(25명)을 독립협회 회원 중에서 뽑고, 나머지
절반은 정부가 뽑는다는 개혁안을 발표했다. 그런데 정부가 중추원 개
편을 추진하는 과정에서 독립협회가 전제군주제를 폐지하고 공화국체
제로 개혁할 것을 주장하고 나서면서 상황은 급변했다.

독립협회의 이 같은 주장은 세계의 새로운 질서에 겨우 눈을 뜨
기 시작한 고종이 수천 년 이어져온 전제군주체제에서 서서히 입헌군
주제로 방향을 선회하려는 중에 너무 앞서가는 성급한 주장이었다. 그
리고 지방 유생이나 농민층, 소상인들의 지지를 얻어내지 못했다. 더구
나 이러한 주장을 하는 일부 독립협회 인사들 가운데 대한제국의 성장
을 탐탁하지 않게 여긴 일본의 사주를 받은 친일인사들이 있었음이 나
중에 만민공동회 사건에서 판명되기도 했다. 심지어 독립협회 회장이던
윤치호가 이토 히로부미伊藤博文가 유람을 명목으로 우리나라에 왔을 때

독립문을 그린 은다경銀茶鏡을 선사하며 환대한 행동은 참으로 개탄할 일이 아닐 수 없다.

역사학자 한영우(『다시 찾는 우리역사』, 경세원, 2004)는 당시 독립협회가 부산 절영도의 조차租借를 요구하는 러시아의 남진정책을 우려했지만, 미국 · 영국 · 일본에 대해서는 우호적이었다는 점을 지적했다. 나아가 그는 독립협회의 러시아에 대한 우려가 러시아가 우리 나라를 속국으로 만들려 했다고 보았기 때문이었지만, 이는 정확한 판단이 아니었고 오히려 러시아의 남하가 일본을 견제하는 효과가 있었다고 말한다.

아무튼 고종은 만민공동회 사건을 야기한 독립협회에 대해 해산령을 내리고 이상재李商在를 비롯한 독립협회 간부 17명을 구속했다. 만민공동회 총대위원이었던 청년 이승만도 투옥되어 종신형을 선고받았다. 고종은 다시는 독립협회의 만민공동회사건과 같은 시위가 일어나지 않도록 이들의 건의서에 들어있는 내용들을 최대한 국정개혁에 반영하는 한편, 1899년 8월 「대한국국제」를 제정 · 반포해서 대한제국의 주권이 전제군주에 있음을 분명히 했다. 역사의 시계바퀴가 앞으로 가려다가 일순에 되돌아가고 만 것이다. 다음은 9개조로 구성된 「대한국국제」의 주요내용이다.

1조　대한제국은 자주독립국이다.
2조　대한제국의 정치는 앞으로는 5백 년 전래하고 뒤로도 만세에 변함없는 전제정치다.
3조　대한제국의 대 황제폐하는 무한한 군권을 향유하며 공법에서 말하는 자립정체다.

고종은 일본의 독점을 견제하기 위해 러시아·청국·미국·영국·독일·프랑스 등 서구열강들에 사업권과 개발권 등 이권을 나눠주는, 이른바 '견제와 균형정책'을 구사했다. 그러나 일본의 이권에 대한 탐욕은 날이 갈수록 심해졌다. 곡물이 대량으로 일본으로 빠져나가면서 곡가가 등귀해 식량난이 가중되고 연이어 폭동이 일어나자, 고종은 1899년 방곡령防穀令을 선포해 대일 곡물수출을 금지시켰다. 이에 따라 곡물 수출항인 원산元山을 관장하던 함경도 관찰사 조병식趙秉式은 일본인이 도내에서 사 모은 콩 2,000석을 반출하지 못하게 했다. 황해도 관찰사 오준영嗚俊泳도 일본인이 반출하려던 쌀과 콩 6만 4,000여 석을 압수했다. 그러자 일본은 정당한 경제활동을 훼방한 데 대한 보상요구라는 명목으로 강제로 배상금을 받아갔다.

　　이미 청일전쟁으로 청국을 제압한 일본은 대한제국을 장악하는 데 남은 견제세력은 러시아뿐이라고 생각했다. 1902년 일본은 남진정책을 펴는 러시아와 가장 첨예하게 대립하는 영국과 영일동맹을 체결했다. 영일동맹 협약에서 영국은 일본의 한국에서의 독점권을 인정해주었다. 영국과의 동맹으로 힘을 받은 일본은 러시아에 대해 한국에 대한 일본의 내정 간섭권을 인정할 것과 일본의 만주진출권을 허용할 것을 요구했다. 그러나 러시아는 일본이 한국을 군사력으로 이용하지 말 것과 북위 39도 이북의 한반도 북부를 중립지대로 만들 것을 역으로 제의했다. 두 나라 사이의 대립은 날이 갈수록 심해졌다. 1904년 2월 일본은 러시아에 최후통첩을 보냄과 동시에 인천항에 정박해 있던 러시아군함을 공격하고 요동반도 여순旅順항에 정박해 있는 러시아 극동함대를 기습·공격했다. 러시아와의 전쟁을 개시하면서 일본은 동시에 군대를 한양에 진입시켜 대한제국정부를 강박해 다음과 같은 한일의정서를 체결했다.

제1조 한·일 양제국 간은 항구불역恒久不易할 친교를 보지保持하고 동
　　　양의 평화를 확립하기 위하여 대한제국 정부는 대일본제국 정
　　　부를 확신하고 시정개선에 관하여 그 충고를 용容할 사事.
제2조 대일본제국 정부는 대한제국의 황실을 확실한 친의로써 안전
　　　강령케 할 사事.
제3조 대일본제국 정부는 대한제국의 독립과 영토 보존을 확실히 보
　　　증할 사事.
제4조 제3국의 침해나 혹은 내란으로 대한제국의 황실안녕과 영토보
　　　존에 위험이 있을 경우에는 대일본제국정부는 속히 임시 필요
　　　한 조치를 행함이 가可.
　　　그리고 대한제국 정부는 대일본제국의 행동을 용이하게 하기
　　　위하여 십분 편의를 여興할 사事.

이 의정서에 따르면, 대한제국의 안보와 황실의 안녕이 전적으
로 일본에 달려있음을 교묘하게 암시함으로써 사실상 일본의 보호국이
되었음을 통보하고 있는 것이다. 이 의정서에 따라 일본은 한국 주차군
을 설치하고 군사경찰제를 실시함으로써 일본의 군대와 경찰이 우리나
라를 지배했다. 이뿐만이 아니었다. 일본은 1904년 9월 29일 시네마현
의 한 어부가 제출한 독도 영토편입 청원에 의거 1905년 2월 22일 독도
를 일본의 시네마현에 귀속시켰다. 독도는 임진왜란 때 일본이 제작한
「팔도총도」와 김정호가 제작한 「대동여지도」에 우리 영토로 표시된 명백
한 우리 영토다. 숙종 때부터 삼척 영장이 관할해온 울릉도와 독도는 조
선 왕국 말기에는 도장島長이 관할했고 대한제국 때인 1898년에는 중앙
에서 도감을 파견했으며, 1900년에는 울릉도를 울도군으로 승격시켜 울
릉도와 죽도와 석도石島를 관할하게 했다. 석도란 독도의 다른 이름이다.

당시 울릉도와 독도는 러시아가 남진정책상 요충要衝이라고 판단해 이미 울릉도 산림 벌채권을 조선 정부로부터 얻어 활동하던 중이었다. 일본의 갑작스런 독도 편입조치에 대해 "일본의 독도 병합조치는 러시아에 의한 울릉도의 전략적 이용을 막고 미구未久에 다가올 러·일 해전에 대비하기 위한 전략적 목적이었다"고 지적한 최문형의 분석(『제국주의 시대의 열강과 한국』, 민음사, 1990)은 정곡을 찌른다. 실제로 일본은 1905년 러일전쟁 막바지에 지구를 한 바퀴 돌아 온 러시아의 발틱함대를 대한해협에서 격파해 서구제국의 예측을 뒤엎고 전쟁의 승기를 잡았다. 일본은 1905년 미국과의 이른바 가쓰라-태프트 밀약을 체결, 일본의 한국지배와 미국의 필리핀 지배를 서로 맞교환하는 외교적 대어를 낚고 영국과는 제2차 영일동맹을 체결해 영·미 두 나라로부터 한국지배를 인정받았다. 또한 러일전쟁 종료 후 러시아와 포츠머스조약을 체결해 한국에 대한 일본의 지배권을 인정받는 등 우리를 보호국으로 만들기 위한 국제적 환경을 착착 조성해나갔다.

이처럼 일본의 조선 병합 야욕이 노골화되자, 정부와 국민들 사이에는 교육과 언론을 통해 민족정기를 고취하고 미래의 자주 민족국가를 세울 역량을 배양하자는 민족갱생운동이 요원의 불길처럼 일어났다. 영국인 베델Bethell·裵說은 이장훈이 1903년부터 발행하던 『매일신문』을 인수해 1905년 『대한매일신보』로 재창간해서 항일 민족운동 신문의 중추적 역할을 맡았으며, 같은 해 이용익李容翊이 대한제국 학부의 인가를 받아 설립한 2년제 보성전문학교는 미래의 자주 민족국가를 떠받칠 인재를 길러내는 최초의 고등교육기관이 되었다.

그러나 일본은 한국을 병탄하기 위한 본격적 수순을 밟기 시작했다. 1905년 11월 29일 이토 히로부미伊藤博文는 군대를 이끌고 왕궁에 들어와서 고종 황제와 대신들에게 을사조약에 서명할 것을 강요했다. 당시 조약에 찬성한 박제순朴齊純 · 이지용李址鎔 · 이근택李根澤 · 이완용李完用 · 권중현權重顯등 대신 5명을 을사오적乙巳五賊이라 한다. 조약의 요지는 아래와 같다.

> 한국 정부와 일본 정부는 양제국을 결합하는 이해공통의 주의를 공고히 하고자 한국의 부강의 실實을 인할 시까지 이 목적으로써 하의 조관을 약정함.
>
> 1. 일본 정부는 일본외무성에 의하여 금후 한국의 외국에 대한 관계와 사무를 통리지휘하겠고 일본국의 외교대표자와 영사는 외국에 있는 한국의 신민과 이해를 보호할 사
> 2. 일본국 정부는 한국과 타국과의 사이에 현존한 조약의 실행을 완전히 하는 일에 당當하고 한국 정부는 금후 일본 정부의 중개仲介에 불유不由하고 국제적 성질을 유有한 하등의 조약이나 약속을 아니함을 약約함
> 3. 일본 정부는 그 대표자로 하여금 한국 황제 폐하 각하에 일명一名의 통감統監을 치置하되, 통감은 전혀 외교사항을 관리하기 위해 경성에 주재하고 친히 황제 폐하에 내알하는 권리를 유有함

이 을사늑약乙巳勒約은 일본의 한국 외교권 찬탈과 통감정치의 시작을 의미했다. 조약이 알려지자, 민중의 반일 저항운동이 전국적으로 전개되었다. 1906년 유생들을 이끌고 의병투쟁을 벌이다가 체포된 최익현崔益鉉은 대마도로 유배되어 그곳에서 순절했다. 고종은 을사조약에 직인이 강제적으로 찍혔고 황제의 서명 승인이 없으므로 무효라고 『대한매일신문』은 보도했다. 그리고 고종은 일본의 불법적 행위를 국제사회에 알리기 위해 1907년 6월 헤이그에서 열리는 만국평화회의에 이준李

偁 · 이위종李瑋鍾 · 이상설李相卨을 대표로 보냈다. 그러나 일본의 방해로 회의에 참석치 못하고 현지 언론을 통해 일본의 만행蠻行의 실상을 알리는 데 그쳤다. 이준 선생은 분격을 금하지 못하고 연일 애통하다가 순국했다.

헤이그 밀사파견에 놀란 일본은 1907년 7월 고종을 강제로 퇴위시키고 황태자 순종을 즉위시켰다. 순종 즉위 직후 이토 통감은「한일신협약」을 체결해 내정간섭권까지 거머쥐었으며, 7월 31일에는 순종에게 압력을 넣어 다음과 같은 군대 해산령을 내리게 했다.

> 나라 일이 여러 가지로 어려운 때를 맞아 비용을 절약해서 이용후생에 사용하는 게 급하다. 현재 군대는 용병으로 비용이 많이 들어가므로 짐은 앞으로 징병법을 발표하여 공고한 병력을 구비하고자 하며 그때까지 군대를 일시 해산한다.

그러나 징병법은 끝내 발표되지 않았다. 당시 대한제국 군대는 서울에 시위대 2개 연대와 지방에 진위대 8개 연대가 있었다. 8,800명 규모의 군대는 무장이 해제되고 해산되고 말았다. 이는 사실상 국가소멸을 뜻했다.

적자생존適者生存과 약육강식의 국제사회에서 약소국가가 스스로의 힘만으로 생존해나간다는 것은 지극히 어려운 일이다. 따라서 대한제국은 강대국의 침략을 다른 강대국의 힘을 빌려 막는, 이른바 이이제이以夷制夷 외교성책을 택해 일본을 이용해 중국을, 중국을 이용해 일본을, 그리고 러시아를 이용해 중국과 일본을 견제하고자 노력했다. 또한 미국과의 관계를 돈독히 하여 일본 · 중국 · 러시아의 침략을 막아보려 했다. 최동희(『조선의 외교정책』, 집문당, 2004)는 이를 포괄적 이이제이로 규정, "한 국가로 다른 국가를 견제하는 이이제이의 방법이 국가의 생존을 확보하는 중요한 안보정책으로 되었다"고 적시摘示했다.

　　이이제이와 함께 원교근공遠交近攻의 전략 또한 자국의 안보확보를 위해 필요한 전략이다. 이웃한 일본 · 중국 · 러시아 세 강국의 침략 위협 속에 늘 시달려온 대한제국이 지리적으로 멀리 떨어진 미국의 힘을 빌리고자 한 정책 또한 원교근공의 한 전략이다. 그러나 자국의 안보 확보를 위해 이이제이와 원교근공의 전략이 주효하려면 '기본적인 군사력과 경제력 확보'라는 선결조건의 충족 위에 통용될 수 있음을 최동희는 강조한다. 그렇지 못할 경우, 자칫 이 두 전략이 줄타기 외교로 전락해버려 국가의 안보를 확보하는 데 실패하는 요인이 되고 만다는 것이다. 다시 말해 이이제이의 제 양태는 원리상 균세均勢 또는 세력균형의 원리에 바탕을 둔 것이라고 지적하면서, "국력과 정치력의 뒷받침이 없는 균세 또는 세력균형 정책은 외세를 이용하여 이익을 얻기보다는 오히려 외세에 휘둘려 국가를 위기로 몰아갈 수 있다"고 경고한다. 스스로 나라를 시킬 힘을 갖추지 못한 나라가 약육강식의 국제사회에서 이이제이와 원교근공의 전략을 구사하다가 멸망한 경우는 동서고금의 역사에서 수없이 찾아볼 수 있다. 대한제국 또한 그 길을 걸었다.

3
대한제국은
왜 멸망했나?

　　고종이 폐위되고 군대가 해산되자, 국권을 되찾기 위해 분연히 일어난 의병이 전국적으로 확산되었다. 해산 즉시 일본군에 대항해 싸웠던 군인들이 지방으로 흩어져 의병봉기에 촉매역할을 했다. 경기·강원·충청지역 곳곳에서 의병들은 일본군을 공격했다. 1907년 겨울 의병연합부대는 서울 공략작전을 위해 양주楊洲에 10만 명의 의병이 결집했다. 이듬해 1월 연합부대는 서울 동대문까지 진격해 일본군과 싸웠으나 패퇴했다.

　　한국의 군권과 외교권과 내정권을 모두 장악한 일본은 의병과 저항운동을 무력으로 누르면서 대륙진출을 위한 본격적인 행동에 들어갔다. 그 시발점이 일·청 간 1909년 9월 4일 체결된 간도협약이다. 일본은 청국과 협상을 벌여 만주의 간도(지금의 연변)를 넘겨주는 대가로 만주의 안동·봉천간 안봉선 철도부설권을 얻어냈다. 간도지방은 고조선 이후 영속적으로 우리의 영토였으며, 1712년에 세워진 중국과의 국경을 정한 백두산정계비에도 간도가 조선의 영토임이 새겨져 있었다. 그럼에도 불구하고 일제는 대한제국의 국권을 찬탈한 것도 모자라 '만주 진출'이라는 자국의 이익을 위해 우리 영토를 청국에 넘겨준 것이다. 차후 언젠가는 침략자 일제가 일방적으로 넘겨준 우리의 고유영토 간도의 영유권을 회복해야만 할 것이다. 1909년 10월 26일 간도를 청국에 넘겨주고 만주진출권을 얻는 흥정외교를 진두지휘했던 당시 일본 통감 이토 히로부미는 만주의 하얼빈역에서 안중근 의사의 총탄을 맞고 사망했다. 안중근의사는 의거 직후 대한독립만세를 부르고 현장에서 체포되어 여순 감옥에서 처형되었다.

일제는 국내외에서 전개된 한국민의 강력한 저항을 군대와 경찰력으로 억누르면서 대한제국의 마지막 황제 순종의 퇴위와 공식적인 '한일합방'을 밀어부쳤다. 이토에 이어 두 번째 통감에 임명된 데라우치 마사타케寺內正毅는 1910년 8월 29일 2,000여 명의 일본 헌병을 데리고 들어와 애국단체와 언론기관들을 탄압하면서 순종에게 양위조서와 한일합방조약 서명을 강요했다. 결국 순종과 대신들이 서명함으로써 부강한 자주 독립국가를 만들어보려던 대한제국의 꿈은 13년 만에 수포로 돌아가고 말았다. 한일합방조약에는 아이러니하게도 동양의 평화와 한일 양국 국민의 행복을 증진하기 위해서라고 적혀있었다.

한일합방조약전문

한국 황제 폐하와 일본국 황제 폐하는 양국 간의 특수하고 친밀한 관계를 회고하여 상호 행복을 증진하며 동양의 평화를 영원히 확보코자 하는 바. 이 목적을 달성하기 위하여서는 한국을 일본제국에 병합함만 같지 못한 것을 확신하여 이에 양국 간 병합조약을 체결하기로 결하고 일본국 황제 폐하는 통감 자작子爵 데라우치 마사타케寺內正毅를, 한국 황제 폐하는 내각총리대신 이완용을 각기 전권위원으로 임명함. 이 전권위원은 회동 협의한 후 좌의 제도를 협정함.

제1. 한국 황제 폐하는 한국 정부에 관한 일체의 통치권을 환전하고 도 영구히 일본국 황제 폐하에게 양여함

제2. 일본국 황제 폐하는 전조에 게재한 양여를 수락하고 또 전연 한국을 일본국에 병합함을 승낙함

제3. 일본국 황제 폐하는 한국 황제 폐하·태太황제 폐하·황태자 폐하와 그 후비 및 후예로 하여금 각기 지위에 응하여 상당한 존칭·위엄 그리고 명예를 향유케 하며 또 이를 보지하기에 충분한 세비를 지급할 것을 약約함.

제4. 일본국 황제 폐하는 전조 이외의 한국 황족과 기 후예에 대하여 각기 상당한 명예와 대우를 향유케 하며 또 이를 유지하기에 필요한 자금을 공여할 것을 약約함.

제5. 일본국 황제 폐하는 훈공있는 한인으로서 특히 표창을 행함이 적당하다고 인정되는 자에 대하여 영작을 수여하고 또 은급을 여興할 것.

제6. 일본국 정부는 전기 병합의 결과로서 전연 한국의 시정을 담임하고 동지同地에 시행하는 법률을 준수하는 한인의 신체와 재산에 대하여 충분한 보호를 하며 또 기 복리의 증진을 도모할 것.

제7. 일본국 정부는 성의와 충실로 신제도를 존중하는 한인으로서 상당한 자격이 있는 자를 사정이 허하는 한에서 한국에 있는 제국관리로 등용할 것.

제8. 본 조약은 일본국 황제 폐하와 한국 황제 폐하의 재가를 경經한 것으로 공포일로부터 시행함.

위 증거로 양 전권위원은 본 조약에 기명 조인하는 것이다.

융희 4년 8월 22일 내각총리대신 李完用
명치 43년 8월 22일 통감자작 寺內正毅

대한제국의 멸망 원인은 크게 외인外因과 내인內因으로 나뉜다. 사람에 따라서 외인이 크다고 보기도 하고 내인이 크다고 보기도 한다. 그러나 분명한 것은 지정학적으로 중요한 위치에 있는 대한제국에 대해 인접 열강의 관심이 높았고, 그중에서도 일본이 청국과 러시아를 따돌리고 한반도를 독점한 것은 오래전부터 한반도를 대륙진출의 교두보로 삼고자 했던 일본의 주도면밀한 전략과 국제정세의 흐름을 탄 국력신장에 힘입음이 컸다 하겠다. 반면 대한제국은 어떠했나.

메이지유신 전후해 일어난 정한론征韓論 등 일본의 침략 조짐에 대한 정확한 파악과 대비가 미흡했다. 무엇보다 대한제국의 황제를 비롯한 대신들이 자국을 지키기 위한 결연한 의지의 결집이 이루어지지 못했다는 점을 지적하지 않을 수 없다. 대한제국이 비록 전제국가라고는 하나 대신들의 의사가 국가 정책의 입안 내지 결정권을 거의 갖다시피 한 중신重臣 중심의 국가경영체제였다. 따라서 신하들이 일치단결해 목숨을 걸고 저항했다면, 일본은 결코 대한제국을 합병하지 못했을 것이다. 일본이 정부관리 대부분의 생존권, 나아가 신분 보장을 약속하며 그들로 하여금 합방을 찬성 내지 묵인하도록 유도를 했다. 합방 조약문에도 명시된 바와 같이 일본은 황제와 그 가족, 또 합방에 공이 있는 사람들과 그 가족들에 대해 상응하는 지위와 신분의 유지와 세비 지급과 재산유지 등을 보장해주었다.

합방을 반대한 고종은 '덕수궁 이태왕'으로, 순종황제는 '창덕

궁 이왕'으로 격하됐지만, 합방에 찬성한 76명 대신들에겐 작위와 은사금이 수여됐다. 이재완·이재각·박영효 등 6명은 후작이 되었고 이지용·민영린·이완용은 백작이 됐으며, 박제순·김윤식·송병준 등 22명은 자작이 되었다. 국가를 지탱하는 사람, 특히 백성을 앞장서 이끌어가는 지도자들이 위란에 처한 제 나라 국민과 국가를 멸사봉공 정신으로 솔선수범하며 지키려고 하지 않을 때, 어느 나라도 지켜줄 수 없는 법이다. 강재언은 『한국근대사』(한울, 1990)에서 다음과 같이 아쉬움을 토로했다.

만일 대한제국이 출범할 때 독립협회와 만민공동회의 건의대로 입헌군주제로 출범하고 중추원을 의회로 개편했다면, 대한제국은 멸망하지 않았을지도 모른다. 왜냐하면, 그럴 경우 일본은 의원과 국민을 상대로 협박할 수는 없었기 때문이다. 전제군주제였기에 왕과 대신 몇 명만 겁을 줘서 합방이 가능했으니 하는 말이다.

대한제국의 멸망은 일본의 회유와 협박이란 양면작전에 을사5적이 굴복했기 때문이라고 결론을 짓곤 해왔지만 이는 역사의 한 단면으로 전체를 파악하는 안이한 역사인식이다. 그것은 실로 오랜 세월에 걸쳐 누적된 국정 수행집단의 안일과 실정의 결과였다. 격랑의 시대변화와 국제 질서의 대변혁을 읽어내지 못한 조정 대신들의 무지와 무능, 그리고 안일함과 사리사욕에 절대적 책임이 있었음을 간과할 수 없다. 수차례 절체절명의 국난에도 불구, 오백 년을 이어 온 조선왕국은 이미 기울 대로 기울어 지탱할 힘이 쇠진한 상태였다. 그나마 다시 찾아온 기회, 곧 문호 개방과 정치체제의 개혁을 통한 새로운 국제질서에 편승해 국력을 도모해야 하는 새로운 시대요청을 간과하고 슬기롭게 대처하지 못함으로써 국민국가로서의 면모를 일신하고자 나라의 칭호까지 바꾼 대한제국도 단명으로 끝나고 말았다.

19세기 들어 산업자본주의가 국민의 삶의 질을 향상시키고, 민주주의에 입각해 모든 사람이 자유와 평등의 기치 아래 살아가는 국민국가의 시대가 도래했지만, 조선왕국은 문을 굳게 걸어 잠그고 여전히 사대사상과 주자학의 고담준론高談峻論 속에 정쟁을 일삼고 세도정치의 늪에 빠져있었다. 그나마 일부 신하와 왕이 시대의 변화를 감지했으나 새 부대에 새 술을 담지 못하고 헌 부대에 새 술을 담는 형국을 보였을 뿐이다. 기회가 아주 없었던 것은 아니다. 18세기 중엽 정조는 서양의 민권사상과 문물제도를 받아들여 명분보다 실익을, 왕권의 존속보다 국민 개개인의 행복을 추선하고자 민본정치의 기치를 들었다. 정조는 일찍이 실학사상에 입각, 과학과 합리주의를 숭상한 인물로서 이른바 서학으로 불린 천주교를 인정하고 천주교도인 정약용 등 실학파들을 중용해서 관노비 해방과 경제부흥, 과학진흥을 추진했다. 정조는 양반이라는 사족士族 중심의 국정 운영을 하지 않았으며, 나라의 근간을 백성으로 보고 백성 중심의 국정 운영을 통치철학으로 삼았다.

그러나 개혁의 고삐를 잡고 한창 달리던 정조가 단명한 삶을 마침으로써 정조의 개혁정책에 따른 첫 번째 개혁·개방의 기회는 제대로 결실을 맺지 못하고 말았다. 결실은커녕 정조가 사망한 이후 세도정치의 악습이 다시 시작되고 대원군의 쇄국정책에 의해 개방정책의 명맥이 아예 끊어졌다. 두 번째 기회는 고종이 대한제국을 세울 때 서재필과 이승만이 주도한 독립협회의 건의대로 개혁·개방정책을 채택한 것이었다. 고종은 서구식 민권사상에 입각한 입헌군주제로 출발해서 국력신장과 국민통합을 추진하고자 하는 이들의 건의에 대해 처음엔 동의의 뜻을 비쳤다. 그러나 일본의 사주를 받은 일부 친일회원의 거짓 보고가 고종에게 왕권의 찬탈 가능성이라는 두려움을 안겨주어 왕을 정점으로 한 개혁 · 개방정책의 실행은 물거품이 되고 말았다. 이에 따라 대한제국은 부국강병과 서구식 민권사상을 수용해 전 국민을 하나로 아우른 공동체 의식의 구현을 통한 국민국가 수립에 실패하고 말았다.

이처럼 새로운 시대를 열 수 있는 절호의 기회를 두 번이나 놓친 조선 왕조는 점차 눈에 띄게 쇠퇴해갔다. 국가의 경제가 파탄 나고 군대가 해산됐으며, 지배계급과 국민 대중과의 공동체의식이 붕괴되었다. 만일 정조와 실학파들이 추진한 개혁개방 정책이 성공했거나, 독립협회의 민본주의 정체政體가 대한제국 건국에 반영됐다면, 대한제국은 결코 멸망하지 않았을 것이다.

훗날 역사가들이 대한제국의 허망한 소멸을 안타까워하는 것은 그것이 대한제국의 멸망으로 끝나지 않고 훗날 전개된 미완의 해방과 남북의 분단, 그리고 남북 간의 대립과 전쟁으로 이어진 한민족 불행의 씨앗이 되었기 때문이다. 또한 한 · 일 양국 국민의 공동평화와 공동행복을 위해서라는 한일합방조문은 국제사회에선 한국민의 자주정신과 애국심을 불신하도록 만든 족쇄가 되었다. 심지어 일본의 패전을 앞둔 시점에서 발표된 '카이로선언'과 '얄타선언'에서 국제사회가 한국민을 노예상태의 인민으로 인식한 기막힌 사실을 후손들은 주목해야 할 것이다. 이것이야말로 역사의 주체가 되어야 할 우리 국민에게 치욕스런 선언이 아닐 수 없다.

지나간 역사가 과오의 역사일수록 오늘을 사는 우리는 그 과오에 대한 철저한 원인을 규명하고 같은 역사가 반복되지 않도록 냉정한 예방책을 세워나가야 할 것이다. 지나간 역사를 바로 아는 이는 오늘을 함부로 살지 않을 것이기 때문이다.

6장

독립투쟁과
좌파의 생성

세계는 그때

국가 간의 국경분쟁과 국가집단 간의 세력싸움이 잦아지더니 마침내 두 차례 세계대전의 폭풍이 지구촌을 휩쓸었으며, 그 와중에 소련에 공산주의 혁명이 일어나 세계를 민주진영과 공산진영 간의 대결구도로 내몰았다. 대한제국 멸망에서 제2차 세계대전 종전終戰까지의 한국독립투쟁기(1910~1945)에 세계는 강성해진 국가 간, 또는 국가집단 간에 크고 작은 선생과 정복, 그리고 징복으로부디 해방되기 위한 독립투쟁으로 날이 새고 저물었다.

1914년 6월 28일 오스트리아의 페르디난트Franz Ferdinand 황태자 부부가 보스니아의 수도 사라예보에서 세르비아인 대학생의 총격을 받아 사망했다. 발칸반도는 범슬라브주의와 범게르만주의가 부딪히는 전쟁의 화약고였다. 이 사라예보 사건은 즉각 삼국동맹(독일·오스트리아·이탈리아)과 삼국협상(영국·프랑스·러시아) 간의 전쟁을 촉발했다. 이 전쟁은 동맹 측엔 4개국이, 협상 측엔 27개국이 참전하는 제1차 세계대전으로 번졌다. 개전 초 삼국동맹에서 이탈리아가 이탈하고, 삼국협상 측에서는 1917년 공산혁명이 일어난 러시아 대신 미국이 끼어들면서, 전세는 삼국협상 측에 유리하게 전개되었다. 결국 1918년 독일은 패전했으며, 독일제국이 붕괴되고 독일공화국이 수립(1918.11)되었다. 1919년 독일은 바이마르에 소집된 국민의회에서 바이마르헌법을 제정하고 에베르트 Friedrich Ebert를 대통령으로 하는 바이마르공화국을 수립했다. 바이마르공화국은 미국자본을 끌어들여 경제부흥을 도모하면서 강국 독일의 재건을 추진했지만, 1929년 몰아닥친 세계대공황에 따른 정치적·경제적 혼란 속에 극우정당인 나치스Nazis와 극좌정당인 공산당이 세력을 확대해 나갔다. 이에 공산화를 우려한 자본가들이 나치스를 지원하고 1933년 1월 힌덴브르그Paul von Hindenburg 대통령이 히틀러Adolf Hitler에게 조각을 명령함으로써 나치스정권이 출범하게 되었다. 히틀러는 의회에서 전권 위임법을 통과시켜 나치스 일당一黨 독재체제를 구축하고 게르만 민족의 대제국 건설을 내세워 군비증강에 박차를 가했다. 히틀러는 영토 확장에 나서 제1차 세계대전 때 프랑스로 반환된 라인란트Rheinland를 되찾고 오스트리아를 병합했으며 체코슬로바키아까지 점령했다. 이때까지 소련의 서진西進을 견제하기 위해 독일의 팽창을 지켜만 보던 영국과 프랑스는 1939년 9월 1일 폴란드 침공 직후 독일에 선전포고를 하니, 이것이 제2차 세계대전의 시작이었다. 독일은 이탈리아·일본과 이른바 추축국樞軸國, Axis Powers을 구성해 연합국聯合國, Allied Powers에 맞섰다. 미국은 1941년 12월 일본의 진주만 기습을 계기로 전쟁에 본격 참전했다. 기계화 부대로 무장한 독일군은 프랑스를 비롯한 유럽전역을 석권하고 1943년 소련침공에 들어갔다. 독일군은 파죽지세로 모스크바를 향해 전진했으나, 스탈린그라드전투에서 패배하고 추위와 보급품 부족 등이 겹쳐 후퇴하기 시작했다. 서부전선에서는 미·영군이 1944년 노르망디 상륙작전을 벌여 베를린으로 진격했다. 1943년 이탈리아가 항복하고 무솔리니 Benito Mussolini는 처형되었으며, 1945년 5월에는 독일이 항복하고 히틀러는 자살했다.

아시아·태평양지역에서는 일본을 상대로 미군이 전면전을 벌였다. 중국에서는 장개석蔣介石의 국민당군과 모택동毛澤東의 공산당군, 장학량張學良의 만주군벌이 때로는 독자적으로, 때로는 합작으로 대일항전을 전개했다. 그들은 동시에 청나라 마지막 황제 부의溥儀 황제의 사퇴로 무주공산無主空山이 된 청나라의 권력을 장악하기 위한 투쟁도 벌였다. 1923년 제1차 국공합작은 1927년 장개석의 상하이 쿠데타로 깨졌고, 1936년 제2차 국공합작은 장학량(장작림의 아들)이 장개석을 협박해 이른바 '서안사건西安事件'을 일으켜 성사시켰으나, 1937년 7월 일본의 침략이 중국 전국토에서 전개된 중일전쟁中日戰爭이 발발하면서 깨졌다. 국공두 세력은 일본 항복 이후 권력 장악을 위한 내전內戰에 돌입했다. 1945년 7월 26일 미 · 영 · 중 세 나라 수뇌들은 포츠담 선언을 발표해 '일본군의 무조건 항복'을 요구했다. 7월 29일 일본이 최후통첩 격인 무조건 항복을 거부하자 미국은 8월 6일 히로시마에 원폭 제1호를 투하했다. 한발의 원폭에 가옥 6만 채를 비롯한 시 중심부가 완전히 잿더미가 되었으며, 사망자 7만 8,000명, 부상자 8만 4,000명, 행방불명자가 수천에 달했다. 미국은 일본 본토 상륙전에 따른 미군 피해를 줄이려는 목적도 있었지만, 소련 참전 이전에 전쟁을 끝내 소련이 동북아 지역에서 세력을 팽창하는 것을 막으려 한 것이기도 하다. 그러나 소련은 기민하게 대응했다. 원폭 투하로 이권 확보가 무산될지 모른다고 생각한 스탈린은 8일 일본에 선전포고를 하고 바로 만주와 한반도 북부로 진군해 들어왔다. 일본이 항복하지 않자 미군은 9일 나가사키에 원자폭탄을 다시 투하했다. 히로시마보다 피해가 적었지만 약 3만 9,000명이 죽고 2만 5,000명 이상이 부상을 당하자 일본은 무조건 항복을 선언했다. 연합국 측 49국과 주축국 측 9개국 등 모두 58개국이 싸운 제2차 세계대전은 인명피해 전사 2,700만 명, 민간인 희생자 2,500만 명과 막대한 물적 피해를 냈다. 두 차례에 걸친 세계대전은 모두 경제문제로 일어났다.

제1차 세계대전이 산업혁명에 의한 경제발전 때문에 일어났다면, 제2차 세계대전은 대공황에 의한 경제부진 때문에 일어났다고 볼 수 있다. 또한 제1차 세계대전 중에 일어난 러시아의 공산혁명으로 1922년 소비에트 사회주의 연방공화국이 들어섰다. 이후 소련은 세계 공산화를 위해 코민테른Comintern을 조직하고 유럽 · 중동 · 아시아 등 인접지역에 대한 공산화를 적극 추진하기 시작했다. 소련의 이념 수출국 중심에 한국이 들어있었다. 1919년 3 · 1운동이 실패로 돌아간 뒤 공산혁명 이념이 파고들면서 한국의 독립운동세력은 좌우파로 갈라지고 말았다. 특히 소련은 중국과 만주 · 연해주 등지에서 활동 중인 한국독립운동가와 단체들을 지원함으로써 북한공산정권을 세우는 기반을 닦았다. 제2차 세계대전 당시 연합국으로 함께 싸운 미국과 소련은 종전 이후 냉전에 돌입하면서 세계는 소련이 중심축인 공산진영과 미국이 중심축인 민주진영으로 재편되어 갔다.

1
대한민국 임시정부의 수립과
독립투쟁

한국을 병탄한 일본은 통감부를 총독부로 바꾸고 헌병경찰을 배치해 치안·사법·행정을 모두 장악했다. 정치·경제·사회·문화 등 다방면에 걸쳐 직·간접으로 단속·감독·처벌 할 수 있는 '만능적 기능'이 주어진 총독 직속의 헌병경찰이 조선총독부 통치체제의 핵심이었다. 일제 식민당국은 한국인의 모든 정치사회 단체들을 해산시키고, 한글 신문들을 폐간시켰다. 일제의 탄압은 교묘했다. 1910년 11월 안중근安重根 의사와 사촌인 안명근安明根이 서간도西間島에 무관학교를 설립하기 위한 자금을 모으다가 황해도 신천에서 관련 인사 160명과 함께 검거된 안악安岳사건을 빌미로, 일제는 1911년 신민회新民會 회원들에게 데라우치 마사타케寺內正毅 총독의 암살 모의 혐의를 조작해 105인의 독립운동가를 투옥한 105인사건百五人事件을 일으켰다. 일본은 조선왕조의 권위를 허물기 위해 1909년 창경궁을 동물원으로 개조했으며, 1916년에는 경모궁을 헐고 경성제국대학 의학부를 짓고 경복궁 앞에 조선총독부 청사를 건축했다.

이 같은 일본의 무단통치 때문에 국내에서의 항일독립운동이 어려워지자, 수많은 애국지사들이 중국과 만주와 연해주, 미국 등으로 떠나 해외에서의 항일독립운동을 활발하게 벌이기 시작했다. 1911년 만주·간도에서는 이회영李會榮·이시영李始榮 형제가 주축이 되어 경학사耕學社라는 독립운동단체를 세우고, 부속 기관으로 독립군을 양성하는 신흥강습소(신흥무관학교)를 세우는 등 항일무장투쟁을 위한 준비에 착수했다. 연해주에서는 1911년 이종호李鍾浩·김익용金翼鎔 등이 블라디보스토크 신한촌新韓村에 항일독립운동 단체인 권업회勸業會를 세웠으나, 1914년 대일관계의 악화를 우려한 러시아에 의해 강제 해산되었다. 1914년 블라디보스토크에서 권업회勸業會를 이끈 이상설李相卨과 이동휘李東輝 등이 중심이 되어 조직한 망명정부인 대한광복군정부大韓光復軍政府가 들어섰고, 1917년 권업회의 전통을 이은 전로한족중앙회全露韓族中央會도 창설되었다.

중국 상해에서는 대종교大倧敎의 신규식申圭植이 1912년 동제사同濟社를 만들어 중국 국민당과 긴밀한 협조체제를 구축해 연대투쟁을 벌였으며, 1915년에는 그와 박은식이 함께 결성한 대동보국단大同輔國團을 통해 만주와 노령지방의 독립운동가와의 연결망도 만들었다. 1919년에는 김규식金奎植 등이 신한청년당을 조직해 파리강화회의에 대표단을 파견하는 등 독립을 위한 외교활동도 전개했다.

미국에서는 1903년 신민회新民會, 1905년 공립협회共立協會, 1907년 한인합성협회韓人合成協會 등 항일독립운동단체가 연이어 구성되고 1909년에는 하와이와 미본토의 한인들을 망라한 국민회(대한인국민회)가 조직되었다. 미국에서의 독립 외교활동은 이승만과 안창호가 주도했다. 적지賊地인 일본에서도 유학생들을 중심으로 독립운동이 전개되었다. 특히 조선청년 독립단이 조직되어 1919년 「2·8독립선언」을 발표함으로써 3 · 1운동의 기폭제 역할을 했다. 국내에서의 항일독립운동은 일본경찰의 눈을 피해 지하에서 은밀하게 비밀결사 형태로 전개되었다. 모두 투옥과 죽음을 각오한 행동이었다.

1913년에는 전라도의 독립의군부, 경상도의 대한광복단, 평양의 송죽회松竹會 등이, 1914년에는 조선산직장려계朝鮮産職獎勵稧, 1915년에는 조선국권회복단朝鮮國權恢復團, 민단조합民團組合, 조선국민회朝鮮國民會, 1918년에는 자진회自進會 등 수많은 항일 비밀결사들이 전국 곳곳에서 조직되어 독립정신을 고취하는 교육운동과 친일파 숙청, 독립운동에 쓸 군자금 비축을 위한 활동을 벌였다.

이 무렵, 러시아에서 공산주의 혁명이 일어나고 이 프롤레타리아 혁명은 독일의 히틀러가 주축이 되었던 군국주의, 전체주의가 패퇴한 뒤를 이어 훗날 다시 한 번 세계를 이념전쟁의 각축장으로 내몰며 냉전시대를 예고했다. 소련은 국제 공산당 조직인 코민테른을 통해 전세계 공산주의 운동을 리드하고 운동자금도 지원했다. 우리나라에서는 1918년 연해주 하바롭스크 한인동포들을 중심으로 처음 한인사회당韓人社會黨이라는 공산주의 단체가 조직되었고 이념으로 무장된 이들의 항일투쟁은 경찰서에 폭탄을 던지는 등 과격하게 전개되었다.

한편 제1차 세계대전이 끝난 후 1919년 1월 개최된 파리강화회의에서 미국의 윌슨Thomas Woodrow Wilson대통령이 민족자결주의를 선언함으로써 세계 곳곳의 식민지 국가들의 독립투쟁의 도화선에 불을 붙였다. 당시 식민지 조선에서는 쌀값 폭등과 스페인 독감의 유행으로 14만 명이 사망하여 민심이 극도로 흉흉했다. 1919년 1월 21일 밤 항일독립운동의 구심점으로 버티고 있던 고종이 갑자기 식혜를 마시고 승하하자, 은밀히 독립운동을 후원하거나 국제회의에 밀사를 보내는 등 독립외교에 힘을 쏟는 것을 못마땅해 한 일제가 고종을 독살했다는 소문이 항간에 곧바로 퍼졌다.

고종의 죽음은 3 · 1운동의 도화선이 되었다. 1919년 3월 1일 서울 인사동 태화관泰和館에서 손병희孫秉熙 등 민족대표 33인은 조선이 독립국임과 조선인이 자주민임을 만천하에 선포했다. 오후 2시, 탑골공원 안 팔각정에 올라선 경신학교 학생 정재용鄭在鎔이 낭독한 독립선언서는 거족적 민족운동의 불꽃을 활활 타오르게 만들었다. 무저항 · 비폭력운동을 지향한 만세시위는 전국으로 퍼져나갔고, 일제 경찰은 구타 · 발포 · 고문 등 잔혹하고 야만적으로 무력 진압하는 방법을 썼다. 경기 화성 제암리堤岩里에서는 마을 주민들을 교회 안으로 몰아넣고 불을 질러 죽였으며, 양주 가납리佳納里에서는 만세를 부르던 주민들을 향해 무차별 총격을 가하여 앞장섰던 백남식 · 이용화 · 김진성이 순국했다. 또 천안 병천천竝川川(아오내) 장터에서는 이화학당 학생 유관순柳寬順이 독립만세를 앞장서 부르다가 체포되어 고문 끝에 순국했다. 3월 1일부터 5월 말까지 전국에서 계속된 독립만세 운동에는 202만 3,009명이 참가해서 1,542회의 시위를 벌였다. 일련의 시위에서 일본경찰의 발포와 고문으로 7,509명이 죽고, 1만 5,961명이 다쳤다. 또 4만 6,948명이 검거되고 이 중 9,456명이 투옥되었다. 3 · 1운동은 비록 실패했지만, 그 영향은 중국의 5 · 4 운동과 인도의 비폭력 무저항운동 등에 큰 자극을 줄만큼 컸다.

3 · 1운동을 전후로 하여 임시정부를 만들어 항일독립운동을 장기적이고 효율적으로 추진해야 한다는 인식이 확산되어갔다. 그 무렵 총 다섯 개의 임시정부가 국내외에 수립되었다. 가장 먼저 1919년 3월 17일 (2월 25일 설도 있음) 블라디보스토크에 대한국민의회大韓國民議會라는 임시정부가 수립되어 손병희를 대통령으로, 이승만李承晩을 국무총리로 추대했다. 같은 해 4월 9일 서울에서 손병희를 정도령正道令으로, 이승만을 부도령副道令으로 추대한 조선민국 임시정부朝鮮民國臨時政府가, 이튿날에는 상

해에서 이동녕李東寧을 의정원 의장으로, 이승만을 국무총리로 추대한 대한민국 임시정부大韓民國臨時政府가, 4월 17일에는 철산과 의주지역에서 이동휘李東輝를 집정관으로, 이승만을 국무총리로 추대한 신한민국 정부新韓民國政府가, 그리고 4월 23일에는 서울에서 13도 대표들이 회합하여 이승만을 집정관 총재로, 이동휘를 국무총리 총재로 추대한 한성 정부漢城政府 총 다섯 개의 임시정부가 들어섰다.

　　이들 5개 임시정부의 특징을 보면, 독립 후의 정체를 대한제국 체제가 아닌 새로운 민주공화국을 만들려 했다는 사실이다. 또 5개 임시정부의 요직에 모두 이름이 들어간 인물은 이승만뿐이며, 두 번 나오는 이동휘는 1918년 하바롭스크에서 한인사회당을 결성한 인물이고 1921년 한인사회당이 상해파 고려공산당高麗共産黨으로 재편되었을 때도 위원장을 맡아 코민테른에서 지원받은 자금으로 활동을 했던 인물이다. 또한 임시정부에서 국무총리로도 활약했다. 독립 운동가들의 행적을 하나하나 면밀히 추적해 치우침 없는 역사적 평가를 하는 것 또한 후손에게 부여된 일이다.

　　3 · 1운동 이후 세워진 임시정부들 가운데 상해 임시정부가 가장 정부 조직다운 체제를 갖추고 있었다. 따라서 모든 정부들은 상해 대한민국 임시정부로 통합되었다. 국호를 '대한민국'으로 하고 정부소재는 상해로 하며, 삼권분립에 의해 대통령제와 내각제를 절충, 정부조직을 수립했다. 특히 상해 임시정부는 한성정부의 인맥을 흡수해서 행정부를 조직하고 블라디보스토크 대한국민회의를 흡수해서 입법부를 조직했다.

　　상해 임시정부 의정원에서 가장 많이 논의된 것은 국호제정과 초대 대통령 선출이었다. 1919년 4월 20일에 열린 첫 의정원회의에서 신석우申錫雨가 제안한 '대한민국'이란 국호를 놓고 열띤 토론을 벌였다. 전체 의원 29명 가운데는 대한이란 이름이 조선왕국 말기에 잠깐 쓰다가 없어진 이름이라면서 반대하는 의원들이 여럿 있었다. 그러나 신석우는 "대한으로 망했으니 대한으로 흥하라"고 주장해서 전체 의원들의 찬성을 받았다. 대한민국이란 나라 이름이 확정된 역사적 순간이었다. 신석우는 1895년 경기 의정부에서 태어나 상해에서 여운형呂運亨 등과 함께 고려교민친목회高麗僑民親睦會를 조직, 『아등我等의 소식』이란 프린트 신문을 발행하고 독립운동단체인 동제사同濟社에서도 활동한 대표적 독립운동가였다.

대한민국 임시정부의 헌법인 대한민국임시헌장大韓民國臨時憲章 제1조는 대한민국을 민주공화제로 한다고 규정함으로써, 대한제국으로의 회귀나 사회주의 체제를 지향하지 않았음을 분명히 했다. 이 헌장은 한성 임시정부의 안을 토대로 상해 임시정부안과 블라디보스토크 임시정부안을 절충해서 만들어졌다.

1919년 4월 11일 대한민국 임시정부의 수립과 동시에 발표된 정부구성에 따르면 대통령에 이승만, 국무총리에 이동휘, 법무총장 신규식申圭植, 내무총장 이동녕, 학무총장 김규식金奎植, 외무총장 박용만朴容萬, 군무총장 노백린盧伯麟, 재무총장 이시영李始榮, 노동국 총판 안창호安昌浩 등이었다. 대한민국 임시정부는 출범부터 좌우파의 사상 갈등으로 몸살을 앓았다. 공산주의와는 합작할 수 없다고 믿고 있는 이승만은 이동휘의 국무총리 선임을 반대했으나, 한민족의 통합정부기구로 임시정부를 격상시키기 위해서는 공산주의와도 합작해야 한다는 안창호 등의 주장이 받아들여져서 좌우파의 불안한 한 지붕 정부가 출범하게 되었다. 때로 소련 정부로부터 활동자금을 지원받기도 하는 등, 대한민국 임시정부는 '구국독립'의 기치 아래 하나로 뭉쳤지만 서로 다른 사상적 배경을 끌어안으며 독립운동을 하지 않을 수 없었다.

그러나 좌파 공산주의자들의 방해와 반대 속에서도 끝내 대한민국 임시정부의 정체를 서구식 민주공화제로 확정하고 국호도 조선공화국이 아닌 대한민국으로 제정한 것은 한민족의 역사를 관통해온 민본주의 사상의 승리였다고 볼 수 있다. 그것은 유장한 우리역사를 일관되게 관통해온 사상이었다. 고조선의 건국이념인 홍익인간弘益人間에서 비롯해 신라의 화백제도, 훈민정음을 창제한 세종대왕의 호민護民사상, 백성 개개의 능력을 존중하고 보호하고자 한 정조의 민국民國사상, 19세기 개항과 일제 식민지 시대를 거쳐 이제 대한민국은 혈통 중심이 아닌 국가 중심, 국민 중심의 진정한 자유민주주의 국가로 우뚝 섰다.

가까운 미래 한반도에 하나의 통일 대한민국 정부를 세우려 할 때 좌파 공산주의자들과 사상적 대립에서 오는 갈등을 피할 수 없게 되겠지만, 현명한 국민이라면 인간의 생존을 위협받지 않고 천부적 자유와 자존이 보장받을 수 있는 제도와 이념을 선택할 것이다.

2

외교투쟁과 무력항쟁의
동시 추구

대한민국 임시정부의 활동 목표는 독립운동 진영의 통합과 독립을 얻기 위한 국제외교로 설정되었다. 그러나 임시정부 국무위원들의 성향은 미국식 민주공화주의와 소련식 공산사회주의를 지향하는 이들로 양분되었다. 민주공화주의자인 이승만은 외교투쟁과 무장투쟁을 함께 추진하되 외교투쟁에 무게 중심을 둬야 한다고 주장한 데 반해, 이동휘를 비롯한 사회주의자들은 무장투쟁에 역점을 둬야 한다고 주장했다. 이 같은 독립운동 노선 갈등을 해소하기 위해 1923년 1월부터 5월까지 열린 국민대표회의는 임시정부의 현행체제를 그대로 유지하자는 현상유지파와 임시정부의 조직만 개편하자는 개조파, 그리고 임시정부를 완전 해체하고 새 정부를 구성하자는 창조파가 대립했다. 그 후 개조파와 창조파는 내부분 상해를 떠났다. 당시 초대 대통령 이승만은 주로 미국에 머물면서 미국을 비롯한 서구 민주국가들을 상대로 독립외교활동을 펼치는 데 주력했다. 이에 임시정부는 1925년 이승만 탄핵안을 통과시킨 후 박은식朴殷植 국무총리를 임시대통령으로 선출했다. 그리고 1926년에는 정부형태를 대통령 중심제에서 국무령國務領 책임제로 바꾸고 초대 국무령에 김구를 선출했다. 임시정부는 1927년 국무령 책임제를 국무위원제로 바꿔 국무위원 대표로 주석主席을 두었다. 주석의 권한은 다른 국무위원과 똑같고 다만 국무회의를 주재할 뿐이었다. 이른바 집단지도체제였다. 이로써 독립운동은 상해 임시정부, 만주 등지의 무력 투쟁, 구미에서의 외교활동 세 방향으로 나뉘어 진행되었다.

즉, 상해 임시정부는 평화적 독립운동에 집중하고 미국의 이승만이 독립외교활동을 전개하는 가운데, 만주와 연해주에서는 30여 개의 독립군 부대가 일본군을 게릴라 전법으로 기습해 상당한 전과를 올렸다. 1920년 홍범도洪範圖와 최진동崔振東이 지휘하는 대한독립군大韓獨立軍은 봉오동 전투에서 일본군 1개 대대를 격파했고, 같은 해 김좌진金佐鎭과 이범석李範奭이 지휘한 북로군정서北路軍政署는 홍범도의 대한독립군과 합동작전을 펼쳐 청산리 전투에서 일본군 1,200여 명을 죽이고 2,000여 명을 부상케 했다. 이에 일본군은 독립군의 근거지를 없애기 위해 간도 지방의 한국 교포들에 대한 대대적인 학살만행을 자행했다. 1920년 이른바 '간도 학살사건' 당시 교포 만여 명이 학살되고 민가 2,500여 채가 불탔다. 독립군들은 동포 민간인들의 희생을 막기 위해 간도를 떠나 연해주의 스보보드니(알렉세예프스크, 자유시)로 옮겨갔다. 그러나 홍범도의 대한독립군은 일본과의 관계 악화를 우려한 소련 적군赤軍의 공격으로 960명이 전사하고, 약 1,800여 명이 실종되거나 포로가 되는 독립운동 사상 최대의 비극, 자유시참변自由市慘變을 겪고 말았다.

그러나 역경을 딛고 일어선 독립군 부대들은 만주를 중심으로 다시 전열을 가다듬고 항일독립전쟁을 계속했다. 1923년에서 1925년에 걸쳐 관할지역을 참의부參議府 · 정의부正義府 · 신민부新民府, 셋으로 나누어 각각 입법 · 사법 · 행정 기능을 수행하는 일종의 자치정부 형식으로 관리하다 1929년 국민부國民府로 통합했다. 반면 김좌진은 1929년 독자적으로 한족총연합회韓族總聯合會를 발족해서 만주에서의 무장투쟁을 계속 전개했다. 1931년 9월 일제가 만주사변滿洲事變을 일으켜 만주에 대한 본격적인 공략을 시작하자, 대한민국 임시정부는 김구金九 주석의 지휘 아래 요인 암살 등 적극적인 항일 의열투쟁을 전개했다. 김구가 1931년 중국 상해에서 조직한 한인애국단韓人愛國團 소속의 이봉창李奉昌 의사는 1932년 1월 8일 동경에서 히로히토裕仁 일왕日王에게 수류탄을 투척했고, 그해 4월 29일 윤봉길尹奉吉 의사는 홍커우공원에서 열린 상해 점령 전승 기념행사에서 물통 폭탄을 던져 시라카와白川義則 상해파견군 사령관 등을 폭사시키는 등 의열투쟁을 전개했다. 윤봉길이 중국 침략의 장본인을 폭사케 한 사건은 세계를 놀라게 한 대사건이자 우리 독립운동사에 길이 빛나는 금자탑이 되었다. 이 사건 이후 중국의 장개석 국민당 정부는 대한민국 임시정부에 대해 재정적 지원을 포함한 각종 지원을 아끼지 않았다.

3·1운동 이후 일본이 무단 억압정책을 버리고 이른바 유화적인 문화 통치를 시작하자 국내 지식인 층에서 일제와 일정수준 타협하면서 미래의 독립을 위한 투쟁력을 키우자는 움직임이 일었다. 이를 주도한 인물은 최남선崔南善·김성수金性洙·이광수李光洙를 들 수 있다. 이들은 민족 산업을 부흥시키고 지방행정에도 참여해서 미래의 독립국가의 재정적 기반과 행정적 경험을 쌓아놓아야 한다는 실력양성론을 역설했다. 특히 이광수는 1922년「민족개조론」을 써서 우리 민족성의 허위, 비사교성, 이기심, 나태, 무신無信을 버리고 무실역행務實力行을 통해 산업발전과 교육 진흥에 힘써야 한다고 주장했다. 역사학자 최남선 또한 1928년「역사를 통하여 본 조선인」이란 글에서 우리 민족성을 사대주의 타율성, 조직력 부족, 형식병, 낙천성으로 지적하고 이를 과감히 자주와 자율과 실

용주의로 바꿔야 한다고 주장했다.

이들은 이런 민족개조를 실천하기 위해선 언론과 대학이 필요하다고 보고, 1923년 민립대학 설립기성회를 조직하고 모금운동에 들어갔지만 일제의 방해로 실패했다. 이에 자극을 받은 일본은 1924년 경성제국대학을 세워 극소수의 한국인을 입학시켜 한국인들의 고등교육열을 무마하고자 했다.

김성수가 1919년 경성방직을 설립한 것도 산업진흥을 통한 민족의 실력양성론의 한 산물이었다. "한국인이 만든 것을 먹고 입고 쓰자"는 구호 아래 시작된 물산장려운동은 1920년 평양에서 조만식曺晩植이 평양 물산장려회를 조직한 데 이어 1923년 서울에서도 조선 물산장려회가 발족됨으로써 전국으로 확산되었다. 이 물산장려운동은 국산품 애용 외에 자급자족 정신과 소비 절약, 금주, 금연운동까지 광범위하게 전개되었다.

역사학자 신채호申采浩와 박은식朴殷植은 한민족의 역사 연구로 항일독립운동을 전개했다. 신채호는『조선사론』,『조선상고사』,『조선상고문화사』 등의 역사책을 저술하고 조선역사의 위대함을 밝히는 글들을 『동아일보』와『조선일보』에 연재함으로써 민족정기를 선양하고 항일독립운동을 고무시켰다. 박은식朴殷植은 어려운 여건 속에서도 1915년『한국통사韓國痛史』를 써서 우리역사를 올곧게 지켰으며, 1920년에는『한국독립운동지혈사韓國獨立運動之血史』를 저술해서 일본이 전 세계 민중의 힘으로 패망하게 될 것임을 예언했다. 승려 한용운韓龍雲은 1920년 조선불교유신회朝鮮佛敎維新會를 조직해서 총독이 주지임명권과 사찰재산관리허가권을 행사하도록 한 1911년에 만들어진 일본의 사찰령寺刹令에 반대투쟁을 벌이는 한편 불교의 문제점을 개혁하려 했다. 대종교에서는 간도를 독립운동의 기지로 삼아 고구려와 발해의 옛 땅인 만주를 되찾아 대조선大朝鮮을 건설한다는 원대한 계획을 세우고 교육과 군사 기관을 설치해 강력한 항일독립운동을 전개했다. 그러나 1916년 교주 나철羅喆이 구월산에서 자결한 후 일제의 탄압은 더욱 거세지자 결국 대종교는 1932년 만주국이 등장하면서 지하로 숨을 수밖에 없었다.

그 어떤 독립운동보다 강력한 항일운동은 '우리말 지키기'였다. 장지영張志暎 · 김윤경金允經 · 최현배崔鉉培 등 국어학자들은 1921년 조선어연구회를 조직해 우리말과 글을 연구 · 보급하는 데 진력했으며, 1931년 조선어학회로 이름을 바꾸었다. 1927년부터 학회기관지『한글』을 속간하고 1933년에는 한글맞춤법 통일안을, 그리고 1940년에는 외래어표기법을 발표했다. 그러나 태평양전쟁을 일으킨 일제는 1942년 조선어학회사건을 일으켜 소위 '치안유지법治安維持法'을 적용, 조선어학회 회원들을 독립운동가로 몰아 30여 명을 투옥시키고 학회도 해산시켰다. 그러나 고난 속에 일군 이들의 우리말 사랑은 오늘을 사는 우리에게도 얼마나 큰 공덕이 되고 있는지 모른다. 이처럼 일제와 타협하지 않고 민족문화창달에 진력한 학자와 종교인들의 항일독립정신은 이 시대에 빛나는 무실역행務實力行의 본보기였다.

1930년대 말에 접어들어 일본은 한반도를 대륙침략의 병참 기지화하고, 내선일체內鮮一體를 기치로 내걸고 우리 민족을 황국신민화하기 위해 다시 무단 파쇼정책을 강화했다. 일본은 1937년 조선정보중앙위원회를 설치해서 독립투사들을 감시 · 체포하고, 1938년에는 시국대응전선사상보국연맹時局對應全鮮思想報國聯盟을 설치해 항일인사들을 색출 · 고발하게 했다. 같은 해 국민정신총동원조선동맹國民精神總動員朝鮮聯盟이 조직되어 전국을 10단위의 애국반으로 묶어 총독부 정책에 따르도록 독려하고 전국민으로 하여금 소위 '황국신민서사皇國臣民誓詞'를 외우고 일왕이 있는 동쪽을 향해 절을 해서 충성의 표시를 하도록 한 동방요배東方

遙拜를 강요했다. 또한 1938년 학교에서 우리말 사용을 금지시키고 일본어만을 쓰게 하는 일본어 상용, 즉 '고쿠고조요國語常用' 정책을 펼쳐 우리민족에게서 말과 글을 송두리째 빼앗아갔으며, 이듬해에는 창씨개명創氏改名까지 강요했다. 태평양 전쟁의 시작에서 패전 때까지 일제는 한국인 100만 명을 징용했고 1944년에는 여자정신대 근로령을 발표해 20만 명의 여성을 전쟁터로 끌고 갔다. 이들 여성들은 군수공장에서 강제노동을 했지만, 상당수가 중국과 동남아의 일본군 위안부로 강제 동원되었다. 1940년에는 항일독립운동과 민족정신 선양운동을 벌여온 『조선일보』와 『동아일보』가 차례로 폐간되었다.

　　제2차 세계대전 중 임시정부는 공산주의자들과의 좌우합작을 놓고 두 진영으로 갈라섰다. 미주위원회 대표로 활동하던 이승만은 주석 김구에게 편지를 보내 김두봉金枓奉 등 공산주의자들과 손잡으면, 임시정부에서 손을 떼겠다고 통고했다. 일찍부터 반공주의자였던 이승만은 『태평양잡지』 1923년 3월호에 실은 글에서 "국가와 징부와 군사를 부정否定하는 공산주의는 독립국가를 만들어 부강富强하려는 우리 형편에 맞지 않는 이념이다"라고 주장한 바 있다. 임시정부는 1940년 집단지도체제인 종래의 국무위원제를 폐지하고 주석 중심제로 바꿨다. 이후 행정과 군사를 총괄하는 주석에 재취임한 김구는 강력한 지도력으로 항일독립투쟁을 이끌 수 있게 되었다. 미국을 비롯한 서구지역의 독립운동가들은 미군부대에 소속해서 독립전쟁에 참여했고 만주와 연해주에서는 소련군 부대에 배속되거나 독립부대로 소련군의 지원을 받아 항일무력전투를 수행했다. 중국 본토에서는 국민당군, 또는 중공군 부대에 배속되거나 독립적인 전투부대로 항일무장투쟁을 전개했다.

　　독립운동가들이 독립운동을 하는 방법과 조직은 저마다 달랐지만 목적만은 오직 하나, 나라를 되찾겠다는 염원이었다. 그러나 세계의 정세는 그들이 한 가지 염원으로 똘똘 뭉쳐 한길로 매진하도록 놓아두지 않았다. 이미 세계는 공산진영과 자유진영으로 편 가르기가 시작되고 나라를 잃은 약소민족 처지로 전락한 우리는 두 진영 사이 줄다리기의 피동체가 되어갔다. '구국 독립'이라는 절체절명의 대의를 앞에 두고 방법에 대한 논쟁, 이념의 갈등에 휩쓸려 정작 나라의 주인인 국민이 소외되고 이용만 당하는 형국으로 치닫고 있었다.

3
독립투쟁 때 싹튼
좌파사상

      망국 이후 민족주의 세력이 주도해온 항일독립투쟁은 3·1운동을 계기로 한국인의 실력과 민족의식을 함양·축적해서 민주 독립국가를 세우는 기반을 닦는 방향으로 전개되었다. 한글의 연구와 보급, 민족기업의 육성, 교육기관의 확충, 외교전의 강화, 일본 수뇌부들에 대한 의열義烈투쟁 등 장기적인 투쟁목표를 세워 실천해나갔다. 그러나 독립운동 진영에 변수가 생겼다. 1917년 러시아에서 볼셰비키의 '프롤레타리아 혁명'이 일어나자, 한민족의 독립투쟁전선은 민주공화정부를 세우려는 민족주의 진영과 공산독재정권을 세우려는 사회주의진영으로 양분되었다.

      사회주의Socialism란 생산수단의 공동소유를 바탕으로 하는 사회체제로서 자본주의 사회에서 공산주의로 옮겨가는 단계의 공동체 이념이다. 사유재산제도를 부정하고 공유재산제도로 빈부차이 없는 경제적 평등사회를 구현한다는 이 같은 사상은 기원전 그리스 철학자 플라톤Platon의 『국가론Poliiteiā』에서 시작되어 중세 말 토머스 모어Thomas More의

『유토피아utopia』와 근세 초 캄파넬라Tommaso Campanella의 『태양의 나라La citta del sole』에 나타나지만, 모두 공상적·학문적 영역에 머물렀다. 사회주의 사상이 현실적·정치적 힘으로 작용하기 시작한 것은 마르크스Karl Heinrich Marx와 엥겔스Friedrich Engels의 이론적 완성을 거쳐 이른바 과학적 사회주의로 불리는 공산주의Communism가 태동한 1840년대부터였다고 할 수 있다.

마르크스와 엥겔스는 유물사관唯物史觀으로도 불리는 사적유물론史的唯物論을 제시하면서 사회의 물질적 생산관계와 생산력이 역사발전의 원동력이고 이데올로기나 정치는 물질적 생산관계의 변화에 따라 결정된다고 주장했다. 사적 유물론은 자본주의 사회에서 생산력과 생산관계의 모순이 반드시 '프롤레타리아혁명'을 유발할 것이고 이 '프롤레타리아혁명'이 자본주의적 생산관계를 파괴하며 결국 생산수단의 공유를 기초로 하는 공산주의 사회를 이룩하게 된다는 이론이다.

이 같은 마르크스와 엥겔스의 유물사관은 1848년에 나온 그들의 공저 『공산당 선언Manifest der Kommunistischen Partei』에서 한층 구체화되었다. 여기서 그들은 부르주아지가 자본주의 사회를 만들기까지의 유럽역사를 계급투쟁론으로 설명하고 부르주아지가 이룩한 자본주의 사회가 프롤레타리아 무산계급혁명으로 붕괴할 것이라고 예언하며 만국 프롤레타리아들의 단결과 투쟁을 호소했다. 마르크스는 1867년 그의 『자본론Das Kapital』 1권(2권과 3권은 마르크스 사후 엥겔스가 집필)에서 그동안 동일 개념으로 사용해오던 사회주의와 공산주의를 구별했다. 즉 앞서 제시한 사회주의는 다시 개량적 사회주의와 혁명적 사회주의로 구분되며 혁명적 사회주의가 곧 공산주의라고 규정했다. 그는 1875년에 나온 『고타 강령비판Kritik des Gothaer Programms』에서 공산주의를 '보다 낮은 단계'와 '보다 높은 단계'로 나누고 보다 낮은 1단계에선 개인은 능력에 따라 일하고 일한 만큼 임금을 받지만, 보다 높은 2단계에선 개인은 능력에 따라 일하고 필요한 만큼 임금을 받는다고 주장했다.

　　마르크스와 엥겔스의 공산주의 사상은 레닌Vladimir Il'ich Lenin의 '러시아혁명'이 성공한 1917년 이후 동유럽과 아시아로 급속히 번져나갔고, 일본 유학생 등을 통해 국내로 유입되기 시작했다. 1919년 소비에트 공산정권은 코민테른이란 국제 공산조직을 창설해 공산주의 혁명을 수출하는 데 박차를 가했다. 당시 미국·영국·독일·프랑스 등 강대국들의 지배 하에 있던 아시아·아프리카 등의 피압박 민족들에게 공산주의 사상은 희망과 기대의 메시지가 되었다. 일본의 지배를 받고 있던 한민족도 마찬가지였다. 당시 한민족에게 비친 희망의 메시지는 두 가지다. 하나는 윌슨 미국 대통령이 천명한 민족자결주의였고 다른 하나는 소련 레닌이 선언한 '공산주의 혁명'이었다. 우리 민족은 윌슨의 민족자결주의에 기대를 걸었지만, 일부에서는 적극적으로 한민족의 항일독립운동을 지원하겠다고 나선 소련 공산정권에 대한 기대도 컸다.

　　윌슨의 민족자결주의는 사실상 패전국 독일의 식민지에만 해당되는 것이었고, 승전국의 일원인 일본의 식민지에 속했던 우리에게는 적용되지 않았다. 반면 소련은 상해 임시정부에 군사적, 재정적 지원까지 했다. 그러나 소련의 지원 뒤에는 다른 속셈이 숨어 있었다. 바로 한반도를 공산화하려는 계획이었다. 소련은 우선 소련에 거주하는 한인들을 공산주의자로 만들기 시작했다. 최초의 한인 공산주의 조직은 1918년 1월 오하묵吳夏默이 지부장으로 있던 이르쿠츠크 공산당 한인지부의 출범이었다. 같은 해 6월 하바롭스크에서 조직된 이동휘의 한인사회당은 소련 거주 한인 민족주의자들을 규합해서 볼셰비키 전선에 투입하기 위한 것이었고 이르쿠츠크 공산당 한인지부는 처음부터 소련공산당 예하 조직으로 출발했다.

상해 임시정부에서 초대 국무총리를 지낸 이동휘는 1921년 고려공산당을 조직해 본격적으로 공산주의 사상을 전파하기 시작했다. 마르크스 · 레닌주의를 당 강령으로 채택한 고려공산당은 조직은 이동휘의 심복인 박진순朴鎭淳 · 김립金立 · 이한영李漢榮 등의 한인사회당 간부를 중심으로, 여운형呂運亨 · 조완구趙琬九 · 신채호申采浩 · 안병찬安秉瓚 · 이춘숙李春塾 · 조동호趙東祜 · 최창식崔昌植 · 양헌梁憲 · 선우혁鮮于赫 · 윤기섭尹琦燮 · 김두봉金枓奉 등의 임시정부 관계자들도 가담시키는 데 성공했다. 그때 여운형은 소련공산당의 자금지원을 받아 『공산당선언』을 번역 · 출간했다. 1922년 1월 소련의 지원 아래 모스크바에서 열린 극동인민대표회의에는 한국대표로 이동휘를 비롯해 김규식, 박헌영朴憲永, 여운형, 조봉암曺奉巖, 정재달鄭在達, 김만겸金萬謙, 윤자영尹滋英 등이 참가했다. 이회의에 대해 김준엽 · 김창순 공저, 『한국 공산주의 운동사』(아세아문제연구소, 1967)는 "한인의 초기 공산주의 운동이 일제의 완전 식민지 조건 아래에서, 그리고 볼셰비키 혁명이 성공한 러시아에서 그 기원적인 발생을 보았다"고 기술했다.

국내에서는 소련과 일본유학생들이 중심이 되어 신사상 연구회(1923), 화요회(1924), 북풍회(1924) 등 수많은 공산주의 단체들이 우후죽순처럼 생기더니, 마침내 조선공산당과 고려공산청년회가 1925년에 조직되었다. 조선공산당은 이르쿠츠크 고려공산당의 김재봉金在鳳이, 그리고 고려공산청년회는 박헌영이 책임비서가 되었다. 한인 공산주의자들은 시종일관 소련 공산당의 지시에 따라 움직였으며, 크고 작은 자금지원도 받았다. 한인 공산주의자들은 독립운동과정에서 항상 무력투쟁과 사상투쟁에 역점을 뒀으며, 이는 교육과 계몽, 외교 등을 중심으로 독립운동을 벌이는 민주주의 진영과는 대조적이었다. 그러나 한인 공산주의자들은 민주주의 세력과 합작하거나 협력해서 항일독립운동을 펴기도 했다.

1927년 좌·우 합작으로 조직된 신간회新幹會는 처음에는 회장 이 상재李商在, 부회장 홍명희洪命憙 체제로 운영되다가 세력이 커지면서 좌파 허헌許憲이 집행위원장이 되어 활발한 독립운동을 벌였다. 신간회는 좌·우파가 함께 참여한 독립운동 단체였다는 데 자못 의의가 크다 하겠다. 그러나 친일적인 극우파와 공산주의 좌파를 함께 배격하면서 중도 노선을 추구했던 신간회는 1930년에는 전국에 140여 개의 지회와 3만 9,000여 명의 회원을 확보할 정도로 세력이 커졌으나, 1931년 좌우파의 내분과 일제의 압력으로 해산되고 말았다. 민족혁명당民族革命黨도 1935년 우파 지청천池靑天과 좌파 김원봉金元鳳이 어울려 만든 조직이었으나, 1937년 1월 김원봉이 임시 전당대회를 열고 당명을 조선민족혁명당으로 고치면서 지청천파를 제명하자, 지청천이 민족혁명당 비상대회를 열고 당명을 조선혁명당으로 고치면서 우파 노선을 선언하면서 갈라섰다. 중국공산당의 세력이 커지면서 중국 본토와 만주에서 활동 중이던 독립투사들이 중공군에 흡수되기 시작했다. 중국공산당은 아예 한인들로 별도 부대를 편성해서 일본 군대와 싸우게 했다. 1935년 8월 1일 중국공산당 동북인민혁명군은 항일 구국통일전선을 조직하라는 공산당의 지시에 따라 동북 인민혁명군과 각지의 무장 항일부대를 통합해서 동북항일연합군으로 개편되었다.

이때 다수의 한인 독립투사와 항일 한인 무장부대가 흡수 통합되고 그 중 한사람인 김일성金日成은 1로군 제2군 제6장이 되었다. 그리고 김일성은 1로군 제2군의 정치위원 오성륜吳成崙이 조직한 한인조국광복회 장백현長白縣 공작위원회에 가담했다. 한인으로서는 동북항일연군의 최고 지위에 오른 오성륜은 3·1운동 뒤에 의열단에 들어가 1923년 상해 황포탄黃浦灘 부두에서 일본육군대장 다나카田中義一를 저격하고 수감되었다가 탈옥한 뒤 모스크바로 가서 공산당 대학을 졸업한 골수 공산당원이었다.

1939년 일본군의 대대적인 공산군 '토벌'작전이 전개되자, 동북
항일연군의 각 부대들은 큰 타격을 입고 산림 속으로 밀려들어갔다가 3
방면 군사령부로 재편되었다. 1940년 김일성은 제2방면 사령관에 임명
되었지만, 일본의 추격전에 김일성 부대는 무너졌다. 이듬해 김일성은
부하 몇 명만 데리고 중·소 국경을 넘어 하바롭스크로 이동했다. 그 이
후의 김일성에 대한 일본 정부 당국과 중국 공산당 측의 기록은 찾아볼
수 없지만, 김준엽·김창순의 『한국 공산주의 운동사』는 "김일성이 러
시아 영내의 오케안스카야 야영학교에 있었다는 일본 측의 정보와 소련
내무성 연해주 지구 경비대사령관 스티코프 중장의 호위 아래 특수훈련
을 받았다는 설도 있다"고 쓰고 있다.

아무튼 김일성은 해방되면서 점령군으로 북한에 진주한 소련군
을 따라 소련군의 육군 소좌 계급장을 달고 평양에 돌아왔다. 중공당의
팔로군 간부로 있다가 소련에 들어가서 군사훈련과 공산주의 사상교육
을 받은 김일성은 독·소 전쟁에 참전했다가 소련식 공산국가를 북한에
세울 지도자로 낙점을 받았다. 훗날 그는 소련의 지시에 따라 공산주의
정권을 북한에 세움으로써 한반도에서 민족민주주의와 계급공산주의
가 대립하고 자유민주주의와 공산독재주의가 대립하는 이른바 좌우사
상대립을 만들어낸 장본인이 되었다. 또한 이 대립으로 인한 남북 분단
의 고착화를 가져온 장본인이기도 하다.

7장

자유민주주의
대한민국의 건국

세계는 그때

제2차 세계대전의 발발(1939)에서 종전(1945)까지 6년 사이 독일은 폴란드와 프랑스를 침공하고 대소련 선전포고를 하는 등, 1942년에 이르러 최대의 점령지를 확보했다. 일본은 말레이 · 필리핀 · 자바 · 수마트라 등 동남아시아 일대를 침략 · 점령하고 이어 진주만을 습격, 태평양 전쟁을 일으켰다. 미국과 소련은 각지에서 이들 독일군과 일본군을 격파하고 전후 강대국의 두 축으로 급부상했다. 전후 새로운 독립국가들이 자유민주주의체제 또는 공산주의체제로 양분되어 수립되는 가운데 미 · 소 양극체제로 세계질서가 재편되면서 국제문제를 조정 · 해결하기 위한 국제연합國際聯合, 곧 유엔의 기능과 역할에 대한 기대치가 높아갔다.

연합국은 1945년부터 1948년 사이에 열린 뉘른베르크Nuremberg 전범재판으로 나치전범들을 처벌하고 독일의 재건 작업에 들어갔다. 그러나 미 · 영 · 불과 소련 간에 통일안이 나오지 않자, 독일을 동서로 분할하여 독자적 국가건설을 추진했다. 결국 1949년 서부 독일에는 본에 수도를 둔 독일 연방공화국이, 동부 독일에는 베를린에 수도를 둔 독일 민주공화국이 각각 수립되었다. 서독을 장악한 미 · 영 · 불은 1947년 미국의 마셜플랜Marshall Plan에 의거, 서독의 전후 복구와 경제 부흥을 지원함과 동시에 1948년 통화개혁을 단행하여 경제질서를 확립했다. 동유럽 국가들을 공산주의 체제 하 위성국가로 몰고 간 소련도 동독에 통화개혁을 단행하고 베를린 봉쇄조치를 단행했다. 소련의 팽창에 위기의식을 갖게 된 서방국가들은 브뤼셀조약 가입국 외 미국·캐나다·노르웨이·덴마크·아이슬란드·포르투갈·이탈리아가 가담한 12개국 대표가 워싱턴에 모여 북대서양조약을 체결, 이른바 북대서양조약기구NATO를 설립했다. 이 조약은 가맹국이 공격을 받을 때 각각의 자위권 발동과 다른 가맹국들의 즉각적인 지원을 하기 위한 군사위원회를 열고 가맹국들의 군사적 활동을 효율적으로 통합하기 위한 나토군 사령부를 설치하도록 돼 있었다. 나토군 사령부는 당초에는 사무국과 함께 파리에 설치됐는데, 핵문제에 대해 미국과 대립하던 프랑스가 군사위원회를 탈퇴함으로써, 벨기에의 브뤼셀로 이전했다.

한편, 전후 중동 지역에는 커다란 분쟁의 불씨가 도사리고 있었다. 영국이 식민 지배하던 팔레스티나 지역에 유대인의 나라를 세우는 문제를 1947년 영국이 유엔에 상정해 이듬해 이스라엘이 건국되었다. 이때 유엔은 팔레스티나를 분할해 유대국과 아랍국을 별도로 수립하는 법안을 의결했는데, 이에 아랍측은 반대하고 유대측은 찬성했다. 이에 따라 영국군이 철수하고 유대인 지도자 벤 구리온David Ben Gurion이 텔아비브에 수도를 정하고 이스라엘의 건국을 선포한 것이다. 이에 아랍국들은 즉시 이스라엘을 공격했으나, 이스라엘군의 강력한 저항을 받아 일진일퇴의 공방이 지속되다가 1949년 2월 유엔의 중재로 휴전했다. 그러나 이 1차 중동전쟁으로 팔레스티나 난민 백만 명이 발생했다. 이때부터 중동과 함께 아시아가 세계 분쟁의 중심으로 떠오르기 시작했다.

인도네시아에서는 1945년 수카르노Achmed Sukarno가 네덜란드의 식민지로부터 독립을 선언하고 1950년에는 인도네시아 공화국을 수립해 초대 대통령에 취임했다. 태국에서는 1945년 프리디 파노명Pridi Panomyung 이 이끄는 정부가 수립되었으나, 1949년 군부가 쿠데타를 일으켜 새 정권을 수립하면서 쿠데타의 악순환이 시작되었다. 중국에서는 일본군 점령지역의 접수를 둘러싸고 1945년 국·공 간의 충돌이 곳곳에서 일어나다가, 1946년 만주지역에서 대규모 군사적 충돌이 일어났다. 국민당은 1946년 11월 헌법개정국민대회를 열어 중국의 새로운 정부 수립을 시도했다. 이를 계기로 국공내전이 본격적으로 전개되었다. 내전 초기엔 국민당군이 연전연승을 했지만, 1947년 10월 공산당이 토지개혁을 발표해 농민군을 끌어들임으로써 전세가 뒤집어졌다. 1949년 4월 중공군은 국민당군을 남쪽으로 밀어붙여 마침내 중국 대륙을 장악하자, 5월 국민당군은 대만으로 쫓겨 갔다. 중국 공산당은 그해 9월 중국 인민정치협상회의를 소집하고 10월 1일 공산정권을 공식 출범시켰다. 중공정권은 소수민족이 사는 5개 지역(내몽골, 영하회족, 신장위구르, 광서장족, 티베트)에 자치국을 두었으나 형식만 갖추었을 뿐 실제는 공산당의 일낭독재였나.

중국은 건국 이후 일관되게 비공산권非共産圈국가들에 대해 배타적 정책을 썼는데, 이를 두고 서방에서는 '죽의 장막bamboo curtain'을 쳤다고 표현했다. 이는 종전이후 소련의 국제관계에서 소통을 외면한 폐쇄적·비밀주의적 긴장정책을 비판한 은유적 표현인 '철의 장막iron curtain'과 맥을 같이 한다. '철의 장막'이란 용어는 원래 1946년 영국 처칠수상이 미국 방문 때 미주리주 폴턴대학에서 행한 연설에서 "발트해의 슈체친에서부터 아드리아해의 트리에스테에 이르기까지 대륙을 횡단하여 '철의 장막'이 드리워져 있다From Stettin in the Baltic to Trieste in the Adriatic an 'iron curtain' has descended across the Continent"라고 한 데서 유래한 것이다.

아무튼 철의 장막을 친 소련은 6·25전쟁을 일으켰고, 죽의 장막을 친 중공은 전쟁 중 한국의 북진통일을 저지했다. 제2차 세계대전 후의 세계 질서는 미국과 소련의 양극체제로 편성되었고, 그것은 중공과 인도 등 제3세력의 견제를 받으면서도 동서 냉전체제의 흐름을 주도했다. 이 과정에서 유엔의 역할과 기능은 매우 중요해졌다. 유엔은 1941년 8월 미국·영국이 주도한 「대서양헌장」에서 검토된 후 미·영·중·소가 함께한 1944년 10월의 덤버튼 오스크 회의에서 「일반 국제기구의 설립안」에 합의함으로써 태동했다. 그리고 1945년 4월 샌프란시스코에서 열린 국제연합회의에 참가한 50여 개국의 승인절차를 거쳐 그해 6월 26일 공식 창설되었다. 세계평화유지와 인류의 복지증진을 위해 설립된 유일한 세계적 국제기관인 유엔은 1947년 11월 14일 한반도에서의 자유총선거를 결의함으로써, 1948년 8월 15일 대한민국의 건국이 이뤄졌고, 북한군의 남침으로 터진 6·25전쟁(1950~1953) 때는 신속하게 유엔 16개 회원국이 군대를 보내 북한 침략군으로부터 대한민국을 지켜주었다.

1

해방과 분단,
미·소 군정

 1945년 8월 15일 일왕 히로히토의 무조건 항복 선언으로 한반도는 36년간의 식민지에서 해방되었다. 하지만 해방의 기쁨은 잠시, 남북 분단과 미·소 군정이란 피동직 징치체제 속에 국론이 갈라져 한반도는 다시금 극심한 혼란 속으로 빠져들었다.

 왜 한반도에는 한민족의 통일된 자주국가가 수립되지 못했을까? 이에 대한 해답을 찾기 위해서는 우리 모두가 솔직해질 필요가 있다. 일본군의 무장 해제를 위한 미·소 양군의 남북 분할 진주에 대해서는 국제 정치질서에 의해 불가피한 일이었다고 할지라도 그 이후의 상황 전개는 전적으로 이해하기 힘든 대목이다. 해방 후 어지러운 정국에 대해 그동안에 미국의 대륙 진출과 소련의 남진 정책이 한반도의 허리 부분에서 충돌하여 세력균형을 이루는 과정에서 유탄을 맞은 것으로 설명해왔지만, 그것은 분단의 원인을 밖에서 찾으려는 피상적인 분석이다. 남북 분단과 미·소 군정의 원인遠因은 대한제국의 멸망과정에서 이미 그 단초가 싹트고 있었다. 시대변화에 둔감하고 나라의 안위보다 일신一身의 보전에 급급했던 안이한 리더 집단에게서 누란의 위기에 처한 나라를 구하고자 하는 각오와 결기가 나올 리가 없었다. 근인近因은 독립운동의 과정에서 불거진 사회주의적 이념의 세례로 국론이 분열, 좌우 투쟁의 난맥과 재정적 무력함에서 찾을 수 있을 것이다.

역사학자 신용하는 2000년 8월 3일자『조선일보』에 실린 특별대담에서 "고난 속의 백년 근현대사는 깨달음의 시기이다. 왜 분단됐는가? 그것은 19세기 일제의 침략을 막아내지 못한 식민지가 됐기 때문이다"라고 말했다. 이완범도「한반도 분단의 외부적 요인과 내부적 요인」(유영익 편, 『수정주의와 한국현대사』, 연세대 출판부, 1998)에서 분단원인을 내인內因과 외인外因으로 나누어 "한반도 분단의 원인은 민족 내부적인 것內因과 외세에 의한 것外因으로 나누어 볼 수 있다. 외인론은 미·소 간의 권력·이념 대립으로 보고, 내인론은 국내정치세력의 좌우대립으로 본다"고 진단했다. 한반도 분단과 미·소 군정의 과정을 자세히 살펴보면, 위의 분석이 설득력이 있음을 이해할 수 있다.

대한제국의 멸망은 한민족 전체가 끝까지 싸우다 당한 것이 아니라, 일부 대신들이 일본 제국주의자들의 회유책에 말려 '합방조약'에 도장을 찍음으로써 초래된 것이다. 이로 인해 한민족이 자주적 독립 의지를 갖고 있는지를 열강들은 의심의 눈초리로 보게 되었다. 이는 1943년 11월 22일 미국·영국·중국의 수뇌들이 모인 카이로 회담에서 "현재 한국 인민이 노예상태에 있음을 유의하여 적절한 시기에 한국을 자유 독립 국가로 하는 결의를 가진다"고 한 데서 여실히 나타난다. "우리 민족이 노예상태에 있다"고 하는 인식은 해방과 동시에 자유국가 건설은 힘들다는 뜻이 내포되어 있는 것이다. 1945년 7월 7일 미국의 루즈벨트와 영국의 처칠, 소련의 스탈린이 종전을 코앞에 두고 회동한 포츠담 회담에서 카이로 선언을 재확인한 것은 한국에 대해서는 자주적 국가 운영

능력이 생길 때까지 적절한 보호가 필요함을 암시하는 것이 아니고 무엇이겠는가. 이른바 미·소 군정과 신탁통치의 정당화 배경논리였다. 이에 의해 항복한 일본군의 무장해제를 빌미로 북위 38도선을 경계로 남북에 각각 진주한 미군과 소련군은 즉각적인 군정을 폈다.

광화문의 조선총독부 건물에서 일장기가 내려지고 그 자리에 올라간 것은 대한민국의 태극기가 아니라 미국의 성조기였다. 1945년 9월 9일 오후 4시 35분, 우리 민족이 미군정에 맡겨진 시각이다. 물론 평양 상공에도 인공기가 아니라 소련의 적기가 게양되었다. 조선총독부 건물 화이트홀에 태극기와 성조기가 나란히 함께 걸린 것은 그로부터 넉 달 보름 뒤인 1946년 1월 14일 오전 10시였다. 그러나 해방이 되면서 한민족의 건국 준비가 어느 정도 갖춰져 있었다. 해외에서는 대한민국 임시정부의 김구를 중심으로 건국준비를 서둘러서 건국강령建國綱領을 마련해 놓은 상태였고, 국내에서는 좌파 여운형이 중심이 되어 1945년 8월 결성한 건국동맹建國同盟이 해방 직후 조선건국 준비위원회를 조직해 놓은 상태였다. 다만 임시정부의 김구와 미국에 있는 이승만이 아직 귀국하지 않은 상태에서 1945년 8·15광복을 맞아 한국민주당을 만든 송진우宋鎭禹·김성수金性洙·장덕수張德秀·조병옥趙炳玉 등 국내의 우파 인사들은 여운형과 박헌영 같은 좌파 정객만큼 대중적 지지와 조직력을 갖지 못했다.

좌파들이 대거 참여한 조선건국 준비위원회는 1945년 9월 6일 "조선인민공화국"을 선포했다. 그러나 이에 우파와 중도좌파가 탈퇴하자 조직개편을 단행해서 여운형이 부주석으로 내려앉고 미국에 체류 중인 우파지도자 이승만을 주석에 추대했으며 국무총리엔 허헌을 추대했다. 모양새는 우파 이승만이 대표지만, 실제로는 좌파인 여운형과 허헌이 주도하는 형식이었다. 더구나 "조선인민공화국"의 실질적인 권력은 박헌영이 장악함으로써 '인공'은 남한에 세워진 공산주의 정권이나 다름없었다. 박헌영은 1921년 상해에서 조직된 고려공산청년회의 책임 비서를 맡았고, 1930년 모스크바 국제 레닌학교를 졸업했으며, 해방직후 서울에서 조선공산당을 재건한 좌파의 수장 격이었다.

이처럼 좌파가 득세한 상황에서 1945년 9월 8일 서울에 진주한 미 육군 제24군단 하지John Reed Hodge 중장은 남한에 미 군정청을 설치하고 9월 19일 미 육군 7사단장 아놀드Arnold소장을 군정장관에 임명했다. 이때부터 좌우파 간의 권력투쟁이 격렬해지기 시작했다. 먼저 기선을 잡은 것은 좌파 공산주의자들이었다. 조선공산당의 박헌영은 9월 14일 조선인민공화국의 내각명단까지 발표하고, 1946년 2월에는 여운형의 조선인민당과 백남운白南雲의 조선신민당 등 남한 내 모든 좌익계 정당과 사회단체를 망라한 민주주의민족전선民主主義民族戰線을 조직, 제주와 대구 등지에서의 민중폭동을 선동하고 파업을 일으켰다. 그들은 우파 민족주의 세력을 반민족 친일분자로 몰았는데, 계급공산주의를 신봉하는 좌파들이 우파를 반민족행위자로 매도한 것은 아이러니였다.

우파의 움직임은 1945년 10월 1일 이승만이, 그리고 11월 23일 김구가 귀국하면서 한층 활발해졌다. 상해 임시정부의 주석으로 있던 김구는 미 군정청의 요청에 따라 개인자격으로 조국의 땅을 밟았다. 여의도 비행장에 도착한 김구는 공항 활주로에 입을 맞추며 감격의 눈물을 흘렸다. 상해 임시정부의 초대 대통령을 지내고 미국에서 독립을 위한 외교활동에 진력했던 이승만은 미 군정청의 환영을 받으며 귀국했다. 군정청은 10월 21일 '미군진주 및 이승만 박사 귀국 환영대회'라는 이름의 환영대회를 열어 민중의 지지를 받는 이승만을 위대한 독립투사라고 추켜세웠다. 그러나 이승만은 이 자리에서 "우리는 하지 장군이 자유를 사랑하는 사람들을 해방시키기 위해 온 것인지, 아니면 우리나라가 분단되고, 그 한 쪽은 또 다른 주인 아래서 노예 신세가 될 것인지를 묻고자 한다"며 미 군정청을 신랄하게 비판했다.

이승만의 이 같은 하지 장군 비판은 북쪽의 소련군이 일찍부터 북한에 김일성 독재정권을 세우기 위해 부산하게 움직이고 있는데, 남쪽에서는 공산세력의 준동으로 민주적 자주국가의 건설이 지체되고 있다는 판단에서 나온 것이었다. 이때부터 이승만과 하지의 관계는 소원해지기 시작했다. 이승만은 1945년 10월 23일 독립촉성중앙협의회獨立促成中央協議會를 조직해 민주적 자주국가의 건설을 제창했다. 그해 11월 23일 김구는 한국독립당을 재건하고 11월 12일 여운형은 조선인민당을 창당했다. 이로써 남한에는 우파의 대한독립촉성회(이승만)와 한국민주당, 중립파의 한국독립당(김구)과 국민당(안재홍), 그리고 좌파의 조선공산당(박헌영)과 조선인민당(여운형) 6개의 정당이 움직이는 정치 구도를 갖게 되었다. 이처럼 남한에서는 여러 정파들이 건국의 주도권을 잡기 위한 투쟁을 벌이는 기운데 미 군정청이 특정 정파의 손을 들어주지 못하는 상황이 계속되면서 정치적·사회적 혼란이 갈수록 가중된 것과는 달리 북한에서는 일찌감치 소련 군정청이 김일성을 중심으로 공산주의 국가를 세우도록 힘을 몰아줌으로써 조기에 김일성 독주체제가 만들어졌다.

1945년 8월 24일 소련군 제25군 사령관 치스차코프Chistiakov, I. 대장은 평양에 진주한 날 즉시 군정을 선포했지만, 소련 군정청은 간접통치 전략을 구사했다. 북한에 대한 직접통치를 하지 않고 지역별로 좌·우 합작의 인민위원회人民委員會를 설치해 겉으로는 자치형식을 갖추도록 하면서 실제로는 골수공산주의자 김일성을 띄우는 공작을 시작했다. 소련 군정청은 10월 1일 '김일성 장군 환영시민대회'를 평양에서 열고 이를 평양방송으로 생중계했다. 소련 군정청의 이러한 간접통치 방식은 직접통치 방식을 취한 남한의 미 군정청보다 한발 빠르게 북한의 정치적 사회적 안정을 도모할 수 있었다. 적어도 이것은 우리에게 있어 또 하나 뼈아픈 역사의 한 곡절이 되었다.

이 미국의 결정적 정책 실수가 두 달여 후, 1945년 12월 25일 다시 미·영·소 3국 외상들이 모여 회동하는 모스크바 삼상회의三相會議 석상에서 느닷없이 아래와 같은 남북한에 대한 5년간 신탁통치가 제기되는 빌미를 제공했다.

1) 민주주의 원칙 아래 독립국가를 건설하기 위해 임시정부를 수립할 것
2) 이를 지원하기 위해 미·소공동위원회를 설치할 것
3) 미·영·중·소 4국은 한국을 최장 5년간 공동관리(신탁통치)할 것
4) 2주일 이내에 미·소 사령부의 대표회의를 개최할 것

한국에 대한 5년간의 신탁통치안은 갑자기 생겨난 게 아니었다. 제2차 세계대전 종반에 연합국 수뇌들이 만나 협의한 카이로 회담과 얄타회담에서 결정된, "한국인의 노예상태에 유의하여 신국가 건설을 추진한다"는 방침의 연장선상에서 이해되어야 할 것이다. 신탁통치는 하루빨리 민주적 자주정부를 세우려는 한국인의 염원과 의지에 정면으로 배치되는 정책이었다. 전국에서 반탁의 목소리가 터져나왔다. 가장 강력하게 반대 목소리를 낸 것은 이승만을 비롯한 우파들이었다. 중립파의 김구도 탁치안을 반대하고 나섰다. 좌파세력은 처음엔 반대하다가 소련의 지령을 받고서는 갑자기 찬탁으로 선회했다. 왜 선회했을까? 답은 간단하다. 북한의 김일성과 소련 군정청은 일단 신탁통치를 받아들여서 그 기간 동안 한반도에 공산주의 통일정부를 세우는 공작을 추진하는 게 낫다고 판단했다. 실제로 소련은 1946년 2월 9일 북조선 임시인민위원회

를 열고 김일성을 위원장으로 선출했다. 이 인민위원회는 산업의 국유화와 모든 분야에 대한 국가통제를 강화하는 제 법령을 제정, 사실상의 정부 조직을 구성했다. 그러나 소련과의 협력 하에 한반도문제를 해결해야 한다고 믿고 있던 미 군정장관 하지는 반탁을 주장하는 이승만을 큰 걸림돌로 생각했다.

이승만은 소련이 이미 북한지역에 소련식 공산정권을 세웠다고 폭로하면서 신탁통치를 찬성하는 김일성과 남한 좌파를 조국을 소련에 팔아먹으려는 매국노라고 강도 높게 비난하고 나섰다. 그리고 "모든 나라의 공산당은 소련의 조정을 받는다. 공산당의 목적은 수단 방법을 가리지 않고 정권을 잡는 것이므로 그들과 협력하는 것은 절대로 불가능하다"며 공산주의와의 합작은 안 된다고 주장했다. 하지만 이승만의 주장은 미국의 귀에 들어가지 않았다. 소련과 손발을 맞춰가며 일사분란하게 진행되는 북한의 김일성 공산주의 정권과 달리 자유 민주주의를 표방하는 군정청의 하지와 이승만은 사사건건 충돌했다. 심지어 하시 장군은 "이승만은 절대로 미국이 후원해서 설립될 정부에 참여할 수 없을 것"이라고 공언하기까지 했다.

미국과 소련은 1946년 남한 우파의 반대에도 불구하고 신탁통치와 과도 정부를 세우기 위한 미소공동위원회를 서울의 덕수궁 석조전에서 두 차례 열었다. 이 회의에서 소련은 신탁통치를 반대하는 정당과 사회단체를 협상대상에서 제외시킬 것을 주장했다. 이는 북한의 노동당과 남한의 좌익정당들이 신탁통치를 찬성하는 상황에서 이승만을 비롯한 남한의 반탁 우익정당들을 배제하기 위함이었다. 결국 미소공동위원회는 무기한 휴회에 들어갔다. 이때 북한에서는 김일성의 북조선 인민위원회가 국가기능을 갖춰가면서 남한에 대해 남북한 통일정부 수립을 협의하자고 제의해왔다. 남한에서는 남한만이라도 단독정부를 세워야 한다는 여론이 일기 시작했다. 이에 이승만은 1946년 6월 3일 정읍연설에서 북한이 이미 단독정부를 세워놓고 통일정부를 협의하자는 공세를 펴고 있으니까, 우리도 단독정부를 세워 북한을 해방시키자고 제창했다.

협상을 통한 한반도 통일정부 수립을 추진해온 미 군정청은 남한에 좌우 합작정부를 세워 소련과 협상하는 전략을 세웠다. 미 군정청의 방침에 따라 1946년 7월 우파 김규식과 좌파 여운형은 좌우합작위원회를 결성하고 그해 10월 아래와 같은 좌우합작 7원칙을 발표했다.

1) 모스크바 3상회의 결정에 의해 남북을 통한 좌우합작으로 민족주의 임시정부를 수립한다.
2) 미소공동위원회 속개를 요청하는 공동성명을 발표한다.
3) 몰수·유有조건 몰수·체감매상등으로 토지를 농민에게 무상배분하고 주요산업을 국유화한다.
4) 친일파·민족반역자 처리를 위한 조례제정을 입법기구에 제안한다.
5) 정치범의 석방과 남북 좌우의 테러행위를 금지시킨다.
6) 입법기구의 권능과 구성방법·운영 등에 대한 대안을 본 위원회에서 작성·시행한다.
7) 언론·집회·결사·출판 등의 자유를 절대적으로 보장한다.

그러나 미 군정청은 1946년 12월 12일 좌우합작위원회의 한민당계를 중심으로 남조선과도입법의원南朝鮮過渡立法議院을 구성한 데 이어 1947년 2월 5일 민정장관에 안재홍安在鴻을 임명하고 그해 5월 17일 남조선과도정부南朝鮮過渡政府를 설립했다. 미 군정청이 미소공동위원회와 좌우합작에 집착한 것은 미 국무부 안에 도사리고 있는 공산주의자들의 배후 공작이 있었기 때문이다. 당시 미 국무부에는 알저 히스Alger Hiss와 존

카터 빈센트 등 좌파들이 요직을 차지하고 있었다. 그들의 방해 때문에 반공주의자인 이승만은 해방되고도 두 달이나 늦게 귀국했던 것이다.

미 군정청이 반공주의자 이승만을 배제하고, 중도파와 좌파를 중심으로 남조선과도정부를 세우려 하자, 이승만은 급히 미국으로 건너가 미국 정부와 의회 요인들을 만나 좌우합작과 소련과의 협상은 결국 공산주의자에게 한반도를 내주게 된다는 점을 강조하고, 한반도 문제를 유엔에 넘겨 해결해줄 것을 촉구했다. 마침내 1947년 3월 미국은 트루먼 독트린Truman Doctrine을 발표, 공산주의와의 협상정책을 반공주의 정책으로 선회하고 한반도에서의 미소공동위원회와 좌우합작정부 수립에 대한 미련을 버렸다. 이에 따라 한반도 정세에는 급격한 변화의 조짐이 나타나기 시작했다.

2
대한민국의 건국,
이승만 민주공화정부 수립

한반도에 민주공화정부를 세우기 위해 남조선과도정부를 수립한 미 군정청은 1947년 5월 미소공동위원회를 재개했으나, 한반도에 공산주의정권을 세우려는 소련의 야심을 확인하고 한반도문제를 유엔에 상정하기로 방침을 바꿨다. 유엔은 1947년 11월 14일 유엔 감시 하에 인구비례에 의한 남북 총선거로 한반도 통일정부를 세울 것을 결의했다. 이에 소련은 인구가 적은 북한이 선거에서 불리하다고 보고 유엔선거감시위원단의 입북을 거부했다. 이에 유엔은 다시 소총회를 열고 선거 가능지역에서의 자유총선거를 가결했다. 유엔이 남한만의 자유총선거를 결의하자, 북한의 지령을 받은 남한 내의 친북 좌파들이 전국적인 반대운동을 전개했다. 남조선노동당이 주도한 단독정부 수립반대 시위와 파업에는 전국에서 147만 명의 노동자·농민·학생들이 참가해서 공장시설과 파출소 등 공공시설을 방화하거나 파괴했다. 경찰의 폭력시위 진압 과정에서 57명이 죽고 만 여명이 검거되었다.

이 같은 사회적 혼란 속에서 김구와 김규식은 한국문제에 대한 유엔결의를 반대하고 북한의 김일성과 김두봉에게 남북 지도자 회의를 열어 통일정부 수립문제를 협의할 것을 제의했다. 이에 조선민주주의인민공화국 체제를 갖춘 북한의 김일성은 남북정당·사회단체 대표들이 평양에 모여 대중 집회를 열고 통일정부 수립문제를 협의하자고 수정 제의해왔다. 북한의 속셈은 평양에서 남북 지도자회의를 열어서 북한 공산정권 수립을 기정사실화시키는 것이었다. 1948년 4월 열흘 동안 평양에서 열린 남북대표자회의에는 남북의 정당·사회단체 대표 695명이 참석했다. 회의는 남한 단독정부 수립 반대와 미·소 양군 철수요구를 담은 다음과 같은 결의문을 채택했다.

1) 우리 강토에서 외국군대가 즉시 철거한 가운데 조선 문제를 해결한다.
2) 외국 군대 철수 이후 내전이 발생할 수 없도록 확인하며 통일에 대한 인민의 지망에 배지되는 어하한 무질서의 발생도 용허하지 않는다.
3) 외국군 대철수 이후 전조선 정치회의를 소집, 민주주의 임시정부를 즉시 수립할 것이며 첫 과업으로 일반적·직접적·평등적 비밀투표로 통일적 조선입법기관을 설립할 것이며, 조선헌법의 제정과 통일적 민주정부를 수립한다.
4) 남조선 단독선거 결과를 결코 승인하지 않으며 단독정부를 인정하지도 않는다.

사흘 동안 평양에서 열린 남북 대표자회의는 남북 정치인 간의 자유로운 토론이 전혀 없었고 북조선 김일성 집단이 스탈린의 지령에 의해 미리 짜놓은 각본대로 발언과 결의를 거쳐 결의문을 채택했다. 결의

문도 처음부터 끝까지 스탈린의 지령에 나온 그대로였고, 남쪽 대표단의 의견은 철저히 배제되었다. 이렇듯 북한이 일방적으로 조직하고 주도한 회의에 항일독립운동의 거목이었던 김구가 삼팔선을 베고 죽겠다는 각오로 반대를 만류하고 참석했지만 아무 소득도 없이 돌아와야 했다. 남북이 갈라지지 않은 하나된 나라를 세우고자 염원했던 김구로서는 불가피한 선택이었는지도 모른다. 그러나 이미 공산 독재정권을 세워놓은 김일성이 남한까지 포함한 공산체제의 통일정부를 세우려는 숨은 욕망을 몰랐거나, 김일성의 야욕과 음모를 익히 알면서도 민족의 영구분단 만큼은 끝까지 막아보겠다는 충정으로 38선을 넘었을 것이다. 분명한 것은 김일성이 통일정부를 세우려는 김구의 진정성을 무참히 짓밟고 이용했다는 사실이다. 그래서 역사는 김일성의 한반도 공산화를 막아내려고 힘쓴 김구를 '민족의 영웅'으로, 김일성의 음모에 맞서 대한민국의 건국을 주도한 이승만을 '국민의 영웅'으로 각각 기술하고 있다.

남한만의 단독정부 수립을 위한 총선거 준비가 본격화되자 북한 김일성 정권과 그 지휘 하에 있는 남한 내 좌파 세력들이 전국적으로 폭력시위를 벌이고 공장 파업, 테러와 방화 등 선거방해 폭동을 일으켰다. 특히 제주에서는 1948년 4월 3일 남로당이 주동하는 대규모 폭동이 일어나, 이를 진압하기 위해 출동한 군대 사이에 무력충돌로 번져 진압 과정에서 많은 양민들이 희생됐다. 이른바 제주 4·3사건이다. 이러한 크고 작은 사회적 소요 속에 새로운 국가를 세우기 위한 절차가 예정대로 진행되었다. 마침내 1948년 5월 10일 유엔 감시 하의 총선거가 실시되었다. 우리나라 선거사상 21살 이상의 모든 국민이 한 표씩 행사한 최초의 자유 비밀선거에서 김구와 김규식은 선거에 불참했고 좌파 공산주의 세력은 파업과 반대 시위를 연일 벌였다. 북한정권은 그것도 모자라 5월 14일 전기공급을 중단했다.

총선거에서 선출된 국회의원 198명의 정당별 분포를 보면, 독립촉성국민회 56명, 한국민주당 29명, 조선민주당 1명, 국민당 1명, 한독당 1명이고 무소속이 83명이나 되었다. 제헌의원들의 출신 성분은 전문가형 대일협력자가 59명으로 가장 많고 다음이 3·1운동 등 독립운동 참여자 35명, 임시정부 참여자 14명, 신간회운동 참여자 14명 등의 순이었다. 국회의원들은 5월 31일 역사적인 제헌국회 개원식을 갖고 의장에 이승만, 부의장에 신익희申翼熙와 김동원金東元을 선출했다. 이어 헌법기초위원 30명이 선출되어 유진오兪鎭午 등 헌법학자의 자문을 거쳐 대한민국 헌법 초안을 만들었다. 먼저 국호제정 문제는 6개의 국명이 상정된 가운데 열띤 토론 끝에 6월 3일 대한민국이 압도적 득표로 결정되었고 정치체제는 민주공화제의 내각책임제로 결정되었다.

그러나 이승만 국회의장은 건국초기의 국가화國家化사업과 부국강병정책, 그리고 분단 상황에서 효율적 국정 운영을 위해서는 강력한 리더십을 발휘할 수 있는 대통령 중심제와 단원제로 가야 한다며 제동을 걸었다. 이에 내각책임제 틀에 몇 가지 내용을 수정·보완함으로써 절충식 대통령중심제가 채택되고, 국회도 양원제에서 단원제로 바뀌었다. 이렇게 수정·통과된 제헌헌법을 7월 17일 국회의장 이승만이 서명·공포함으로써 대한민국의 입법·사법·행정의 삼권분립 정체가 마련되었다. 같은 날 정부조직법도 공포하고, 제헌국회는 국회의장에 신익희, 부의장에 김동원과 김약수金若水를 선출했다.

이승만에 이어 국회의장이 된 신익희는 상해 임시정부 내무총장을 지낸 인물이고 김동원 부의장은 1926년 수양동우회修養同友會사건으로 투옥됐던 독립운동가 출신이다. 또 한 사람 김약수 부의장은 공산주의 독립운동을 했던 인물이다. 당시 제헌국회에는 훗날 국회 프락치 사건이 일어날 정도로 공산주의자들이 꽤 들어와 있었다. 제헌국회는 7

월 20일 대통령에 이승만을, 부통령에 이시영을 선출했다. 이승만은 상해 임시정부의 초대대통령을 지낸 대표적 독립운동가 출신이었고, 이시영도 상해 임시정부의 재무총장을 지낸 대표적 독립운동가 출신이었다. 초대 대법원장이 된 김병로金炳魯도 항일 변호사였다. 7월 24일 대한민국 초대 대통령에 취임한 이승만은 이범석李範奭을 국무총리로 한 내각을 구성했다. 이승만의 초대 내각에서는 공산주의자와 친일파가 철저히 배제되었는데, 다만 공산주의자였다가 전향한 조봉암이 농림장관에 임명된 것이 이례적이었다.

- 국무총리 이범석 (광복군 참모장 · 청산리전투에서 일본군 대좌)
- 외무장관 장택상 (청구구락부사건으로 투옥)
- 내무장관 윤치영 (흥업구락부사건으로 투옥)
- 재무장관 김도연 (동경유학생들이 주도한 2 · 8독립운동사건으로 투옥)
- 법무장관 이   인 (항일 변호사)
- 문교장관 안호상 (철학교수 · 인민주의 제창자)
- 농림장관 조봉암 (공산주의자에서 민족주의자로 전향)
- 상공장관 임영신 (교육자 · 독립운동가)
- 사회장관 전진환 (일제의 탄압 속에서도 노동운동을 주도함)
- 교통장관 민희식 (교통전문가)
- 체신장관 윤석구 (교육 · 사회운동가)
- 무임소장관 이청천 (광복군 총사령관)
- 무임소장관 이윤영 (조만식의 제자로서 북한에서 항일운동을 벌인 목사)

이 밖에 국방장관은 이범석 국무총리가 겸임하고, 공보처장에 김동성이, 법제처장에 유진오가, 주미대사에 장면張勉이 임명되었다. 이승만 정부의 초대 내각은 상해 임시정부 요인과 광복군, 독립운동출신, 사계斯界의 전문가들로 구성됐음을 알 수 있다. 이승만 정부를 친일적 기회주의정권으로 매도하는 친북좌파사가들은 대한민국의 이승만 정부보다 25일 늦게 발표된 북한 김일성 정권의 초대 내각 구성원들이 김일성을 제외하곤 모두가 친일파 또는 일본군과 일제총독부 출신들임을 간과하고 있는 셈이다.

1948년 8월 15일 새벽 0시 대한민국 이승만 정부가 출범하는 날을 기해 미국은 미군정 폐지를 선언했다. 그리고 같은 날 이승만은 대한민국의 건국을 국내외에 선포했다. 대한민국은 이승만의 오랜 꿈이 담긴 새로운 나라였다. 대한민국의 건국이념인 자유민주주의와 시장경제는 이승만이 독립협회운동을 통해 싹트고 1919년 4월 15일 미국에서 서재필과 함께 조직한 필라델피아 한인총대회의 '종지宗旨 · Cardinal Principle'와 1919년 4월 11일 제정된 대한민국 임시정부의 헌법인 임시헌장에 이미 나와 있다. 이 이념에 의거, 초내 내통령 이승만온 대한민국의 국가목표를 공산주의가 지배하는 북한 땅까지 회복하는 선까지 설정했다. 대한민국 국민이 대한민국 영토로 삼은 강역은 대한민국 제헌 헌법 제2조에 "대한민국의 영토를 한반도와 그 부속도서로 한다"고 명기된 대로 한반도 전체를 커버하고 있었다.

전상인은 「한국의 국가, 그 생성과 역사적 추이」(『사회비평』5, 1991)에서 미 군정 이후 한국사회에 정착된 "높은 국가성High Stateness과 낮은 계급성Low Classness"에 대한 뚜렷한 대비를 하고 있다. 서구식 의회민주주의 '국가의 건설Building Of Nation State'과 시장경제체제 하의 '국민형성Organization Of Nation People'이 이승만 정부에 맡겨진 시대적 역사적 과제였음을 설명해주는 지적이라 하겠다. 그런가 하면 이완범은 『한국해방 3년사, 1945-1948』(태학사, 2007)에서 "이승만의 대한민국 건국은 최선이 아닌 차선일

뿐이며 최선의 방향은 남북 자주 통일정부를 세우는 것"이었다고 지적하고, 좌파인 칼 레너Karl Renner 오스트리아 대통령이 공산주의와 일정한 거리를 두면서 우파와 중도파와의 통일정부를 세운 점을 강조했다. 그러나 당시의 오스트리아의 상황과 우리나라의 상황이 전혀 달랐는데, 이를 단순 비교하는 것은 설득력 없는 논리다. 자유민주주의는 사회민주주의도 포괄하며, 칼 레너는 적색赤色 전체주의인 공산주의를 반대하는 사회민주주의자로서 반공좌파였다. 그러나 우리의 경우 반공좌파들이 설 자리가 크지 않았다. 최선이 실현될 수 없는 상황에서 차선의 선택이 때로 최선의 선택이 될 수도 있다.

오늘날 북한이 당하고 있는 고립과 곤궁, 우리가 누리는 개방과 발전은 시작의 첫 단추를 끼웠던 두 지도자의 상이한 지도이념과 그 실행의 결과물이다. 무산계급의 평등을 앞세운 공산주의, 그것을 지탱하기 위한 계급주의에 뿌리를 둔 김일성의 일당독재와 삼권분립을 통한 견제와 균형으로 국민주권을 보장하는 자유민주주의와 시장경제를 근간으로 하는 이승만의 통치의 결과물로서의 대차대조표를 지금 우리가 현실에서 목도目睹하고 있다. 오늘 우리사회가 누리는 정치적 자유와 경제적 풍요가 이승만의 '단정로선單政路線'에서 출발했다는 김일영(『건국과 부국』, 생각의 나무, 2004)의 지적에 공감하는 사람들이 많을 것이다. 대한민국의 건국은 일제 식민지배 36년 만에 나라를 되찾아 새로 국호를 짓고 국민이 주인이 된 잘 끼워진 첫 단추다. 풍요와 자유를 누리는 오늘의 우리에게 남겨진 과제는 갈라진 남북을 하나되게 하는 것이다. 그 과정이 험난하고 지난하더라도 통일의 그날이 오기까지 노력과 인내가 다시 한 번 필요한 시점이다. 우리 모두의 노력과 인내로 남북 모두가 번영과 자유를 누리는 통일 한국을 이루어야만 한다. 통일 한국 시대 새로운 천년의 도약을 우리 각자의 마음속에 기약하는 일만이 남았다.

3
북한의 김일성
공산독재정권 수립

　북한의 역사서술에 따르면, 조선민주주의 인민공화국의 기원은 김일성이 1925년에 만든 타도제국주의동맹에서 비롯된 것으로 단정한다. 그러나 이는 김일성 우상화를 위한 역사왜곡일 뿐이고, 실제로 조선민주주의 인민공화국은 소련의 극동진출정책의 산물産物과 다름없다. 1907년 소련은 '볼셰비키 혁명'에 성공한 직후 코민테른을 만들어 주변 국가들로 공산혁명을 전파하는 것을 최우선 과제로 삼았다. 당시 일본의 식민지였던 한반도는 소련의 시베리아를 통한 남방진출에 절대적으로 필요한 지정학적 요충지였다.

　한반도가 일본에 예속되기 전 제정帝政 러시아는 일본·청국 등과의 한반도 장악경쟁에서 한때 조선 국왕을 러시아 공사관에 머물게 하면서俄館播遷 한반도에서 우위를 점하고자 했던 만큼 한반도를 공산혁명수출의 최우선 대상지로 설정한 것은 어찌 보면 지극히 당연한 귀결이었다.

　일제 식민지 시대 소련은 한반도의 공산화를 위해 세 가지 전략을 구사했다. 하나는 소련 영내 한인韓人들을 공산주의자로 만들어 민족해방투쟁에 나서도록 하는 전략이고, 다른 하나는 중국 본토와 만주지방의 한인 공산주의자들로 하여금 중국공산당에 연계시켜 그 지도 아래에서 항일 투쟁과 계급투쟁에 참여하게 하는 전략이며, 마지막으로는 항일독립투쟁을 벌이는 민족주의계열 한민족 독립운동 단체와 무장 세력에 대한 재정 지원을 통해 이들을 친 공산주의 세력으로 만드는 전략이었다. 이에 따라, 소련은 1918년 1월과 6월 오하묵과 이동휘를 중심으로 이르쿠츠크 공산당 한인 지부와 한인사회당을 조직했으며, 중국공산당 지도 아래 한인중심의 동북항일연군을 만들어 김일성을 비롯한 무장 세력을 공산주의자로 만들었다. 일본군의 독립군에 대한 대대적 공격에 밀려 러시아로 넘어간 김일성은 모스크바에서 공산주의 교육과 군사훈련을 받아서 훗날 한반도에 대한 소련혁명 수출의 대리인으로 떠올랐다.

　　항일계급혁명투쟁을 벌이는 공산주의 단체와 무장부대에 대한 소련의 재정지원은 규모가 엄청났으며 심지어 우익 민족주의자들이 주도하는 대한민국 임시정부에 대해서도 두 차례에 걸쳐 거액의 자금을 지원했다. 소련은 미국의 원폭 투하로 일본의 패색이 짙어진 1945년 8월 7일 재빠르게 일본에 선전포고를 했다. 미군은 8월 14일 38도선을 경계로 미소 양군이 일본군의 무장해제를 맡는 일반명령 제1호를 트루먼 대통령의 재가를 받아 소련에 제안했으며, 8월 16일 스탈린이 이를 수락했다. 8월 24일 소련군이 평양에 진주할 때 함께 따라 들어온 김일성은 소련 군정청의 강력한 후원 아래 북한 내의 여러 정파들을 압도하면서 최고 지도자로 급부상했다. 소련 군정청을 지배한 인물은 평양 주둔 소련 제25군 사령관 치스차코프Ican M. Chistiakov 대장이 아니라, 제1극동방면군 군사평의회 위원으로 38선 이북 주둔 소련 군정청 총사령관이었던 스티코프Terenty F. Shtykov 중장이었다. 스티코프는 이미 김일성이 만주 항일투쟁에서 밀려 시베리아로 넘어왔을 때부터 김일성을 보호해준 후견인으로 알려진 인물이다.

평양에서는 일본이 항복하자 불안해진 치안 확보와 민심 안정을 위해 1945년 8월 17일 조만식을 위원장으로 한 민족주의자 중심의 평안남도 건국준비위원회가 조직되어 있었다. 그러나 소련 군정청을 설치한 스티코프는 8월 26일 좌·우 동수로 구성되는 '평안남도 인민정치위원회'를 조직(8.26)했다. 좌·우 16명씩 참가한 위원회는 우익의 조만식曺晩植이 위원장을, 좌익의 현준혁玄俊爀이 부위원장을 맡았다. 시·군·면의 각급 지방 인민위원회 조직도 곧 완료되었다. 소련 군정청은 행정권과 토지 소유권 등 일체의 국가기능을 인민위원회에 이관하고 일절 내정간섭을 하지 않겠다고 발표했지만, 실제로 인민위원회는 소련군정의 철저한 대행기관이었다.

"북조선에 반일적反日的민족주의 정당조직의 광범한 연합으로 부르주아 민주주의정권을 수립하라." 1945년 9월 20일 북조선에 단독정권 수립을 지시하는 스탈린의 비밀지령이 하달되었다. '부르주아 민주주의 정권'이란 프롤레타리아 독재정권으로 가는 과도기적 체제다. 스탈린의 비밀지령문은 소련군 연해주 군관구 사령관을 통해 치스차코프 평양주둔 제25군 사령관에게 전달되었으며, 소련 군정청은 이 지령대로 움직였다. 소련 군정청은 11월 3일 복수정당제의 민주정치임을 대내외에 선전하기 위해 조만식을 당수로 하는 조선민주당을 조직해 김일성파의 최용건崔庸健을 부당수에, 그리고 김책金策을 서기장에 임명했다. 그러나 소련 군정청은 모스크바 3상회의에서 결정된 신탁통치안을 반대한다는 이유로 조만식을 반동으로 몰아 퇴진시키고 조선민주당을 북조선민주당으로 개칭한 후 공산당 간부 최용건을 당수로 선출했다. 북한 주민의 절대적 지지를 받던 조만식은 소련 군정청의 공산정권 수립 과정에서 잠시 이용됐을 뿐, 1946년 1월 친일파와 민족반역자란 누명을 쓰고 감금됐다가 이내 행방불명되고 말았다.

해방당시 북한 내 공산주의 세력은 미미했다. 함경도의 오기섭嗚琪燮 · 정달헌鄭達憲 · 이봉수李鳳洙 · 주영하朱寧河, 평안도의 현준혁 · 김용범金鎔範 · 박정애朴正愛 · 장시우張時雨, 황해도의 김덕영金德泳 등이 있었으나, 이들은 서울의 조선공산당의 박헌영을 '당 중앙'으로 생각하고 있었다. 서울의 조선공산당은 1945년 9월 11일 박헌영이 재건했다. 이 같은 상황에서 소련 군정청이 북조선공산당 창당을 구상하고 있을 때 소련군의 뒤를 따라 김일성 · 김책 · 최현崔賢 · 강건姜健 · 김일金一 · 안길安吉 · 서철徐哲 · 최용건崔庸健 등이 평양에 들어온 것이다. 이들은 '소련파'로 불렸으나, 그들은 스스로를 소련사령부의 군정요원으로 들어온 소련계 한인들과 구별하기 위해 갑산파甲山派(일명 빨치산파)라고 불렀다. 9월 하순부터는 중국 공산당군의 비호를 받으며 항일독립투쟁을 벌인 김두봉金枓奉 · 최창익崔昌益 · 무정武亭 · 김창만金昌滿 · 윤공흠尹公欽 등 연안파延安派도 평양에 들어왔다. 이들 가운데 북한의 공산지도자로 낙점된 인물이 김일성이라는 사실은 1945년 10월 10일 조선공산당 서북5도 책임자 및 열성자대회에서 처음으로 공식 확인되었다. 이날 대회에서 김일성은 새조선 건설과 민족 통일전략에 대하여 자신 있게 자신의 구상을 역설했다. 이날 대회에서는 조선공산당 북조선 분국이 창설되고 "조선 무산계급의 영도자" 박헌영 동지에게 보내는 축전이 채택되었다. 10월 14일 사흘간의 비밀회의를 마친 소련 군정청은 평양시민대회를 개최하고 김일성을 "민족적 영웅이며 영명한 지도자"로 추켜세웠다. 평양방송은 생중계를 통해 헌시 · 노래 · 춤 · 연극 · 투쟁기 등 광란적인 김일성 우상화 쇼를 펼쳤다.

1945년 12월 17일 평양에서 열린 조선공산당 북조선분국 제3차

확대집행위원회에서 김일성은 당책임비서로 선출되었다. 김일성 시대가 열린 것이다. 1946년 2월 9일 김일성은 북조선임시인민위원회 비밀회의에서 위원장으로 선출되었다. 인민위원회의 조직은 사실상 북한공산정권 수립이었다. 실제로 북조선인민위원회는 출범과 동시에 "무상몰수 무상분배"의 토지개혁을 시행하고, 주요산업의 국유화와 모든 분야에 대한 국가의 통제를 강화하기 위해 각종 법령들을 제정했다. 그러나 "무상몰수 무상분배"를 선전한 토지개혁은 얼마 못가 모든 토지의 국유화조치로 백지화되었다. 김일성 정권은 6·25전쟁 직후 전후 복구와 경제개발을 내세워 모든 농지를 협동농장화시키고 일부 텃밭의 자경만을 허용, 농업생산성을 크게 저하시켰다.

소련 군정청이 이처럼 서둘러서 김일성을 띄우고 북조선 인민위원회를 조직한 것은 곧 열리게 될 미소공동위원회에서 북조선 인민위원회와 같은 '민주통일정부'가 세워져야 한다는 점을 제시하기 위해서였다. 즉 김일성 정권 수립은 한반도 통일정부 수립 경쟁에서의 기선제압용이었다. 소련 군정청은 1946년 7월 22일 김일성이 주도하는 북조선 인민위원회가 북조선 공산당만의 것이 아니라 제 정당 사회단체를 망라한 통일전선 연립정권이라는 것을 선전하기 위해 연안파가 만든 조선신민당 등 4개 정당과 15개 사회단체를 끌어들여 북조선 민주주의 민족통일전선을 조직했다.

그러나 소련 군정청의 이 같은 음모를 파악한 미국은 1946년 10월 미소공동위원회를 최종적으로 결렬시키고 한반도 통일정부 수립문제를 유엔에 상정했다. 소련은 한반도 통일정부 수립 실패의 책임을 전적으로 미국 측에 떠넘기고 곧 독자적인 정부 조직에 들어갔다. 1947년 11월 18일 북조선인민회의 제3차 회의는 조선임시헌법 초안을 작성하기로 결정했고 1948년 2월 6일 북조선인민회의 제4차 회의는 헌법제정위원회가 작성한 헌법초안을 전全 인민적 토의에 회부하기로 결정했으며, 이틀 뒤인 2월 8일 전격적으로 조선인민군이 창설되었다. 이어 4월 29일 북조선인민회의 특별회의는 조선민주주의 인민공화국 헌법초안을 승인했다. 소련의 스탈린 헌법을 그대로 모방한 이 헌법은 "인민공화국을 로동계급이 영도하는 로동연맹에 기초한 전체 인민의 정치사상적 통일과 사회주의적 생산관계와 자립적 민족경제의 토대에 의거한 자주적 사회주의 국가"로 규정했다.

결국 북한은 민주주의 기본이라고 할 수 있는 언론과 종교의 자유는 어디에서도 찾아볼 수 없는 시회가 되어버렸다. 특히 김일성 우상화가 강화되면서 김일성이 신神으로 승격되고, 북한에 있던 많은 교회와 성당이 몽땅 사라졌다. 성당과 교회를 지키다가, 미처 월남하지 못한 수천 명의 성직자와 신자들이 처형되거나 실종되었다. 더욱 놀라운 것은 종교 말살 정책을 추진하던 김일성 정권이 1980년대 이후 에너지난과 식량난이 심해지자, 갑자기 평양에 봉수대 성당과 충정교회를 세워 대한민국과 서방국의 종교계 원조를 끌어들였다는 점이다. 평양 교구장을 겸직하고 있는 당시 서울대 교구장 정진석 추기경은 2010년 12월 8일에 열린 송년 간담회 석상에서 신앙의 자유를 허용하지 않는 북한 정권의 종교정책의 실상을 아래와 같이 공개했다.

해방 이후 북한에는 성당 55개에 100여 명의 성직자와 수도자, 5,500여 명의 신자가 있었다. 그런데 1949년 5월경 성직자와 수도자가 일제히 실종되었다. 1980년 이후 수차례 북한 성직자들의 생사를 알려달라고 요청했지만, 지금까지 대답이 없다. 그게 북이다.

이처럼 인간의 근원적 욕구조차 차단시키는 북한 정권의 종교 탄압정책에도 불구하고 여전히 북한을 "좋은 나라"로, 김일성과 그의 세습 권력을 "민족의 지도자 집단"으로 찬양·지지하는 일부 성직자들이 오늘의 대한민국에도 존재하고 있다는 사실을 간과할 수 없다. 나아가 대한민국에 살면서 대한민국의 정체성을 인정하지 않으려는 사람들의 상당수가 교육받은 지성인들이며 그들에게서 우리의 2세들이 또 교육을 받고 있다는 사실 또한 간과할 수 없는 현실이다.

북한의 헌법 초안에 따르면, "북반부에서 사회주의의 완전한 승리를 이룩하고 전국적 범위에서 외세를 물리치고 민주주의적 기초 위에서 조국을 평화적으로 통일하며 완전한 민족적 독립을 이룩하기 위한 투쟁을 벌여나가는 것"이 조선민주주의 인민공화국의 국가목표로 설정되어 있다.

김일성 정권과 소련 군정청은 1945년 5월 10일 유엔 감시 하에 실시된 남한 총선거의 순조로운 진행을 저지·방해하기 위한 온갖 방해 공작을 펼쳤다. 북한은 조선민주주의 인민공화국이 북한만의 난독정부가 아니라, 남북한 통일정부임을 과시하기 위해 1946년에 이어 1948년 6월 25일에서 7월 3일까지 제2차 남북 제정당 및 사회단체 지도자 협의회를 황해도 해주에서 소집해 남북 최고인민회의를 창설할 것을 결의했다. 이 회의에는 남쪽의 좌파들로 구성된 제정당 사회단체 대표 천여 명이 월북 참가했다. 이 회의에서 남쪽 대의원 360명과 북쪽 대의원 212명이 최고인민회의 의원으로 선출되었다. 이로써 북조선 정권은 한반도를 대표하는 "통일정권"임을 과시하고자 했다. 8월 25일에는 최고인민회의선거를 실시하고 9월 2일에는 최고인민회의 제1차 회의를 열어 조선민주주의 인민공화국의 건국을 공식 선포했다. 9월 8일 최고인민회의는 이미 만들어 놓은 헌법을 채택하고, 9월 9일 김일성을 수상으로 하는 초대 내각을 구성·승인했다. 김일성 정권의 초대 내각 명단은 다음과 같다.

주　석: 김일성 (중국공산당 항일유격대 출신 · 소련군 대좌)

부주석: 김영주 (김일성의 동생, 일제 헌병보조원출신)

장헌근 (북조선임시 인민위원회 사법부장, 일제 중추원 참의)

강양욱 (북조선 인민위원회 상임위원장, 일제 도의원출신)

이승엽 (남조선 로동당 고위간부 · 일제 식량수탈기관 식량영단이사)

정국은 (문화선전성 부부상, 아사히 서울지국 기자, 일본간첩출신)

김정제 (월북 · 북한 보위성 부상, 일제시대 양주군수)

조일영 (북한 문화선전성 부상: 친일단체 대화숙 회원으로 학도병지원유세
　　　　　주도)

홍명희 (월북작가, 『임꺽정』 저술, 북조선 부수상, 일제 임전대책협의회 활동)

이　활 (인민군 초대공군사령관, 일본군 나고야항공학교출신)

허민국 (인민군 9사단장, 일본군 나고야항공학교출신)

강치우 (인민군 기술부사단장, 일본군 나고야항공학교출신)

최승희 (월북무용인, 친일단체 예술인총연맹 회원)

김달삼 (조선로동당 4 · 3사건 주동자, 일본군 소위출신)

박팔양 (노동신문창간발기인, 친일기관지 『만선일보』 편집부장)

한낙규 (김일성대학 교수, 일제시대 검찰총장)

정준택 (북한행정10국 산업국장, 일제시대 광산지배인, 일본군 출신)

한희진 (조선임시인민위원회 교통국장, 일제시대 함흥철도국장)

김일성 정권 초대 내각의 특징은 18명 중 김일성을 제외한 17명 전원이 일제 식민지 시대에 정부 고위관리 또는 일본군 출신이거나 친일 활동을 한 인물들이란 점이다. 그리고 상당수가 사실상의 북한 단독정권

수립이라고 할 수 있는 북조선 임시 인민위원회(1946.2.9.) 출신들이란 사실도 눈여겨볼 대목이다. 실제로 소련군정청과 김일성은 이미 북한에 김일성 단독정권을 수립해놓은 상태에서 남한의 단독정부수립을 반대하는 한편, 한반도의 통일정부를 세우자며 대남공세를 펴서 남남갈등을 조장했다. 그리고 남북 분단 고착화의 책임을 남쪽에 떠넘기기 위해 2년 7개월이나 지난 1948년 9월 9일에야 김일성 정권의 수립을 공식선언했다.

이로써 한반도에는 신라·발해의 남북 2국시대에 이어 두 번째 남북 2국시대가 열렸다. 한반도에 두 개의 국가가 건립되자, 국제사회는 대한민국의 손을 들어줬다. 대한민국은 1948년 12월 12일 파리에서 열린 유엔총회에서 압도적 다수(48대 6)의 동의로 한반도의 유일한 합법정부임을 승인받았다. 이어서 대한민국은 미국을 비롯한 50여 개국으로부터 개별 승인을 받았다. 북한정권을 한반도의 합법정부로 승인한 나라는 소련과 그 위성국가뿐이었다.

8장

국민국가의 완성과
산업화 · 민주화 시동

세계는 그때

2차 세계대전이 끝나고 전승국이 중심이 되어 국제평화를 위한 기구로 국제연합, 곧 유엔이 탄생했다. 그런데 그들은 이른바 상임이사국이 되어 '거부권'이라는 의사결정권을 갖게 되고 그로 해서 이념을 달리 하는 상임이사국 간에 갈등이 빚어졌다. 그 가운데도 특히 미국과 소련은 주도권 싸움으로 사사건건 첨예하게 대립했다. 세계는 미국을 비롯한 자유진영과 소련을 비롯한 공산진영으로 양분되어 곳곳에서 냉전과 열전을 벌이는 가운데 중동에서는 이스라엘과 아랍국가들 간 수차례 전쟁이 벌어지고 프랑스의 지배를 받던 베트남에서도 전쟁이 발발했다.

한편 인도와 인도네시아를 중심으로 한 중립세력들은 이른 바 '제3세계론'을 들고 나와 미·소 양극체제의 세계질서 판도에 도전장을 냈다. 이 제3세계 운동은 같은 공산국가이지만 소련과의 치열한 국경분쟁을 벌이고 있던 중공이 6·25전쟁 이후 본격 가담함으로써 가속도가 붙었다. 인도의 네루Jawaharlal Nehru는 1954년 중공의 주은래周恩來와 회담을 갖고 '평화 5원칙'을 발표해, 영토 주권의 상호 존중과 상호 불가침·내정 불간섭·평등과 호혜·평화공존을 제창했다. 마침내 1955년 4월 18일 인도네시아등 5개국의 제의에 따라 아시아·아프리카회의가 반둥에서 열려 10개 항목의 반둥선언을 채택했다. 아亞·아阿 지역 신흥국 29

개국이 참가한 반둥회의는 주은래와 네루의 '평화5원칙'을 재확인하고 미·소 간의 냉전 상황 속에서 중립을 지킬 것과 서방 식민지 지배체제의 종식, 그리고 회원국 상호 간의 경제·문화교류의 촉진, 군비축소 등을 다짐했다.

　재개편되어가는 세계질서 속에서 유엔결의에 의해 출범한 대한민국은 1950년 6월 25일 예상치 못한 북한군의 남침으로 전쟁의 소용돌이에 휩싸였다. 전쟁은 일제로부터 독립한 지 10년도 안 돼 한반도의 분단을 고착화시켰다. 베트남 전쟁 또한 베트남을 남북으로 분할시켰다. 프랑스 지배 하에 있던 베트남은 제2차 세계대전 후 1945년 9월 베트민(베트남독립동맹군)이 베트남민주공화국을 수립해 프랑스군을 공격했다. 1954년 5월 베트민은 프랑스군의 거점인 디엔비엔푸를 함락시켜 제네바 휴전협정을 이끌어냈다. 제네바 휴전협정에 따르면, 북위 17도선을 잠정적인 군사분계선으로 설정하고, 2년 뒤에 남북총선거를 실시해 통일베트남정부를 세우도록 돼 있었다. 그러나 1955년에 남베트남에 고딘 디엠吳廷琰이 이끄는 민주정부가 수립되지만, 북베트남에는 호치민胡志明이 지배하는 베트남 민주정부라는 공산정권이 들어섰다. 1960년 12월 남베트남에서 '남베트남민족해방전선(베트콩)'이 결성되면서 제2차 베트남 전쟁이 벌어졌다.

　동서냉전의 또 하나의 불씨는 미국의 턱밑에 있는 쿠바에서 일어났다. 미국의 3년간에 걸친 신탁통치가 종료된 후 쿠바공화국이 수립됐으나, 쿠바의 경제는 미국자본의 지배 아래 있었고 미국은 관타나모 만灣에 군사기지를 설치해 사실상 쿠바를 지배했다. 이에 쿠바에서는 산발적으로 반미운동이 벌어지게 되었다. 반미독립운동을 주도한 피델 카스트로Fidel Castro는 1953년 7월 민병대를 모아 산티아고의 몬카타 요새를 기습공격했으나, 실패하고 투옥되었다. 석방된 카스트로는 1955년 멕시

코로 망명해 반미독립운동을 계속했다. 당시 쿠바 국내에서는 체 게바라Che Guevara가 게릴라전을 벌였는데, 카스트로는 체 게바라 부대와 합동 작전을 전개한 끝에 1959년 1월 쿠바정권을 장악했다. 수상에 오른 카스트로는 농지개혁을 단행, 대지주의 토지와 미국인계 농장들을 몰수하고 석유법(1959)과 대기업 국유화법(1960)을 제정해서 미국계가 장악하고 있던 석유회사와 사탕수수산업을 전면 몰수했다. 미국의 턱밑에 공산국가를 세운 카스트로는 마침내 1961년 1월 미국과의 국교를 단절하고 소련·중공 등 공산국가들에 접근했다.

　　　중동에서는 이스라엘과 아랍국 사이에 제2차 중동전쟁이 터졌다. 제2차 중동전쟁은 나세르Gamal Abdel Nasser의 아랍 패권주의에서 비롯되었다. 1956년 이집트 군부의 실세였던 나세르는 쿠데타를 일으켜 왕정을 붕괴시키고 이집트공화국을 수립했다. 초대 대통령이 된 나세르는 1956년 7월 수에즈 운하의 국유화를 선언하고 티란해협Straits of Tiran을 봉쇄해 이스라엘로 가는 모든 선박의 통행을 막았다. 이에 1956년 10월 이스라엘군은 즉각 시나이반도로 진격하고 영국과 프랑스군도 수에즈 운하를 공격했다. 전황은 이스라엘과 영·불군에 유리하게 전개되어 시나이반도는 이스라엘군이, 수에즈 운하는 영·불군이 장악했다. 전쟁의 확대를 우려한 유엔이 중재에 나서, 이스라엘군과 영·불군의 점령지 철수와 유엔군 파견을 결의했다. 이 결의에 따라 점령지에는 유엔군이 파견·관리하게 되었다. 유럽에서는 1949년 4월 서방국들이 북대서양조약기구North Atlantic Treaty Organization: NATO를 결성, 소련에 대한 집단적 방어태세를 갖추자, 이에 위협을 느낀 소련은 1955년 5월 동유럽 공산국가들과 바르샤바조약기구Warsaw Treaty Organization를 설립했다. 소련과 폴란드 등 8개국 대표가 바르샤바에 모여 구성한 이 기구는 회원국 상호 간의 협력과 원조를 다짐한 공산권 집단안전보장기구이다. 기구의 목적은 일국이 공격을 받을 경우 각각의 자위권을 행사하고 다른 국가들이 신속히 원조하도록 돼 있다. 가맹국 정부대표로 구성된 정치자문위원회와 가맹국 군대표로 조직된 통합군 사령부가 있는데, 통합군 사령부는 모스크바에 설치되었다. 가맹국 8개국(소련·폴란드·불가리아·헝가리·동독·루마니아·체코슬로바키아·알바니아) 가운데 소련과 경쟁 중인 중공과 가까워진 알바니아가 1961년 이탈했고, 강력한 리더십을 갖춘 유고슬라비아의 티토Josip B. Tito 는 처음부터 이 기구에 가담하지 않고 독립노선을 지켜나갔다.

1

이승만 통치정부의
국가기반 구축과 산업화 시동

　　이승만 정부의 당면과제는 자유민주주의 기본질서를 바탕에 둔 국가의 새로운 틀을 짜는 것이었다. 그 요체는 강력한 국민국가를 세우기 위한 산업화와 민주화의 구축이었다. 서구의 선진국들이 2~3세기에 걸쳐 완성한 산업화와 민주화의 과실을 한꺼번에 얻는다는 것은 결코 쉬운 일이 아니었다. 더욱이 이승만 정부는 산업화와 민주화를 추진하면서 동시에 일제 잔재의 청산과 함께 북한 김일성 정권을 추종하는 세력 척결이라는 선행과제를 함께 떠안고 있었다. 북한 추종세력들이 김일성의 지령을 받아 주도하는 파업과 테러, 반란행위 등을 진압하고 사회질서를 궤도에 올려놓지 않고는 민주화도 산업화도 달성하기가 불가능했다.

　　"4·3 제주폭동사건"의 주모자들이 한라산으로 들어가 이른바 빨치산 활동을 벌이자, 이에 대한 진압명령을 받은 여수·순천 지역 국군부대 내 좌익세력은 제주도로의 출동을 거부한 채 대한민국 정부에 대한 반기를 들었다. 1948년 10월 19일에 일어난 여순반란사건은 초기에는 반란군이 우세했으나, 군·경 합동 진압부대의 대대적인 소탕작전 끝에 진압되고, 남은 세력이 지리산으로 들어가 6 · 25전쟁이 일어날 때까지 빨치산 활동을 전개했다. 2년 가까이 걸린 군 · 경의 진압과정에서 다수의 양민들이 희생되는 상처를 남겼다. 그리고 이 여순반란사건 때 반란군에 연루되어 있던 박정희朴正熙는 반란 초기에 전향, 훗날 "5 · 16 군사혁명"을 일으켜서 제3공화국의 대통령이 되었다. 이승만 정부가 북한 김일성 정권과 남한 내 추종세력들이 손을 잡고 펼치는 대남 파괴공작을 막기 위해 총력을 기울이는 동안 일제 잔재의 청산작업은 다소 느슨해졌다.

무엇보다 일제 잔재 청산 대상자 가운데, 자유민주주의를 국시國是로 하는 대한민국을 인정하지 않으려는 좌익세력을 척결하고 새로운 정치체제를 공고히 하는 국가경영에 필요한 인적 자원이 상당히 많았다는 사실은 이승만 정부의 일제 청산작업에 걸림돌이 되었다. 친일 잔재세력의 청산작업은 국회에서 주도적으로 전개되었다. 국회는 1948년 9월 '반민족행위처벌특별법'을 제정하고 국회의원 10명으로 구성된 '반민족행위특별조사위원회'를 설치하고 '반민특위'의 위원장은 독립운동가 출신 김상덕金尙德이, 부위원장은 김상돈金相敦이 맡았다. 반민족행위처벌특별법의 주요내용은 다음과 같다.

> 제1조 : 일본 정부와 통모하여 한 · 일합병에 적극 협력한 자와 한국의 주권을 침해한 조약 또는 문서에 조인한 자와 모의한 자는 사형 또는 무기징역에 처하고 그 재산과 유산의 전부 또는 2분의 1이상을 몰수한다.
>
> 제2조 : 일본 정부로부터 작위를 받은 자 또는 일본제국의회의 의원이 되었던 자는 무기 또는 5년 이하의 징역에 처하고 그 재산의 전부 또는 2분의 1이상을 몰수한다.

제3조 : 일본치하에 독립운동가나 그 가족을 악의로 살상 · 박해한 자 또는 이를 지휘한 자는 사형 · 무기 또는 5년 이상의 징역에 처하고 그 재산의 전부 또는 일부를 몰수한다.

제4조 : 다음 각호 중 하나에 해당하는 자는 10년 이하의 징역에 처하거나 15년 이하의 공민권을 제한하고 그 재산의 전부 또는 일부를 몰수한다.

① 작위를 받은 자. ② 중추원 부의장 · 고문 또는 참의가 되었던 자. ③ 칙임관 이상의 관리가 되었던 자. ④ 밀정행위로 독립운동을 방해한 자. ⑤ 독립을 방해하기 위한 단체를 조직했거나 그 단체의 수뇌 간부로 활동했던 자. ⑥ 군 · 경찰의 관리로서 악질적인 행위로 민족에게 해를 가한 자. ⑦ 비행기 · 탄약 · 병기 등 군수공업을 책임경영한 자. ⑧ 도 · 부의 자문 또는 결의기관의 의원으로서 일정에 아부한, 반민족적 죄질이 현저한 자. ⑨ 관공리로서 그 직위를 악용하여 민족에게 해를 가한 반민족적 죄질이 현저한 자. ⑩ 일본국책을 추진시킬 목적으로 설립된 각 단체본부의 수뇌간부로서 악질적인 지도적 행동을 한 자. ⑪ 종교 · 사회 · 문화 · 경제 기타 각 부문에 있어서 민족적인 정신과 신념을 배반하고 일본침략주의와 그 시책을 수행하는 데 협력하기 위하여 악질적인 반민족적 언론, 저작과 기타방법으로 지도한 자. ⑫ 개인으로서 악질적인 행위로 일제에 아부하여 민족에게 해를 가한 자.

이 특별법에 따라 '반민특위'는 1949년 1월부터 친일파를 검거, 조사하기 시작했다. 화신 재벌 박흥식朴興植을 비롯해 일제 헌병 앞잡이 이종형李鍾馨과 일제경찰 간부 노덕술盧德述, 그리고 이토 히로부미의 수양딸 배정자裵貞子 등이 검거되었다. 검거된 인물 중에는 한 때 민족지도자로 존경받다가 일제 말기에 친일행위를 한 혐의를 받은 이광수李光洙 · 최남선崔南善 · 최린崔麟 등도 들어있었다. 친일행위에 대한 명백한 확증이 없는 경찰관들까지 검거대상이 되자, 이승만 정부는 좌익 반란분자들이 살인 · 방화 등을 저지르는 상황에서 무작위로 경찰관들을 마구 잡아들이는 것은 부당하며 반민특위활동이 삼권분립 원칙에 어긋나므로 반민특위법을 개정할 것을 요구했다. 때마침 1949년 5월 반민특위활동을 주도하던 국회의원들이 북한 김일성 정권과 내통한 혐의로 구속되고 다음 달 경찰이 반민특위사무실을 수색하는 사건이 발생했다. 이에 국회에서는 당초 1950년 9월 22일로 잡혔던 반민특위 공소유효기간을 1949년 8월 31일로 앞당기는 법안을 통과시키고 총 682건의 사건을 취급 처리한 다음 해체했다. 그리고 반민특위에 의해 실형을 선고받았던 12건에 관련된 친일파들은 1950년 3월까지 형집행 정지 등으로 전원 석방되었다.

이승만 정부는 북한 추종 좌파 척결을 최우선 정책과제로 설정, 1948년 12월 1일 국가보안법을 제정하고 공산당을 불법화시켰으며 1949년 3월 국회에 진출한 남로당의원들의 이른바 '국회프락치사건'을 파헤쳐 각계에서 활동하던 남로당세력을 무력화시켰다. 이와 함께 북한군의 대남공격에 대비하기 위하여 1948년 9월 1일 미 군정청이 설립한 국방경비대를 개편 · 증강해서 대한민국 국군을 창설했다. 당시 국군은 사실상 육군중심이어서 4일 뒤인 9월 5일 대한민국 육군으로 개칭되었다. 대한민국 육군은 6 · 25남침전쟁을 치르면서 육군 · 해군 · 공군으로 개편 증강되어 오늘날 국군의 기틀이 마련되었다. 국군의 날 또한 6 · 25 전쟁 때 북한군을 밀어내고 38도선을 돌파, 북진을 시작한 날인 1950년 10월 1일을 기념하기 위해 제정되었다.

이승만 정부는 건국 직후 농지개혁을 단행하려고 했으나, 당시 이승만 정부의 기반 정당인 한국 민주당에 지주 출신들이 많았기 때문에 1949년 6월 다소 늦게 농지개혁을 실시했다. 그러나 실제로 농지개혁을 위한 준비 작업은 미군정 말기인 1948년 3월부터 시작되었다. 농지개혁을 위한 실태조사와 측량사업 등이 착착 진행되고 있었고, 1949년 9월 농지개혁법이 국회를 통과되자, 본격적으로 구체화된 것이다. 이승만 정부의 농지개혁은 유상몰수·유상분배의 민주주의원칙에 의하여 시행되었다. 이에 따라 소유자가 직접 농사를 짓지 않는 농지와 농가 아닌 자의 농지, 그리고 3정보 이상의 농지는 국가가 이를 사들여 5년간 보상하고, 사들인 농지는 영세농민에게 유상 분배하고 5년간 농산물로 상환하도록 했다. 그 결과 많은 소작농들이 자기 농지를 가질 수 있게 되었다.

이승만 정부의 농지개혁이 유상몰수 유상분배란 이유로 1946년 3월 북한 김일성 정권이 단행한 토지개혁, 즉 무상몰수 무상분배와 명목상 비교해 평가절하하는 좌파 역사학자들이 있다. 이는 진실을 제대로 보지 못한 데서 나온 잘못된 시각이다. 북한 김일성 정권은 6·25전쟁 직후 이미 모든 농지를 협동농장 소유로 국유화시켰나. 농지개혁에 대한 남한과 북한의 의도가 처음부터 달랐다. 북한의 토지개혁의 시발점이 공동소유, 공동경작이라는 사회주의 생산체제를 따르는 데서 기인한 것인 반면 남한 농지개혁의 시발점은 "농지는 농민에게" 주는 사유재산 보호와 개별 경작체제에 있었다.

결과적으로 남한의 농지개혁은 6·25전쟁 시 북한군의 남한 농민 선동전략을 무력화시켰고, 훗날 농민들의 생산의욕을 고취해서 남한의 농업생산성을 북한보다 두 배 이상 향상시켰다. 농지개혁으로 자유민주주의와 시장경제에 바탕을 둔 대한민국 체제가 공산 독재주의와 사회주의 계획경제에 바탕을 둔 북한체제보다 우월하다는 사실이 입증되자, 이승만 정부는 더욱 박차를 가해 당면한 민생고를 해결하기 위한 1948년 12월 한·미 경제원조 협정을 체결하고 국제연합한국재건단

United Nations Korean Reconstruction Agency: UNKRA 등 국제기구들의 경제원조를 이끌어내기 위한 다각적 노력을 기울였다. 그러나 예상치 못한 6·25남침전쟁으로 대한민국은 경제 부흥을 위해 이제 막 싹을 틔워가려다 다시 곤두박질을 쳤다. 모든 산업시설과 사회간접자본 등이 엄청난 피해를 입었고 국민들의 생활고는 극도로 악화되었다.

6·25전쟁이 초래한 사회변동은 컸다. 남북 간 사상 최대 인적 이동이 일어났다. 전쟁기간에 수도권과 강원도, 충청권의 인구가 대거 영·호남 지역으로 이동했고 전쟁 이후에는 지방 인구가 밀물처럼 서울로 이동했다. 여기 남북 간 대규모 인구이동까지 가세하면서 한반도 전체가 역사적 인구 대이동의 소용돌이로 빠져들었다. 전쟁 중에는 북조선에 의해 남쪽 고위관리와 지식층 인사들이 강제로 납북되거나 북한에 동조해 자진 월북했고 수많은 청년들이 인민군에 의해 강제로 징병되어 북으로 끌려갔다. 반대로 북조선에서는 300만 명에 가까운 피난민이 남쪽으로 넘어옴으로써 전쟁 전 1,500만 명 정도로 엇비슷했던 남북한 인구 분포가 남쪽이 2,000만 명, 북쪽이 1,000만 명으로 바뀌었다. 전쟁이 남긴 상처는 남북 모두에게 큰 고통을 안겨주었다. 그러나 북쪽은 그나마 지하자원이 풍부하고 일제가 남긴 공장과 발전소 등으로 전후 복구와 경제개발이 웬만큼 진행되었지만, 남쪽은 전후 복구는커녕 갑자기 늘어난 인구로 먹을 식량과 입을 옷은 물론 살 집마저 부족해 민생고 해결조차 버거운 실정이었다.

이승만은 외국의 자본유치와 물자원조를 늘리는 데 총력을 기울여 이른바 '미 공법 480조'에 의한 미국 잉여농산물의 무상 지원과 유엔 대충자금의 지원을 얻어내 생존은 물론 전후 복구와 경제개발에 박차를 가했다. 1950년대 미국의 대한對韓 원조액은 약 20억 달러였는데, 대부분 자금이 전후 복구와 소비재산업에 투입되었다. 전쟁으로 한국의 금속·

기계·화학·섬유·식품 등 제조업은 40% 이상의 시설이 파괴된 상태였다. 미국은 이러한 한국의 실정을 파악해 소비재 산업 중심의 투자를 요구했지만, 이승만은 사회간접자본 시설과 수입대체 공업화를 동시에 추진해야 한다고 맞서 마찰을 빚기도 했다. 결국 국가경제의 자립을 위한 공업화 정책과 지속적인 생산재 산업 확충 그리고 사회 간접자본 시설 투자를 함으로써 시멘트·철강·비료·판유리 공장 같은 기간산업 시설이 잇달아 신설되었다.

특히 충주 비료공장의 건설은 농업생산성을 높이는 데 결정적 기여를 했다. 비료 사용은 농지개혁으로 내 땅을 갈게 된 농민들의 생산의욕을 크게 북돋아 농업소득을 증대시켰다. 소득이 늘어난 농민들은 자녀들을 서울에 있는 중·고등학교와 대학에 유학을 보낼 수 있었다. 이승만은 국가발전을 위한 인재 양성이 무엇보다 시급하다고 판단해 '교육입국'을 내세워 교육 투자를 크게 늘렸다. 1952년 의무교육 6개년 계획을 수립해 1959년부터는 전체 학령 아동의 96%가 국민학교에 쉬학할 수 있었다. 대학의 신설과 증설이 급증하고 전답과 소를 팔아 자식을 대학에 보내는 농민들도 늘어났다. 그래서 세간에서는 새로 세워지는 대학 건물을 우골탑牛骨塔이라고 부르기도 했다.

이승만 정부는 기민한 외교로 미국을 비롯한 유엔군의 신속한 지원을 이끌어내 북한 침략군을 격퇴할 수 있었다. 그뿐만 아니라 6·25전쟁이 한창이던 1952년 1월 18일 해안선으로부터 60마일 해역을 영해로 선포했다. '이승만 라인'으로 불린 이 해양경계선은 훗날 일본이 자국 영토로 주장하는 독도와 중국이 자국 영토라고 주장하는 이어도를 포함하는 부근 해역에 대한 대한민국의 영토 주권을 선언한 의미 있는 결단이었다. 이승만 라인 선포는 인민군·중공군과 밀고 밀리는 전쟁을 수행하는 와중에 장래 있을지도 모를 주변국들과의 영토·영해 분쟁에 미리

쐐기를 박았다는 점에서 선견지명의 평가를 받을 만하다. 다음은 일명 '평화선'으로도 불리는 선언의 내용이다.

첫째, 대한민국 정부는 국가의 영토인 한반도 및 도서의 해안에 인접한 해붕海棚의 상하에 이미 알려진 것과 또 장래에 발견될 모든 자연자원, 광물 및 수산물을 국가에 가장 이롭게 보호 · 보존 및 이용하기 위하여 그 심도 여하를 막론하고 인접해양에 대한 주권을 보존하며 또 행사한다.

둘째, 평화선 안에 존재하는 모든 자연자원 및 재부財富를 보유 · 보호 · 보존 및 이용하는 데 필요한 다음과 같은 한정된 연장해양에 걸쳐 그 심도 여하를 불문하고 인접국가에 대한 국가의 주권을 보지하며 또 행사한다.

특히, 어족 같은 감소될 우려가 있는 자원 및 재부가 한국국민에게 손해가 되도록 개발되거나, 또는 국가에 손상이 되도록 감소 혹은 고갈되지 않게 하기 위하여, 수산업과 어로업을 정부의 감독 하에 둔다.

셋째, 상술한 해양의 상하 및 내에 존재하는 자연자원 및 재부를 감독하며 보호할 수역을 한정할 경계선을 선언하며 또 유지한다. 이 경계선은 장래에 구명될 새로운 발견 · 연구 또는 권익의 출현으로 인하여 발생하는 새로운 정세에 맞추어 수정할 수 있다.

넷째, 인접해안에 대한 본 주권의 선언은 공해상의 자유항행권自由航行權을 방해하지 않는다.

이 평화선 선포에 대해 일본 · 대만 · 중국 · 영국 · 미국 등이 반대했는데, 특히 일본의 반발이 거셌다. 그러자 이승만은 한 · 일 양국의 평화 유지에 목적이 있다고 반박, '이승만 라인'을 평화선Peace Line으로 바꿔 불렀다. 그런데 평화선이 선포된 지 8개월 뒤인 1952년 9월에 당시 유엔군 사령관 클라크 장군이 공산오열의 해상침투를 막고 전시밀수출품의 유입을 봉쇄하기 위해 이른바 '클라크 라인'을 설정·발표했다. 이 클라크 라인이 평화선의 경계선과 거의 일치했기 때문에 사실상 미국도 평화선을 간접적으로 지지한 셈이 되었다.

이승만은 또 농업·축산업·수산업·임업 가운데 농업과 임업에 중점을 두기 위해 정부부처로 농림부를 두고, 1959년 4월 5일을 식목일로 제정해 전국적인 나무심기 운동을 전개했다. 이 운동은 훗날 박정희 정부의 산림녹화정책으로 이어져 산야를 나무숲으로 뒤덮이게 했다. 그리고 원자력의 중요성을 간파한 이승만은 1956년 한미원자력협정을 체결하고 문교부에 원자력과를 신설했으며 원자력원原子力院과 원자력 연구소를 설립했다. 동시에 우수인재를 미국 아르곤 국립연구소 Argonne National Laboratory 국제원자력학교에 보내고 1959년에는 35만 달러의 고액을 들여 교육용 원자로를 도입하는 등 본격적인 원자력 연구에 들어갔다. 이때 이승만이 주위의 반대를 무릅쓰고 추진한 원자력연구는 2010년 400억 달러의 원자력 발전 건설 프로젝트를 아랍 에미리트로부터 수주하는 등 세계적 수준의 원자력 기술국으로 발돋움하는 밑거름이 되었다.

이승만 정부는 또 열악한 공무원 보수체계를 보완하기 위해 1960년 공무원연금법을 제정·시행했다. 뚜렷한 정당의 지원 없이 개인적 카리스마로 나라를 다스려온 이승만은 기반정당으로 6·25전쟁 중인 1951년 12월 자유당을 창당했다. 자유당은 이승만을 지지하는 원내의 공화민정회가 주도해 창당했고, 국민회·대한청년단·대한노동조합총연맹·농민조합연맹·대한부인회등 5개 사회단체가 원외 외곽 지지 세력을 형성했다. 1955년 민주당이 창당한 이후 정국은 자유당과 민주당 간의 힘겨루기로 움직여나갔다.

전쟁을 겪으면서 이승만은 피폐한 국민경제를 회복하고 분열된 국민 여론을 통합하기 위해 자신의 주도적 역할이 지속되어야 한다고 믿었다. 나아가 공산주의와는 결코 타협하거나 협상할 수 없다는 사실을 절감했다. 이승만의 이 같은 인식은 대통령의 권한을 강화하기 위한 정치개혁과 공산주의의 확산을 막기 위한 반공정책의 강화로 구체화되기 시작했다. 우선 이승만은 현재의 국회에서의 대통령간선제로서는 분단국가의 정치적 안정을 담보할 수 없다고 판단하고 대통령이 강력한 통치력을 발휘할 수 있도록 전체국민이 직접투표로 선출해야 한다고 주장했다. 이승만은 또 제헌헌법에 대통령 중심제도에서의 대통령을 국회에서 간선하도록 돼 있는 것이 사리에 어긋나므로 직접선거로 개헌해야 한다고 주장, 이를 관철시켰다. 1952년 대통령에 재선된 이승만은 전쟁이 끝난 이후 1954년 중임제한 폐지 개헌안을 통과시켜 세 번째 대통령에 당선되는 길을 터놓았다. 그런데 이른바 1954년의 '발췌개헌'으로 불리는 중임제한 개헌안 표결이 문제였다. 개표결과 재적 203명의 3분의 2는 136명인데 공교롭게도 135.33명의 찬성표가 나오게 되었다. 자유당은 0.33명도 한명으로 계산해야 한다면서 136명의 찬성으로 3분의 2가 됐다고 주장한 반면, 원내 자유당 등 반대세력은 사사오입계산법에 따라 135명 찬성으로 3분의 2에 미달했다면서 반대했다. 우여곡절 끝에 개헌안은 통과되었으며, 1956년 이승만은 제3대 대통령선거에 출마했다. 당시 여론은 1955년 창당된 민주당의 신익희申翼熙 후보가 우세했으나, 호남지역 유세 중에 열차 안에서 급서함으로써, 이승만은 대통령에 당선되고, 부통령엔 민주당의 장면張勉이 이기붕李起鵬을 제치고 당선되었다. 대통령에 당선된 이승만은 때마침 민주화 물결을 타고 당시 고개를 들기 시작한 좌파세력을 타도하기 위해 1958년 12월 24일 보안법 개정안을 강행통과시켰다. 결국 지난 대선에서 예상보다 많은 득표를 했던 조봉암曺奉巖은 1959년 7월 간첩혐의로 사형이 집행되었다. 그러나 오랫동안 논쟁 끝에 2011년 1월 조봉암은 공산주의자에서 순수 사회주의로 전향한 인물로 판명되어 무죄가 선고되었다. 그리고 이승만 정권 말기인 1959년 4월 장면 부통령을 지지했던 경향신문이 전격적으로 폐간되었다.

안보태세를 다져놓은 이승만은 전후 복구와 교육입국, 그리고 경제발전에도 획기적인 전기를 마련했다. 미국과의 군사동맹을 경제협력으로 확대시켜서 미국의 원조와 투자를 적극 유치했다. 특히 1958년 부흥부復興部 안에 산업개발위원회를 설치하고 3개년 경제발전계획을 마련, 1960년 4월 15일 국무회의에서 통과시켰다. 이 경공업중심의 경제발전계획은 곧이어 일어난 4·19혁명에 의해 빛을 보지 못했지만, 훗날 장면 정부와 박정희 정부가 추진·실시한 경제개발계획의 기초가 되었다.

이승만 정부의 경제정책은 전후 복구와 빈곤 구제사업을 미국과 국제기구의 원조로 해결하고, 개방과 무역을 통한 국부 창출의 기반을 닦는 데 초점을 맞추었다. 제헌 헌법에 명시된 자유민주주의와 시장경제의 기본이념은 바로 개방과 자유무역을 통한 세계화Globalization라고 하겠다. 이것은 북한이 폐쇄적인 자립경제주의를 선택한 것과는 크게 다르다. 이승만 정부의 세계화 정책은 자원이 부족한 한국으로서는 선택의 여지가 없는 국가의 진로였다. 그리고 그러한 정책의 운용에 투입될 인적 자원의 개발을 위해 국민의 교육열을 접목시켜 우수한 인력을 양성, 노동집약적인 경공업분야에 투입했다. 그 결과 어려운 가운데서도 경쟁력 있는 경공업 제품을 만들어 수출하기 시작했다.

인정하고 안 하고를 떠나 역사적 사실로서 오늘의 대한민국은 유엔의 결의에 의해 건국됐고, 유엔군의 지원에 의해 북한의 6·25남침 전쟁에서 국체를 지켜낸 생래적인 글로벌 국가다. 이러한 국가 진로에 대한 지도자의 확고한 인식이 60년이 지난 2012년 오늘 대한민국을 선진 부국으로, 북한을 독재 빈국으로 갈라놓았다. 집권말기, 정치파트너를 외면하는 독단으로 4·19 민주혁명을 맞아 하와이로 망명한 이승만은 여러 차례 귀국을 희망했으나, 박정희 정부의 허가가 없어 1965년 7월 19일 망명지에서 쓸쓸한 여생을 보내다 사망했다. 건국대통령 이승만은 죽은 뒤에야 귀국이 허용되어 국립 현충원에 안장되었고 영부인 프란체스카Piero della Francesca는 이화장梨花莊으로 돌아와 조용히 살다가 세상을 떴다.

　　건국대통령 이승만은 한동안 후세의 호된 비판을 받았지만, 평생을 조국의 독립과 건국운동에 바쳐 위대한 대한민국을 세우고 지키고 키워온 국부國父로서의 위상이 서서히 회복되어가고 있음에 안도한다. 무엇을 하다 한 생을 마감했건 간에 인간의 삶 안엔 공과功過가 혼재해 있기에 한쪽으로 몰아붙이는 식의 평가는 삼가야 할 것이다. 그 삶이 공적 삶인 경우 특히 더 그러하다.

2
장면 정부의
민주화 시동

　　이승만 대통령의 12년간 통치는 4·19혁명으로 끝났다. 이승만은 3·15 대통령 선거에서 압승했으나, 부정선거 규탄과 재선거 실시를 요구하는 시위가 전국적으로 벌어졌다. 마산에서 김주열 군의 시신이 발견되어 격화된 학생시위는 1960년 4월 18일 고대생시위 이튿날 전국적인 대규모 학생시위로 확대되었다. 격렬해진 학생시위대는 광화문파출소와 서울신문사를 불태우고 경무대로 진출했다. 이에 경찰이 총격으로 저지하자, 시위는 더욱 격렬하고 폭력화했다. 마침내 정부는 계엄령을 선포하고 군부대가 출동하여 치안을 유지했다. 100여 명의 학생이 희생되고 4월 25일에는 대학교수단 시위까지 일어나자, 이승만은 "국민이 원한다면 대통령직에서 물러나겠다"는 하야성명을 발표하고 경무대를 떠나 이화장으로 갔다.

　　1960년 4월 26일 이승만 대통령의 하야로 허정許政 국무총리가 대통령 권한대행이 되어 과도정부를 이끌었다. 허정 과도정부는 정치적·사회적 혼란을 안정시키고 제2공화국을 수립하기 위한 절차를 밟아나가는 과제를 떠안게 되었다. 당시 사회는 4 · 19민주혁명의 여파로 날마다 크고 작은 데모가 많이 일어났고 여당인 자유당의 갑작스런 붕괴로 정치적 불안이 극심했다. 4월 29일 이승만 대통령이 하와이로 망명하고 6월 15일에는 민주당이 주도한 과도국회는 대통령 중심제를 내각책임제로 바꾸는 헌법개정안을 통과시켰다. 내각책임제는 원래 제헌국회 때 헌법 초안에 들어있었으나 건국초기의 국가화國家化사업을 추진하기 위해서는 대통령중심제가 필요하다는 이승만의 요구로 좌절된 바 있었다. 내각책임제 개헌 발의 및 통과는 4 · 19혁명이 몰고 온 여론의 여파였다. 대통령 한 사람의 권력 집중을 막고 국민의 정치참여를 확대하고 권력 간의 견제와 균형을 가능토록 하기 위해 내각책임제를 채택한 것이다. 그러나 국가통치 양식이라는 주요 사안을 과도정부에서 처리했다니, 이는 가히 혁명적이라 할 만한 일이었다.

　　내각제 개헌헌법에 따르면, 대통령은 의례적인 국가원수가 되고 정치적 실권은 국무총리가 집중적으로 행사하게 돼 있다. 국회는 민의원民議院과 참의원參議院 양원제兩院制로 하되, 민의원에 무게 중심을 두었다. 대통령과 국무총리는 국회에서 선출된다. 행정권은 국무원國務院이 갖고, 국무원은 민의원에 대해 연대책임을 지도록 돼 있었다. 국무원은 민의원에 대한 해산권을 갖고 민의원은 국무원 불신임권을 갖도록 했다. 지방자치단체(시 · 읍 · 면)의 장은 주민직접선거로 뽑도록 했다. 이어 6월 23일 새 선거법이 제정 · 통과되고, 7월 29일 국회의원 선거가 실시되었다. 국회의원 분포를 보면, 민주당이 절대다수를 차지했고 여당이었던 사유당은 한명도 낙선자를 내지 못해 사실상 소멸했다.

　　국회는 8월 12일 양원합동회의를 개최하고 대통령에 윤보선尹潽善, 국무총리에 장면을 각각 선출했다. 자유당의 갑작스런 소멸로 비대해진 민주당은 신파新派와 구파舊派로 나뉘어 당내 권력투쟁을 벌였다. 장관도 신·구파가 비슷한 숫자로 나눠 맡았으니, 국무회의에 상정되는 각종 정책들의 결정 과정이 순조로울 수 없었다. 제2공화국 내각책임제 하에서 대통령은 국가의 상징적 대표이고, 국정을 이끄는 실질적 권력은 총리에게 있었다. 그래서 제2공화국은 '윤보선 정부'라기보다는 '장면 정부'로 불러야 옳다.

　　장면은 천주교 대표로 미군정 자문기관인 민주의원民主議院의 의원이 되어 정치에 첫발을 들여놓은 뒤, 과도정부 입법의원의 의원을 거쳐, 1948년 5월 10일 대한민국 제헌국회의원 선거에 무소속으로 종로 을구乙區에 출마·당선됨으로써 본격적인 정치활동을 전개했다. 영어와 일어에 능통했던 장면은 파리에서 열린 제3차 유엔총회에 대한민국 수석대표로 참석해서 공산국가들의 집요한 반대 공작을 물리치고 1948년 12월 12일 대한민국이 한반도의 유일한 합법정부로 승인받는 건국승인외교의 주도적 역할을 했다. 곧 이어 초대 주미대사가 된 장면은 북한군의 6·25남침전쟁이 일어나자, 유엔군의 즉각적인 한국지원 참전을 이끌어내는 데 결정적 역할을 했다. 그 후 유엔 안전보장이사회의 의장이 된 소련대표 야코프 말리크Yakov A. Malik가 6·25남침전쟁을 미국과 대한민국의 북침이라고 주장, 그 동안 한국 사태에 대한 유엔의 모든 결의를 무효화해야 한다고 제안하자, 장면 대표는 전쟁 중에 노획한 소련제 AK 소총을 들고 나가 반박연설을 함으로써 소련의 기도를 분쇄하기도 했다. 이처럼 장면은 대한민국의 건국과 전쟁 수행과정에서 이승만의 동반자였지만, 이후 제반 정치적 결정에서 이승만 독단의 전횡이 계속되자 결별, 민주당 후보로 부통령에 출마 당선되어 반독재 민주화투쟁으로 선회했다.

　　4·19혁명 후, 내각책임제의 실세 총리에 선출된 장면은 국민의 참여확대로 민주국가를 세워나가야 한다는 기본 정책을 충실히 수행했

다. 그러나 이승만 정부의 문민독재에 대한 반발과 아래로부터 분출한 혁명의 열기가 전 국민에게 영향을 미쳐, 그 여파로 해서 9개월에 불과한 집권기간 동안 자유와 방종의 분간이 어려울정도로 시국이 혼란스러웠다. 게다가 자유당이 해체되고 권력을 독점한 민주당이 신·구파로 갈라져 싸우는 바람에 장면 총리의 운신의 폭은 더욱 좁아졌다. 소소한 문제까지도 거리로 들고 나오는 과도한 시위와 반정부 행위에 대해서도 장면은 강력한 제재조치를 취해야 한다는 주위의 권고를 물리치고, 국민이 모처럼 자유와 참여의 권리를 만끽하도록 시간을 주려했다.

　　제2공화국 때 제1공화국 시절 집권당이었던 자유당自由黨이 소멸하고 야당이었던 민주당民主黨의 독주 상태를 빚은 것은 대한민국 정치의 후진성을 여실히 드러낸 것이라 하겠다. 대의 민주주의를 표방하는 국가에서 양당 가운데 카운터파트가 되는 한 정당이 소멸하면 나머지 정당도 제대로 역할을 수행하기 힘들다. 원래 민주정치는 정당정치政黨政治이고 정당정치는 두 개 이상의 정당이 국민의 지지에 따라 정권을 잡거나 내놓는 것이다. 좋은 정책을 내세워 보다 많은 국민의 지지를 받는 정당이 여당이 되고, 국민지지를 잃은 정당이 야당이 되는 평화적 정권교체가 이뤄지는 게 좋은 민주정치이다. 다시 말해 정권을 잡거나 놓는 게 정당의 존망과 관계가 없어야 한다. 미국은 공화당과 민주당이, 영국은 보수당과 노동당이 교대로 국민의 지지에 따라 정권을 잡거나 놓으면서 국가를 경영해 나간다.

　　4·19혁명으로 집권당이 무너지니 민주당은 당내에서 파벌 갈등이 더욱 심해졌다. 혁명의 여세를 몰아 7월 29일 국회의원선거에서 민주당은 전체의석을 휩쓸다시피 했지만, 신·구파 간의 갈등으로 구파가 이탈해서 신민당新民黨을 만들었다. 양당이 아닌 한 정당 안에 두 개의 파벌이 정당 행세를 하는 형국이 된 것이다. 이는 일천한 우리 정당사의 한

단면을 여실히 보여주는 증표이다.

　　장면 정부는 4·19혁명정신의 구현을 위해 먼저 부정선거관계자 처벌법과 부정축재자특별처리법, 특별재판소 및 특별검찰부 설치법, 공민권제한법 등 4개 혁명입법을 추진하고 3·15부정선거 관련자와 자유당관련 부정축재자를 처벌했으나 매듭은 미흡했다. 그러나 장면 정부에서 지방자치시대가 열린 것은 참으로 획기적인 일이었다. 지방자치단체장과 지방의회의원들을 주민들이 직접선거로 뽑고 전국의 시·읍·면장까지도 주민투표로 뽑도록 했다. 그리고 경제 제일주의를 내세워 처음으로 국토개발계획을 작성해 경제발전을 추진했다. 그러나 이 같은 노력이 효율성 면에서 가시적 성과를 내지 못하면서, 국민이 체감하는 경제사정은 악화일로였다.

　　미국의 원조에 의존한 국토개발사업은 지지부진했고 물가는 치솟아 국민대중의 생활난은 가중되었다. 당시 통계를 보면, 실업자 수가 130만 명, 결식아동이 9만여 명에 이르렀다. 농촌에서는 이른바 보릿고개 기근이 닥쳐, 만여 가구의 농가가 끼니를 걸러야 했고 도시에서는 영세민이 생선가게에서 버린 방치된 복어 알을 먹고 중독되어 죽는 사건이 일어나기도 했다.

　　장면 정부는 대북정책에서 이승만 정부의 반공북진통일정책을 내려놓고 평화공존과 평화통일론으로 바꿨다. 그러나 이 같은 장면 정부의 새로운 정책들은 신·구파의 권력싸움과 국민들의 참여과잉이란 두 개의 장벽을 만나 제대로 추진되지 못했다. 4·19혁명이 남긴 민주화의 물결은 각계각층의 욕구분출을 야기해 날마다 크고 작은 시위가 여기저기서 터졌다. 초등학교 학생들이 담임선생을 규탄하는 시위를 벌이는가 하면, 상이용사들이 국회 단상을 점령해 시위를 벌이기도 했다. 게다가 장면 정부의 평화통일론에 힘을 얻은 좌파세력들이 지하에서 뛰쳐나와

"가자 북으로! 오라 남으로"를 외치며 종로거리를 누볐다. 제2공화국 정부가 미처 자리를 잡지도 못했는데, 시민들의 참여과잉과 북조선의 대남 적화통일 공세 속에 안보를 강화하라는 국민적 요청이 비등해지면서 군부의 봉기설이 파다하게 나돌았다.

급기야 박정희를 중심한 군부세력이 주도한 5·16군사혁명으로 제2공화국 장면 정부의 내각제 실험은 9개월 만에 끝나게 되었다. 건국에서 5·16군사혁명 이전까지 13년 우리역사는 대통령중심제와 내각책임제를 차례로 겪으면서 정치체제의 선택이 국민에게 주는 영향이 지대함을 입증했다. 특히 우리의 경우 하나의 민족이 두 나라로 나뉘어서 통일경쟁을 벌여야 하는 상황에서는 참여중심의 내각책임제보다 통치중심의 대통령중심제가 보다 효율적이라는 의식의 공감대를 마련하는 계기가 되었다.

4·19민주혁명과 5·16군사혁명의 소용돌이 속에서 필자 또한 한국 국민이 선택할 정치제도는 통치와 참여의 적절한 조화 속에 통치에 무게중심을 두는 대통령중심제가 바람직하다는 견해를 덧붙인다.

3
북한의 6 · 25 남침전쟁과
평화통일공세

　해방 이후의 대한민국 역사는 남북관계사라고 할 만큼 대한민국 역사의 전개과정에서 북조선이란 존재가 늘 최대변수로 작용했다. 38도 선을 경계로 남쪽에는 자유민주주의 국가가 세워지고 북쪽에는 공산독 재주의 국가가 들어섰다는 사실은 남북 2국사에 운명적인 존립경쟁이 전개될 것임을 예고하는 것이었다. 해방이후 집요하게 대한민국 건국을 방해해온 조선민주주의인민공화국은 대한민국 헌법보다 여섯 달 빠른 1948년 2월 10일 '임시헌법 초안'을 발표했으며, 이 헌법 초안은 남한에 서 공산주의혁명을 일으키는 것을 최고의 국가목표로 설정하고 있었다. 이에 맞서 대한민국 제헌헌법도 한반도와 그 부속도서를 대한민국의 영 토로 규정했다. 이는 남북 두 나라가 서로 상대방을 흡수 통일하겠다는 의지를 표명한 것으로 볼 수 있다.

　남북관계에서 항상 기선을 잡으려고 애쓰던 북조선은 자신들의 방해공작에도 불구하고 대한민국이 건국되자, 즉시 대한민국을 무력으 로 타도할 계획을 세웠다. 그래서 북조선은 주도면밀한 남침전략을 짜고

착착 실천해나갔다. 김일성의 남침계획은 공산혁명 수출을 적극 추진해 온 소련과 중공의 정책과도 맥을 같이하는 것이다. 실제로 김일성의 남침 계획은 소련과 중공의 적극적인 지원 기대 속에 진행되었다. 예상대로 김일성은 모택동과 스탈린을 찾아가 전폭적인 지원을 약속받았다. 소련은 전투기와 탱크 등 무기를 보내주고 중국은 중공군에 편성돼있던 조선의용군 5만 명을 북조선 인민군에 편입시켰다. 김일성은 극비리에 전쟁 준비를 하면서 다른 한편으로는 대남공세를 강화, 1948년 10월 20일 여수·순천의 국군14연대 반란과 대구 등지에서 폭동과 파업을 선동·조장하는 양면작전을 구사했다. 일주일 전인 10월 13일에는 한국의 국회에서는 6·25전쟁 중 월북한 김약수金若水 국회부의장을 비롯한 국회의원 63명이 외국군 철수 건의안을 유엔 한국위원회에 제출했다. 여기서 외국군 철수란 소련군이 이미 북한에서 철수했으니 남한에서의 미군도 철수를 해야 한다는 의미였다. 이 주장이 받아들여져 미군은 1949년 6월 군사고문단 500명만을 남기고 철수했다.

그러나 남한에서는 여수 제14연대의 반란이 진압된 후 패잔병들과 일부 토착공산주의자들이 지리산에 들어가 빨치산 투쟁을 전개하는 등 혼란이 가중되고 있었다. 중국에서는 모택동의 공산군이 장개석의 국민당군을 대만으로 몰아내고 1949년 10월 1일 중화인민공화국을 건국했다. 넉 달이 채 못 된 1950년 1월 12일 미국의 애치슨 국무장관이 한국을 미국의 동북아방어선에서 제외시킨다는 '애치슨 라인Acheson Line'을 발표했다. 남침을 위한 분위기가 조성됐다고 판단한 김일성은 1950년 5월 30일 치러진 제2대 민의원선거에서 이승만세력이 총의석 210석 중 겨우 30석을 차지하는 데 그쳐 정치적 불안이 커지자, 남침 적기가 왔다고 보았다. 더욱이 남한에서 6월에 접어들면서 선거 때 내려졌던 군·경의 경계령이 해제되고 군부대 장병의 상당수가 농번기 일손 돕기로 빠져 나가서 전반적으로 38선 방어태세가 느슨한 상태였다. 당시 북한의 보유병력 198,380명은 105,752명에 그친 한국의 거의 두 배였고 242대의 소련제 T-34 탱크도 보유하는 등 무기체계도 압도적으로 우세했다.

군사적 남침준비를 마친 김일성은 1950년 4월 15일 전후 모택동을 만나 남침에 관한 지원을 약속받고 스탈린을 만나 다음과 같은 남침지시를 받았다.

> 김일성: 모택동 동지는 병력지원을 약속했지만, 우리는 자신의 힘으로 조선통일을 이루겠다.
> 스탈린: 공격은 3단계로 작성하라. 첫째, 38도선 가까이 특정지역으로 병력집결, 둘째, 북조선당국이 평화통일에 관한 새로운 제의를 계속 내놓을 것, 셋째, 상대가 평화제의를 거부한 뒤에 기습공격할 것. 먼저 옹진 반도를 점령하겠다는 귀하의 계획에 동의한다. 공격의도를 위장하는 데 도움이 될 것이다.

김일성은 이 대화록을 그대로 따랐다. 주 공격로를 '연천 → 의정부 → 미아리'로 설정하고, 최정예부대를 이 지역에 집중 배치했고 이를 위장하기 위해 옹진반도를 선제공격했으며 남한에 대해 통일협상을 제의했다. 그리고 유엔 사무총장에게는 남북 평화통일 선언서를 제출했다. 김일성이 마침내 전면적인 남침공격의 시기가 무르익었다고 판단할 만큼 대내외적인 여건들이 모두 갖춰졌다. 자신감을 가진 김일성은 1950년 6월 25일 새벽 4시를 기해 '남조선 해방을 위한 전면적 공격'을 거행하기로 결정했다. 북한인민군 최고사령관 김일성 이름으로 인민군 정예부대 제4사단장에게 하달된 6월 18일자 「정찰명령 제1호」와 6월 22일자 「공격명령」과 6월 23일까지 공격준비를 완료하라는 「전투명령 제1

호」를 보면, 북한이 남침준비를 얼마나 철저히 했는지를 엿볼 수 있다.

> 야포대를 포함한 적의 제7사단 제1연대는 임진강으로부터 538.5m 고지에 이르는 지역에 방어진을 치고 있다… 일선부대가 적성지역에 도달하게 될 때면 '등진'선線으로 가납리佳納里와 적성積城방면의 신 공격부대를 조직하고 의정부議政府 도로 연변을 따라서 적 방어진을 좇아 후방으로부터의 원병도착을 꾀한다. 양주와 하가리에 도달된 후에는 하양·로흑리 간間과 가납리佳納里 부곡리 간間, 소도리 간間에 걸친 신 공격을 위하여 부대를 구성한다. 그리하여 수도 서울에 접근하고 있는 적의 가능한 모든 저항선에 결정적 타격을 가하도록 한다.

북한군은 38선 이북으로의 즉각적인 철군을 권고한 6월 25일(현지시간) 유엔 안전보장이사회 결의를 무시한 채 탱크를 앞세워 3일 만인 6월 28일 서울을 점령하고, 7월 3일에는 한강 방어선을 붕괴시켰다. 7월 6일 한반도에 급파된 미군이 처음 구축한 오산 방어선을 뚫고 평택을 점령한 북한군은 8월 15일까지 부산을 해방시키라는 김일성의 독촉에 따라 7월 19일 대전을 점령하고 8월 1일에는 낙동강까지 진군했다. 한편 북한이 유엔의 철군권고를 무시하고 남진을 계속하자, 유엔 안전보장이사회는 6월 27일 한반도의 평화와 안전을 위해 필요한 원조를 한국에 제공할 것을 결의하고 이어 7월 7일 북한침략군에 대한 군사적 제재를 가할 것을 결의했다. 북한 침략군에 대한 유엔의 군사적 제재결의는 국제기구에 의한 사상최초의 군사적 제재였다. 이날 유엔 안전보장 이사회는 아울러 미국군 사령관에게 유엔 깃발 아래 통합군 사령부를 설치하고 미국 정부가 유엔군을 편성할 것을 일임했다.

이에 따라 미국의 트루먼Harry S. Truman대통령은 맥아더Douglas MacArthur

장군을 유엔군사령관에 임명했다. 당시 직접 군대를 파견한 나라는 미국을 비롯해 영국·호주·캐나다·뉴질랜드·프랑스·남아연방·터키·태국·그리스·네덜란드·벨기에·콜롬비아·필리핀·에티오피아·룩셈부르크 등 16개국이고 의료와 물자지원을 해준 나라는 스웨덴 등 40개국이었다. 유엔통합군 사령관이 된 맥아더는 7월 15일 이승만대통령으로부터 국군지휘권을 넘겨받고 낙동강 전선을 사수하는 총력전을 전개하는 한편, 북한군의 허를 찔러 일시에 전세를 뒤바꿔놓기 위한 상륙작전을 구상했다. 맥아더는 원산·군산·해주·진남포 등 여러 곳에 대한 허위정보를 퍼뜨려 북한군을 혼란스럽게 만들면서 9월 15일 역사적인 인천상륙작전을 감행했다.

　인천상륙작전에 참가한 미국의 제1해병사단과 제7사단, 한국의 제17연대와 해병 제1연대 장병들은 작전개시 28분 만에 월미도를 점령하고 이날 오후에 인천상륙에 성공했다. 한·미연합군은 즉시 서울로 진격, 9월 17일 김포비행장을 탈환하고, 상력히 저항하는 북한군을 몰아내고 9월 28일 마침내 서울 중앙청에 태극기를 게양했다. 한편 9월 16일 낙동강전선에서도 국군과 유엔군의 대반격작전이 전개되자, 퇴로가 끊길 것을 우려한 북한군은 9월 23일 퇴각명령을 하달하면서 급속히 붕괴되었다. 국군과 유엔군은 파죽지세로 진격을 거듭한 끝에 마침내 북한 침략군을 38도선 이북으로 밀어냈다. 이때 유엔군은 더 이상 북진을 하지 않고 38도선 이남에 머물러 있었다. 미국을 비롯한 참전국들의 정치지도자들이 더 이상의 확전을 원하지 않았기 때문이었다.

　그러나 이승만은 38선 이남의 수복으로 만족할 수 없었다. 38선을 돌파해서 북한을 해방시켜야 한다고 생각한 이승만은 국군의 작전지역인 동해안에서 38선을 돌파, 북진하도록 비밀명령을 내렸다. 명분은 적에 대한 추적권 행사였다. 10월 1일 동해안의 국군 제3사단이 38선을 넘어 북진하자, 유엔군도 하는 수 없이 10월 9일 개성 북쪽 38선을 돌파했다. 국군과 유엔군은 10월 19일 평양을 해방시키고 압록강과 두만강 접경지역까지 진격했다. 다급해진 김일성은 모택동을 찾아가 지원병을 요청했고, 모택동毛澤東은 주은래周恩來의 권고를 받아들여 지원병 파병조건으로 백두산 정상의 절반을 중국에 넘겨줄 것을 요구했다 한다. 김일성은 발등의 불을 끄기 위한 궁여지책으로 백두산 정상의 절반을 내어주기로 했다. 이에 모택동은 중공군을 즉시 파병, 압록강을 넘어온 중공군은 궤멸 상태의 인민군을 도와 국군과 유엔군을 공격해왔다. 당시 김일성이 모택동에게 구두로 약속한 백두산 정상의 북쪽 절반은 1962년 10월 12일 북·중 간의 변계조약邊界條約 체결로 구체화되었다. 이 변계조약에 따라 우리의 영토였던 백두산의 2,000미터 넘는 16개 고봉 가운데 장군봉 등 7개만 북한 땅으로 남고 천문봉 등 9개는 중국 영토로 넘어가게 되었다. 그리고 백두산 정상의 천지도 54.5%만 북한영토로 남고, 45.5%는 중국에 넘어갔다.

　　유엔군에 제공권을 빼앗긴 중공군이 인해전술과 야간공격으로 밀어붙이는 바람에 국군과 유엔군은 압록강 전선에서 다시 후퇴를 해야 했다. 이때 전사戰史에 길이 남은 유명한 장진호 전투가 벌어졌다. 당시 장진호를 지키던 미 해병 2개 대대는 중공군의 집중 공격을 받고 서쪽 방어선을 사수하다 중공군의 포위망을 뚫고 필사적인 탈출을 시도했다. 영하 40도를 넘는 강추위와 1미터가 넘는 폭설 속에 동사자가 속출하고 사상자도 4,400명이나 나왔다. 간신히 흥남부두에 도착한 생존 미 해병들이 다른 국군·유엔군과 함께 철수 선박에 승선하려 할 때, 정원이 넘쳐 승선을 못하고 부두에 남아있는 피난민들이 공포에 떨고 있었다. 마침 그곳에 당시 미10군단 민사고문이던 현봉학玄鳳學 박사가 피난민들의 동승을 간청, 정원 2,000명 선박에 1만 4,000명을 더 태우게 해 군과 민을 함께 살린 흥남 철수작전의 따뜻한 역사를 만들어냈다.

압록강 전선이 무너지면서 국군과 유엔군은 1951년 1월 14일 두 달 만에 다시 서울에서 철수해야 했다. 1·4후퇴 당시 중공군의 기세는 병력 수에서부터 당해낼 수가 없을 지경이었다. 물밀 듯이 밀려 내려오는 중공군의 공세는 오산과 삼척까지 내려와서야 제동이 걸렸다. 유엔군의 융단폭격으로 더 이상 중공군의 전진이 불가능해지자, 대반격에 나선 국군과 유엔군은 1월 25일 오산 전선의 적군을 섬멸하고 3월 14일 서울을 재탈환한 데 이어 4월 30일 38도선을 재돌파한 후 북진을 계속했다. 임진강 북쪽으로 밀려난 중공군은 1951년 4월 22일에서 25일까지 서울을 다시 점령하기 위해 이른바 춘계 대공세를 벌였다. 중공군은 제63군의 3개 사단병력은 임진강을 건너 남쪽의 적성 지역과 동쪽의 연천지역에 인해전술로 공격해왔다. 적성지역은 영국군 글로스터대대1st Battalion, Gloucestershire Regiment가 맡고 있었다. 임진강에서 중공군의 정면 공격을 받은 영국군은 국사봉과 누지리, 주월리, 칠중성터 전부에서 밀렸다. 감악산 계곡의 설마리에 집결한 영국군은 실탄과 화약이 소진될 때까지 저항했다. 결국 영국군은 652명 중 59명이 전사하고 180명이 부상했으며 부상자를 포함한 526명이 포로로 잡혔다. 포위망을 뚫고 살아나온 장병은 67명에 그쳤다. 그러나 중공군에 맞선 영국군의 결사항전에 힘입어 유엔군은 대반격 준비를 하고 중공군을 임진강 건너로 밀어냈다.

1차 공세에 실패한 중공군은 석 달 동안 수차례에 걸쳐 임진강 남쪽에 교두보를 마련하기 위한 임진강 도하 공격을 시도했으나 오히려 임진강 북서쪽의 장단군과 연천군의 광활한 지역을 유엔군과 국군에 넘겨주게 되었다. 이에 전세가 불리해진 북한군과 중공군은 소련의 유엔대표 말리크Yakov A. Malik를 통해 휴전을 제안했다. 이승만 대통령은 반대했으나, 유엔군이 북한군의 휴전 제안을 받아들여 1951년 7월 10일 개성에서 첫 휴전회담이 열리게 되었다. 개성에서 열리던 휴전회담이 개성 남쪽에 있는 판문점으로 옮겨 열리는 바람에 전선에서의 남북 양군의 공방전은 주로 중부와 동부전선에서 치열하게 전개되었다. 휴전회담이 개성과 판문점에서 열리게 된 것은 북측이 개성과 해주를 포함한 남한의 영토를 사수하겠다는 술책을 갖고 있었고, 남측의 서부전선이 미국을 비롯한 유엔군의 작전지역이었기 때문이다.

실제로 휴전을 반대한 한국군은 중부와 동부전선에서 38도선을 넘어 적극적인 북진 공격작전을 전개했다. 이로써 서부전선에서는 임진강 북쪽의 판문점과 고랑포를 연결하는 전선에서 한 발짝도 나아가지 못한 반면 중 · 동부전선에서는 연천 · 철원 · 화천 · 인제 · 고성을 잇는 전선까지 진출했다. 북한군과 중공군은 중 · 동부전선에서 대대적인 반격작전을 폈으나 실패했다. 이 전투과정에서 1952년 10월 백마고지 전투를 비롯해 저격능선 전투, 낙타고지 전투 등 피로 피를 씻는 치열한 공방전의 역사를 남겼다. 특히 철원평야를 지키는 방어 요새지인 임진강 건너편 베티고지 전투 중 34명의 소대원을 이끌고 중공군 2개 대대의 파상공격에 결사적으로 맞싸워 11대 1의 열세에도 불구하고 19차례의 공방전 끝에 격퇴시킨 김만술金萬述 소위의 신화를 낳기도 했다. 국군의 이 같은 뜨거운 북진 통일의지는 화천 발전소를 비롯한 철원평야와 파로호, 설악산 등 38도 이북의 북한 땅을 해방시켰다. 휴전이 성립되기 이전의 최대 쟁점은 남북 포로교환문제였다. 유엔군은 반공포로를 비롯한 수만 명의 인민군 및 중공군 포로들을 한꺼번에 중립국 감시위원단에 넘겨 판문점에서 북행과 남행을 결정짓기로 북한군과 합의했다.

이를 이승만이 반대한 것은 그렇게 하면, 북행을 거부하고 있는 반공포로들이 자유롭게 의사결정을 하기 어렵다고 판단했기 때문이다. 이승만은 다시 한 번 휴전반대와 국군의 단독북진을 주장하면서 은밀하게 반공포로의 구출작전을 구상했다. 이승만은 국군 헌병대에 비밀명령을 내렸다. "1953년 6월 18일 새벽 0시를 기해 전국 5개 포로수용소의 문을 열어서 반공포로 전원을 탈출·석방시켜라." 겁이 난 원용덕元容德 헌병사령관은 이승만에게 물었다. "클라크 유엔군사령관과 협의하셨습니까?" 이승만은 단호히 지시했다. "대한민국 대통령의 명령일세."

2만 7,000여 명의 반공포로들은 거제도를 비롯한 전국의 포로수용소에서 일제히 뛰쳐나왔다. 1953년 6월 18일 전광석화와 같은 반공포로 석방은 전 세계를 경악케 했다. 미국은 등 뒤에서 찔렸다고 비난했고 북조선은 휴전협정을 깨자는 행위라고 펄쩍 뛰었다. 그러나 이승만은 이미 북조선과 미국이 휴전협정을 백지로 되돌릴 수 없다는 사실을 꿰뚫어 보고 있었다. 미국은 이승만이 또 무슨 일을 저지를지 불안했다. 마침내 미국은 급히 로버트슨Walter Robertson국무성 극동문제 차관보를 서울로 보냈다. 로버트슨은 네 가지를 제시했다.

1) 정전협정 발표 이후 한미 상호방위조약을 체결한다.
2) 미국의 대한 장기원조의 제1차분으로 2억 달러와 식량 1천만 파운드를 지원한다.
3) 정전 후 90일간 한국 통일에 관한 구체적 진전이 없을 때는 한·미 양국은 그 이후에 있을 정치회담에 불참한다.
4) 한국 육군을 20개 사단으로 늘리고 공군과 해군도 상당한 수준으로 증강한다.

이승만은 미국의 제안을 받아들였다. 1953년 7월 27일 마침내 판문점에서 휴전협정에 조인되자, 이날 오전 10시를 기해 전 전선에서 총성이 멎었다. 서해에는 해상 군사분계선인 NLL이 그어지고 서해안에서 동해안에 이르는 155마일 휴전선에 철조망이 쳐지고 1992개의 군사분계선 푯말이 일정한 간격으로 설치되었다. 이 군사분계선 푯말은 임진강, 북한강 등에는 강 중심에 세우기 어려워서 강의 북안과 남안에 지그재그로 설치되기도 했다. 군사분계선을 경계로 남북으로 각각 2Km씩의 비무장지대DMZ가 설치되어 중립국감시위원단의 지휘를 받게 되었다.

전쟁이 남긴 상처는 심각했다. 국토는 초토화되고, 수많은 사상자를 냈다. 국군 14만 4,000명과 유엔군 3만 6,074명(미군은 3만 3,629명)이 전사했고 북한군 52만 명과 중공군 90만 명이 사망했으며 대한민국 국민 99만 명이 희생되었다. 희생자 중 상당수는 전쟁 중 인민재판에서 반동분자로 몰려 학살된 것이다. 북한군은 또 8만 5,000여명의 각계인사들을 납북해갔다. 납북인사들은 정치인, 공무원, 경찰, 군인, 학자, 문인, 예술인, 학생, 농민, 노동자 등 각 분야의 전문가들이 대부분이었다.

3년간의 밀고 밀리는 전투 끝에 한반도는 38도선과 비슷하게 형성된 휴전선을 경계로 해서 분단은 고착화되었다. 전쟁 전보다 더 분명하게 선이 그어진 남북 2국시대가 전개되었다. 이 선은 또한 김일성의 남침으로 해서 지워질 수 없는 상처의 금이 되었건만 북한과 친북 좌파들은 수정주의사관修正主義史觀에 입각해 6 · 25전쟁이 북침전쟁이라는 억설臆說을 펴거나, 내전內戰이나 '통일전쟁'으로 규정하면서 북한의 남침을 미화시켰다. 미국 좌파학자들이 미국의 대외정책을 제국주의 침략정책으로 보는 수정주의사관에 따른 이 같은 진실 왜곡은 브루스 커밍스 Bruce Cumings가 1981년에 쓴 *The Origins of the Korean War: Liberation and the Emergence of Separate Regimes*, 1945~1947(김자동 역, 『한국전쟁의 기원』, 일월서각, 1986)의 한 대목에 잘 나타난다.

1950년 6월 24일과 25일 새벽 사이에 남한 측의 옹진반도에서의 도발과 이에 대한 북한 측의 반격이 거의 동시에 이뤄지고, 철원 · 금화 · 양양 등 38선 전 지역으로 남북한 사이에 전면적인 내전이 일어났다.

그러나 냉전붕괴 이후 소련 문서고 등에서 잇따라 발굴된 6 · 25전쟁 관련 문서나 북한군의 작전명령서, 그리고 수많은 사람들의 증언들에 따라 커밍스의 이른바 북침 · 내전설은 완전히 허구임이 들어났다.

6 · 25남침전쟁은 한반도를 폐허로 만들고 2백만 명이 넘는 인명피해를 냈다. 이뿐만이 아니었다. 남북이 사상적으로 완전히 양분이 되어 아직까지도 갈등과 증오의 소용돌이에 휘말려 있다. 일부 역사학자들이 동족상잔의 전쟁을 계기로 남북한 공히 독재화가 더욱 강화됐다고 기술하고 있다. 그러나 두 정치 지도자의 권력 행사는 그 근간이 다르다. 김일성의 통치 목표가 전쟁 이전부터 시도해온 '일인 독재권력의 강화'인데 반해 이승만의 통치목표는 어디까지나 선거에 의해 부여받은 '잠정적이고 제한된 권력의 행사'였다. 그것으로 신생 이후 전개된 북한 정권의 대남 적화통일 공세와 남한 내부의 친북 좌파세력의 반국가 행위에 효율적으로 대응하고자 한 것이다. 다만 문제는 그 권력행사가 한시적이었음에도 계속 이어졌다는 데 있다. 남북한의 정치제도와 정치문화의 상이성相異性 때문에 이승만의 '민주적 리더십'은 당초부터 많은 시련과 도전을 받았지만, 김일성의 '독재적 리더십'은 더욱 강화되어 세습독재의 왕권국가로 치달았다.

한국의 이승만이 북한의 대남 평화공세와 한국 내의 야당과 친북좌파들의 반대에 부딪혀 고전한 것과는 달리, 전쟁에 패배한 북한의 김일성은 풍부한 지하자원과 전력, 그리고 소련과 중공의 경제적 지원에 힘입어 독재 권력을 한층 강화시켜나갔다. 김일성은 6 · 25전쟁 휴전일을 승전기념일로 정하고 김일성의 위대한 전략 · 전술이 미 제국주의 군대의 북침을 분쇄했다고 거짓선전을 했다. 무리한 남침전쟁을 일으켜 수많은 인명피해와 재산피해를 낸 죄목과 중공군 지원을 받기 위해 백두산 정상의 북쪽 절반을 중공에 내준 데 대해 북한 국민 누구도 김일성의 책임을 묻지 않았다.

휴전 직후 김일성은 오히려 남침했을 때 한국에서 농민봉기가 일어나 한국 정부를 전복시키지 않은 것을 남로당 출신 박헌영의 탓으로 뒤집어씌워 처형하는 등, 영구집권과 우상화를 위한 정치공작을 본격 가동했다. 1953년 3월 소련파 허가이許哥而와 박헌영朴憲永이 종파를 조성한다는 혐의로 숙청 대상이 되자 허가이는 바로 자살했으며, 박헌영은 1955년 12월 쿠데타 혐의로 사형에 처해졌다. 가장 강력한 경쟁자였던 박헌영이 제거됨으로써, 김일성의 영구 집권체제는 확고해졌다. 연안파의 최창식崔昌植과 박창옥朴昌玉 등도 1953년 스탈린 사망 이후 집단 지도체제와 경공업 우선정책을 주장하다 반혁명분자로 몰려 숙청되었다. 이처럼 반대파에 대한 숙청과 처형의 피바람 속에 김일성의 유일독재체제가 굳어져 갔다.

이후 김일성은 소련의 원조를 받아내 빠른 시일 안에 전후 복구를 마무리하고 경제부흥 5개년 계획(1954~1957)과 1차 5개년 계획(1957~1962)을 잇달아 수립 · 추진했다. 김일성은 1957년 "인민의 생활개선과 노동생산성을 높인다"는 이른바 '천리마 운동'을 전개해나갔다. 특히 북한의 재건에 날개를 달아준 것은 풍부한 지하자원도 자원이지만, 전쟁 중에도 국군과 유엔군은 충분한 제공권을 장악했음에도 수풍 발전소를 비롯한 북한의 주요 수력발전소를 폭파하지 않고 남겨둔 것에 힘입었다. 1954년에서 1960년에 이르는 시기 북한은 연평균 20%의 고도경제성장을 거듭해 1960년대만 해도 북한경제가 한국보다 훨씬 상황이 좋았다.

	한국	북한
전력(Kwh)	1,696,951,084	9,139,000,000
석탄(Ton)	5,350,000	10,620,000
시멘트(Ton)	431,819	2,285,000
비료(Ton)	64,000	561,000
미곡(Ton)	3,046,545	1,535,000
어획고(Ton)	342,470	620,000

위의 표에 잘 나타나듯이 북한의 경제적 우월성이 높아져갈 때에 남한에서는 민주당정권이 들어섰다. 적화통일의 기회가 왔다고 판단한 북한은 1960년 남북의 제정당·사회단체의 대표들이 평양에서 긴급연석회의를 열고 남북평화통일문제를 협의하자고 제의해왔다. 그리고 김일성은 8월 15일 외세를 배제한 남북 총선거로 통일정부를 구성하자면서 그것이 이렵디면 우선 남북 간에 긴급한 문제를 해결하기 위한 과도적 조치로 남북연방제를 실시하자고 제안해왔다. 김일성의 제안은 남한에 엄청난 파장을 불러일으켰다.

북한의 통일전선 전술은 주효해 평화통일운동이 전국으로 확산되었다. 사회대중당과 사회당, 민족민주청년동맹, 통일민주 청년동맹, 천도교, 유도회, 피학살자 유족회 등이 모여 민족자주통일중항협의회를 만들고 협의회 주최로 1961년 3월 1일 대구에서 5만여 명이 참석한 가운데 통일촉진민중궐기대회가 개최되었다. 학생들은 민족통일연맹을 중심으로 통일운동을 본격화하기 위해 민족통일전국학생연맹 결성준비위원회를 열었다. 그리고 5월에 남북학생회담을 판문점에서 열기로 했다. 학생들은 서울운동장에서 대규모집회를 열고 "가자 북으로, 오라 남으로, 만나자 판문점에서"를 소리 높여 외쳤다. 이들 좌파정당과 단체들은 장면 정부가 미국의 경제원조를 확대하기 위해 1961년 2월 8일 한·미 경제 및 기술원조협정을 체결한 데 대해 종주국과 식민지 국가 간 맺어지는 전근대적 협정이라고 반대투쟁을 벌였다. 이 협정은 결국 국회의 비준을 받지 못했다. 이에 장면 정부는 좌파세력을 견제하기 위해 반공임시특별법과 데모규제법의 제정을 추진했으나 그것도 성공하지 못했다.

해방 정국에서 잠깐 하나였던 한반도가 남북 이념 대립으로 갈라지고 혹독한 전쟁까지 치르면서 남북관계는 북한의 무력침공에 대한 남한의 반격과 계속되는 북한의 통일공세에 대한 남한 내 사상 갈등과 불협화음 등으로 하루도 편할 날이 없었다. 그러나 분명한 것은 북한의 대남 적화전략은 불변인 데 반해, 전술은 그때그때의 상황에 따라 달라진다는 사실이다.

9장

'유신의 끝'에서
'서울의 봄'으로

세계는 그때

20세기 후반 1961년에서 1980년 사이에 세계는 격동의 전환기를 맞아 19세기적 세계 질서에 대 변혁이 일어났다. 쿠데타와 혁명, 국경 충돌과 전쟁 등이 곳곳에서 일어나고 미·소 간 핵개발과 우주개발 경쟁이 심화되어가고 이어 프랑스·중국·인도 등 강대국들이 핵 주권을 들고 나와 핵개발에 박차를 가하기도 했다. 무엇보다 두드러진 변화는 제2차 세계대전 이후 해방의 물결이 아시아·아프리카 쪽으로 퍼져나가면서 유럽의 국민국가 시스템이 다투어 도입된 것이었다. 그러나 이 지역에 국민국가가 들어서는 과정에서 새로운 국가 시스템의 주류가 된 부족 혹은 민족과 그렇지 못한 쪽 간에 억압-피억압 관계가 형성돼 분쟁이 잦았다. 심지어 부족 혹은 민족 간 학살로 치닫기도 했다. 다른 한편 공산주의 이념도 사방으로 촉수를 뻗어 베트남과 쿠바, 그리고 남예멘이 공산화되었으며, 체코의 민주화 운동은 소련의 탱크에 깔려 진압되고 말았다.

한국에서는 반공과 빈곤퇴치를 표방한 쿠데타가 일어나 유신정부로 이어졌고, 다시 박정희 암살로 빚어진 신군부의 등장과 '서울의 봄'으로 넘어가는 정치적 격랑이 이어졌다. 이런 가운데 제3세계의 리더로 급부상한 중국이 마침내 유엔에서 대만을 축출하고 대표권을 획득했으며 미국과 중국, 두 나라는 각각 소련을 견제한다는 명분 아래 외교 접촉을 늘려나갔다. 미국과 소련이 주도하는 세계질서의 흐름은 쿠바위기Cuban Missile Crisis를 고비로 다극화하기 시작했다. 1962년 하마터면 미·소 간의 핵전쟁으로 번질 뻔했던 쿠바위기는 미국의 턱밑에 있는 쿠바의 카스트로가 소련의 미사일 발사대를 구축하고 미사일을 실은 소련수송단이 쿠바로 접근하자, 미국의 케네디 대통령이 쿠바 해상봉쇄 조치를 취함으로써 빚어졌다.

　카리브 해Caribbean Sea에서 미·소 간의 핵 충돌 긴장이 고조되는 가운데 케네디John F. Kennedy는 소련의 후르시초프Nikita Khrushchev와 담판하여, 미국이 쿠바를 침공하지 않고 소련이 미사일 수송선단을 철수시키기로 합의했다. 쿠바위기는 양쪽의 공멸을 초래할 핵전쟁은 일어나서도, 일어날 수도 없는 인류의 재앙이란 인식을 함께하는 계기가 되어 기존의 핵보유국 간에 군축회담이 잇달아 열렸다. 그러나 비非핵국가들 사이에선 거꾸로 자국의 안전을 위해 일정수준의 핵무기를 보유할 필요성을 느끼기 시작했다. 이에 1963년 핵을 보유하고 있는 미·소·영 3국 대표들은 모스크바 회담을 열고 부분적 핵실험 금지조약을 체결, 대기권 내와 우주 공간 내, 그리고 수중水中에서의 핵실험을 금지하도록 했다. 지하地下핵실험이 금지대상에서 제외된 것은 지진과 구별할 수 없다는 이유에서였다. 이 조약은 1968년 핵무기확산 방지조약으로 이어졌으나, 독자적으로 핵개발을 추진 중이던 프랑스와 중공中共은 원핵보유原核保有 3국의 핵 독점을 규정한 조약이라면서 조약비준을 거부하고 나섰다. 결국 프랑스와 중공은 핵보유국이 되었고, 인도와 파키스탄도 핵개발에 속도를 냈으며, 여섯 차례의 중동전쟁을 치루고 난 이스라엘도 핵개발의 길로 들어섰다.

　이에 1969년 국제연합은 긴급총회를 열어 핵확산 금지조약을 가

결시켰다. 이 핵확산 금지조약으로 유엔 차원에서 핵무기확산을 금지하는 활동을 적극적으로 벌여나갔으나, 실질적 효과를 거두지는 못했다.

미·소 간의 핵무기 경쟁은 우주개발 경쟁으로 이어졌다. 인공 위성 스푸트니크Sputnik 1호를 발사하는 데 성공한 소련은 1961년 인류 최초의 유인 우주선에 가가린Yurii A. Gagarin 소령을 태워 1시간 29분 만에 지구 상공을 일주하는 데 성공했다. 우주개발경쟁에서 소련에게 기선을 빼앗긴 미국은 1968년 인공위성 아폴로Apollo 8호를 발사, 달 주위를 도는 데 성공했고, 한 해 뒤인 1969년 7월 20일 아폴로 11호를 발사, 닐 암스트롱Neil Armstrong이 인류 최초로 달에 첫걸음을 내딛고 월석月石을 가져왔다. 1971년에는 아폴로 15호를 달에 착륙시켜 전동 월면차로 달 표면 27.84Km를 주행하는 데 성공함으로써 우주개발의 기선을 잡았던 소련을 추월하기에 이르렀다.

또한 이 시기엔 냉전과 해빙이 교차해서 표출되었다. 남북으로 갈라져있던 베트남이 1975년 베트남전쟁을 통해 공산주의 체제로 통일되었고, 1975년 중동의 예멘에서는 남예멘에 공산주의정권이 수립되어 북예멘의 친서방 정권과 대치했는데, 이는 아랍세계에 마르크스·레닌주의정권이 들어선 최초의 사례였다. 그런가 하면 1968년 소련의 위성국가인 동유럽 체코슬로바키아에서는 민주자유화운동이 전국적으로 일어났다. '프라하의 봄'으로 불리는 체코의 민주화운동은 1968년 8월 20일 소련군을 비롯한 바르샤바조약기구 5개국 군대 약 20만 명을 동원하여 무자비하게 진압함으로써 종결되었다. 이에 소련에 대한 국제적 비판이 거세지자, 소련은 제24차 공산당대회를 열고 긴장완화를 모색함으로써 1970년대 이른바 데탕트détente가 시작되었다. 소련은 1970년 8월 서독과 불가침조약을 맺고 1972년에는 미국과 제1차 전략무기제한협정 SALT I을 체결해 지하핵실험 제한에 합의했으며, 1979년에는 미국과 제2

차 전략무기제한협정SALT II을 체결하는 등 유화정책을 구사했다.

1969년 서독에 사민당의 브란트Willy Brandt 정부가 수립되면서 동독에 대한 지원을 골자로 한 동방정책을 선언하고, 1971년 동독에 호네커Erich Honecker정권이 들어서면서 동 · 서독 간의 협상은 물꼬를 트기 시작했다. 마침내 1972년 동 · 서독 간의 동 · 서독기본조약이 체결되고 이듬해 동독 국민들의 서독방송 청취 자유화 조치가 이루어짐으로써, 동 · 서독 간의 사고방식과 생활양식의 이질성이 완화되어 민주적 평화통일의 분위기를 조성할 수 있었다. 동 · 서독 간 통일을 위한 교류와 협력관계를 서독이 중심이 되어 열어나가고 있을 즈음, 1975년 베트남에는 통일 공산정권이 들어섰다.

이 시기에 세계의 변화의 중심에 선 것은 아시아였다. 변화의 주역은 일본과 인도, 그리고 중공이었다. 6 · 25전쟁 특수로 경제를 다시 일으킨 일본은 1956년 소련과의 국교를 정상화시켜 유엔에 가입했으며, 1960년 미 · 일 안보조약을 미 · 일 군사동맹으로 수정 · 체결했다. 1964년에는 아시아에서는 처음으로 제18회 도쿄 올림픽을 개최했으며, 1972년에는 다나카田中角榮 수상이 중공을 방문, 일 · 중 국교를 정상화시키고 대만과의 조약을 파기했다. 또한 1960년 일본은 미 · 일 안보조약 개정에 따라 1954년에 만들어진 자위대自衛隊가 일본 방위만이 아닌 주일 미군의 방위까지 떠맡게 된 것을 계기로 군비증강에 박차를 가해 급속히 세계 유수의 군대로 성장했다.

6 · 25전쟁에 개입해 군사력과 국제적 영향력을 키운 중국은 미국과 소련의 패권주의, 특히 국경분쟁을 일으키고 있는 소련의 팽창주의에 맞서기 위해 '제3세계론'에 입각한 외교정책을 구사했다. '제3세계론'은 중국의 등소평鄧小平이 1974년 유엔총회연설에서 공식적으로 사용했다.

미국과 소련이 제1세계이고, 서유럽 국가들과 캐나다, 일본 등 발달된 선진공업국들이 제2세계이며, 나머지 지역의 개발도상국들이 제3세계이다. 중공을 비롯한 제3세계는 제2세계와 힘을 합쳐 미·소의 패권주의에 대항해야 하고 특히 최근 세계대전의 책원지가 되고 있는 소련의 패권주의를 견제하기 위해 미국과도 손을 잡을 필요가 있다.

이미 중국은 미국의 닉슨Richard Nixon대통령을 초청, 1972년 상하이 공동선언을 발표하고 향후 양국관계의 진전을 위해 노력하기로 합의했다. 마침내 1979년 미·중 국교정상화가 이루어지면서 미·대만 방위조약이 폐기됐으며, 등소평과 먼데일Walter F. Mondale 부통령이 상호 방문한 끝에 1980년 미국이 중국에 20억 달러의 차관을 제공했다. 미국과 중국이 이처럼 서둘러 국교정상화를 이룬 것은 동남아시아에 대한 소련의 팽창정책을 저지하려는 미·중 양국의 속셈이 맞아 떨어졌기 때문이었다.

소련의 지원 아래 베트남 적화통일을 추진하고 있는 북 베트남의 호치민胡志明, Ho Chi Minh은 중국에게는 턱밑의 불씨였다. 1961년 프랑스를 대신해서 남베트남에 정규군을 파견한 미국은 1964년 이른바 통킹만 사건Gulf of Tonkin Incident이 발발하자 지상군 파견 규모를 54만 명으로 크게 늘리는 한편, 1965년 북베트남에 대한 폭격을 시작했다. 이 통킹만 사건으로 미국의 월남전 개입 서막이 올라간 것이다. 한국을 비롯한 태국·호주·뉴질랜드·필리핀 등이 지원군을 파견했는데, 특히 한국군이 혁혁한 전공을 세웠다. 전쟁은 1970년 캄보디아와 1971년 라오스까지 확대되어 제2차 인도차이나 전쟁의 양상을 띠었다.

그러나 미국 내의 반전여론이 거세게 일어나서 1973년 전쟁 종결과 평화회복에 관한 파리협정이 체결되었다. 하지만 북베트남은 이 협정을 지키지 않고 1973년 미군이 철수하자, 남베트남 정부를 밀어내고 1975년 베트남 통일 공산정권을 수립했다. 베트남 공산화는 곧장 크메르루즈Khmer Rouge의 프놈펜 공산화와 라오스 공산화로 이어졌다. 이에 중국은 소련의 후원을 받는 베트남의 팽창주의를 저지하기 위해 동남아시아 국가들과의 접촉과 외교를 적극 추진했다. 특히 중국은 1977년 비동맹중립정책을 구사하는 미얀마에 접근, 외교관계를 체결했다. 중국은 1979년 미얀마의 카수상의 중국방문 때 1억 위안의 원조를 주며 경제기술협정을 체결했다.

1
박정희 정부의
산업화 전개

　　장면 정부가 이끄는 제2공화국 말기의 상황은 참여과잉의 민주화 물결을 타고 좌파 정치인과 언론인들이 다시 전면에 나서서 데모와 파업을 주도했다. 북한의 대남 평화공세와 선동이 남한의 정치적·사회적 혼란을 더욱 증폭시켰다. 정부의 허술한 대북경계로 북한 간첩들이 대거 남파되어 시위대열 속에서 인민공화국 찬양과 김일성 만세 소리가 들렸다. 국민들의 불안이 커지기 시작했다. 4·19혁명으로 민주정부가 들어선 지 1년 만에 재연再燃되는 전 국민의 총체적 불안을 일단의 군인들이 주시하고 있었다. 박정희를 중심으로 한 초급장교들이었다. 마침내 박정희는 1961년 5월 16일 반공 구국의 깃발 아래 '군사혁명'을 일으켰다.

　　박정희는 어떤 인물인가? 박정희는 만주 군관학교와 일본 육군사관학교를 졸업, 일본군 중위를 지냈고 건국 직후 1948년 10월 19일 일어난 '여·순 반란사건'에서 남로당 당원으로 군 반란에 참여했다가 전향, 반란조직을 제보해서 살아남은 친북좌파였다. 이 같은 그의 출신성

분만으로 본다면, 박정희는 대한민국의 리더는커녕 국민의 한 사람이 되는 것도 용납되기 어려운 사람이었다. 그러나 전향 이후 박정희는 대한민국의 군인으로 국가 안위와 국토방위에 전념하면서, 군대 내 부패와 정부의 부정, 그리고 북한의 대남 도발의 심각성을 목도하고 대한민국의 앞날을 걱정했다. 더 이상 방치할 수 없는 정치적 불안과 사회적 혼란, 좌파의 득세로 증폭되어가는 국민적 위기의식을 포착, 동지를 규합해 혁명을 일으켰다. 이른바 '5·16 군사혁명'이다.

박정희는 "단호하고 투명한 개혁과 반공체제 구축, 사회안전망 확립 그리고 경제 부흥에 의한 국민생활 조건 향상" 등을 '혁명공약'으로 제시, 국민으로부터 혁명의 정당성을 사후 승인을 받았다. 1년 전 이승만의 문민독재를 반대하면서 장면 정부의 자유와 민권신장 정책을 지지했던 다수의 국민은 이젠 반대로 장면 정부의 참여확대 정책을 비판하면서 박정희의 질서와 사회 안정과 발전공약에 기대를 걸게 된 것이다. 이 같은 민심의 변화는 참여과잉이 빚어낸 국가적 위기체제를 치유하려는 시대적 요청이라 하겠다. 즉 이승만의 통치과잉이 장면의 참여정부를 만들었고, 장면의 참여과잉이 다시 박정희의 통치중심 체제를 만드는, '통치와 참여의 주기적 변환'이라는 대한민국 정치 발전사의 중요한 원칙이 이로부터 시작이 되었다. 혁명군이 서울 중앙방송을 통하여 발표한 '혁명공약'에는 거사의 이유와 앞으로 혁명정부가 추진할 정책과제들이 다음과 같이 제시되어 있었다.

1. 반공을 국시의 제일의第一義로 삼고 지금까지 형식적이고 구호에만 그친 반공태세를 정비·강화한다.
2. 유엔헌장을 준수하고 국제협약을 충실히 이행할 것이며 미국을 위시한 자유우방과의 유대는 더욱 공고히 한다.

3. 이 나라 사회의 모든 부패와 구악을 일소하고 퇴폐한 국민도의와 민족정기를 바로잡기 위하여 청신한 기풍을 진작시킨다.
4. 절망과 기아선상에서 허덕이는 민생고를 시급히 해결하고 국가자주경제 재건에 총력을 기울인다.
5. 민족의 숙원인 국토통일을 위하여 공산주의와 대결할 수 있는 실력 배양에 전력을 기울인다.
6. 이와 같은 우리의 과업이 성취되면 참신하고도 양심적인 정치인들에게 언제든지 정권을 이양하고 우리들은 본연의 임무에 복귀할 준비를 갖춘다.

혁명군은 정부와 국회를 해산시키고 입법·행정·사법의 3권을 모두 군사혁명위원회로 귀속시켰다. 군사혁명위원회는 5월 19일 국가재건최고회의로 개칭되었다. 국가재건최고회의는 의장이 장도영張都暎, 부의장이 박정희였으나, 실질적인 지도자는 박정희였다. 두 달 뒤 장도영은 반혁명으로 몰려 거세되고 박정희가 혁명의 명실상부한 주도자로 부상했다. 박정희는 혁명공약에 제시된 5대 과업을 동시다발로 강력히 추진했다. 국민의 질타를 받는 정치인들의 정치활동이 금지되고, 좌파 정치인과 언론인들이 무더기로 심판을 받았다. 부정선거 관계자들, 부정축재자들 또한 심판을 받고 재산은 국고에 환수되었다. 특히 사회혼란의 주범이었던 정치깡패와 조직 폭력배를 일망타진, 정치인들이 벌벌 떨었다는 이정재李丁載는 정치폭력의 죄목을 가슴에 달고 종로거리를 끌려 다닌 뒤에 사형이 집행되었다. 반공을 혁명의 제1목표로 내건 박정희는 혁명공약을 발표한 지 사흘 뒤부터 전국의 친북 좌파세력을 검거하는 소탕작전을 폈다. 데모가 사라지고 깡패들의 횡포가 없어졌으며 좌파운동가들이 자취를 감춘 사회는 실로 오랜만에 안정을 되찾았다.

박정희는 2년 뒤 정권을 민간에 이양할 것을 약속하고 다음 정부의 골격을 대통령중심제로 바꾸기로 한 후 헌법 개정작업에 들어갔다. 이 헌법 개정안에 따르면, 장면 정부의 내각책임제와 양원제를 폐지하고 대통령 중심제와 단원제로 복귀하도록 돼 있었다. 그런데 내각책임제 요소가 많이 가미된 제1공화국의 대통령중심제보다 대통령의 권한이 한층 강화된 새로운 대통령중심제였다. 대통령은 긴급명령권, 긴급재정·경제처분권 등 강력한 권한을 가졌다. 정당 대표를 겸임함으로써 정당을 통한 국회 지배도 가능해졌다. 대통령은 국회 동의 없이 국무총리를 임명할 수 있고, 국무회의를 단순한 심의기구로 만들어 대통령이 구속받지 않게 했다. 국회는 국무총리와 국무위원에 대한 불신임권이 없고 해임건의권만 갖도록 했다. 그래서 대통령도 국회해산권이 없었다. 헌법재판소가 없어지고 대법원이 위헌 법률심사권과 정당해산권을 가졌다. 특히 대통령 자문기구로 경제과학 심의회의와 국가안전 보장회의가 신설되었다.

　　이 같은 제3공화국 개정헌법안은 1962년 12월 17일 국민투표로 확정되었고, 1963년 10월에는 대통령 선거가 실시되었다. 여기서 이변이 일어났다. 2년 뒤 민간에 정권을 이양하겠다는 약속을 깨고 박정희는 군복을 벗었다. 그리고 민주공화당 후보로 대통령 선거에 출마해 민정당 후보 윤보선을 15만 표 차로 이겼다. 제3공화국이 출범한 것이다. 1963년 12월 19일 박정희 대통령이 취임함으로써 통치중심의 제3공화국 정부가 출범했다. 군인으로서 국민에게 한 약속을 깬 데 대한 저항이 당연했던 바, 군부로 다시 돌아간다는 일부 쿠데타 세력의 역逆쿠데타 계획이 이규광李圭光·박임항朴林恒·김동하金東河·박창암朴蒼巖 등을 중심으로 기도되었으나 사전에 적발되어 이규광과 박임항에겐 사형이 선고되었다.

대통령에 취임한 박정희는 한·일 국교정상화와 월남 파병작전을 동시에 추진해서 경제개발을 위한 자금마련과 해외진출을 꾀했다. 박정희는 일본과의 국교정상화를 야당과 학생들의 격렬한 반대를 무릅쓰고 진행시켰다. 1964년 6월 3일 2만여 학생들이 주축이 되어 일어난 한·일회담 반대데모로 유혈사태까지 빚었으나, 국교 정상화 회담은 마침내 1965년 6월 22일 한·일기본조약과 부속협정의 체결로 매듭이 지어졌다. 많은 희생을 무릅쓰고 체결된 한·일 국교정상화로 일본으로부터 받은 대일청구권 자금은 무상 3억 달러와 유상 2억 달러 등 5억 달러였고, 별도 민간차관이 1억(3억으로 증액) 달러였다. 이른바 '김종필金鍾泌·오히라大平正芳' 메모에 의해 일본으로부터 받아낸 청구권 자금 5억 달러는 포항제철 건설을 비롯해 경부 고속도로, 소양강 다목적댐, 상수도 확장, 한강 철교복구, 영동 화력발전소 건설, 철도시설 개선, 농림어업 개발 등 주요 경제개발 사업에 요긴하게 사용되었다.

　　이 자금은 한국의 경제발전에 밑거름이 됐지만 한·일 기본 조약에 따라 전관수역 12해리 밖을 공동어로 규제수역으로 합의함으로써 이승만 대통령이 선포했던 평화선이 폐지되는 실수를 저지르고 말았다. 이 평화선 폐지로 말미암아 훗날 일본의 독도 영유권과 중국의 이어도 영유권을 주장하는 빌미가 되어 한·중, 한·일 간 영토분쟁이라는 긁어 부스럼을 만들고 말았다. 이야말로 국가 경영을 책임지는 정부와 정부의 최고 책임자의 판단 실수가 국익을 훼손하고 공연한 분쟁의 불씨를 남긴다는 뼈아픈 교훈이 되고 있다.

　　1964년 미국은 주한미군의 일부를 월남전에 돌리겠다고 한국정부에 통보해왔다. 주한미군의 일부 감축은 북한의 대남 도발이 격화되는 당시의 상황에서 안보위기를 촉발할 수 있는 사안이었다. 왜냐하면 주한미군 2사단과 7사단 중 일부 병력의 베트남전 투입은 북한의 남침 시 자동개입을 보장하는 미군의 인계철선引繼鐵線 기능을 크게 약화시킬 터였기 때문이다. 그래서 박정희는 한국군을 대신 파견하기로 하고 1964년 10월 월남과 한국군 파병 협정을 체결했다. 그리고 1965년 한·미 정상회담에서 월남 파병 조건으로 주한 미군의 계속 주둔과 북한군의 재 남침 시 미군의 자동개입, 상응하는 군사지원과 1억 5,000만 달러의 AID 차관 제공 등을 요청했다. 이 같은 요구사항들은 받아들여졌고 1966년 6월 이른바 '브라운Brown 각서'에 담겨져 한국 측에 전달되었다. 이 밖에 브라운 각서에는 주월 한국군의 유지비용을 원화로 한국 측 예산에 지원하고 일본에서 조달해온 주한 미군용 물자 일부분을 한국으로 돌리며 주월駐越 한국군의 소요 물자와 월남군의 일부 소요 물자를 한국에서 조달하도록 했다. 이어 1966년 열린 한·월 각료회담에서는 한·월 합작회사를 설립, 월남의 후방 건설 공사에 한국 건설업체들이 참여하고 외국 기술자 채용 시 한국인을 우선하며 사이공에 한국은행 지점을 설치, 한국으로의 송금을 자유롭게 했다. 이로써 10억 달러의 외화 수입을 올리고 1962년 1억 2,000만 달러였던 수출규모가 10년 후인 1972년에는 13.5배나 늘어난 16억 2,400만 달러로 급증했다.

1965년부터 1973년까지 월남 참전 8년 동안 총병력 31만 2,853명 파견되어 대대급 이상 작전 1,100회를 비롯하여 소부대작전 57만여 회를 통해 수많은 전과를 올렸다. 또한, 대민지원 봉사사업도 활발하게 전개, 3,500여 채의 건물과 1,700km의 도로망을 건설했으며, 600만 주민들에게 우의를 베풀기도 했다. 전사 5,000여명, 부상 1만 5,000여명의 큰 희생을 치른 월남전은 안보와 경제발전에 크게 기여하고 중동 특수로 이어져 수출 증대, 고도성장의 기폭제가 되었다. 그러나 한편 가족이 희생되고 그것도 내 나라가 아닌 남의 나라 전쟁의 총알받이가 되어 고귀한 생명을 잃었다고 생각하는 국민들은 계속해서 월남전 파병을 반대했다.

　　한·일 국교 정상화 반대 때도 그랬듯이 데모의 선봉은 언제나 젊은 학생들이었다. 박정희 정부는 한·일 국교 정상화와 월남 파병에 반대하는 시위가 수그러들지 않자, 1965년 8월 26일 서울 지역에 위수령衛戍令을 발동하고 고려대학교와 연세대학교에 휴교령을 내려서 공권력으로 질서를 잡았다. 1967년 4월 제6대 대통령선거를 앞둔 1965년 5월 3일 야당은 민주당과 민정당이 합당, 민중당을 창당했고, 다시 1967년 2월 7일에는 민중당과 민한당이 합당해 신민당을 창당해서 윤보선尹潽善을 후보로 내세웠다. 공화당의 박정희와 신민당의 윤보선이 맞붙은 두 번째 대결에서 박정희가 재선에 성공해 1967년 7월 제6대 대통령에 취임했다. 박정희는 경제개발에 더욱 박차를 가해 마산 수출자유지역을 세우고 전장 428Km에 달하는 경부고속도로를 준공했다. 또한 제2차 경제개발계획(1967~1971)을 추진해 제1차 계획에 이어 경공업의 발전과 사회 간접자본 확충에 수력했다. 이 기간의 경제성장은 괄목할 만했다. 연평균 경제성장율은 9.6%에 달했고, 수출증가율도 28.0%를 기록했다.

　　높은 경제성장에 힘입어 국민들의 생활조건이 향상되자, 박정희에 대한 일반 국민의 지지도가 조금씩 높아갔다. 이에 자신감을 얻은 박정희는 세 번째 출마를 결심, 헌법상 3선 금지규정을 폐지하기 위한 헌법 개정안을 국회에 냈다. 그러나 학생들의 3선 개헌 반대 데모가 연일 격하게 일어나고 야당의원들이 국회 본회의장을 점거 농성에 돌입했다. 이에 민주공화당 국회의원들은 1969년 9월 14일 새벽에 국회 제3별관에 모여 헌법 개정안을 전격적으로 통과시켰다. 이것이 역사 흐름의 대세였는지 아니면 무리수의 극치였는지는 훗날 역사가 냉정한 판단을 내릴 것이다. 여하튼 국회를 통과한 헌법개정안은 1969년 10월 17일 국민투표에서 가결되었다.

공화당 대통령후보 박정희와 신민당 대통령후보 김대중金大中의 대결로 치러진 1971년 4월 제7대 대통령선거에서는 박정희가 다시 당선되었다. '군사쿠데타'로 정치 무대에 등장, 연이어 선거를 통해 집권을 한 박정희는 무소불위의 통치 수장이 되어가고 있었다. 끊이지 않는 반대의 목소리를 들으면서도 집권 이후 이룩한 부국강병의 결과물로 해서 박정희시대 권위주의 통치의 약점이 어느 정도 상쇄되곤 했다. 그러나 못을 잘못 박으면 못을 빼도 못 자국은 남는다. 군사혁명을 일으킨 당초 "웬만큼 질서가 잡히고 사회가 안정을 찾으면 다시 군으로 돌아가겠다"고 한 공약을 파기했을 뿐 아니라, 헌법을 고쳐가면서까지 장기 집권함으로써 민주정치의 기본 정신을 훼손한 데 대한 과오는 지워지지 않을 것이다. 박정희의 장기 집권을 반대하는 학생데모가 격화되고 월남의 공산화가 임박해갈 때 분단 후 처음으로 '남북 이산가족 찾기'를 위한 남북적십자회담이 열렸다. 반공 제일주의자 박정희에게 국내외 복잡하게 돌아가는 국내 상황이 결코 달갑지 않았고 불안하기까지 했다.

박정희는 위수령에 이어 1971년 12월 6일 국가비상사태를 선포하고 '국가보위에 관한 특별조치법'을 제정했다. 6개 항목으로 된 국가비상사태 선언에는 사회 불안요소 제거와 안보를 위한 일부 자유 유보 등이 포함되어 있었다. 집권 여당인 공화당 내에서도 우려의 목소리가 높아졌지만 어느 누구도 그의 권력에의 집념을 꺾지 못했다. 권력욕을 버리지 못한 박정희는 계속 독단의 결정을 내렸다. 1972년 8월 3일 경제발전을 위한다는 명목으로 '경제안정과 성장에 관한 대통령 긴급명령 제15호'를 발령해서 기업들의 사채를 동결한 뒤 1972년 10월 17일 비상계엄을 선포해 국회를 해산하고 비상 국무회의를 열어 유신헌법維新憲法안을 통과시켰다. 유신헌법에 따라, 대통령은 하루아침에 입법·사법·행정 3권을 장악·행사하는 절대적 권력자로 둔갑을 하고 말았다.

유신헌법에 의해 대통령은 지역구 국회의원의 3분의 1에 해당하는 유신정우회維新政友會 소위 유정회維政會 국회의원 임명권을 갖고, 국회 해산권과 긴급조치권을 보유행사 할 수 있었으며, 대법원장 임명권도 가졌다. 유신헌법이 국민투표로 확정되고 이 헌법에 따라 1972년 12월 15일 통일주체국민회의 대의원선거가 실시되었으며, 12월 23일 2,395명의 대의원들에 의해 단일후보로 출마한 박정희가 제8대 대통령으로 선출되었다. 마치 정해진 수순과 각본에 따라 치르듯 하는 선거로 박정희에게 사실상 영구집권의 길이 열린 셈이었다. 유신헌법의 '유신'이라는 단어가 어디에서 나왔을까? 혹 일본 메이지유신明治維新의 유신에서 착안을 한 것은 아닐까? 필자의 짐작이긴 하나 분명한 것은 메이지유신의 유신과 박정희의 유신의 속뜻은 다르다. 여하튼 박정희의 유신헌법으로 해서 대한민국의 민주주의는 또 한 번 뒷걸음질 치게 되었다. 명분이 무엇이든 박정희가 택한 유신독재의 행보가 대한민국의 민주주의를 한참 퇴보하게 했고 국민의 자유로운 선택을 가로막는 반민주적 실치행데였음을 극명하게 드러냈다. 또한 "나 아니면 안된다"는 정치가의 독선이야말로 자신뿐 아니라 온 국민 모두에게 불행을 가져다 줄 수 있는 위험한 사고임을 여실히 보여준 것이다.

격렬한 반대를 뚫고 유신대통령이 된 박정희는 1973년 1월 12일 첫 연두기자 회견에서 중화학공업확충과 수출 증대를 선언했다. 그해 박태준朴泰俊이 주도한 포항제철이 준공되고 1975년에는 정주영鄭周永이 주도한 현대조선소도 준공되었다. 특히 산업의 기초가 되는 포항제철의 건설은 중화학공업의 비약적인 발전에 원동력이 되었다. 연산 103만 톤 규모로 준공된 포철은 5년 뒤인 1978년에 550만 톤 규모로 증설되었다. 유례없이 단기간에 세계적 수준의 제철공장을 건설한 이른바 '포항제철 신화'는 박정희의 절대적 신임 아래 박태준 주도로 이뤄졌다. 삼성(이병철),

현대(정주영), 럭키금성(구자경), 선경(최종현), 대우(김우중), 쌍용(김성곤), 한화(김종희), 한일(김택수)등 대기업그룹들은 각각 종합무역상사를 설립, 수출증대에 총력전을 폈다. 마침내 1977년 한국의 수출총액은 100억 달러를 돌파했다. 경제개발계획이 시작된 1962년엔 5,000만 달러에 머물던 연간 수출액이 1970년에 10억 불로 늘어났다가 불과 7년 만에 100억 달러를 넘어선 것이다. 1972년에서 1976년 사이 연평균 경제성장율은 9.7%였고, 수출증가율은 32.4%에 달했으며, 1977년에서 1981년 사이 연평균 경제성장율은 6.1%였고, 수출증가율은 24.9%에 달했다.

　　박정희 정부 치하의 이 같은 괄목할 만한 경제성장은 개방과 자유무역에 입각한 세계화 정책을 처음부터 줄기차게 추진한 결과였다. 박정희 정부는 적극적인 외자도입 정책을 구사, 경제개발에 필요한 자금을 마련했으며, 개도국의 경제개발을 위해 무역혜택을 부여하는 국제연합무역개발회의UNCTAD: United Nations Conference on Trade and Development에서도 우호적인 지원을 받았다. 외자도입 방식은 정부의 지급보증을 통해 민간 기업들이 주체가 되어 도입하는 방식이었다. 박정희 정부는 수출과 관련된 모든 경제활동을 지원해 기업들로 하여금 수출증대를 위해 총력전을 펴도록 독려했다. 또한 1967년 국제무역질서인 '관세와 무역에 관한 일반협정General Agreement on Tariffs and Trade', 즉 가트GATT에 가입해 세계화의 길로 성큼 뛰어들었다. 가트에 가입함으로써 수입규제의 장벽들을 제거해야 하는 위험은 따랐지만 동시에 세계 시장으로의 진출이 수월해지는 효과를 얻었다.

　　박정희 정부는 자칫 산업화 성공의 그늘에 가려지기 쉬운 환경문제와 국민복지 증진 문제 등에도 정책적 배려를 소홀히 하지 않았다. 산업화 추진과 함께 국민의 복지 증진을 주요 정책과제로 추진, 1961년에는 생활보호법, 1963년에는 의료보험법을 제정해 기초생활보장 및 의료보장의 기본 틀을 만들었으며, 1964년 근로자를 위한 산재보험제도를 광업과 500인 이상 제조업장에 시행했다. 그 밖에 사회보장에 관한 법률, 산업재해보상보험법, 재해구호법, 공해방지법, 환경보전법, 공무원 연금법, 군사원호 보호법 국민연금법 등 사회보장제도의 기초가 되는 각종법령들이 속속 제정되었다. 그러나 이런 국민복지와 근로조건 향상을 위한 조치들이 있었지만, 산업화의 속도에 비해 개선 속도가 늦어져서 1970년 청계천 피복공장의 노동자 전태일全泰壹이 분신자살하는 사건이 터지기도 했다. 전태일은 "노동자는 기계가 아니다"라고 외치며 분신함으로써 노동운동의 새 국면을 열었다. 또한 산업화의 속도를 따르지 못해 울산과 온산 등 공업지역의 폐수와 폐기물처리에 심각한 문제가 야기되었다.

하지만 박정희 정부의 산림보호정책은 바로 큰 실효를 거두었다. 산림녹화사업을 주요정책으로 설정해 1961년 산림법을 제정하고 주민들이 산림계를 조직하도록 해 조림과 보호를 책임지도록 했다. 그 후 1973년 치산녹화 10개년 계획을 수립해, 100정보에 나무심기를 마쳤고, 1970년 난개발을 방지하기 위해 도시지역 주변에 개발제한구역, 즉 그린벨트greenbelt를 설정해 1977년까지 전국 14개 신도시권에 국토의 5.4%에 해당하는 면적을 그린벨트로 묶었다.

산림보호정책에 이어 다음으로 눈여겨볼 것은 '새마을 운동'이다. 산업화와 도시화의 물결에 밀려 농어촌과 농림수산업은 상대적으로 낙후되어 있었다. 이승만 정부의 농지개혁으로 농민들의 생산의욕은 크게 높아졌으나, 영농규모의 소형화와 인력과 농우農牛 중심의 영농방식은 농업소득을 늘리는 데 제한적이었다. 1970년대의 농가소득은 도시가구 소득의 75%수준에 머물렀고 농촌생활 환경 또한 매우 열악했다. 마침 과잉생산에 의한 시멘트의 재고량이 급증하자 농어촌 개발 투자로 돌파구를 마련하고자 정책전환을 계획하고 있을 즈음, 박정희는 부산에서 열린 '한해대책 지방장관회의'에서 주민들의 자발적 참여로 수해를 극복한 사례를 들며 새마을 운동의 첫 종을 울렸다.

새마을 운동은 농촌 주거환경 개선사업에서부터 시동을 걸었다. 전국 3만 3,000여 개 모든 마을에 355포대씩 정부로부터 시멘트가 일률 지급되고 주민들이 자발적으로 마을길을 닦고 지붕을 개량하는 일을 했다. 이때 1만 6,000여개 마을이 성과를 거둔 것으로 나타나자, 정부는 그중 공동사업의 성과를 거둔 마을들을 선정해 다시 시멘트 500포대와 철근 1톤씩을 지원했다. 정부는 주민들의 참여도에 따라 기초마을, 자조마을, 자립마을의 3단계로 분류, 마을 사이의 경쟁을 유도했다. 박정희는 "새벽종이 울렸네, 새아침이 밝았네"로 시작되는 새마을 노래를 직접 작사하고 잘 살아보자는 "근면·자조·협동"의 새마을정신을 적극 고취했다. 그 결과 처음에는 농촌환경 개선사업으로 시작된 새마을운동이 농가소득 증대사업으로 확산되고 나중엔 전 국민의 정신개조운동으로 확대되었다.

새마을운동과 함께 4대강 유역 종합개발계획을 추진해서 수리 안전답을 크게 늘리고 경운기·탈곡기 등 영농기계화로 미곡의 생산성을 높였다. 특히 필리핀 미작연구소와 공동으로 개발한 다수확품종 '통일벼'의 보급으로 쌀 생산량은 1960년 2천만 석에서 1977년 4천만 석으로 배증했다. 1970년부터 1981년까지 새마을운동에 투입된 돈은 5조 2,583억 원, 이 중 정부부담은 51%였고, 주민부담은 49%였다. 그 결과 농가 소득이 1971년 도시근로자 소득의 29%에서 1982년에는 103%로 늘어남으로써 농가 소득이 도시근로자 소득을 능가하게 되었다.

박정희 정부의 산업화 성공은 한국경제의 북한경제에 대한 열세를 우세로 바꿨고, 부국강병의 토대인 경제의 성장 축을 확고히 마련하는 계기가 되었다. 그에 반해 정치의 성장 축은 여전히 삐걱대고 있었다. 3선 개헌에서 유신헌법에 이르는 장기집권의 어두운 그림자로 인해 정치인 박정희는 오늘까지도 어느 지도자보다 명암이 극명하게 대비되는 평가를 받고 있다. 유신헌법에 의해 유신 대통령이 된 정치인 박정희는 유신철폐와 민주화를 요구하는 야당과 학생들의 항의집회를 1호에서 9호에 이르는 연이은 긴급조치 발동으로 제압하고 반대세력을 체포·구금하는 공포정치를 행했다. 그 와중에 월남이 공산화가 눈앞에 다가온 1973년 3월 7일 주월 한국군이 황급히 철수하고, 1976년 8월 18일 판문점에서 북한군이 미군장교 2명을 도끼로 죽이는 8·18 도끼만행사건이 터졌으며, 1976년 11월 주한미군 철수를 선거공약을 내걸고 당선된 카터Jimmy Carter 미국 대통령은 박정희 정부의 인권탄압을 비판하면서 취임 즉시 3단계 주한미군 철수 안을 발표했다.

내부의 격렬한 저항, 연이은 외부의 악재들은 독선으로 치닫던 박정희에 대한 경고였을까? 박정희는 1979년 10월 26일 부국강병의 상징이라고 할 수 있는 삽교천 방조제 준공식과 국산 미사일의 성공적인 발사실험을 잇달아 참관하고 돌아온 저녁식사 자리에서 평소 유신반대 시위에 대해 온건대응을 주장하던 당시 중앙정보부장 김재규金載圭가 쏜 총탄에 목숨을 잃었다. 그로써 18년 박정희의 장기집권은 끝났다. 박정희를 암살한 김재규는 훗날 신군부에 의해 사형이 집행되었다. 정치를 정도正道를 따라 일관되게 행하지 못함으로 인해 그간 인간 박정희가 분진奮進하여 이룩한 공적들이 희석되고 만 안타까운 우리 현대사의 한 장이다.

2

최규하 정부의
민주화 전개

최규하 정부는 정치적 · 사회적 혼란을 안정시키는 것이 가장 시급한 과제였다. 박정희의 갑작스런 사망으로 자유와 민권을 요구하는 민주화 물결이 다시금 거세게 밀려들었고, 김영삼金泳三 · 김대중金大中 · 김종필金鍾泌 소위 3김이 주도하는 민주화운동은 갈수록 유신철폐와 참여확대를 요구하는 시위와 농성으로 확대되어 갔다. 최고통수권자의 유고有故는 곧 안보 공백과 직결되었으며, 이로 인해 군부 내 파벌 간 헤게모니 쟁탈전이 치열하게 벌어졌다. 이 쟁탈전은 1979년 12월 12일 이른바 12 · 12사태로 번져 계엄사령관인 육군참모총장 정승화鄭昇和가 제거되고 전두환 · 노태우 중심의 하나회 그룹이 군부의 실권을 장악했다. 새로운 권력으로 등장한 신군부는 먼저 박정희 살해범 김재규와 그 수하들에 대한 사형을 집행하고, 최규하 대통령 권한대행을 내세워 막후에서 정치 · 사회 각 부분에 대한 통제력을 강화해나가기 시작했다.

최규하는 신군부의 지원 아래 1979년 12월 6일 통일주체 국민회의에서 제10대 대통령에 당선 · 취임한 다음 날 긴급조치 9호를 해제해 구속자들을 석방했다. 1980년에 접어들면서 신민당 총재 김영삼이 계엄 해제와 복권 등을 촉구하자, 최규하 정부는 이들 요구에 부응, 1980년 2월 27일 정치활동이 금지되었던 김대중 등 정치인들을 모두 복권시켰다. 이를 계기로 이른바 '서울의 봄'으로 불리는 대대적인 민주화 집회와 시위사태를 빚었다. 당시 최규하 정부는 대통령 중심제와 내각 책임제를 혼합한, 이른바 이원집정부제二元執政府制로의 헌법 개정을 검토하고 있었다. 이에 대해 야당은 박정희 유신체제의 변형이라며 강력히 반대하고 나섰다. 최규하 참여정부는 일단 개헌 계획을 접고 정국의 추이를 지켜봤다.

1980년 4월에 들어서면서 전국적으로 학원 소요사태가 일어나서 19개 대학이 휴교하고 24개 대학에서 철야농성을 벌였으며 55개 대학에서 어용교수 퇴진과 시설확충을 요구하는 데모가 일어났다. 그런가 하면 4월 21일 강원도 사북에서는 광부 700여 명이 유혈폭동을 일으켜서 사상자까지 나왔고, 4월 29일 부산 동국제강에서는 노동사 선어 빙이 임금 인상을 요구하면서 방화 등 폭력 시위를 벌였으며, 5월 7일에는 동명목재 노동자들도 농성투쟁에 들어갔다. 그야말로 온 나라가 데모 세상이 되었다. 5월15일 서울역 광장에 모인 10만여 명의 시위대가 청와대를 향해 이른바 '민주화 대행진'을 시작했다. 이 과정에서 정부는 시위대에게 최루탄을 투척하고 시위대는 시내버스를 탈취해 경찰저지선을 뚫고 돌진했다. 수많은 부상자가 나고 서울시내는 완전히 마비상태가 되었다. 직장인들은 수십 킬로미터를 걸어서 퇴근했다.

데모로 날이 새고 데모로 날이 지는 데모세상에서 시민들의 불편과 고통이 자심했다. 참여 과잉의 병폐를 규탄하는 목소리가 커지자 신군부는 이를 기회로 삼아 전국에 계엄령을 내렸다. 김대중·김종필·문익환文益煥·김동길金東吉 등 정계·종교계·학계의 지도자들이 체포되고 김영삼은 가택연금 되었다. 이 무렵 최규하 대통령은 중동 산유국들을 돌며 자원외교를 전개하고 있었다. 신군부는 특히 김대중 전 대통령 후보의 지지 기반이었던 광주에서 일어난 시민과 학생의 시위가 격렬해지자 5월 18일 계엄군을 광주 시내로 진입시켜 시위대를 제압했다. 이 과정에서 시위대와 계엄군 사이에 총격전이 벌어져 엄청난 사상자를 냈다. 민간인 166명이 죽고 47명이 실종, 군인 43명, 경찰관 4명이 사망했다. '광주사태'는 전두환 통치 정부의 출범에 결정적 기회를 안겨주었지만, 훗날 '광주 민주화운동'으로 개칭되면서 전두환 정부는 '국가 통수권을 찬탈한 정부' 내지 '반민주화 행위를 한 정부'라는 오명을 얻게 되었다.

신군부는 1980년 5월 31일 치안유지와 국민생활안정을 이유로 국가보위비상대책위원회國家保衛非常對策委員會 세칭 '국보위'라는 새 기구를 설립하고 상임위원장에 전두환을 추대했다. 이때부터 국보위는 무소불위의 권력을 행사하기 시작했다. 계엄사령부는 김종필·이후락李厚洛 등 구 정치인들의 부정축재 액수를 853억이라고 발표하고 이를 국고로 환수했다. 국보위는 7월 30일 교육 정상화 및 과열과외 해소방안을 발표하고, 7월 31일에는 문공부에 등록된 172개 정기간행물 등록을 취소한데 이어 8월 19일에는 617개 출판사의 등록을 취소했다. 국보위는 8월 19일 중공업 분야의 투자조정안을 발표하는 등 마치 선거로 새로운 정부가 들어선 듯, 연일 새로운 정책을 쏟아냈다.

이 과정에서 최규하 대통령이 8월 16일 대통령직을 석연치 않게 사퇴했다. 이어 통일주체국민회의가 8월 27일 임시전체회의를 열고 전두환을 제11대 대통령으로 선출했다. 이로써 최규하 정부는 통치의 소임을 제대로 수행해보지도 못한 채, 혼란과 무질서 속에 짧은 수명을 마쳤다. 최규하 정부의 열 달 남짓한 존속기간에 석유파동의 여파와 국내

정치·사회적 불안정이 겹쳐서 1960년대 초반 이후 지속돼오던 고도성장추세가 처음으로 꺾여 1.5%의 마이너스 성장을 보였다. 거기에 시종 신군부의 막후 실력행사에 시달리다가 다시 통치중심의 5공체제로 이어졌다. 결국은 최규하의 제4공화국은 장면·윤보선의 제2공화국처럼 자유와 민권의 무한신장이라는 민주화의 한마당 잔치마당을 제공한 것으로 소임을 다한 정부로 마감을 하고 말았다. 그러나 민주주의는 잔치만으로 민의를 대변할 수 없다. 합의되지 않은 힘에 밀려 민의를 대변하는 당당한 목소리를 내지 못한 채, 제5공화국을 잇는 징검다리 정부로 기억될 수밖에 없었다.

3

북한의 대남 도발 격화와
평화통일 공세

    제2공화국 장면 국무총리와 윤보선 대통령은 '평화통일과 남북회담 개최를 주장'하는 좌파세력의 집회와 시위가 격렬해지자, 1961년 3월 10일 뒤늦게 반공법 안을 발표하고 단속에 들어갔다. 하지만『민족일보』가 주도한 좌파사상 선전과 북한의 대남선동이 주효해 5월 13일 서울운동장에서 '남북학생회담호응 군중대회'라는 이름의 대규모 집회가 열렸다. 5월 16일 "군사혁명"을 일으킨 혁명군은 '반공을 국시의 제1의로 표방'하며 거사 직후부터 좌파를 일망타진하기 시작했다. 치안국은 5월 21일 전국에 걸쳐 용공분자 2,000여 명을 검거했고 혁명 검찰부는 조총련계 자금을 받아 신문을 만들면서 북한이 주창하는 평화통일을 선전했다는 죄목으로『민족일보』의 조용수趙鏞壽 사장을 비롯해 안신규安新圭 · 송지영宋志英 등 언론인 다수를 검거했다.

    이들은 북한주장에 호응해 평화통일과 남북협상, 서신교환, 경제교류, 학생회담 등을 고무 찬양한 혐의로 7월 23일 기소되었고 혁명재판소에서 조용수 · 안신규 · 송지영 등이 8월 31일 사형을 선고받았으며,

이들 중 조용수는 사형이 집행되고 안신규와 송지영은 상고심에서 무기징역으로 감형되었다.

　박정희 정부의 강력한 반공정책에 대한 북한의 반격도 격렬해졌다. 박정희의 친구였던 황태성黃泰成이 밀파되어 간첩활동을 하다 검거되어 1963년 10월 22일 사형되었으며, 1964년 1월 14일에는 서부전선 휴전선 상공에서 우리 전투기를 대공포로 격추시키는 등 무력시위를 강화했다. 휴전선뿐만이 아니었다. 1967년 1월 19일에는 동해에서 어로보호작전 중이던 해군 56함에 포격을 가해 격침시켰고, 그해 3월 22일 고등간첩 이수근李穗根을 판문점을 통해 위장 귀순시켜 간첩활동을 벌이게 했다. 북한의 대남 공작은 집요했다. 국내뿐 아니라 서독과 프랑스 등 유럽에 유학 중이거나 체류 중인 학생과 교수, 공무원, 예술인 등 15명이 북한 공작원들에게 포섭되어 평양을 드나들면서 노동당원이 되거나 북한 자금을 받아쓰면서 간첩활동을 해온 혐의로 검거되었다. 1967년 7월 8일 중앙정보부가 발표한 이른바 '동베를린 공삭난사건', 세칭 동백림시건東伯林事件으로 동베를린을 거점으로 한 대규모 반정부 간첩단 사건이다.

　급기야 북한은 1968년 1월 21일 124군 특수부대 31명을 남파해 청와대를 기습 공격하려 하는 도발까지 해왔다. 이들은 박정희 사살을 목표로 평양 근교에 서울 모형을 만들어 놓고 특수훈련을 받은 정예부대로 휴전선을 넘어 임진강 고랑포 여울을 건너 파평산과 노고산(양주), 우이령, 비봉을 거쳐 청와대로 접근했다. 그러나 자하문 앞에서 이들은 당시 종로경찰서장 최규식崔圭植 총경의 저지를 받고 총격전을 벌였다. 사방으로 흩어진 북한 무장공비들은 침투 경로를 거꾸로 밟아 퇴각했다. 그러나 인왕산에서 인민군 소위 김신조金新朝가 생포된 후 퇴각 도중에 사살을 면한 공비 3명은 양주의 노고산 바위굴에서 소탕되었다. 북한무장공비에 대한 토벌작전이 한창인 1월 23일 북한은 동해에서 미군 정보수집함 푸에블로Pueblo호를 나포했다. 미군이 비상태세에 들어가면서 한반도는 전면전의 위기로 치달았다.

이후에도 북한의 대남도발은 쉴 새 없이 이어졌다. 1·21사태가 터진 1968년 한 해만 해도 120명의 무장공비들이 울진·삼척 지역에 침투(1968.11.) 하는 등 356건의 크고 작은 도발과 무력충돌이 일어나서 518명이 전사했다. 특히 1·21사태가 가한 충격의 여파는 매우 컸다. 북한의 잇따른 대남도발에 대응하기 위해 박정희는 반공법을 개정하고 2월 28일에는 250만 명의 재향군인을 무장시켜 적의 도발 시 나라를 지키도록 향토예비군법 시행령을 공표했다. 4월 1일 향토예비군이 창설되었으며, 9월 19일에는 고등학교 학생들에게도 교련교육이 시작되었다. 그리고 북한 124군 특수부대가 지나온 우이령 도로를 비롯해 자하문, 인왕산, 북악산 등산로, 청와대 앞길 등 7군데의 도로가 폐쇄되었다. 이 가운데 우이령 도로는 조선시대부터 보부상들의 왕래하던 통로였고 폐쇄 전까지도 주민들이 많이 이용하는 도로였다. 끈질긴 지역민원으로 지금은 제한적 통행이 가능해졌지만 여전히 완전개통이 되지는 않아 서울의 강북지역과 경기도의 북부지역 발전을 저해하는 걸림돌이 되고 있다.

1·21 무장공비의 청와대 습격은 미수에 그쳤지만 북한의 도발은 멈추지 않았다. 1969년 4월 15일 미국 정찰기가 동해상에서 북한군의 대공 포화를 맞고 추락해 승무원 43명 전원이 전사했고, 12월 11일에는 승무원 4명과 승객 47명이 탑승한 강릉 발 서울행 KAL여객기가 피납되었다. 박정희는 1969년 신년사에서 '싸우며 건설하자'는 캐치프레이즈를 내걸었다. 북한의 도발에 대한 단호한 의지가 담긴 구호였다. 3월 1일 국토통일원을 발족시켜 대북문제에 대한 적극적 대응을 하는 동시에 남파 무장공비 소탕과 간첩 적발에 머물지 않고 적극적인 대북정보전과 심리전을 전개했다. 북파 공작원을 훈련 침투시켜서 적군의 동향을 파악하

고 '눈에는 눈, 이에는 이'의 강경 대응책을 구사했다. 김일성이 박정희를 죽이기 위해 청와대 습격을 기도했듯이 김일성을 암살을 위한 특수부대, 일명 실미도 부대를 편성 훈련하는 등 맞불작전도 펴나갔다.

이처럼 남북한이 첨예하게 대립하고 있을 때에 동·서독 간에는 해빙무드가 급속히 번지기 시작했다. 1969년 7월 25일 미국의 닉슨 대통령이 닉슨 독트린Nixon Doctrine을 선언하고 중공과 접촉해 국교수립을 위한 수순 밟기에 들어갔으며, 서독과 소련은 1970년 8월 12일 상호 간 무력불행사협약을 체결했다. 이에 박정희는 1970년 8월 15일 '8·15선언'을 통해 "북한이 대남무력 도발을 포기하면 남북의 장벽을 제거할 용의가 있다"고 밝혔다. 북한의 김일성은 박정희의 제안을 곧 거부했다. 그러나 소련과 중공의 대외정책이 바뀌고, 1971년 4월 10일 실제로 미국의 탁구팀이 중공을 방문해 핑퐁외교ping-pong diplomacy를 전개하자, 마침내 1971년 8월 14일 북한은 대한적십자사의 '남북 이산가족 찾기 운동' 제의를 수락한다고 전격 발표했다. 이어 그해 9월 20일 남북직십자 회담 예비회담이 개최되기에 이르렀다.

박정희는 1972년 3월 14일에 열린 해외 공관장회의에서 비적성 공산국과의 국교수립을 적극 추진하라고 지시했고, 그해 5월 3일에는 비밀리에 중앙정보부장 이후락을 북한에 특사로 파견했다. 이후락이 김일성을 만나 남북화해 협력문제를 협의하고 돌아온 지 한 달이 못된 5월 29일 김일성이 특사로 서울에 보낸 부수상 박성철이 박정희를 면담하고 돌아갔다. 마침내 7월 4일 남북 간 최초의 공동성명이 서울과 평양에서 동시에 발표되었다. 남북관계의 새로운 이정표라고 할 수 있는 '7·4 남북공동성명'의 내용은 다음과 같았다.

① 통일은 외세의 간섭 없이 자주적으로 해결한다. 통일은 무력에 의

거하지 않고, 평화적 방법으로 실천한다. 사상과 이념, 제도의 차이를 초월하여 민족대단결을 도모한다.

② 쌍방은 긴장완화, 중상비방 중지, 무장도발 중지에 합의한다.

③ 쌍방은 남북 간 제반 교류를 실시한다.

④ 쌍방은 적십자 회담을 적극 협조한다.

⑤ 쌍방은 서울과 평양 사이에 상설 직통전화를 개설한다.

⑥ 쌍방은 남북조절위원회를 구성 운영한다.

⑦ 쌍방은 상기 합의사항을 성실히 이행할 것을 약속한다.

역사적인 7·4남북공동성명이 발표된 이후 남북 간에는 성명 이행을 위한 후속조치들이 순조롭게 진전되었다. 남북 적십자회담이 8월과 9월 평양과 서울에서 잇달아 열려 남북 이산가족 찾기 문제를 협의했고, 11월에는 남북 조절위원회 구성 및 운영에 관한 합의서에 서명했으며, 서울과 평양에 남북회담 전용 직통전화도 개설되었다. 그리고 11월 1일 상대국 호칭도 '괴뢰'에서 북한 또는 남조선으로 바뀌고 상호 간에 방송으로 중상하는 일을 하지 않기로 합의했다. 1971년 8월 23일 김일성 암살을 목표로 훈련 중이던 실미도 특수부대가 해체되고, 1973년 3월 7일 주월 한국군 부대도 완전 철수했다. 그러나 이러한 남북 간 화해·협력 분위기는 오래 지속되지 못했다. 김일성은 겉으로는 남북 간 평화적 회담과 협력관계를 전개시키면서 내심 대남적화의 야욕을 이루기 위한 다각적인 전략을 구상하고 있었다. 김일성은 종래 주장했던 남북정당·사회단체 연석회의 개최를 다시 들고 나와 대남저화통일론을 주장하고, 1972년 2월 12일 자본금 24억 엔으로 도쿄에 설립한 조총련산하 조·일수출상사를 중심으로 남한 정치인과 지식인들에게 자금을 살포하면서 포섭활동을 강화해나갔다.

당시 김대중은 유신체제 하의 탄압을 피해 도쿄에 머물면서 유신 반대운동과 민주화 투쟁을 벌이고 있었다. 김대중이 조총련 관계자들과 함께 한민족 통일조직을 만들어 활동하고 그들로부터 자금 지원도 받는다는 정보를 입수한 박정희는 1973년 8월 8일 김대중을 서울로 납치해 가택에 연금시켰다.

이에 김일성은 일방적으로 남북대화를 중단하고 대남 적화통일을 위한 선전·선동활동을 한층 강화했다. 김일성의 이러한 노선 급선회는 남한의 비약적인 경제성장과 국제적 위상 제고에 따른 불안 심리에서 기인했을 수도 있다. 1970년 중반에 들어서면서부터 남한의 경제는 급속한 산업화와 수출 증대로 북한경제력을 앞서기 시작했다. 다음은 남북한의 1인당 GNP의 변화추세이다.

	대한민국($)	북한($)
1960년	94	137
1970년	248	286
1974년	535	461
1978년	1406	784

급격한 국력 신장에 자신감을 얻은 박정희는 1974년 1월 18일 북한에 "남북 간 무력사용을 하지 않을 것과 내정 간섭을 하지 않을 것, 그리고 휴전협정의 효력을 계속 유지할 것" 등을 골자로 하는 남북 불가침협정을 제의했다. 다급해진 김일성은 1975년 4월 18일 중국에 가서 남조선해방을 위한 지원을 부탁하는 한편 조총련의 재일교포 문세광文世光을 서울로 잠입시켜 다시 한 번 박정희 암살을 기도했다. 1975년 8월 15일, 국립극장에서 열린 광복절 기념식에 참석한 문세광은 연단에 선 박정희

를 향해 권총 수발을 쏘았다. 그러나 흉탄은 박정희가 아닌 옆에 앉은 영부인 육영수陸英修가 맞아 그 자리에서 절명했다.

　　김일성의 대남 도발은 그칠 줄 몰랐다. 1974년 11월 경기도 연천군 장남면에서 남침용 땅굴이 발견된 이래 1978년까지 3개의 지하땅굴이 발견되었다. 이에 박정희도 북한의 재침에 대비하기 위해 1975년 9월 전국에 민방위대를 조직하고 조총련 세력을 약화시키기 위해 친북집단인 조총련계 재일동포들의 모국 방문을 주선하는 사업을 시작했다. 1976년 5월 조총련계 동포 모국방문단 제1진 40여 명이 서울을 비롯한 고향 각지를 돌아보고 모국의 발전상에 감탄했다. 그러나 김일성의 도발은 더욱 격화되어 갔다. 1976년 8월 18일 판문점에서 미루나무 가지치기 작업 중이던 미군 장교 두 명을 도끼로 살해하는 만행을 저지른 데 이어 휴전선과 남한의 해안가, 그리고 일본과 유럽에서 무차별적으로 민간인들을 납치, 대남공작원으로 양성했다. 파주군 장파리에서 농사를 짓던 김진국은 임진강 건너 장단에 나무를 하러 갔다가 북한군에 납치되어 밀봉교육을 받은 후 간첩으로 남파되자 자수했고, 1977년 8월 당시 고등학교 2학년이던 최승민은 전남 홍도해수욕장에서 납치되었다.

　　북한은 농민·어민·학생·기업인·교사·영화인·언론인 등 가리지 않고 닥치는 대로 민간인들은 납북해 간첩 또는 간첩양성요원으로 만들거나 '의거입북'으로 포장해서 대남 선전용으로 이용했다. 이에 박정희는 1979년 1월 19일 조건 없는 남북 당국자 간 회담을 제의하는 한편 그해 10월 9일 대규모 반국가단체인 '남조선민족해방전선'을 일망타진하는 화전和戰 양면작전을 구사했다. 박정희가 김재규의 총탄에 쓰러지고, 남한의 정치·경제·사회적 혼란이 증폭되자, 김일성은 이때를 적극적인 대남 적화통일의 호기로 생각했다. 김일성은 1980년 1월 12일 남북 총리회담을 열자고 제의하는 한편 남한의 좌파세력을 선동·규합해서 남조선 사회주의정권을 세우기 위한 공작을 전개했다. 3김이 주도한 민주화 투쟁이 '서울의 봄'으로 일컬어지는 참여정치의 극치로 치닫고 연일 집회와 시위가 벌어져 사회적·정치적 혼란이 증폭되어가고 있을 때, 김일성은 이에 편승해 대남선전과 선동활동을 더욱 강화했다. 당시 김일성의 위장 평화공세가 얼마나 집요했던지, 1980년 5월 20일 미국무장관 머스키Edmund S. Muskie가 주미 중국대사를 불러 북한이 '광주사태'를 오판해 대남 군사행동에 나서지 않도록 해줄 것을 요청하기도 했다. 남북 간의 이러한 상호 적대는 도저히 하나가 될 수 없는 상이한 이념에 입각해 세워진 데서 비롯된 합치할 수 없는 원초적 갈등이었다.

어느 쪽이 먼저인가를 따지기 전, 남북한은 피를 나눈 한 민족이지만 이질적인 두 나라가 공존이 아닌 대결 상태로, 끊임없는 도발과 맞대응으로 응수하는 긴장 속에서 국민은 자의든 타의든 늘 '안보'라는 두 글자의 진실을 두고 우왕좌왕 하지 않을 수 없다. 어수선한 국가 질서와 안보에 대한 국민의 불안심을 등에 입고 신군부는 구국을 표방하며 공개적으로 집권 수순을 밟아갔다. '서울의 봄' 당시 극도의 참여과잉은 질서와 안정을 바라는 국민들의 요구를 증폭시켜서 결국 통치중심 권위주의 정부를 출현하게 만들고, 반대로 극도의 통치과잉은 자유와 민권을 바라는 국민들의 요구를 증대시켜서 결국 참여중심의 정부를 출현하게 만들었다. 그리고 북한은 항상 통치중심이 아닌 참여중심의 남한정부를 선호했다. 1980년 '서울의 봄'에서 '5·18 광주 민주화운동'으로 이어진 최규하 정부 당시 참여과잉이 불러온 사회적 혼란은 북한의 김일성에게는 대남적화통일의 호기로 오판할 수 있는 상황이었지만, 동시에 남한의 신군부 전두환에게는 통치중심의 강력한 정부를 세우는 데 필요한 명분을 제공한 셈이기도 했다.

10장

산업화와
민주화의 완성

세계는 그때

동서 간 냉전이 스포츠 분야까지 밀어닥쳐서 1980년 모스크바 올림픽은 서방 자유진영의 불참으로, 1984년 로스앤젤레스 올림픽은 공산진영의 참가 거부로 각각 반쪽대회가 되고 말았다. 1978년 베트남이 캄푸치아(크메르)를 침공하고, 1983년 10월 9일 북한의 김일성은 미얀마의 수도 양곤에 있는 아웅산 묘소를 참배하려던 한국의 전두환 대통령 일행을 폭탄 데러로 공격해 17명의 외교사절이 숨졌다. 1988년 12월 21일에는 리비아의 카다피Muammar Gaddafi가 미국 팬암기 103편을 격추시켜 270명의 탑승객 전원이 사망했다.

먼저 1978년 12월 베트남이 소련의 지원 하에 캄푸치아를 침공해 폴 포트Pol Pot정권을 축출하고 헹삼린Heng Samrin을 수반으로 하는 구국민족통일전선을 세우자 중국은 베트남 국경선을 넘어 공격하다 철수했다. 1975년 무력통일을 이룩한 베트남은 과거 프랑스 식민지였던 캄푸치아와 라오스를 세력권 아래 놓으려했다. 중국은 1982년에는 캄푸치아에서 반정부 유격전을 펼치고 있는 폴 포트와 시하누크Norodom Sihanouk의 연합정부를 지원했다.

또한 중국은 베트남을 견제하기 위해 미얀마와 긴밀한 관계를 구축하려 했다. 1978년 등소평과 조자양趙紫陽이 미얀마를 방문하는 등 적극적인 접근정책을 구사했다. 이에 따라 중국과 가까운 북한이 미얀마에 급속히 진출했다. 북한은 미얀마에 무기를 파는 등 미얀마를 동남아진출의 전진기지로 이용했다. 이에 한국도 1961년 8월 영사관계를 맺어 이듬해 양곤에 총영사관을 설치하고 1975년 5월 정식으로 수교하고 대사관을 개설했다. 양국은 1964년 무역협정, 1972년 뉴스교환 협정, 1978년 항공운수 협정 등을 차례로 체결해 교류를 활발하게 진행시켰다. 그러나 우리와 수교한 1975년 5월 미얀마는 북한과도 외교관계를 맺고 대사관을 설치했다. 1983년 북한공작원들이 잠입해 미얀마 정부의 공식초청으로 방문한 전두환 대통령 일행에 테러를 가한 아웅산 사건이 일어났다.

소련의 팽창주의를 견제하기 위한 중국과 미국 사이에 흐르던 우호적 분위기는 1981년 미국의 레이건 대통령이 대만에 대한 신무기 공급정책을 선언함으로써 불편해지기 시작했다. 미국과 중국은 1982년 결국 제2상하이 공동성명을 발효, "대만에 대한 무기 공급을 시한을 정하지 않고 점차 줄인다"고 약속하는 선에서 타협점을 찾았다. 또한 미국은 소련의 아프가니스탄 침공에 대한 항의 표시로 1980년 모스크바에서 열린 제22회 올림픽에 불참했다. 미국을 비롯한 다수의 자유진영 국가들이 모스크바 올림픽에 불참했고 영국·프랑스·이탈리아·호주 등은 자국기 대신 올림픽기나 각국의 올림픽위원회기를 들고 입장했으며, 10개국은 기수만을 내보냈다. 한국도 대회기간 중 모스크바에서 열리는 스포츠 관련회의에 대표와 개인자격으로 초청받은 심판원만이 참석했다. 소련이 공산권에서 처음으로 개최한 모스크바 올림픽이 정치적 이유로 반쪽대회가 되고 만 것이다. 모스크바 올림픽의 파행은 4년 뒤 열린 로스앤젤레스 올림픽에까지 영향을 미쳐 소련을 비롯한 공산권국가들의 불참으로 반쪽대회가 돼버렸다.

이처럼 냉전의 마지막 불꽃이 곳곳에서 거세게 일어나는 가운데도 해빙의 물결은 도도히 다가오고 있었다. 동서냉전의 해빙무드는 소련 공산당 서기장 고르바초프Mikhail Gorbachev가 1985년 페레스트로이카(개혁)를 추진하여 소련 국내의 개혁과 개방뿐 아니라, 동유럽의 민주화 개혁 등 세계질서에도 큰 변혁을 가져왔다. 냉전의 한 축이었던 소비에트 연방이 해체되기 한 해 전인 1990년 5월 22일 북예멘과 남예멘이, 그리고 그해 10월 3일에는 냉전의 산물인 동·서독이 통일되었으며 동유럽 국가들을 가로막았던 '철의 장막'도 제거되었다.

고르바초프가 추진한 페레스트로이카가 독일이 하나되는 길을 터주었지만, 그보다 앞서 1982년 취임한 독일 기민당基民黨, Christlich-Demokratische Union의 콜 Helmut Kohl총리는 독일통일의 이정표에 신기원을 그었다. 같은 기민당의 아데나워Konrad Adenauer 총리가 1963년까지 반공정책에 진력해 동독과의 관계개선보다는 서독의 민주화와 경제발전에 치중했고, 1969년 사민당의 브란트 총리가 동구 공산권과의 관계개선을 위해 내건 동방정책東方政策, ostpolitik의 일환으로 동서독의 평화 공존과 공동 번영에 초점을 맞춘 동독 지원정책을 추진했던 것과는 달리, 콜 총리는 동독을 흡수 통합하기 위해 동독을 지원하되 상호주의 원칙을 고수함으로써 동독 주민들의 자유 투표를 통한 서독 중심의 통일을 이끌어냈다.

물론 그 혼자만의 힘으로 독일통일이 이루어진 것은 아니었다. 소련의 고르바초프가 개혁개방 정책을 추진하고 호네커Erich Honecker에 이어 동독 총리가 된 모드로프Hans Modrow가 변화의 흐름을 수용했기 때문이다. 모드로프 총리가 동독의 경제난을 해결하기 위해 150억 마르크의 재정 지원을 요청하자, 콜 총리는 동독 측에 상응하는 조치를 해야 한다면서 거절했다. 결국 1990년 2월 13일 동·서독 총리회담이 열리고 동독은 서독이 제의한 동독에서의 자유 총선거를 받아들였다. 이에 따라 그해 3월 18일 동독에서 실시된 국민의회 선거에서 서독의 기민당 후보들이 대거 승리했다. 서독의 콜 정부는 독일의 분단을 결정했던 4대국(미·영·불·소)의 독일 통일 승인을 이끌어내기 위한 총력 외교전을 벌였다. 소련에 대해서는 동독에서의 소련군 철수비용 명목으로 150억 마르크를 지원하고, 미·영·불 3국에 대해서는 독일의 재무장 금지와 평화정책 불가침 등을 약속했다. 마침내 1990년 8월 31일 동·서독 통일조약이 체결되고 동독의 주州들이 서독 기본법 제23조에 따라 독일 통일정부에 흡수됨으로써 10월 3일 독일통일이 완성되었다.

남북으로 갈라졌던 예멘도 남북 간에 통일협상이 활발히 전개되는 중 1986년 남예멘의 무함마드 대통령이 북예멘으로 망명하는 사건이 발생했다. 남·북예멘은 1989년 남예멘의 수도 아덴에서 정상회담(1989)을 열고 남·북예멘 통일에 합의했다. 합의 내용의 골자는 다음과 같았다. "국호를 예멘 공화국으로 하고, 수도는 북예멘의 수도 사나에 둔다. 6개월 이내에 양국 국회에서 통일 헌법안을 의결하고, 그 후 6개월 이내 국민투표로 확정해 통일정부를 수립한다. 권력 배분은 남·북 50대 50으로 하되, 최고통치기구는 5명으로 구성되는 대통령 위원회로 구성한다."

냉전시대 분단국들이 통일을 맞는 이러한 해빙무드를 타고 1988년 대한민국 서울에서 개최된 88올림픽은 자유·공산 양 진영 국가들이 대거 참가함으로써, 다시 한 번 동·서 화합의 전기가 되었다. 그러나 고르바초프의 개혁·개방 정책과 88서울올림픽으로 동·서 화합 분위기가 무르익고 동·서독과 남·북 예멘의 통일 등 화해무드가 절정에 달했지만, 리비아의 카다피와 북한의 김일성은 미소를 머금은 얼굴과 달리 테러를 범해 세계를 뒤흔들었다.

리비아의 카다피는 1976년 완진한 이슬람공동체 건설 구상이 담긴 『녹색서The Green Book』를 발간하고 1977년에는 사회주의·이슬람주의·범아랍주의를 융합한 자마히리야(인민권력) 체제를 선포해 인민직접민주주의라는 독특한 체체의 구축을 명분으로 내세워 의회제도와 헌법을 폐지하고 전제 권력을 강화했다. 『녹색서』는 인민이 직접 통치에 참여해 권력을 행사하는, 이른바 '인민권력' 이론으로 1980년대 제3세계를 풍미한 정치이론으로 널리 전파됐고, 한국의 운동권들의 필독서 중 하나이기도 했다. 카다피는 미국에 대한 비난에 머물지 않고 1986년 미군 나이트클럽에 폭탄 테러를 가해 수십명의 사상자를 발생하게 하고 1988년에는 팬암 여객기를 공중 폭파시켜 270명의 탑승자 전원이 희생되는 등 서방세계에 대한 잇단 테러행위를 벌였다. 그해 미국은 카다피가 은신해 있던 베이루트를 정밀폭격했으나 카다피가 입양한 4살 양딸만 사망하고 카다피는 죽음을 모면했다.

　　북한의 김일성도 88서울올림픽을 무사히 치른 노태우 정부의 대화 제의에 부응해, 5차례의 남북 고위급회담을 가진 끝에 1992년 남북기본합의서를 채택하는 등 대화와 협력 분위기를 만들어갔다. 그러나 이러한 유화 제스처와는 달리 북한의 김일성 정권은 은밀히 핵무기와 미사일 개발에 힘을 쏟고 있었다. 1980년대에서 1990년대 초까지의 10여년 간은 북한의 얼굴이 조변석개朝變夕改의 두 얼굴을 하고 있었다. 당시 한국의 전두환 정부는 강압적 통치 방식과 정권의 정당성 문제로 국민으로부터 비난과 질타를 받으면서도 물가안정과 수출증대에 힘입어 박정희시대의 산업화를 완성하는 기반을 다지는 데 힘을 쏟았으며, 노태우 정부는 국민의 목소리에 귀 기울이며 민주화의 완성을 향해 한 걸음씩 나아가고 있었다.

1
전두환 통치정부의
산업화 완성

전두환 정부는 광주 민주화운동을 무력으로 진압한 정치적 원죄가 주는 부담을 덜기 위해 여러 가지의 개혁정치와 경제발전을 최우선 정책과제로 삼았다. 전두환의 제5공화국은 이른바 '80년 서울의 봄'이 몰고 온 참여과잉과 이에 대한 반발로 야기된 신군부의 강압 통치가 맞물리는 와중에 산고를 딛고 출범했다. 박정희가 시해된 직후 야기된 정치적·사회적 혼란 속에서 이른바 12·12쿠데타로 군권軍權을 장악한 신군부는 암암리에 세력을 키우던 중 '서울의 봄'이 야기한 민주화 운동이 광주에서 민중봉기로 확산되자, 1980년 5월 7일 계엄령을 전국으로 확대하고 입법·사법·행정의 3권을 모두 손에 쥔 국가보위 비상대책위원회를 구성해 상임위원장으로 전두환을 내세웠다. 국보위는 명목싱 최규하 대통령의 새가를 받는 형식으로 국정을 처리했지만, 사실상 권력은 신군부가 장악한 국보위로 넘어갔다. 국보위는 고위 공무원 232명을 무더기로 숙청하고 불량배 소탕과 사회정화를 명분 삼아 삼청교육대三清教育隊를 설치해서 3만 8,000여 명의 민간인을 강제 구금해 순화교육을 받게 했다.

최규하 대통령이 이름뿐인 대통령직의 사임을 발표하자, 1980년 8월 27일 신군부는 박정희가 유신헌법으로 만들어놓은 대통령 선출제도인 통일주체국민회의를 소집해서 전두환을 제11대 대통령에 선출했다. 9월 1일 대통령에 취임한 전두환은 11월 12일 정치풍토쇄신위원회를 구성해 구정치인 811명을 정치활동 금지자로 묶고, 11월 14일에는 신문방송협회를 통해 45개 언론사를 강제 통폐합했다. 대한민국 건국 이래 초유의 언론 통폐합 조치였다. 이 조치에 의해 동양방송TBC과 동아방송DBS, 그리고 기독교방송CBS의 보도기능이 한국방송공사KBS로 넘어갔다. 『신아일보』가 『경향신문』에, 또한 동양통신과 합동통신이 연합통신으로 통폐합되었다. 9월 11일 내란음모 혐의로 사형이 구형된 김대중은 1981년 1월 27에 열린 재판에서 사형이 선고되었다.

전두환은 장기포석으로 유신헌법을 수정한 개헌안을 국민투표에 부쳐 가결시켰다. 대통령 임기를 7년 단임제로 제한한 이 헌법개정안에서는 대통령 선출방법을 종전의 통일주체 국민회의 선출에서 대통령 선거인단의 간접선출로 바꿨다. 1981년 2월 11일 신헌법에 의해 소집된 대통령 선거인단 회의에서 전두환은 7년 단임의 제12대 대통령에 선출되었으며, 3월 3일 취임했다.

12 · 12 쿠데타와 광주 민주화운동에 대한 무력 진압으로 군사독재 정부라는 오명을 벗지 못한 전두환의 제5공화국 정부는 국민의 마음을 얻고자 반체제운동에 대한 강압통치의 표면에 당의정糖衣錠을 입혀 다양한 자유화 조치를 펼쳤다. '국풍國風81'이란 슬로건 아래 1981년 5월 28일부터 6월 1일까지 5일간 서울특별시 여의도에서 대규모 민속문화 축제를 열어 연인원 천만여 명이 모여 먹고 마시도록 잔치마당을 깔아주었다. 그런가 하면 중고생의 두발 자유화 조치(1982. 1)와 교복 자율화 조

치(1983. 11)를 잇따라 발표하고, 1982년 1월 5일을 기해 야간통행 금지를 해제해 심야영화 상영 등 밤 문화 활동을 허용했다. 첫 심야영화 '애마부인'이 개봉된 첫날에는 영화관 출입문이 깨질 정도로 인파가 몰려 대성황을 이루는 해프닝도 있었다.

또한 국민의 정치적 불만을 해소하기 위해 스포츠를 활용했다. 1986년과 1988년에 열릴 아시안 게임과 올림픽 개최권 획득에 열과 성을 다했다. 그 결과 1981년 9월 30일 독일 바덴바덴에서 열린 올림픽조직위원회 총회에서 서울을 개최지로 내세운 대한민국은 경쟁자였던 일본 나고야를 51대 27로 누르고 1988년 올림픽 개최국으로 선정되었다. 그뿐만 아니라 1982년 3월 프로 야구단을 창단하고 개막전에 대통령이 직접 시구하는 등 국내 스포츠 경기도 활성화했다. 전두환 정부는 TV 방송의 컬러시대를 열었으며, 중계 시스템의 현대화도 추진했다. 이러한 스포츠 문화정책은 국민의 관심을 정치와 사회문제로부터 멀어지게 하고 반정부 분위기를 완화하는 데 초점이 맞춰져 있었으며, 가장 큰 국민의 호응을 받은 것은 1989년 해외여행 자유화 조치였다. 또한 전두환 정부는 호남지역의 민심을 얻기 위한 노력도 경주했다. 1983년 서울올림픽 유치를 기념하고 영·호남 화합을 도모하는 인프라 사업으로 대구와 광주를 잇는 88고속도로를 착공했으며, 1987년 항공 산업에 경쟁체제를 도입하기 위해 신설된 아시아나 항공을 호남기업인 금호그룹에 맡겼다.

스포츠산업 진흥정책과 함께 전두환 5공 정부는 경제제일주의를 내세워서 경제성장과 수출증대를 최우선 순위에 놓았다. 내실 있는 경제성장과 채산성 있는 수출 증대는 오직 물가안정의 바탕 위에 가능하다고 보고 물가안정에 초점을 맞춰 최우선 과제로 삼았다. 특히 진정한 물가안정은 정부와 기업, 국민 등 경제의 세 주체가 함께 실천해나갈 때 가능하다는 판단 하에 정부는 공무원 임금을 동결하고 공공요금 인상을 유보하는 등 긴축정책을 추진했고 방송을 통해 그 성과를 국민에게 홍보했다. 이에 따라 KBS와 MBC 두 공영 방송이 일제히 경제 관련 TV 프로그램을 대폭 늘려 방송함으로써, 국민의 물가오름세 심리를 진정시키고 노사 간의 협력관계를 집중적으로 유도해나갔다. 그 결과 노사분규가 줄어들고 노동자들의 임금인상 요구와 일반 국민들의 사재기 풍조들이 줄어들면서, 1980년에 40%를 상회하던 물가 상승율이 1986년에는 3%대로 떨어지고 1980년에 마이너스 성장을 보이던 경제성장율도 1983년 이후에는 연평균 10%대의 고도성장을 지속했다. 전두환 정부의 물가안정 우선정책의 성공은 국제적 여건에도 힘입은 바 크다. 1980년대 중반 이후 지속된 국제 원유가와 달러 가치, 그리고 국제금리의 동반하락이라는 이른바 3저 현상三低現象이 바로 그것이다.

획기적인 물가안정은 수출 경쟁력을 제고시켜서 수출 증가율과 수출 채산성을 동시에 높여주었으며, 그 결과 무역수지도 크게 개선되었다. 전두환 정부는 중화학 공업의 구조조정을 단행하고 시장원리에 따른 경제자율화 시책을 확대해 나가면서 중소기업을 중점 육성했다. 대외적인 국가 신인도가 높아지면서 1981년 6월 4일 미주협력기구의 상임 옵저버국이 되었다. 또한 그해 6월 6일에는 외국인 투자 허용범위를 대폭 확대했으며, 950억원 규모의 양곡증권과 520억원 규모의 국고채권도 발행해 농어촌 개발과 사회 간접자본 건설에 투입했다. 아시안게임과 88서울올림픽 개최를 위한 경기장·도로·호텔 신축 등 건설 경기도 활성화되었으며, 농업 생산량도 1982년 이후 5년 연속 풍년이 들면서 크게 증가했다.

이와 같은 전두환 정부 경제정책의 성공에는 대기업들의 적극적인 협력도 간과할 수 없는 요소지만, 그 무엇보다 대통령비서실 경제수석비서관 김재익金在益의 역할이 대단히 컸다. 그는 정부 규제철폐와 중화학 구조조정, 물가안정 그리고 통화긴축 조치를 주도해 경제성장 기반을 구축하는 데 정책의 초점을 맞춰나갔다. 그는 철저한 비교우위론자이자 국제협력논자였다. 따라서 자원이 부족하고 내수시장이 약한 우리 경제는 원자재를 들여와 가공·수출해 벌어들인 자금으로 필요한 물자를 수입해야 하므로 비교우위가 있는 공업을 육성해 수출을 늘려 벌어들인 외화로 값싼 외국산 곡물과 육류를 수입해야 한다는 것이 그의 지론이었다.

전두환은 김재익을 경제대통령이라고 부를 만큼 신뢰했다. 전두환 정부 경제정책의 기본 틀은 철저한 세계화와 발맞춤이었다. 즉 "내 것을 파는 데만 집착하지 않고 남의 것도 사 써야 한다"는 상호주의 원칙 아래 주고받는 관계를 적절히 조절해나가는 것이었다.

1987년부터 무역수지가 흑자를 내기 시작하자, 세계 각국으로부터 자유무역 요구의 봇물이 터졌다. 특히 우리나라가 교역에서 큰 흑자를 내고 있던 미국이 수입규제 철폐를 강력히 요구했다. 결국 미국과의 통상마찰이 시작된 것이다. 미국이 농산물과 서비스 산업의 개방을 한국에 요구하자, 전두환 정부는 1986년 9월 '우르과이 라운드Uruguay Round'의 다자多者 간 무역협상에 적극 참여해 무역 자유화의 속도를 조절했다. 이는 무역 상대국들의 요구에 부응한 면도 있지만 우리의 필요에 따른 것도 적지 않았다. 왜냐하면 수출이 대폭 증가함에 따라 수출용 원자재와 생산설비, 그리고 에너지원의 수입을 크게 늘리지 않을 수 없었기 때문이었다. 그 결과 수입 자유화율은 1979년 67.6%에서 1987년 93.6%로 높아졌다.

지속적인 고도성장과 수출증대로 괄목할 경제발전을 이룩하는 과정에서 분배와 복지문제, 그리고 환경문제 등이 불거졌다. 이에 정부는 1982년 헌법을 개정해 사회복지의 증진을 국가의 의무로 규정하고 사회보장과 복지증진을 위한 각종 정책을 구사하는 한편 환경오염 방지기금 등의 제도도 갖추어 나갔다. 이 시기에 사립학교 교원연금법, 국민복지연금법, 의료보호법, 사회복지사업기금법, 심신장애자 복지법, 최저임금법 등 각종 복지 관련 법률 등이 잇따라 제정되었다. 특히 1973년 박정희 정부 때 제정됐으나, 시행을 유보해오던 국민연금 제도를 1988년부터 본격적으로 시행했다. 전두환 정부는 1987년 공공부조를 담당하는 사회복지 전문요원(뒤에 사회복지 전담공무원으로 개칭)도 양성해 전국 읍·면·동사무소에 배치했다. 복지와 함께 환경문제가 중대한 현안 문제로 떠오르면서 정부부처로 환경청을 신설한 1980년을 환경원년으로 선포했으며, 1986년에는 환경영향 평가제도와 배출 부과금 등 환경보존을 강화하는 환경법 개정을 단행했다.

이처럼 물가안정 속에 고도성장과 수출신장, 그리고 과감한 국민복지 증진과 환경 보존 등 국정 경영의 성과를 올렸지만, 전두환 정부는 야당과 학생들의 끊임없는 저항과 반대시위에 시달렸다. 이에 민의를 수용해 1982년 3월 3일 김대중 등 2,863명에 대한 사면과 감형조치를 내리고, 1983년 3월에는 학원 자율화 조치도 취했지만 반정부 시위는 좀처럼 수그러들지 않았다. 1982년 3월 18일 반미과격파들이 부산 미문화원을 방화하고, 1984년 5월에는 정치인과 종교인 등 재야인사들이 '민주화추진협의회'를 조직했으며, 1985년 2월 12일 치른 제12대 국회의원 선거에서는 야당인 신민당新民黨의 약진이 두드러졌다.

그런가 하면 대학가에선 1985년 4월 전국학생연합(전학련)이 조직되었고, 이듬해 3월에는 고려대 교수 28명이 개헌과 민주화를 촉구하는 시국선언문을 발표했으며, 1986년 5월 3일에는 이른바 '인천사태'로 불리는 폭력데모가 일어났다. 그 와중에 많은 학생과 야당 정치인들이 남영동에 있는 치안본부 대공 분실에 끌려가 고문조사를 받았다. 특히

1987년 1월 서울대생 박종철 군이 물고문을 받다 사망한 것으로 부검결과가 나오자 학생과 야당의 항의 집회와 시위가 잇따라 일어났으며, 당시 신민당 총재 이민우李敏雨가 내각제 개헌구상을 밝히자 개헌투쟁이 가열되었다. 이에 전두환은 1987년 4월 13일 '4·13 호헌조치'를 선언하고 6월 2일에는 노태우盧泰愚 민정당 대표를 차기 대통령후보로 지명했다. 이는 전두환이 현행 헌법상의 7년 단임제를 준수한다는 뜻을 밝힌 것이었으나 학생과 야권의 개헌과 민주화운동은 더욱 거세졌다.

1987년 6월 9일 연세대생 유한열이 시위 도중에 경찰이 쏜 최루탄을 맞고 숨진 사건이 또 발생하자, 다음 날 개헌과 민주화를 요구하는 시위는 절정을 이뤘다. 이른바 '6·10 민주항쟁'으로 불리는 이날 시위에는 50여 만 명이 참가했으며, 경찰에 연행된 시위대만 2,400여 명이었다. 시위는 전국으로 확산되어 닷새 동안 전국에서 백만여 명이 시위를 벌였다. 시위에는 야당과 학생뿐 아니라, 넥타이를 맨 샐러리맨과 중산층까지 참가범위가 확대되었다. 이에 6월 19일 오전 무력으로 사태를 수습하기로 결심한 전두환은 청와대에서 긴급 전군지휘관회의를 소집했다. 그러나 계엄령 선포가 가져올 사태를 우려하는 미국 레이건 대통령의 메시지가 전달되고 국내 원로 인사들도 신중한 대응을 건의해옴으로써 계엄령 선포는 일단 보류되었다. 전두환과 노태우는 수차례 만나 대응책을 숙의한 끝에 개헌과 민주화 요구를 전폭적으로 수용하는 길 밖에 없다는 결론을 내렸다.

6월 29일 전두환은 노태우 민정당 대표가 작성한 직선제 건의안을 수용했고, 노태우는 이를 담화 형식으로 전격 발표했다. "나는 오늘 직선제 개헌과 국민 기본권 신장, 김대중 씨 사면 복권과 시국 사범 석방 등을 대통령께 건의하겠습니다"라는 내용이 담긴 이른바 '6·29선언'이다. 방송을 통해 전국에 생중계된 6·29선언은 온 국민을 충격과 환호 속으로 몰아넣었다. 그것은 오랫동안 지속돼 온 권위주의 시대의 청산이고 군부 강압통치의 종언終焉이며, 민주항쟁의 승리였다. 6·29선언으로부터 시작된 민주화는 노태우의 제6공화국에서 마침내 완성된다.

전두환에 대한 평가는 역대 어느 대통령에 대한 평가보다 의견이 분분하다. 그러나 정권 정당성의 결여, 시종일관했던 강압통치, 그리고 '5·18 광주항쟁'의 빌미 제공자라는 비판 속에 산업화의 보폭을 크게 한 긍정적 측면이 가려지는 면이 없지 않다. 무엇보다 통치의 근간인 정권의 정당성이 인정을 받지 못해 민주화에 역행한 정부라는 딱지를 마지막까지 떼지 못하고 시종 국민들의 곱지 못한 시선을 받아야만 했다. 하지만 산업화에 초점을 맞춰 본다면, 이승만의 제1공화국이 기초를 놓고 박정희의 제3공화국이 건물을 지은 산업화라는 국가구조물 안에 전두환의 제5공화국이 필요한 내장과 조경을 마무리했다는 역사적 평가를 받을 수 있을 것이다. 그리고 제5공화국 당시 상당한 국력신장이 있었다. 물론 이는 전두환 개인의 공만은 아니다. 세계 경제의 흐름을 파악한 기업인들의 통찰력과 과감한 투자, 수많은 노동자들의 노력이 뒷받침되었기에 가능한 일이었다.

전두환 제5공화국 정부에 대한 평가의 기준을 민주화와 산업화의 두 수레바퀴로 비유한다면 분명 균형을 제대로 잡지 못하고 삐걱거렸다. 그것도 몹시 삐걱거렸다. 일정 기간 국가를 경영한 정부에 대한 평가는 당대 시대적 흐름에 좌우되는 평가가 있고 시대를 초월해 긴 역사의 궤도 위에서 내려지는 평가가 있다. 제5공화국에 대한 평가 역시 당대를 넘어 보다 긴 역사적 시각에서 평가할 필요가 있다. 이미 일어난 역사는 지우고 싶다고 해서 지울 수 있는 것이 아니다.

2
노태우 참여정부의 민주화 완성

6·29선언 이후 여야합의로 마련된 헌법 개정안은 1987년 10월 27일 국민투표에서 93.1%에 달하는 높은 지지율로 확정되었다. 개정된 새 헌법은 대통령을 국민의 직접선거로 뽑고 임기를 5년 단임으로 제한하며 국민의 기본권을 대폭 신장시켰다. 새 헌법에 따라 12월 16일 실시된 대통령선거에서 민정당의 노태우와 통일민주당의 김영삼, 평화민주당의 김대중, 신민주공화당의 김종필 등이 후보로 출마해서 이른바 '1노3김'의 대결구도를 보였다. 야권에서는 표 분산을 막기 위해 후보 단일화 운동을 벌였으나 실패했고, 결국 여당의 노태우 후보가 36.6%의 득표율로 당선되었다.

야 3당이 단일 후보를 냈다면, 노태우의 당선은 어려웠다. 노태우 정부의 앞날이 결코 순탄치 않을 것임을 예고한 대목이다. 설상가상으로 1988년 4월 15일에 실시된 국회의원 선거에서 야 3당 후보들이 민정당 후보들보다 많이 당선됨으로써 여소야대與小野大 정국이 형성되었다. 1988년 2월 25일 취임한 노태우 대통령은 6개월 앞으로 다가온 제24회

서울 올림픽을 치르기 위해 총력을 기울였다. 당시 노태우는 서울 올림픽을 스포츠와 경제발전의 계기로 삼는데 머물지 않고 정치적·외교적 성공까지도 겨냥한 구상을 마련했다. 소련과 미국에서 열린 올림픽대회가 미·소 간 냉전으로 반쪽 대회가 된 점에 유의, 가능한 한 많은 나라의 참가를 유도했다. 특히 북한의 방해로 참가를 꺼리고 있는 소련과 중공, 동유럽 국가들을 적극적으로 파고들었다. 그 결과, 1980년 모스크바올림픽이 서방국가 불참으로 참가국이 80개국에 그쳤고, 1984년 로스앤젤레스올림픽이 공산권 불참으로 120개국 참가에 머물렀는데, 서울올림픽에서는 대한민국과 수교가 없는 소련과 중공을 비롯해 동유럽의 공산국가들이 대거 참가함으로써 160개국 1만 4,000명이 참가하는 기록을 세웠다. 올림픽의 성화가 동·서 화합의 상징으로 타오른 것이다.

88서울올림픽대회의 성공적 개최는 각 분야에 엄청난 파급효과를 가져왔다. 금메달 12개를 획득, 세계 4위의 성적을 내고 일약 스포츠 강국으로 부상한 것도 놀랍지만, 무엇보다 대한민국의 국제적 위상이 한층 높아졌다는 것이다. "세계가 서울로, 서울이 세계로"란 올림픽 캐치프레이즈가 말해주듯, 서울은 세계적 도시로 발돋움했고 대한민국에 대한 국제사회의 인지도가 높아졌다. 아울러 국민들의 국제 감각도 한결 성숙해졌다. 나아가 경기장 건설과 호텔, 도로 등 관광시설의 건설 등 올림픽 특수에 따라 확충된 각종 인프라가 광범위한 경제발전의 기폭제가 되었다.

올림픽이 끝나자마자 북방외교北方外交의 돌파구가 열렸다. 북한의 불참 요구를 뿌리치고 참석한 소련과 중공, 그리고 동유럽 공산국가들과의 수교 교섭이 활발히 전개되었다. 1989년 2월 헝가리를 시작으로 1990년 9월 30일 소련과, 그리고 1992년 8월 24일에는 중국과 수교했다. 노태우가 대통령에 취임한 뒤 특별담화를 통해 한민족 공동체 통일방안을 제시하고 남북한 적극적인 교류를 제안했을 때 아무 응답이 없던 북한도 헝가리와의 수교를 시작으로 대한민국과 동유럽 국가들이 잇달아 수교하자 국제적 고립을 염려, 1989년 4월 노태우의 대북제의를 받아들여 남북 교류를 위한 회담에 응해왔다. 이처럼 88서울올림픽을 계기로 힘을 받은 북방외교는 비적성 국가들도 다수 끌어들여서 5년 동안 무려 45개국과의 수교를 성사시켰을 뿐 아니라, 북한을 대화의 장으로 끌어내어 향후 남북 관계의 지침서라고 할만한 '남북 기본합의서'를 채택하는 성과를 일구었다.

국내적으로도 많은 변화가 있었다. 1989년 4월 27일 주택 문제의 근원적 해결을 내걸고 아파트 건설 200만 가구 계획이 발표되었다. 분당 · 일산 · 평촌 등 수도권 신도시 건설계획은 적체된 주택난 해소는 물론 건축경기 활성화 효과를 가져왔다. 특히 일산 신도시 개발은 그 동안 개발에서 소외되었던 경기북부의 발전에 획기적 전기를 마련해주었다. 노태우 정부는 장차 늘어날 물류에 대비하기 위해 인천공항과 고속철도 KTX, 서해안 고속도로 등 국책사업도 잇달아 벌였다. 그 결과 지금 인천 공항은 동북아의 허브공항으로 우뚝 섰고 KTX와 서해안 고속도로는 전국을 명실상부한 일일생활권으로 묶었다.

이처럼 서울올림픽의 성공적인 개최와 북방외교의 다변화, 경제 발전의 견인차가 될 여러 국책사업 결실에도 불구하고 노태우는 여소야대 정국에서 야당의원들이 주도한 '5공 청문회'에 시달렸다. 청문회 증인으로 나온 전임 대통령 전두환이 야당의원들로부터 온갖 야유와 모욕을 받았지만 함께 제5공화국을 세웠던 노태우는 전두환을 지켜주지 못했다. 5공 청문회의 주요 쟁점 항목은 신군부의 '12 · 12사태'와 5 · 18 광주 민주화운동 무력 진압, 대통령 일가의 비리였다. 전두환 대통령 부부는 대국민 사과문을 발표하고 백담사에서 2년간 칩거했다.

한편 노태우 정부는 새로운 정책을 추진할 때마다 여소야대 정국의 높은 장벽에 부딪혀서 국정 수행이 어렵다고 판단, 재신임을 묻는 국민투표를 구상하기도 했다. 그러나 재신임을 받지 못하면 대통령직에서 물러나야 하고, 재신임을 받더라도 비대해진 야당이 갑자기 협조로 돌아선다는 보장이 없으리라는 판단에 국민투표 구상을 바로 접었다. 차선책으로 모색한 것이 야당과의 통합이었다. 조심스런 물밑 작업 끝에 통일 민주당의 김영삼과 신민주공화당의 김종필이 뜻을 같이했고, 평화 민주당의 김대중은 이를 거부했다. 마침내 1990년 1월 하나의 여당과 세 개의 야당이 통합, '민주자유당民主自由黨'이라는 이름의 새 정당이 탄생했다. 거대 정당의 탄생에 즈음하여 "호랑이를 잡으려면 호랑이굴로 들어가야 한다"는 유명한 말을 남긴 김영삼은 차기 대통령에 올랐다.

노태우 정부는 지방자치의 새 시대도 열었다. 1988년 3월 지방자치법이 개정되었고, 1991년 3월 26일 주민들이 직접 지방 기초의회 의원을 뽑는 선거가 실시되었다. 지방자치는 원래 이승만 정부 때 읍·면·동장을 주민직선으로 선출한 적이 있었고, 장면 정부 때 시장·도지사까지 주민직선으로 선출된 적이 있었지만, 박정희 정부 때 중앙집권체제의 강화로 지방자치가 전면 중단되고 말았다. 지방자치 재실시는 노태우의 6·29선언에도 들어있는데, 이는 가장 기본이 되는 정치 민주화의 상징이라고 할 수 있었다. 이른바 풀뿌리 민주주의의 구현이었다.

노태우 정부는 특히 노동조합의 자유로운 조직과 활동을 보장하되 무노동·무임금의 원칙을 엄격히 지켜나갔다. 이에 따라 생산직 노동자뿐 아니라, 언론인과 교사 등 지식 산업 노동자들도 노조를 결성해 활발한 노조활동을 벌였다. 1997년 11월 MBC 노동조합 결성에 이어 1998년 2월 KBS 노동조합이 발족하면서 정부가 임명한 사장의 취임을 반대하는 노조의 시위와 파업이 격렬히 전개되었다. 결국 MBC 사장은 취임

사흘 만에 중도하차하고 KBS 사장은 경찰병력이 동원된 가운데 수많은 노조원의 구속 사태를 빚은 끝에 취임할 수 있었다. 이 과정에서 노태우 정부는 새로운 민영방송을 허가해 줌으로써 KBS와 MBC의 방송 독점구조를 과감하게 깨는 이정표를 세웠다. 바로 공·민영 경쟁체제로의 전환이었다. 노태우 정부는 태영건설을 지배주주로 한 컨소시엄에 수도권을 시청권으로 하는 민영 TV 채널 개국 허가를 내주었다. 1990년 11월 14일 서울방송SBS이 전파를 송출하기 시작함으로써, 1980년 방송통폐합으로 구축된 공영방송의 독점구조가 10년 만에 깨졌다. 이 같은 방송 민주화는 교육 민주화로 확산되었다.

　　1989년 5월 전국교직원노동조합(전교조)이 교육부조리 척결과 참교육을 목표로 출범했다. 교원노조는 초기에는 촌지 안 받기 운동 등을 벌여 교육계와 노동계에 신선한 충격을 주었다. 그러나 차차 세력이 커지면서 활동 범위를 정치·사회문제로까지 확대하면서 크고 작은 문제를 야기했다. 특히 학교와 학생들이 있는 교육현장이 하루도 조용할 날이 없을 지경이 되었다. 노조활동으로 교육현장을 떠난 전교조 교사들이 임금지급을 요구하자 노태우 정부는 무노동·무임금 원칙을 적용, 현행법을 어긴 노조원들의 자진 사퇴를 권고했다. 그러나 전교조 교사들은 노조탈퇴를 거부하자 1990년 노태우 정부는 전원 해직 조치로 맞대응함으로써 교원노조는 사실상 해체되었다. 그러나 훗날 김영삼 정부가 해직교사 전원을 복직시켰고, 김대중 정부가 전교조를 합법화시켰으며, 노무현 정부가 전교조의 친북 반미 교육을 사실상 묵인했다. 그 결과 전교조는 대한민국의 정통성과 가치를 부정하고 훼손하는 좌파성향의 단체로 창립 시 본래의 순수한 교육개혁의 뜻을 지키지 못하게 되었다. 노조문제는 다른 데서도 불거졌다. 노태우 정부의 민주화 조치에 따라 노동조합의 조직과 활동이 자유로워지자, 그 동안 억눌렸던 노동자의 욕구가 분출하면서, 임금이 가파르게 올랐다. 이에 기업들은 임금 상승에 대비해 인력중심의 생산체제를 기술 집약적 자동화 생산체제로 전환하게 되었다.

노태우 정부는 전두환 정부의 복지증진과 환경보존 정책을 이어받아 한 걸음 더 발전시켰다. 1989년 도시지역을 의료보험대상에 추가해 전 국민 의료보험시대를 열었고, 국민연금은 5인 이상의 사업장까지 적용범위를 확대했다. 법정근로시간을 44시간으로 단축했으며, 고용보험 제도도 시행했다. 1990년에는 환경청을 환경처로 승격시켜 환경보존을 위한 행정업무를 강화했고, 1992년에는 환경개선 · 부담금제도를 시행했다. 노태우 정부에 들어서 대한민국 건국 이후 산업화와 민주화의 주기적 변환과정에서 이전 정부들이 일군 산업화의 성과에 더해 선진국들이 수백년에 걸쳐 이룩한 민주화도 완성시켰다는 평가를 받음직 하다.

4 · 19 민주혁명을 계기로 천주교 신자인 제2공화국 장면 총리가 시동을 선 민주화 운동은 1980년 '서울의 봄'의 혼란기를 기쳐 최규하 참여정부 과도기와 1987년 6 · 10 민중항쟁을 거쳐 완성되었다 하겠다. 그리고 이러한 민주화를 주도한 세력은 이승만 정부의 교육입국 정책으로 크게 늘어난 대학생과 불교, 기독교, 천주교 등 종교 세력이었다. 특히 민주화 운동 과정에서 명동성당은 민주화 성지가 되었고 그 중심에 김수환 추기경이 있었다. 또한 노태우 정부를 이어 들어선 김영삼 문민정부는 이승만 통치정부와 박정희 · 전두환 통치정부가 완성한 산업화를 다시 민주화에 융합시킴으로써 대한민국이 선진국에 진입하는 초석을 놓았다는 평가를 받을 수 있을 것이다.

현대사를 주의 깊게 관찰한 역사가들은 제6공화국 노태우 정부를 기준으로 대한민국 발전사를 이전시대와 이후시대로 구분하는 데 주저하지 않는다. 제6공화국 정부까지 산업화와 민주화는 세 차례 주기적 변화를 거쳤고, 김영삼 정부 때 산업화와 민주화의 화학적 융합을 이룩해서 대망의 선진화 단계로 넘어가는 문턱에 다다랐기 때문이다. 1993년 초의 대한민국은 산업화 완성에 따른 경제적 부를 축적한 데다 민주화 완성에 따른 정치적·사회적 역량을 극대화시킴으로써 국제무대에서의 위상과 영향력을 한껏 드높였다. 대한민국의 역사는 건국 이후 제6공화국까지를 국가화와 산업화·민주화를 완성한 시대로 볼 수 있으며, 김영삼 문민정부부터 선진화와 통일을 추구하는 시대로 진입했다고 볼 수 있을 것이다.

다시 말해 이승만의 제1공화국에서 시작된 산업화는 박정희의 제3공화국을 거쳐 전두환의 제5공화국에서 완성단계에 들어섰으며, 장면의 제2공화국에서 시작된 민주화는 노태우의 제6공화국에서 완성되었다. 하지만 노태우가 김영삼의 민주화 세력과 김종필의 산업화 세력을 끌어들여 3당 합당을 도출해내어 외관상으로는 산업화·민주화 세력이 화합적 통합을 한 듯이 보였지만 내부에서의 알력도 만만치 않았다. 결국 제6공화국에서 민주화 세력은 양분되었고, 이때 산업화 세력인 노태우·김종필과 손잡은 김영삼은 문민정부를 자처하는 대통령이 되었고 산업화 세력과의 통합을 거부한 김대중 정권은 국민의 정부를 자처하며 좌파시대를 열었다.

따라서 노태우가 주도한 3당 합당은 한국의 정치구도를 산업화(통치)세력과 민주화(참여)세력 간의 권력투쟁에서 우파(반북)세력과 좌파(친북)세력 간의 권력투쟁으로 바꿔놓은 역사적 계기가 되어준 사건이었다. 노태우의 3당 합당이 상생이 불가능한 세력 사이의 결탁이라고 폄하하는 견해도 있다. 충분히 있을 수 있는 견해다. 필자 또한 매우 어색하고 물과 기름 같은 화합의 예라는 우려를 갖고 있었다. 그럼에도 불구하고 정치는 언제나 생각을 달리하는 상대가 있어 주는 것이 있으면 받는 것이 있는 것이라는 통념에 생각을 같이한다. 왜냐하면 그렇게 정당 간, 혹은 정파 간, 다른 생각을 갖고 밀고 당기는 과정에서 국민과 국익에 부응하는 결과를 도출해낼 수 있기 때문이다.

3

북한의 아웅산 테러와
남북 기본합의서

     1980년대의 세계는 개혁과 개방을 요구하는 동유럽 공산국가들의 민주화운동이 확산되는 와중에 소련과 미국 간 이념적 대립이 팽팽하게 전개되면서, 전 지구적 화합의 축제인 올림픽은 두 번씩이나 반쪽대회로 진행되고 말았다.

     1980년 12월 1일 소련은 공산체제에서 시장경제 체제로의 전환을 요구하는 움직임이 거세어진 폴란드 국경을 봉쇄했고, 이듬해 11월 13일 폴란드 공산당 공산당 제1서기 야루젤스키Wojciech W. Jaruzelski는 계엄령을 선포하고 구 소련권 국가의 첫 자유 노동조합인 '연대(솔리데러티)'의 지도자 바웬사Lech Walesa를 연금시켰다. 미국에서는 레이건 대통령이 1981년 1월 20일 "위대한 미국"을 표방하며 더욱 강력한 소련 압박정책을 구사하면서 소련과 미국 사이에 팽팽한 긴장이 감돌고 있었다.

     동 · 서 진영 간 파열음이 일고 있던 당시 전두환 대통령은 굳게 닫힌 북한의 문을 계속 두드렸다. 1981년 1월 12일 전두환은 북한에 대해 남북한 수뇌회의와 상호방문을 제의한 데 이어 6월 5일에는 북한이 선택하는 장소에서 북한의 수뇌와 언제든지 만날 용의가 있다고 제의했다. 북한은 전두환의 제의를 모두 거부했다. 그러나 전두환은 1982년 1월 22일 세 번째 대북선언을 통해 남북 통일헌법 제정과 민족통일협의회 구성을 제의했다. 당시 북한은 노쇠한 김일성을 대신할 김정일金正日의 후계 체제가 굳어지고 있었다. 젊은 김정일은 김일성보다 적극적이고 호전적이었다. 북한은 1980년 10월 13일 제6차 노동당 대회에서 노동당 규약을 개정해 다음과 같이 "남조선에서의 미군 철수와 사회주의 건설"을 분명히 못 박았다.

> 조선 로동당의 당면목표는 공화국 북반부에서 사회주의의 완전한 승리를 이룩하여 전국적 범위에서 민족해방과 인민 민주주의 혁명과업을 완수하는 데 있으며 최종 목적은 온 사회의 주체사상화와 공산주의 사회를 건설하는 데 있다. …조선로동당은 남조선에서 미 제국주의 군대를 몰아내고 식민지 통치를 청산하여 일본군국주의의 재침기도를 좌절시키기 위한 투쟁을 전개하고 남조선 인민들의 사회민주화와 생존권 투쟁을 적극 지원하고 조국을 자주적 평화적으로 민족 대단결의 원칙에 기초하여 통일을 이룩하고 나라와 민족의 통일적 발전을 이룩하기 위해 투쟁한다.

그러나 경제 침체가 지속되자 북한정권은 1984년 9월 중국식 개방정책을 일부 모방한 합영법合營法을 제정해 외국기업과의 합작 사업을 시도했으나 실효를 거두지 못했다. 그 와중에도 북한은 1980년 '서울의 봄' 때의 혼란을 틈 타 간첩을 대량 남파하고 토착 친북세력들을 선동하여 '남조선에 사회주의적 부르주아 민주정부를 세울 꿈'에 부풀어 있었다. 그러나 뜻하지 않은 군사정부의 집권으로 상황이 어렵게 전개되자 남한의 통수권자를 제거해야겠다는 생각을 굳혔다. 북한은 동남아시아 6개국 순방길에 오른 전두환이 미얀마의 수도 양곤에 들렀을 때 공작조를 보내 1983년 10월 9일 아웅산 국립묘지에 고성능 폭탄을 장치해 폭발시켰다. 이 테러로 전두환 대통령 수행원 가운데 서석준徐錫俊 경제부총리를 비롯해 이범석李範錫 외무장관, 함병춘咸秉春 비서실장, 김재익金在益 경제수석비서관, 강인희姜仁熙 농수산부 차관 등 17명의 고위관료들이 순국하고 14명이 부상했다. 대통령은 차량 관계로 현장 도착이 2분가량 늦어지는 바람에 무사했다. 김정일이 파견한 테러범 3명 가운데 신기철은 현장에서 사살되고, 진모는 미얀마 당국에 의해 사형이 집행됐으며 강민철은 미얀마 감옥에서 옥사했다. 공교롭게도 아웅산 사건 바로 전인 1983년 9월 1일 소련 사할린 상공에서는 뉴욕 발 앵커리지 경유 서울행 KAL 여객기가 소련공군 전투기의 미사일 조준사격을 받아 바다에 격추, 탑승자 269명 전원이 사망하는 사건이 일어났다.

미얀마에서 전두환 암살에 실패한 김일성은 이번에는 웃는 얼굴로 남북 대화를 제의해왔다. 남북 간 고위급 및 실무급회담이 서울과 평양을 오가며 진행된 끝에 1985년 5월 17일 남북 간 물자교역 및 경제협력 추진과 남북 공동위원회 설치에 관한 합의서가, 그리고 8월 22일에는 이산가족 고향 방문 및 예술 공연단 교환 관련 합의서가 채택되었다. 이에 따라 이산가족들의 남북고향 교환 방문과 예술 공연단의 교환 공연이 서울과 평양에서 실시되었다. 이렇게 남북 간의 화해 분위기가 무르익을 때 또 다시 김일성은 반인도적인 일을 저질렀다. 북한은 공작원 김승일과 김현희를 중동으로 밀파해 KAL 여객기에 대한 테러를 지시했다. 1987년 11월 29일 북한 공작원들로 하여금 바그다드 발 서울행 KAL 여객기에 폭탄을 장치, 인도양 상공에서 공중 폭발시켜 탑승자 115명 전원을 사망케 했다.

김일성의 대남 파괴공작은 수단과 방법을 가리지 않고 자행되었다. 1986년 김일성은 북한강의 휴전선 북쪽에 거대한 금강산댐을 축조해 남한으로 내려가는 물길을 막고 댐의 물줄기를 원산 쪽으로 돌려버렸다. 금강산댐은 남한 쪽으로 흘러가는 북한강 물줄기를 갈수기에는 완전히 막아서 남쪽의 물 부족을 가중시키고 홍수기에는 댐의 수문을 한꺼번에 열어서 한강 유역을 물바다로 만들기 위해서였다. 이른바 남한에 대한 수공水攻작전이었다. 이에 전두환 정부는 즉각적으로 대응 댐을 축조를 추진했다. 국민성금을 모아서 북한강의 휴전선 남쪽에 '평화의 댐'을 건설했다. 이처럼 남쪽의 통치중심의 전두환 정부와 북쪽의 김일성 독재정권이 극한 대결을 벌이고 있을 때, 소련에 개혁정치가 고르바초프 대통령이 등장하고 미국의 대소 압박정책이 효과를 거두기 시작하면서 동·서 간에 해빙무드가 급속히 조성되었다.

한반도에서도 해빙의 기운이 감돌기 시작했다. 1990년 9월 남북한 총리회담이 서울과 평양을 오가며 개최되었다. 마침내 범민족 통일음악회와 남북 축구 경기가 서울과 평양을 오가며 열리면서 남북 간에 다시 화해협력의 분위기가 조성되었다. 그러나 이때 노태우 정부가 남북 간 조속한 화해와 협력관계를 조성하기에 급급한 나머지 남한의 친북좌파들의 무질서한 대북접촉을 차단하지 못했다. 1990년 9월 문익환文益煥 목사가 정부당국의 허가 없이 평양에 들어가서 친북활동을 전개하고, 한국외대생 임수경林琇卿이 역시 정부허가 없이 평양에 들어갔다가 임의로 판문점을 통해 돌아오는 등 남북관계의 평형추인 '안보'에 큰 구멍이 뚫리게 되었다.

이런 와중에 1990년 9월 대한민국이 소련과 수교하고 그해 10월에는 서독이 동독을 흡수 통일을 하면서 통일의 대가로 소련에 150억 마르크의 거금을 건넸다. 소련의 변화가 빠르게 진척되었다. 이에 김일성은 소련의 지속적인 지원을 끌어내기 위해 북·러 영토조약을 체결하고 두만강 하류에 있는 녹둔도鹿屯島를 소련에 넘겨주었다. 두만강 하류에 위치한 큰 섬 녹둔도는 조선왕조 때인 1587년 여진족을 몰아내고 우리 영토로 확정한 땅이다. 19세기 들어와 원래 우리 쪽에 가까이 위치해 있던 녹둔도는 물줄기가 바뀌면서 제정러시아 쪽으로 붙어버렸는데, 1860년 청국과 러시아가 맺은 북경조약에서 일방적으로 러시아 영토로 넘어갔다. 1883년 고종이 서북경략사西北經略使 어윤중魚允中을 보내 녹둔도를 우리 영토로 되돌려 놓은 것을 김일성이 1990년에 북·러 국경조약을 맺어 소련에 다시 넘겨준 것이다. 김일성은 6·25 남침전쟁에서 중국의 도움을 청하기 위해 백두산 천지의 절반가량을 중국에 넘기더니 이번엔 소련의 지원을 얻고자 섬 하나를 통째로 소련에 넘겨주었다. 자기 자신의 권력 유지를 위해 나라 땅을 팔아넘기는 일을 두 번이나 범한 것이다. 소련과의 우호관계를 녹둔도 양도로 확인한 뒤 김일성은 이번엔 북경으로 가서 등소평에게 한국과 수교하지 말 것을 강력히 요청했다. 이에 대해 등소평은 중국의 공산주의는 영원히 변하지 않는다고 말함으로써 김일성을 안심시켰다. 그러나 그때 등소평의 말은 정치적·외교적 수사에 지나지 않았음이 곧 입증되었다. 그로부터 1년 뒤에 중국은 한국과 수교했다.

당시 북한은 원자재 부족으로 마이너스 성장을 기록하는 등 최악의 경제난을 겪고 있었다. 난국에 봉착한 김일성은 할 수 없이 남한과 관계 개선에 나섰다. 1990년에서 1991년에 걸쳐 남북 사이에 화해와 불가침, 그리고 교류협력에 관한 합의를 도출하기 위해 서울과 평양을 오가면서 모두 5차례의 남북 고위급 회담이 열렸다. 또한 1991년 4월과 5월에 열린 세계 탁구선수권대회와 세계 청소년축구대회에 남북 단일팀을 구성해 출전했고, 그해 9월 17일에는 남북한이 동시에 유엔에 가입했다.

    연이은 회담에서 남북 사이에 가장 큰 견해 차이를 보인 것이 방송의 상호개방 문제였다. 한국 측은 제1차 회담 때부터 라디오와 텔레비전의 상호개방을 주요 의제로 제시했으나, 북한 측은 이를 완강히 거부했다. 1990년 12월 24일 서울에서 열린 제3차 남북고위급회담에서 한국 측은 북한 측이 절대불가의 입장을 보여온 TV를 제외한 '신문 · 라디오 · 출판물의 상호개방과 교류실시'를 요구했으나, 북한 측은 언론의 상호개방은 좀 더 검토할 필요가 있다면서 명확한 답을 하지 않았다. 그리고 이듬해 10월 22일 제4차 회담 석상에서 한국 측이 방송개방을 거듭 요구하자, 북한 측은 '체육과 보도 등 각 분야에서의 성과와 경험을 교환 · 협력하자'는 제안을 내놓았다. 그해 12월 10일 제5차 회담에서 양측의 최종적인 제안이 다음과 같이 제시되었다.

> 한국: 남과 북은 신문 · 라디오 · 출판물의 상호개방과 교류를 실시한다.
> 북한: 북과 남은 신문 · 라디오 · 출판 등 여러 분야에서 협력과 교류를 실시한다.

    북한이 이처럼 방송 개방에 반대한 것은 이것이 북한 주민의 눈을 뜨게 해 체제 위기를 초래할 수 있다는 점을 우려했기 때문인 것으로 보인다. 방송 상호개방이 동독 주민들로 하여금 서독을 동경하도록 만들어 독일의 민주통일이 성공한 사실을 북한정권이 잘 알고 있을 터였다. 결국 1991년 12월 13일 채택된 '남북 간의 화해와 불가침 및 교류협력에 관한 합의서(약칭 남북기본합의서)'에는 방송 개방이 빠졌다. 1992년 2월 19일 남북 양측의 비준을 거쳐 발효된 '남북기본합의서'의 주요 조항은 다음과 같다.

제1조　남과 북은 서로 상대방의 체제를 인정하고 존중한다.

제2조　남과 북은 상대방의 내부 문제에 간섭하지 않는다.

제3조　남과 북은 상대방에 대한 비방·중상을 하지 않는다.

제7조　남과 북은 서로의 긴밀한 연락과 협의를 위하여 이 합의서를 발표한 3개월 안에 판문점에 남북연락사무소를 설치·운영한다.

제16조　과학·기술·교육·예술·보건·체육·환경과 신문·라디오·텔레비전 및 출판물을 비롯한 출판 보도 등 여러 분야에서 교류협력을 실시한다.

　이 남북기본합의서에 따라, 남북 간에 휴전선에서의 상호 비방방송이 중단되고 판문점에 남북 연락사무소가 설치·운영되었다. 또 1991년 12월 31일 한반도 비핵화에 관한 남북공동선언이 채택·발표되었다. 1992년 1월에는 남북 간 보다 긴밀한 협의를 위해 정치·군사·교류협력 등 3개 분과위원회가 설치되었고, 그해 7월 북한 부총리 김달현金達鉉이 서울에 와서 한국의 산업시설들을 시찰하고 돌아갔다. 이처럼 남북 간에 교류협력의 조건들이 무르익어갈 때 북한이 비밀리에 핵개발을 하고 있다는 사실이 밝혀졌다. 미국의 고성능 정찰기가 북한의 핵시설을 포착한 것이다. 한반도 비핵화 선언의 잉크가 채 마르기도 전에 불거진 핵개발 문제는 북한의 두 얼굴을 다시 한 번 드러낸 충격적 사건으로써 그 동안 쌓아온 남북 간 화해와 협력무드를 하수간에 무너뜨렸다.

11장

산업화 · 민주화
접목에서 좌경화로

세계는 그때

한국이 김영삼 '문민정부'에서 김대중 '좌파정부'로 급변함에 따라 정치 · 경제 · 사회 분야의 국내정책과 외교정책 그리고 대북정책이 좌경화된 1993년에서 2002년까지 세계는 자유무역과 국제자본의 거센 물결 속에 각국의 수출 경쟁과 에너지 개발 및 확보 경쟁이 격화되고, 이라크 전쟁과 통일 예멘의 재분열 · 내전 · 재통일, 알카에다Al-Qaeda의 9 · 11 테러, 그리고 북한의 대남 도발과 테러 등이 연달아 터져 몹시 어수선했다. 특히 2001년 9월 11일에 발생한 9 · 11 테러는 미국 워싱턴의 국방부 청사(펜타곤), 의사당을 비롯한 주요 관청 건물과 뉴욕의 세계무역센터WTC 쌍둥이 빌딩 등이 항공기와 폭탄을 동원한 알카에다의 테러공격을 동시다발적으로 받아 항공기 탑승객 전원을 포함 총 3,044명의 희생자를 낸 경악을 금치 못할 사건이다. 혹자는 이 사건을 두고 이슬람과 기독교의 문화 충돌에서 비화된 사건으로 보기도 하나 이는 반인륜적 살인행위를 호도하는 것에 지나지 않는다.

21세기로 들어가는 길목에서 세계는 글자 그대로 단순한 지구촌地球村이 아니라 하나의 커다란 지구시장이 되어가고 있었다. 지구시장은 곧 무역자유화를 뜻한다. 무역 자유화 추세는 처음에는 주로 관세 인하와 철폐에 따른 1980년대의 가트GATT체제에서 서비스 · 무역 · 해외투자·지적 소유권 등의 이전을 보장하는 1990년대의 우르과이 라운드UR 체제를 거쳐, 1990년대 후반에는 농산물과 섬유, 금융의 이전 확대를 도모하는 세계무역기구WTO의 설립으로 이어졌다. 그리고 2000년대 접어들어 각국 간 무역자유화를 위한 자유무역협정FTA의 체결이 확산, 지금도 진행되고 있다. 이처럼 거센 자유무역 공세 앞에 개도국과 후진국들은 개방을 통한 국제협력이냐 아니면 쇄국을 통한 자립경제냐를 택일하는 선택을 해야 했다. 이 양자 선택에서 한국과 북한은 개방을 통한 발전이란 시대적 흐름에 가담했다. 일찌감치 GATT체제에 올라탄 한국은 1993년 우루과이 라운드에 가입하고 국제통화기금IMF로부터 적극적으로 차관을 도입해 경제발전을 추진했다. 북한도 1993년 합작법을 제정하고 1984년 외국기업과의 합작 사업을 목적으로 제정되었던 합영법을 외국인 투자를 권장하는 쪽으로 개정했으며, 나진·선봉지구를 경제특구로 지정해 외국인 투자를 적극적으로 유치하려 했다. 그러나 한국의 개방정책은 1997년 12월 3일 외환보유고의 급격한 감소가 빚은 이른바 IMF 외환위기를 맞아 휘청거렸고 북한의 개방정책은 외국인들의 투자가 거의 없어 유명무실해졌다. IMF 외환위기 당시 한국은 적극적인 경제 외교와 '금모으기 운동' 등 국민적 노력을 기울여 위기를 넘기고 재도전의 전기를 마련했지만, 북한은 외국 자본의 유치가 부진하고 잇따른 수해와 흉작 때문에 극심한 식량난을 겪게 되었다. 이에 북한은 체제 안전에 불안을 느끼고 이전부터 은밀히 추진해온 핵개발에 다시 박차를 가하게 되었다.

　　미국의 대통령 부시는 핵무기와 미사일 개발에 열을 올리고 있는 북한·이란·리비아·이라크 등을 '악의 축Axe of Evil'으로 지목해 이들의 공격을 분쇄하기 위한 국가미사일 방어체제TMD를 구축함과 동시에 '테러와의 전쟁'을 선포했다. 그런가 하면 1990년에 하나가 된 독일과 예멘

공화국은 통일정부 수립 이후 전혀 다른 길로 나갔다. 서독이 공산 동독을 흡수 통합한 독일은 서독의 경제력을 낙후된 동독 지역에 집중 투자하고 동독의 실업자에 대한 특별대우를 시행하는 등 동질성 회복에 진력했지만, 민주국가 북예멘과 공산주의 남예멘의 대등 통합으로 수립된 통일 예멘 정부는 남북 예멘 간의 주도권 싸움으로 안정을 찾지 못했다. 예멘의 통일은 남북 예멘 간의 권력 배분을 5대 5로 나눈 데서 분란의 씨앗이 잠복하고 있었다.

통일정부 수립이후 국가 운영 주도권이 북예멘 출신 살레Ali Abdullah Saleh 대통령으로 기울자, 1993년 9월 남예멘 출신 바이드바이드Ali Salim al-Baidh 부통령은 직무 수행을 거부하고 군 개혁과 중앙정부의 권한을 지방정부에 이양할 것 등을 요구하면서 자신의 근거지로 돌아가버렸다. 이어 남예멘 출신 무함마드 대통령평의회 의원이 전국을 4~5개의 지방정부로 분할, 연방제를 실시하고 지방정부의 자치권을 부여할 것 등을 요구했나. 살레 대통령이 이를 거부하자 1994년 4월 남북 예멘 사이에 탱크까지 동원한 무력충돌이 발생했고 이 충돌은 곧 전면전으로 번져 내전 발발 두 달 만에 북예멘군의 완승으로 끝났다. 북예멘군의 승리는 남예멘군이 전군을 하나의 작전체계로 조직한 것과 달리 지역 주둔군 사령관 중심의 작전체계를 갖춤으로써 지역사령관이 그 지역의 육·해·공군력을 신속히 동원할 수 있었기 때문이다. 예멘이 통일과 재분열, 그리고 내전을 거쳐 재통일을 이룩한 것은 협상에 의한 대등 통합이 얼마나 어려운가를 일깨워주고 있다.

동아시아 지역의 정치적 상황도 좋지 않았다. 영토. 역사인식 문제 등으로 국제적 분쟁과 갈등양상이 곳곳에서 벌어졌다. 신장 위구르 자치구·티베트 자치구 등에서 대대적인 반反중국 독립투쟁이 벌어져 많은 사상자를 내고, 센카쿠 열도(중국 명, 釣魚島)를 중심으로 현재는 일본이 점유하고 있으나 중국, 타이완이 동시에 영유권 주장을 하고 있어 분쟁의 소지를 안고 있다. 또한 필리핀 남부 민다나오 섬을 중심으로 분리독립을 요구하는 이슬람반군의 저항이 만만치 않다. 중국은 현재 자국의 영토로 되어있는 이민족의 역사를 자국 역사로 편입하려는 역사왜곡을 기도하고 있다. 한반도 북쪽 고구려와 발해 역사를 자국 역사로 편입하려는 소위 동북공정東北工程에 대해 한국은 동북아재단을 출범시켜 이에 대응하고 있다.

1

김영삼 정부의
산업화 · 민주화 접목

　　김영삼 정부의 시대적 사명은 산업화와 민주화의 융합으로 대한
민국을 선진국으로 진입시키는 일이었다. 3당 합당으로 산업화 세력과
연합한 민주화 세력의 김영삼은 1993년 민자당民自黨 후보로 제14대 대
통령에 당선되었다. 3당 합당은 우리나라의 정치 판도를 혁명적으로 개
편하는 결과를 낳았다. 즉 4 · 19민주혁명 이후 민주당과 신민당으로 분
열되었던 민주당은 유신과 신군부의 강압 통치시대를 지나면서 다시 민
주화 세력으로 성장했으나, 3당 합당을 계기로 양분되었다. 산업화 세력
과 연대한 우파 성향의 김영삼 계열은 범우파 진영으로 흡수 · 개편되고
민주화 세력으로 남은 좌파 성향의 김대중 계열은 재야의 친북세력과
연대하여 범좌파 진영으로 재편되었다. 사실상 3당 합당은 민주화 세력
을 좌우파로 갈라놓게 된 셈이다. 그러므로 제14대 대통령 선거에서의
김영삼 승리는 범우파의 3당 합당이 만들어낸 결과물이라고 할 수 있다.

　　역사의 발전단계로 볼 때, 김영삼의 문민정부는 세 차례의 통치
와 참여의 교차 주기週期에 종지부를 찍고 통치와 참여의 합리적 조화를

이루는 선진화 단계로 진입하는 전환기라고 할 수 있다. 즉 건국 이후 경제적 산업화와 정치적 민주화를 각각 세 번씩 경험함으로써, 선진국으로 진입할 수 있는 조건들이 성숙되었다고 할 수 있었다. 그런데 김영삼 정부는 자신에게 부과된 시대적 · 역사적 사명을 완수하지 못하고 절반의 성공에 머물렀다. 여기서 김영삼의 출생과 성장, 그리고 교육과정에서 형성된 인격과 능력, 사상 등에 대해 주목할 필요가 있다. 왜냐하면 민주화 투쟁을 해온 김영삼이 산업화 세력과 손을 잡으면서까지 집권으로 갈 수 있었던 데는 그의 환경적 · 가족사적 배경을 간과할 수 없다.

김영삼은 경남 거제도의 부유한 어부의 아들로 태어나서 돈 걱정 없이 자란 사람이다. 1954년 제3대 민의원선거에 출마해서 26세의 최연소 민주당 국회의원으로 당선된 김영삼은 모두 아홉 번이나 국회의원을 지내면서 오로지 민주화 투쟁을 전념해온 민주화 세력의 중요한 한 축이었다. 모친이 북한 세력에 죽임을 당한 아픈 기억을 갖고 있는 그는 북한 공산 독재정부에 대해선 매우 비판적이었지만, 아울러 이승만의 대한민국 단독정부 수립에 대해서도 부정적 시각을 갖고 있었다. 그는 취임 첫날 청와대에 한민족 통일정부 수립을 추구했던 김구 사진을 내걸고 집권 초기부터 이른바 '역사 바로 세우기' 운동을 펴서 이승만의 대한민국 건국의 의미를 훼손하는 등 좌파들과 사상적 맥락을 같이 하는 단면을 보여주기도 했다. 그의 이런 행동은 대한민국 대통령직을 수행하는 통수권자로서 지극히 독선적이고 자가당착의 모순된 행동이 아닐 수 없다.

이로 인해 자신에게 맡겨진 사명인 산업화와 민주화의 접목엔 성공했으면서도 대한민국의 선진화 진입에 실패하고 좌파정부의 등장을 초래한 원인 제공자가 되고 말았다. 김영삼 정부는 5 · 6공 비리 청산을 당면 정책의 최우선 과제로 설정하고, 1993년 3월 차관급 이상의 재산공개를 실시했으며, 8월 12일에는 금융실명제도 전격 실시했다. 이 과정에서 부정 축재와 비리에 관련된 이전 정부의 고위공무원들이 사직하거나 구속되었다. 특히 금융 실명제의 실시에 따라 전두환·노태우 두 전직 대통령의 수천억 원에 달하는 비자금을 들춰낼 수 있게 되었다. 실로 금융실명제 실시는 정치자금의 세탁과 비정상적인 자금거래를 차단하는 혁명적인 개혁 정책이라고 할 만했다. 또한 스스로 '문민정부'임을 자처한 김영삼은 군부개혁의 하나로 '하나회' 숙청을 단행했다. 군부 내 강력한 사조직인 하나회를 해체시키고 하나회 소속 장성들의 보직을 해임해서 군부 내 전두환·노태우 세력을 완전히 무력화시켰다.

　　김영삼은 1995년 3월 여당인 민자당을 신한국당新韓國黨으로 개편해서 3당 통합 이전의 구 통일민주당 출신들을 중심으로 당 요직을 짰다. 노태우의 구 민정계는 이미 진행 중인 12·12 내란 사건 수사에 묶여서 무력화됐고, 김종필의 신민주공화계는 집단탈당해서 자유민주연합自由民主聯合 세칭 자민련自民聯을 창당했다. 김영삼은 여기서 그치지 않고 1995년 11월 16일 특별법을 제정해서 노태우를 구속한 데 이어 12월 3일 전두환도 구속했다. 12·12사건과 5·18사건의 반란 수괴 혐의 등으로 구속된 전두환은 1996년 8월 26일 1심에서 사형과 2,000억 원 벌금형을 선고받았고 2심에서 무기징역으로 감형되었다. 12·12사건과 비자금 조성 혐의로 구속된 노태우는 1심에서 징역 22년 6월과 2,000억 원 벌금형을 선고받았고, 2심에서 징역 17년으로 감형조치를 받았다.

　　김영삼은 풀뿌리 민주주의를 발전시키기 위해 1995년 6월 27일 제3공화국 이래로 유보돼오던 지방자치단체장 선거를 실시했고, 그해 8월 15일 일제의 식민지잔재를 뿌리 뽑아 민족정기를 다시 세운다는 명분을 내세워서 그동안 국립중앙 박물관으로 이용해오던 구 총독부 건물을 철거하도록 했다. 또한 방송기술의 발전과 국민의 다양한 시청권 요구에 부응하기 위해 1995년과 1996년에 각각 지역민방과 유선방송CATV

를 허가했다. 지역 민방은 수도권의 인천방송ᴵᵀⱽ(2000년 경인방송으로 개명)를 비롯해 부산, 청주, 대전, 대구, 울산, 전주, 광주 등 8개 지역에 허가되었고, 뒤에 춘천, 제주, 경남방송 등이 추가되었다. 당시 논란이 되었던 사항은 수도권의 iTV시청권을 어떻게 설정할 것인가였다. 방송계는 iTV가 수도권 지역방송이므로 서울·경기지역까지 모든 지역을 커버해야 한다고 주장했지만 수도권에 기득권을 갖고 있던 SBS가 공멸론共滅論을 들고 나와 iTV의 수도권 시청 권역화를 반대했다. 결국 iTV는 인천지역 민방으로 국한되고 말았다. iTV의 수도권(서울·인천·경기) 시청권역 확대는 16년이 지난 2011년 2월 이명박 정부 때 비로소 성사되었다.

실제로 집권 전반부에 군사독재의 잔재들을 일소하고, 정치·경제·사회·문화의 민주화를 완성한 김영삼의 시대적·역사적 과제는 전두환 시대에 완성된 산업화와 노태우 시대에 완성된 민주화를 조화롭게 융합해서 대한민국을 선진화 단계로 진입시키는 것이었다. 산업화와 민주화의 조화로운 융합은 의식의 선진화가 선행되어야 가능한 일이다. 1994년 11월 17일 APAC(아시아태평양경제협력체) 정상회담 참석을 위해 시드니에 도착한 김영삼은 기자단 간담회를 갖고 향후 정책 목표를 '세계화'에 두겠다고 선언했다. 김영삼이 말한 '세계화'는 선진화 또는 국제화와 동의어로 해석되었다. 즉 대한민국을 선진국 대열로 올려놓아 세계적으로 국가위상을 높이겠다는 뜻이자, 선진국들의 개방 요구에 적극적으로 대응한다는 정책의지의 표명이었다.

김영삼의 세계화 선언 이후 1995년 1월 정부 주도의 세계화 추진위원회가 출범하고, 정부 부처들도 경쟁적으로 세계화 추진계획들을 잇달아 발표했다. 1996년 9월 12일에는 시기상조라는 우려 속에 선진국들의 국제기구인 OECD(경제협력개발기구)에 가입했다. 사실 김영삼 정부의 세계화 정책은 거역할 수 없는 시대적 요청이었다. 제2차 세계대전이

후 세계의 무역질서를 관장해오던 GATT체제가 우르과이 라운드를 거쳐 1995년 WTO(세계무역기구)체제로 대체되었다. WTO는 GATT와는 달리 국제통상 분쟁 해결에서 강력한 구속력을 갖고 있었다. 김영삼 정부는 무역자유화를 통한 세계화 전략에 따라 우리나라의 복지와 환경보존을 선진국 수준에 맞춰나갔다. 그 일환으로 1994년 환경처를 환경부로 승격시켜 모든 개발 사업에서 환경보존을 강화하고 1994년 6월에는 국민복지 증진을 위해 개인연금제도를 시행했으며, 1995년과 1997년에는 각각 국민건강 증진법을 제정하고 국민건강기금을 조성하기 시작했다.

이 무렵 우리나라의 철강(포항제철)과 반도체(삼성·LG), 자동차(현대), 조선(현대) 산업 등이 세계시장으로 힘차게 뻗어나갔다. 그러나 1997년 11월 외국금융기관과 채권 시장이 우리나라 은행들로부터 대규모로 자금을 빼내고 차입 자금의 만기 연장을 거부함으로써, 우리나라 외환 보유액이 급격히 감소하기 시작했다. 금융위기가 닥치자 1997년 11월 21일 마침내 김영삼 정부는 IMF에 구제금융을 신청하기에 이르렀다.

이른바 IMF 외환위기 속에 대통령 선거전이 진행되었다. 신한국당은 1997년 7월 21일 이른바 '7룡의 결전'으로 불리는 치열한 경선에서 이회창李會昌을 후보로 확정했다. 경선에 떨어진 이인제李仁濟는 11월 14일 탈당 후 국민신당을 창당, 대통령 후보로 출마했고, 이한동李漢東은 김종필의 자민련으로, 이수성李壽成은 김대중의 민주당으로 각각 당적을 옮겼다. 박찬종朴燦鍾도 신한국당을 탈당했다. 민주당과 자민련은 각각 김대중과 김종필을 대선후보로 내세웠다. 이로써 제15대 대통령 선거운동은 이회창·김대중·김종필·이인제의 4파전으로 전개되었다. 전체적 판세를 보면, 범우파의 표는 3분되고 범좌파의 표는 김대중에게 집중되는 형세였다. 신한국당 총재이면서 여당 대선후보였던 이회창에게는 IMF라는 미증유의 국가경영 위기사태가 불리하게 작용했다. 그러나 좌파에게 정권을 내줄 수 없다는 국민 다수의 마음이 한 곳으로 모아지면, 이회창이 당선될 것이라는 관측이 우세했다.

한편 야당인 김대중 후보에게도 600억 원 비자금사건이 불거져 선거에 불리하게 작용할 소지가 생겼다. 그런데 1997년 8월, 수사가 막바지를 진행 중일 때, 김영삼 대통령이 김대중 비자금사건에 대한 수사 종결을 검찰에 지시했다. 야당 후보를 흠집 내면 공정선거를 해친다는 이유에서였다. 이 과정에서 김영삼·김대중 사이에 모종의 정치적 흥정이 오갔다는 의혹이 제기되었다. 즉 김영삼은 김대중이 당선되면, 자신의 퇴임 후 안전과 아들 김현철의 비리를 눈감아 줄 것을 보장받았다는 의혹 등이었다. 당시 이회창 후보는 집권하면 3김정치를 청산하고 성역 없이 정치적 부정 비리를 척결하겠다고 거듭 표방했기 때문에 김영삼이 퇴임 이후를 걱정하게 됐을 것이라고 추측할 수 있는 대목이다.

선거 양상의 지각변동을 야기할 또 하나의 일이 터졌다. 김대중과 김종필 간 이른바 'DJP연합'의 성사였다. 좌파의 대표격인 김대중과 우파의 김종필의 '좌우합작'은 물과 기름이 합친 것과 같은 놀라운 일로 받아들여졌다. 김대중과 김종필은 공동정부를 조직해서 김종필이 초대 총리를 맡고, 2년 후 내각책임제로 개헌하는 것 등이 'DJP연합' 성사 시 합의한 골자였다. 연합은 원래 이회창과 김종필 사이에서 먼저 협의됐지만, 이회창은 3김정치의 청산을 외쳐대는 마당에 3김정치의 한축인 김종필과 연합할 수가 없었다. '대쪽'이란 별호를 가졌던 이회창의 정치윤리에 비추어 볼 때 그것은 절대 불가한 야합이었다. 이회창은 권력을 잡는 것도 중요하지만, 그 목표를 달성하는 방법과 과정도 중요하다고 생각했다. 이회창의 이 같은 인식은 권력은 우선 잡고 봐야 한다는 정치적 권모술수의 시각에서 보면, 한 수 아래일 수도 있으나, 그렇다고 하루아침에 자신의 정치 철학을 바꿀 수도 없었다. 결국 김종필은 김대중의 손을 들어줬다. 김종필의 김대중 지지는 김대중의 색깔을 의심해오던 국민 다수를 점하는 보수주의자들을 크게 흔들었다. 즉 김종필의 김대중 지지는 김대중의 친북 좌파주의를 의심하고 반대하는 우파들의 판단에 혼란을 초래해서 우파의 일부와 김종필을 지지하는 충청표의 상당수가 김대중에게 표를 던진 것으로 보인다.

김대중은 어떤 인물인가? 영남지역에 정치적 기반을 구축한 김영삼과 함께 호남지역에 정치적 기반을 쌓아오면서 민주화 운동을 해온 인물이다. 이른바 '40대 기수'의 한 사람인 김대중은 1971년 대통령선거에 출마해 박정희에게 패배한 뒤, 일본으로 건너가 반정부 활동을 전개하면서 재일한국인들이 결성한 한국민주통일연합韓國民主統一聯合(약칭 한민련)과 연계를 갖고 친북적 연방제 통일운동을 벌인다는 의심을 샀다. 1973년 중앙정보부에 의해 강제귀국된 뒤 가택연금 중에 있다가, 1979년 중앙정보부장 김재규金載圭의 박정희 암살사건 이후 새로운 세상을 맞았다. 그러나 김영삼·김종필과 함께 이른바 3김정치시대를 연 김대중은 5·18 광주 민주화운동을 주도한 혐의로 신군부에 의해 사형선고를 받았으나, 감형된 후 정치활동이 금지되었는데, 노태우의 6·29민주화조치로 정치활동을 재개했다. 1987년 평화민주당平和民主黨(약칭 평민당) 후보로 대선에 출마했지만 낙선했다. 패배한 김대중은 다음 해 4월 13일에 실시된 총선에서 농민운동가 서경원徐敬元을 전남 영광·함평지구에 공천, 당선시켰다. 그러나 1985년 재독 북한공작원 성낙영成洛英에게 포섭되어 간첩활동을 벌이고 있던 서경원은 1988년 8월 18일 국회의원 신분으로 비밀리에 평양에 들어가 김일성을 면담하고 연방제 통일을 위한 활동을 약속한 다음, 대남공작 총책 허담許錟으로부터 미화 5만 불을 받아서 이 가운데 1만 불을 김대중에게 전달했다. 서경원 간첩사건은 대한민국 건국 이후 현역 국회의원 사건으로는 1949년 남로당 국회프락치 사건과 1969년 김규남金圭南 간첩사건에 이은 세 번째였다. 서경원 간첩사건이 밝혀지자, 김대중은 평민당 총재로서 즉각 대국민 사과성명을 발표했지만, 김대중의 친북 좌파 성향을 여실히 드러난 사건이었다. 김대중이 대통령에 당선됨에 따라, 한국 정치구도는 건국 이후 지속된 산업화 세력과 민주화 세력의 주기적 교차 집권 양상이 우파와 좌파 간의 집권 경쟁 양상으로 바뀌게 되었다.

2

DJP 좌우합작 정부에서
김대중 좌파정부로

1998년 2월 25일 출범한 김대중 · 김종필의 좌우합작 정부는 실제로는 대통령 김대중이 주도하는 좌파정부였다. 김대중 정부의 당면 최대 정책과제는 경제를 되살려서 하루 빨리 IMF 외환위기를 벗어나는 것이었다. 1997년 말 우리 경제는 마이너스 성장 속에 외환 보유고가 29억 달러에 불과했고 총 부채가 1,500억 달러를 넘는 등 국가파산 직전 상황이었다. 김대중 정부는 IMF 구제금융을 받을 때 IMF가 요구한 조건들을 이행하기 위해 긴축 재정운영과 기업 구조 개혁, 금융 구조 개혁, 노사 관계의 정립 등 4대 정책을 추진했다. 이 같은 정책을 추진하기 위해서는 외국자본의 한국경제에 대한 신뢰 회복이 무엇보다 시급하다고 판단, 외자유치를 위한 세일즈 외교를 적극적으로 펼쳤다. 1998년 4월에는 아 · 유럽 정상회담ASEM에 참가하고, 6월에는 미국을, 그리고 10월에는 일본을 방문했다. 11월에는 중국에서 열린 아 · 태 경제협력체 회담APEC에 참가했으며, 12월에는 하노이에서 열린 아세안 · 한 · 중 · 일 정상회담에도 참석했다. 김대중 정부는 1999년 1월 외국인 투자 유치를 위해 외국인 주식투자 한도를 철폐하고 한전과 포철에 대한 외국인 투자 한도를 30%까지 올렸다. 아울러 '금 모으기 운동'을 전개, 국민들의 적극적인 호응에 힘입어 금 보유고를 높이고 금리 인상, 외국인 예금 촉진 등도 병행했다.

외환시장과 환율이 웬만큼 안정을 되찾자 5월부터 금리를 내리고 초긴축 정책을 다소 완화, 경기를 부양시키는 쪽으로 방향을 선회하고 기업 구조 개혁에 들어갔다. 기업구조 개혁은, 대기업 간 중복 투자와 부실기업을 주고받는, 이른바 '빅딜'과 부실기업을 금융기관이 주도해 회생시키는 소위 워크아웃work out, 그리고 법원에 의한 법정관리 · 화의和議와 같은 도산절차에 따라 진행되었다. 금융기관에 대한 구조조정은 공적자금 투입을 통한 정부주도의 통폐합 방식으로 이루어졌다. 당시 공적자금 투입이 대규모 은행에 한정되고 종합금융회사 등, 소규모 부실 금융기관들은 대부분 퇴출되었다. 공적자금이 투입된 대규모 금융기관들에 대해서는 경영진의 퇴출과 기존 주식의 소각, 그리고 일반직원의 감원 등으로 부실책임을 물었다. 금융기관의 구조 조정에 투입된 공적 자금은 총 168조 3,000억 원이었다. 김대중 정부는 1998년 저축은행을 전국에 신설해 훗날 부실 저축은행 파동 벌어지는 불씨를 낳기도 했다. 금융기관 구조조정에는 감독기관 구조조정도 포함되었다. 1998년 은행, 증권, 보험으로 삼분되어 있던 금융 감독기관을 금융감독원으로 통합하고 부실채권 정리를 전담할 자산관리공사를 설립했다.

노사관계 개혁에서는 노 · 사 · 정 위원회를 구성해 정부 · 기업 · 노조의 3자가 협의를 통해 구조조정과 정리해고를 해결하려고 했지만, 민주노총의 반대로 파행이 계속되었다. 결국 노동계는 정리해고와 파견근로제 도입을 양해하는 대신 정부와 사측은 교원노조의 허용, 노조의 정치활동 허용, 실업자의 노조가입 허용, 사회보장제도의 정비 등을 약속했다. 이러한 허용조처는 뒤에 노조의 과격한 파업과 정치활동 등 숱한 부작용을 초래했다. 공공부문 개혁에서는 정부기구 개편과 공기업 구조 조정, 주요 공기업의 민영화 등으로 추진되었다. 26개 주요 공기업 중 포항제철·한국중공업·한국종합화학·한국종합기술금융·국정교과서는 즉시 민영화했으며, 한국통신·담배인삼공사·한국전력·한국가스공사·한국지역난방공사 등은 단계적으로 민영화하기로 했다. 그 외 15개 공기업들은 자체 구조조정과 정리해고 등을 시행토록 했다.

김대중 정부가 IMF의 요구조건을 충실히 이행함에 따라 조기에 외환 위기에서 벗어난 한국경제는 다시 성장을 향한 힘찬 출발을 하게 되었다. 김대중 정부의 IMF 위기 극복은 여·야가 한 마음이 되고 '금 모으기'에서 보여준 것 같은 전 국민적 노력의 덕분이다. 실제 김영삼 정부에서도 IMF위기의 기미를 알아채고 있었다. 따라서 1996년 말부터 노동법을 강행 통과시키는 등 미구에 들이닥칠 외환위기 예방에 노력을 기울였으나, 당시 야당인 민주당의 반대로 시작부터 성과를 거두지 못하고 좌초 직전에 정권이 바뀐 것이다.

IMF위기를 극복한 김대중 정부는 성장 위주의 경제정책을 분배 중심의 새로운 경제정책으로 전환해 복지정책을 강화시켜나갔다. 김대중 정부의 복지정책은 단순한 '시혜적 복지'를 넘어 스스로 자립할 수 있는 '생산적 복지'에 초점을 맞췄다. 우선 재정이 악화된 지역 의료보험을 재정이 좋은 직장의료보험과 통폐합해 새로 만든 국민건강 관리공단이 관장토록 했고, 1999년에는 국민연금법을 개정해 급여수준을 생애 평균 소득의 60%로 하향조정하고 수급연령도 65세로 늦추었다.

김대중의 초기 언론정책은 신선하다 할 만큼 획기적이었다. 언론 감시의 주무부처로 비판받아온 공보처를 해체하고 문화관광부를 신설했다. 또 공보처 퇴직 공무원이 맡아오던 KBS감사직을 KBS출신이 맡도록 함과 동시에 방송을 권력과 자본의 지배로부터 해방시켜 국민의 방송으로 만든다는 취지 아래 1999년 12월 대대적인 방송개혁 공청회를 열었다. '99 방송개혁'으로 불린 공청회에서는 정부로부터 독립된 방송위원회를 열어 방송업무를 관장하게 하고 민영방송 주주의 방송지배를 막기 위해 소유와 경영을 분리하고, 최대 주주의 지분 한도를 30%에서 10% 이하로 낮추며, iTV의 시청권역을 수도권으로 확대해 SBS의 민영방송 독점체제를 경쟁체제로 바꾸는 방안 등이 심도 있게 논의되었다. 그러나 '99 방송개혁'은 방송정책기구로 대통령 직속의 방송위원회를 만든다는 것 외에는 나머지 의제는 하나도 결정되지 못한 채 용두사미로 끝났다. 권력과 자본의 방송 지배구조가 그대로 유지되고 언론자유를 위해 폐지했다는 공보처 대신 국정홍보처란 새 정부기구를 만들어 언론에 대한 감시와 통제를 강화했다.

그리고 김대중 정부는 새로운 나라를 세우자는 국민운동, 그러나 다분히 정치적 의도가 내포된 제2건국운동을 제창했다. 50년 전, 이승만 주도로 건국된 대한민국이 친일·기회주의 정부로써 국가적 정통성이 결여됐다는 전제 하에 새로운 나라의 틀을 만들어야한다는 김대중 정부의 제2건국운동은 그러나 대한민국의 정체성을 부정하고 북한 정권과의 협상을 통해 새로운 통일정부를 세워야 한다는 이념교육 운동의 성격을 띠고 있었다. 실제로 국정교과서가 검·인정 교과서로 바뀌면서 출판사들의 성향에 따라 교과서의 내용이 크게 달라지는 사태를 빚었다. 특히 역사와 사회, 도덕 등 이념과 관련된 교과서들 가운데 정부의 좌경화에 발맞추어 대한민국의 정통성과 가치를 부정하는 내용을 담은 검·인정 교과서와 EBS의 국사·사회과목 교재들이 쏟아져 나왔다.

김대중 정부는 세계적 추세를 따라 신용사회를 만들고 경기를 부양시킨다는 명분 아래 신용카드와 휴대폰 보급을 독려했다. 그러자 우후죽순처럼 생겨나는 카드회사의 카드판매 경쟁으로 실직자까지 카드를 사용하는 현상이 벌어지고 초등학생들에게도 핸드폰이 필수품이 되었다. 게다가 늘어나는 카드빚을 갚기 위해 다른 카드를 만들어 돌려막기식을 하는 악순환의 고리가 이어지고 그 악순환은 때로 한 가족 집단자살이란 비극을 빚기도 했다. 이 같은 신용카드와 휴대폰의 과잉 공급이 많은 부작용을 낳긴 했지만 다른 한편으로 금융거래의 선진화와 'IT강국'으로 가는 길을 열었다는 긍정적 평가를 얻기도 했다. 그러나 어디까지나 실책은 실책이다.

김대중 정부는 한·일 어업 분쟁을 해결하기 위해 일본과 수차례 회담한 끝에 1999년 '신新한·일 어업협정'을 체결했다. 이 협정에서는 한국의 전관專管수역이 울릉도 전 해역과 독도 부근 해역까지로 한정되고 독도를 중심한 해역이 한·일 어선이 공동 어로작업을 할 수 있는 중간수역으로 설정되었다. 독도해역을 중간수역으로 만들면 독도의 영유권을 억지 주장하고 있는 일본에 빌미를 준다는 이유를 들어 한나라당이 극력 반대했으나 '신한·일 어업 협정'은 여당 주도로 비준안이 강행 통과됨으로써 예상했던 대로 훗날 일본으로 하여금 독도 영유권을 주장하는 어이없는 또 하나의 구실을 제공하게 되었다. 이로 인해 안 그래도 19세기 초 독도를 자국 영토에 강제 편입했던 일본이 걸핏하면 독도 영유권 주장을 해오고 있는 터였다.

대권을 잡은 김대중은 애초에 김종필과 합의한 2년 뒤인 2000년 초에 내각책임제로 개헌한다는 약속을 깨고 DJP연합을 물거품으로 만들었다. 김대중은 이 약속을 일방적으로 깨고 2000년 김종필을 총리직에서 해임했다. 이로써 좌우 합작 정부는 종언을 고하고 김대중 정권은 명실 공히 좌파정부로 새 출발하게 되었다. 우파인 김종필이 떠난 직후부터 김대중의 친북정책에 가속이 붙기 시작했다. 마침내 김대중은

2000년 6월 13일 평양을 방문해 북한의 김정일과 만나 6·15 공동선언을 발표했다. 6·15 공동선언은 한마디로 김정일의 구상을 문서화한 일방적이고 불평등한 조약에 다름없었다. 6·15공동선언에서 김대중은 북한의 연방제 통일방안을 수용했고 우리 납북자와 국군포로 송환 없이 비전향 장기수 전원의 북송을 약속한 것이다. 6·15 남북정상회담과 남북 공동선언 발표로 김대중은 노벨 평화상을 받았지만, 대한민국과 대한민국 국민에게는 엄청난 재정 부담과 이념 갈등을 야기했다.

김대중은 6·15남북정상회담을 마치고 난 다음 남북문제를 보는 남한 언론들의 태도와 자세에 문제가 있다고 판단하고 남한 언론사 사장들을 대거 북한에 보내 김정일을 만나게 했다. 조선일보와 동아일보 사장만은 북한 방문단에 참여하지 않았다. 그럼에도 불구하고 햇볕정책과 6·15 남북 공동성명에 대한 언론의 비판 논조는 조금도 수그러들지 않았다. 2001년 1월 11일 김대중은 연두 기자회견 석상에서 학계와 시민단체, 언론계가 합심하여 언론개혁을 위한 대책을 세우게 하겠다고 선언했다. 이를 계기로 2001년 1월 31일 국세청이 23개 중앙언론사에 세무조사 실시를 통보했으며, 다음달 21일 공정거래위원회가 언론사에 대한 조사 착수를 발표했다. 국세청이 발표한 1차 조사결과에 따르면, 23개 언론사는 총 1조 3,594억 원의 소득 탈루에 추징액이 5,056억 원에 이르렀다.

김대중 정부는 2001년 7월 1일 신문업무 공정거래행위 기준고시를 다시 시행한다고 발표했다. 이 신문고시는 김영삼 정부가 1997년부터 시행해오던 것을 1999년 1월 김대중 정부가 폐지했다가 다시 부활시킨 것이다. 결국 국세청과 공정거래 위원회의 고발에 따라 열린 재판에서 조선일보·동아일보·국민일보의 사주가 구속되고, 이들 세 신문사에 대한 사법 처리는 그 동안 김대중 정부의 6·15 남북공동선언을 비판해온 언론매체에 대한 표적수사와 비판 언론 길들이기라는 의혹을 사기에 충분했다. 이에 2001년 8월 2일 사회원로와 종교·시민단체 인사 32명이 이 사안에 대해 아래와 같은 시국성명을 발표했다.

> 조사 대상 23개 언론사들이 모두 탈세를 했는데도 6개 신문사만을 검찰에 고발함으로써 나머지 언론사들에게 면죄부를 주었고 이 때문에 이번 세무조사가 언론 길들이기란 의혹을 해소하기 어렵다. 지금이라도 정부는 모두가 납득할 수 있는 방안을 제시하라.

김대중 정부의 언론사에 대한 선별적 사법처리는 언론을 친정부와 반정부로 완전히 양분시켰고, 햇볕정책을 놓고 남남 간 이념갈등을 불러일으켜 국론을 분열시켰다. 권력과 자본을 비판하지 못하는 언론은 진정한 언론이 아니다. 그러나 친정부 언론들이 정부의 보호 속에 햇볕정책을 선전하고 6·15 남북공동선언을 둘러싼 남남 갈등이 절정으로 치닫는 가운데 민주당의 정권 재창출과 한나라당의 정권 탈환을 결정짓는 '2002년 대선'을 맞았다. 민주당 경선에서 노무현盧武鉉이 민주당 대선후보가 되고 한나라당에선 이회창이 대선후보로 선출되었다. 신설 정당인 '국민통합21'이 정몽준鄭夢準을 대선 후보로 내세웠는데 투표일을 한 달 남짓 앞두고 노무현·정몽준 간 후보 단일화 협상이 이루어졌다. 이어 두 후보 간 TV토론을 거쳐 실시한 여론조사에서 노무현이 1위를 차지해 단일후보가 되었다. 보수 우파인 정몽준과의 단일화로 노무현은 강한 좌파 이미지를 상당히 희석시킬 수 있었다. 마침내 노무현은 근소한 차이로 이회창을 누르고 당선되었다. 노무현의 당선으로 김대중의 햇볕정책은 확실한 보장을 받았다. 노무현은 김대중보다 훨씬 친북 좌파 성향이 강한 인물로 그의 당선 덕분에 폐기될 운명이었던 '6·15 남북공동성

명'은 살아남았고, 한층 더 친북적인 '10 · 4 남북공동성명'으로 이어졌
다. 김대중과 김정일은 6 · 15 남북공동성명을 한반도의 평화와 불가침,
그리고 평화적 통일의 기반을 구축한 새 이정표라고 선전했다. 그러나
선전의 커튼 뒤에서 김정일은 핵무기와 미사일 개발에 총력을 기울이고
있었다. 결과적으로 김대중이 김정일에게 제공한 막대한 대북 지원자금
은 북한의 핵무장을 도와준 셈이 되었다.

3

북한의 핵실험과
6 · 15 남북공동선언

미군 정찰기에 의한 북한 핵시설 포착은 동서 해빙기를 맞아 모처럼 활기를 띠어가던 남북관계를 완전히 얼려놓았다. 소련 공산당이 와해되고 고르바초프의 개방 체제가 들어서면서 동유럽 공산정권들이 도미노처럼 붕괴되고 중국마저 등소평이 실용주의로 선회함으로써 북한의 김일성 공산독재정권은 사실상 고립상태로 빠졌다. 여기에 북 핵시설이 만천하에 들어남으로써 북한의 자살적 남침설이 나돌 정도로 한반도의 위기가 고조되었다. 지구상에 마지막 남은 분단국인 한반도의 남북한은 북한이 핵개발이라는 초강수를 선택함으로써 세계의 이목이 쏠렸다. 북핵문제를 놓고 한반도를 둘러싼 미 · 러 · 중 · 일 4강과 당사국인 남 · 북한이 모여 소위 6자회담을 열었으나 아직도 해결점을 찾지 못하고 있다.

대한민국은 1975년 일찍이 유엔 핵확산 금지조약NPT에 가입해 의무를 성실히 수행해오고 있는 상황에서 북한의 핵개발 의혹이 터진 것이다. 북한은 한국보다 10년이나 늦은 1985년에 NPT에 가입하고서도 가입국이 의무적으로 체결하도록 되어 있는 국제원자력기구IAEA와의 안전조치 협정을 계속 미루어왔다. 그러다가 1992년 1월에야 비로소 IAEA의 안전조치 협정을 체결했다. 그 와중에서 두 개의 핵 처리시설을 영변 지역에 설치하고 숨겨온 사실이 사진 촬영으로 확인되어 국제원자력기구가 특별사찰을 요구했다. 이에 북한은 IAEA의 특별사찰 요구를 거부하고, 1993년 3월 12일 NPT에서 탈퇴했다. 이로써 제1차 북핵 위기가 시작되었다.

그러나 김일성이 사망하고 식량난과 에너지난이 심각해지자 북한은 더 이상 버티지 못하고 IAEA의 영변 핵시설 사찰을 수용했다. 북한이 핵무기 개발을 중단하고 원자력의 평화적 이용을 위한 사업을 전개하기로 약속함으로써, 한반도 에너지 개발기구KEDO가 발족했다. 이어 북한의 나진·선봉 지구에 원자로 건설 사업을 위해 한국전력의 인력과 장비가 투입되었다. 한창 공사를 진행하고 있는 중인 1999년 또 다시 금창리 핵처리 시설이 발견되었다. 북한은 미국에게 금창리에 대한 IAEA사찰을 받을 것이며 차후 미사일 발사 실험을 더 이상 하지 않겠다는 약속을 하고 미국으로부터 쌀 60만 톤을 받아갔다. 핵으로 식량을 구하고 핵으로 국가의 존재를 세계에 알리는 참으로 위험한 발상이었다.

그럼에도 남북 사이 물밑 접촉이 계속되어 역사상 최초의 남북 정상회담 개최를 위한 예비접촉이 1994년 6월 28일이 판문점에서 있었다. 여기서 김영삼이 8월 중 평양으로 가서 김일성과 회담한다는 계획이 수립되고, 구체적인 경호문제 등을 협의했다. 바로 이때 7월 6일 김일성이 갑작스레 사망함으로써 모처럼 남북 간 합의된 정상회담은 무산되었다. 훗날 김영삼은 자신의 회고록에서 김일성과의 회담은 김일성이 먼저 만나자고 제의해와 이루어졌다고 밝혔다. 김일성은 내부적인 경제난과 대외적인 고립을 벗어나기 위해 한국과의 대화와 협력관계를 열어보려고 시도한 것으로 보이는 대목이다. 그러나 김일성이 갑자기 사망하자, 북한 정권의 붕괴설이 나도는 가운데 김정일 후계 체제가 확고히 구축되었다는 뉴스보도가 이어졌다. 이러한 때에 한국 내의 친북 좌파들이 평양에 가서 김일성 조문을 하겠다고 나섰다. 그러나 김영삼 정부는 국민 정서상 김일성 조문은 맞지 않는다면서 이를 불허했다. 김일성 조문 문제를 놓고 심각한 남남갈등이 일어났다.

중국은 재빠르게 등소평·강택민江澤民 등 최고 권력자 4명이 조전弔電을 보냈다. 중국 수뇌부의 이 조전은 김일성 사후에 일어날지도 모를 혼란과 북한정권의 붕괴위기를 안정시키는 힘이 되었다. 당시 인민군 사령관 겸 국방위원장이었던 김정일은 중국의 지침대로 3년간의 유훈통치遺訓統治 끝에 1997년 10월 조선노동당 총비서에 추대되었다. 세계의 모든 국가들이 민주화를 추구하고 있는 시대의 대세에 역행해 북한은 2대 세습 독재정권의 길로 들어선 것이다. 그 해 여름 북한 지역에 막대한 홍수 피해가 발생하자, 김영삼 정부는 쌀 10만톤을 북한에 긴급 지원하고, 나진·선봉지구의 자유시 건설공사에 적극 참여했다. 북핵문제도 1996년 여름에 타결되어 한반도 에너지 개발기구KEDO가 발족되고 남한이 주도하는 원자로 건설이 추진되었다.

이런 가운데 남쪽에서는 제15대 대통령 선거전이 시작되고 대선 과정에서 북한은『로동신문』과 평양방송 등을 통해 이회창 한나라당 후보를 비난 공격함으로써 김대중 민주당 후보를 간접 지원했다. 북한의 이 같은 남한 대선 개입은 상호 내정간섭을 하지 않는다고 약속한 남북 기본 합의서를 위반한 행위다. 대한민국 역사상 최초의 좌파정부를 세운 김대중은 대선 전 김종필과의 공동정부 운영 약속을 의식, 대북정책의 갑작스런 선회는 하지 않고 시급한 IMF 위기극복을 위한 경제 올인 정책을 폈다.

이 시기 북한은 김일성 사망 4주기를 마치면서 1998년 8월 헌법을 개정해 선군정치先軍政治의 깃발을 들었다. 개정 헌법에 의해 주석제가 폐지되고 국방위원회를 설치, 당 중심 정치체제에서 군 중심 정치체제로 국가경영의 주체가 옮겨갔다. 이어 군 중심 체제를 공표하듯 9월 31일 인공위성을 위장한 장거리 미사일 광명성 1호를 발사하고. 이를 계기로 김정일이 국방위원장에 취임했다. 1998년 12월 19일자 『로동신문』은 서울·워싱턴·도쿄를 겨냥한 미사일 3기의 사진을 올리고 그 밑에 다음과 같은 글을 실어 보도했다.

> 우리의 타격 목표는 언제나 명백하다. 이 땅에 승냥이 미 제국주의 원쑤놈들과 여우같은 일본놈들, 민족의 수치인 남조선 괴뢰도당들이 있는 한 우리의 타격 목표는 언제나 명백하다. 천추만대를 두고 피의 결산을 해야 할 저 가증스러운 원쑤들에게 우리는 피의 복수를 재운 미사일을 겨누고 있다.

김일성이 죽으면 북한 공산정권이 붕괴할 것이라는 전문가들의 예측과는 달리 1980년대부터 이미 후계자 수업을 해온 김정일은 군부와 손을 잡고 국내 권력투쟁에서 승리해 김일성 사후 4년 만에 국방위원장이 되어 권력을 장악하고 이른바 선군정치의 새 시대를 열었다. 그리고 남한을 비롯한 세계에 대해 핵무기와 미사일로 위협하며 협상을 벌이기 시작했다. 이처럼 김정일이 강공책과 협상책을 양손에 들고 국제 정치무대에 서는 가운데 현대의 정주영이 1998년 6월과 10월, 소떼와 자동차를 끌고 방북(1차: 소 500마리, 2차: 소 501마리와 승용차 20대)함으로써 민간차원의 남북접촉에 물꼬가 트이기 시작했다. 정주영은 두 차례 방북 기간에 두 번 김정일과 만나고 대남공작 총책 허담과도 만나 금강산 관광 사업권을 따냈다. 이에 따라 1998년 11월 18일 1,418명의 관광객을 태운 첫 관광선 금강호가 동해항을 출발해 북한의 장전항에 도착했다. 현대가 금강산 사업권을 따내기 위해 북한에 제공한 돈이 11억 달러를 넘었고, 1인당 관광료로 300달러씩 북한에 지불했다. 비경제적이고 퍼주기라는 비판이 뒤따랐다.

북한의 핵무기와 미사일문제는 1999년 3월 미국과 북한 간 뉴욕협상으로 일단 돌파구를 마련한 듯했다. 북한이 미사일 발사 실험중지를 약속하고 1999년 5월 미국 대표단의 금창리 방문을 허용하여 의혹이 해소된 듯하자, 미국은 북한에 대해 곡물 10만 톤을 지원했다. 그러나 국제적 협력 무드가 진전될라치면 북한은 어김없이 상투적으로 새로운 도발을 해왔다. 1999년 6월 15일 북한 경비정은 서해 연평도 부근의 북방한계선NLL을 넘어와서 어로작업 보호작전 중이던 우리 해군을 기습 공격해 왔다. 서해에서 제1연평해전이 터지자 동해의 금강산 관광을 즉각 중지해야 한다는 국민적 여론이 거세게 일어났다. 하지만 김대중 정부는 기존의 햇볕정책을 계속 밀고 나갔다. 1999년 10월 22일 북한 주민은 남한 TV와 라디오를 전혀 듣고 볼 수가 없는데 남한에서만 북한 방송을 자유롭게 듣고 볼 수 있도록 북한 위성 TV시청을 전면 허용했다. 남북 간 인적·물적 교류도 계속 늘어나 1999년 12월 23일 북한의 남녀 농구팀이 서울에 와서 현대그룹 남녀 농구팀과 친선경기를 벌이는가 하면 평양 학생소년예술단이 서울에 와서 공연을 펼치기도 했다.

이 무렵, 김대중은 박지원朴智元을 밀사로 보내 남북정상회담을 추진했다. 마침내 2000년 6월 15일, 김대중은 평양에 가서 김정일과 만나 사상 처음으로 남북 정상회담을 열고 다음과 같은 '6·15 남북공동선언'을 채택했다.

① 한반도 통일은 자주적으로 해결한다.

② 남한의 연합제 통일방안은 북한의 낮은 단계의 연방제 통일방안과 공통성이 있음을 인정한다.

③ 이산가족방문과 비전향 장기수 문제를 해결하기 위해 노력한다.

④ 경제협력을 통한 민족경제의 균형적 발전과 사회 · 문화 · 체육 · 보건 · 환경 등 제 분야의 협력과 교류를 활성화한다.

⑤ 합의사항의 실천을 위해 남북 당국 간 대화를 개최한다.

6 · 15 남북공동선언은 국가와 국민에 중대한 영향을 미칠 사안들임에도 불구하고 공청회 등을 통한 국민적 동의 없이 북한과의 물밑 협상으로 조항을 만들었다. 무엇보다 통일방안에서 북한의 연방제 통일을 수용함으로써 대한민국의 국익에 치명적인 타격을 주었고, 국군포로 및 납북자는 한 명도 돌려받지 못한 채 비전향 장기수들을 북한으로 돌려보냈으며, 북한의 개혁 · 개방에 대한 보장도 없이 퍼주기식 경제 지원책을 마련하는 등 많은 문제점을 드러냈다. 더욱이 남북 정상회담의 성사를 위해 북한에 5억 달러의 현금과 선물이 보내졌다는 사실이 특별검사의 조사로 드러나 박지원 등 관계자들이 사법 처리되는 사태까지 빚었다. 그러나 북한은 6 · 15 남북정상회담 이후에도 남한으로부터 막대한 이익을 챙기는 한편, 다른 한편으로 남한을 위협하는 핵무기를 비밀리에 개발해오고 있었음이 훗날 밝혀졌다.

북한의 주장을 일방적으로 담은 6 · 15 남북공동선언을 추진하는 데는 언론의 지원이 절대적으로 필요했다. 남한의 유력언론사 사장단 20명이 문화관광부 박지원 장관의 인솔로 평양을 방문해 김정일을 면담했다. 방북 언론사 사장단에는 KBS(박권상), MBC(노성대), SBS(송도균) 등 이른바 빅3 방송사와 한겨레신문(최학래), 그리고 중앙일보(금창태)등이 포함되었다. 언론인 방북단의 일원으로 평양을 다녀온 언론사들은 북한과 햇볕정책에 대한 비판을 접고 대북지원에 관한 취재경쟁을 벌였다. 주체사상탑을 가볼만한 관광명소로 소개하는 다큐멘터리를 방송KBS하는가 하면, 북한사상을 선전하는 평양에서의 남북 학술회의를 그대로 중계방송SBS했다. 이들 방송사가 대한민국의 방송인지, 북조선의 방송인지 알 수 없는 지경이었다.

8월 15일 광복절을 기해 이산가족 상봉 자리도 마련되었다. 남북이 각각 100명씩 선발해 두 차례 서울과 평양을 상호 방문했고, 9월 18일 경의선 철도의 복원을 위한 기공식이 도라역에서 성대히 거행되었다. 9월 15일에는 시드니에서 개최된 하계 올림픽대회에 처음으로 남·북 선수단이 같은 제복을 입고 한반도기를 앞세운 채 공동 입장하기도 했다. 마침내 김정일의 서울 답방설이 나돌고 중국을 방문, 중국식 개혁개방 정책을 시사하는 등 남북 화해를 감지케 하는 징후들이 연속적으로 나타났다. 김대중은 2000년 12월 10일 남북 긴장완화에 기여한 공로로 노벨평화상을 받았다.

그러나 잠시 잊을 만하면 일이 터지곤 했다. 2001년 8월 15일 평양에서 개최된 이른바 '민족통일대축전'에 참가한 남측 일부 인사들이 만경대 정신으로 통일하자는 등 친북 반국가 행위를 저질렀다. 아무리 좌파정부일지라도 그냥 넘길 수 없는 사안이었다. 김대중 정부가 이들을 국가보안법 위반으로 구속하자, 이를 빌미로 북한은 11월 9일 예정된 제6차 남북장관급회담을 결렬시켰다. 이어 더 어이없는 사건이 터졌다. 남한에서 월드컵이 성공적으로 치러지고 있는 가운데 2002년 6월 29일 계획적으로 서해 NLL을 넘어와서 우리 해군을 기습 공격한 것이다. 그날은 마침 우리 축구팀이 월드컵 4강에 진출, 터키와 3·4위전을 벌이고 있을 때였다. 북한의 군사적 도발은 월드컵 축제에 찬물을 끼얹었다. 더구나 이 제2연평해전에서 우리 해군 6명이 전사하고 18명이 중경상을 입었으며 함정 1척이 피격·침몰되었다. 북한군은 3명이 죽고 6명이 부상했다. 북한에 대한 국민의 분노가 폭발해 금강산 관광 등 대북사업을 즉각 중단하라는 요구가 빗발쳤다. 그러나 김대중 정부는 받아들이지 않았다. 나아가 서해해전 전사자들의 장례식에 국방장관도, 국무총리도, 대통령도 참가하지 않았다.

더욱이 김대중은 남북 이산가족 상봉을 북한의 요구에 따라 북한 땅 금강산에서만 하도록 했다. 제3차 이산가족 상봉(2001.2.16)에 이어 제4차(2002.4.28), 제5차 이산가족 상봉(2002.9.16)이 모두 금강산에서 이루어졌다. 고령의 이산가족들에게 금강산까지 가는 고생은 물론 정작 고향의 산천과 사람들을 두루 만나볼 수 없어 진정한 만남이 되지 못해 이산가족 상봉은 그저 만남을 위한 만남에 그쳤다. 이산가족 상봉이 금강산으로 고정된 것은 상호 방문으로 남한의 발전상을 목격한 북한 이산가족들의 심리적 동요를 우려했기 때문이었다. 그럼에도 남북 이산가족의 상호 방문은 북한사람들에게 엄청난 충격과 갈등을 안겨주었다. 남한의 발전상을 직접 보고 들으면서 그 동안 북한당국자들의 말이 거짓임을 알게 되고 남한에 대한 동경심을 유발해서 훗날 탈북사태로 이어졌다.

2002년 9월 29일 부산에서 열린 제14회 부산 아시안 게임 때는 북한선수단과 응원단이 참가했다. 10월 3일 북한 태권도 시범단이 서울에 와서 시범을 보였으며 북한 경제사절단 15명도 서울에 와서 산업시설들을 돌아보았다. 이처럼 서해 도발과 교류협력의 두 얼굴이 어지럽게 교차되는 가운데 2002년 10월 3일 켈리 미 특사가 북한의 우라늄 농축 사실을 공식 확인함으로써, 이른바 제2차 북핵위기가 시작되었다. 북한은 2003년 1월 10일 NPT 재탈퇴를 선언했지만, 이번에도 김대중 정부는 모르쇠로 일관하며 북한이 어떤 도발을 해오더라도 이에 대응하지 않고 햇볕정책만을 밀고 나갔다. 북한이 남한이 보내준 각종 경제적 지원으로 핵무기를 개발하고 미사일을 제조한다는 국민적 비판에도 불구하고 북한에 대해 한마디 항의도 하지 않고 경제 지원을 계속했다.

그렇게 김대중 정부의 임기가 끝나갈 무렵, 무조건적인 지원을 받던 북한으로서는 차기 정부 또한 친북 정부가 들어서길 바라면서 5년 전 대선 때보다 더욱 적극적으로 남한 대선에 개입했다. 개입의 창구는 어김없이 언론이다. 남한에서 일어난 미군 장갑차 사고에 대해 북조선의 신문과 방송들이 연일 빅뉴스로 보도하고 특히 선거일을 코앞에 두고는 미국과 이회창을 집중 공격하는 동시에 남한 곳곳에서 일어나는 두 여학생 추모 촛불집회 뉴스가 신문과 방송, 통신 기사의 주 메뉴였다. 다음과 같은 2003년 12월 16일자 『로동신문』에 실린 기사가 이를 잘 말해준다.

> 기어이 주권을 회복하고 국민의 자존심을 되찾자. 지금도 미제는 북남철도·도로 연결사업을 비롯하여 우리민족끼리 화해하고 협력하며 조국통일을 이룩하기 위한 투쟁을 한사코 방해하고 있으며 온 민족의 머리 위에 핵참화를 들씌우지 못해 발광하고 있다. 겨레여 21세기 통일의 리정표인 6·15공동선언의 기치 아래 하나로 뭉쳐 미제를 비롯한 통일의 원쑤들에게 철퇴를 내리자.

선거 유세에서 "반미면 어떠냐"고 친북반미 성향을 드러낸 노무현 후보의 당선이 확정되자, 북조선은 2003년 12월 21일 조선중앙통신을 통해 다음과 같이 이례적으로 호의적 평가를 내렸다.

> 보도에 의하면, 19일 남조선의 대통령 선거에서는 민주당 로무현이 당선되고 한나라당 후보 리회창이 패하였다. 이것은 온 겨레의 염원이

반영된 6·15 공동선언을 반대하고 반공화국 대결을 고취하는 세력은 참패를 면치 못한다는 것을 보여주고 있다.

북한의 이 같은 입장 표명은 노무현 정부에 대해 6·15남북공동 선언의 실천적 이행을 간접적으로 촉구한 것으로 보인다. 그리고 이것 은 5년 전 김대중이 당선됐을 때 북한이 내세운 남북화해협력에서 한 발 더 나아가 남북이 민족 공조로 미국에 맞서 싸워야 한다는 점을 강하게 요구하고 있다.

조선노동당 중앙위원회의 기관지인『로동신문』, 조선인민군 최 고사령부의 기관지인『조선인민군』, 김일성사회주의청년동맹의 기관지 인『청년전위』등 북한의 3개 대표 신문이 발표한 신년 공동사설의 한 대 목에 이 점이 더욱 여실히 드러난다.

현 시기 조선반도에서의 대결구도는 북과 남의 조선민족 대 미국 이다. 남조선은 조선의 선군정치를 옹호하면서 반미투쟁에 동참해야 한다.

북한이 남한과의 공조체제를 주장할 때마다 전가의 보도처럼 휘 두르는 '민족'이라는 용어를 냉정하게 짚어볼 필요가 있다. 언제까지나 동일민족이라는 고정관념 안에 갇혀 합리적이고 진정한 인본주의 민주 국가로의 진행을 방해받아야 한다는 말인가. '민족民族'을 한자의 뜻 그 대로 보면 '사람의 무리'라는 뜻이다. 오랜 세월동안 일정한 지역에서 함 께 살아 독특한 언어, 풍습, 문화, 역사를 가진 공동체를 의미한다. 민족 을 자칫 민속적·토속적·인종적 특성을 공유하는 사람들, 즉 민족체民 族體, Ethnic Group로 착각하기 쉽다. 그러나 일반적으로 민족에는 언어와 역사를 공유한 문화적 개념이 더 강하다. 민족의 정의에 핏줄 즉 혈족 개념이 들어가면 극단적 폐쇄성을 띠게 된다. 민족이라는 말이 등장한 것도 겨우 19세기 말이다. 그전에는 그냥 중국인, 고려인, 유럽인이었다. 신성로마제국을 멸망시킨 나폴레옹이 전 유럽을 상대로 전쟁을 일으키면서 프랑스 국민을 결속시키는 개념으로 내셔널리즘이 탄생했다. 따라서 내셔널리즘의 정확한 의미는 국가주의, 국민주의다. 내셔널리즘을 민족으로 번역한 사람은 일본 학자인데 딱히 무슨 말로 옮겨야 할지 고민하다 이 단어를 썼다고 한다.

환언하면 김정일은 과거 김대중 정부가 쌓아놓은 '친북의 토대' 위에 '반미'와 '민족 공조'를 덧칠할 것을 노무현 정부에 촉구하고 있는 바, 이것은 한반도에서 미국이 손을 떼거나 미국의 영향력이 크게 약화된 연후, 바로 6 · 15 공동선언에서 남북이 동의한 연방제 통일을 민족끼리 결정해 진행시켜 나가겠다는 속셈을 드러내 보이는 대목이라 하겠다.

12 장

좌경화에서
선진화로

세계는 그때

21세기 벽두부터 중국이 경제적 · 군사적 대국으로 급부상하면서 미국 중심의 세계 질서에 도전장을 낸 가운데, FTA 자유무역체제와 IMF 금융질서 아래 국가들 간 경제 전쟁은 갈수록 격렬해지고 자원 확보와 대체에너지 개발 경쟁도 두드러졌다. 정치적으로는 이집트와 리비아, 예멘 등 왕권국가와 세습 독재국가들에서 민주화를 향한 크고 작은 항쟁이 확산되기 시작했다. 경제와 군사 대국으로 급부상한 중국의 국제적 영향력 증대와 맞물려 북한과 이란의 핵무장이 강화되면서 중동과 한반도에 핵전쟁의 먹구름이 짙게 드리웠다.

이 시기에 한국에서는 노무현 정부가 추진하고 이명박 정부가 체결한 한 · 미 FTA협정이 미국산 쇠고기 수입과 연계돼 야당과 시민단체들이 광우병을 빌미로 연일 대규모의 반미 촛불 집회와 폭력시위를 벌였다. 이로 인해 한 · 미 FTA의 발효시기가 2년 이상 지연되었다. 북한은 핵개발 문제로 스스로를 국제사회에서 고립시켰다. 9 · 11테러 이후 북한 · 이라크 · 이란을 "악의 축"으로 선언한 미국은 2002년 이슬람 테러 조직 알카에다의 근거지인 아프가니스탄을 공격, 탈레반 세력을 파키스탄 국경지대로 몰아냈다. 동시에 미국은 악의 축인 이라크가 대량살상무기WMD를 생산 · 수출하고 있다고 비난하며, 2003년 3월 이를 근거로 영국 · 호주군과 함께 이라크를 공격해 26일 만에 이라크 전역을 장악했다. 미국은 후세인Saddam Hussein을 쿠웨이트를 침공한 죄와 반대파 숙청 등 인권 유린죄를 적용해 처단하고 막후조종으로 이라크에 새로운 지도 체제를 수립했다.

이라크의 독재자 후세인이 제거되자, 2003년 1월 10일 미국은 NPT를 탈퇴한 북한에 대해 보다 강력한 제재를 가하기 시작했다. 미국 대통령 부시George W. Bush는 2003년 5월 대한민국 대통령 노무현과 회담을 갖고 핵문제의 해결을 위해 북한에 경제적 · 군사적 제재 조치를 취하기로 합의했다. 이에 앞서 국제원자력기구도 유엔안전보장이사회에 북핵 폐기 문제를 상정해 결의안을 이끌어냈다. 당시 일단 대화로 북핵문제를 풀어보자는 의견이 제시되어 2003년 8월 27일 북핵문제를 풀기 위한 6자회담(한국 · 북한 · 미국 · 중국 · 일본 · 러시아)이 베이징에서 개최되었다. 그러나 회담이 3차까지 가도록 특별한 합의사항을 도출해내지 못하고 지지부진했다. 이 와중에 북한이 2005년 2월 10일 갑자기 핵보유를 선언하는 바람에 4차 회담은 1년여가 지난 뒤에야 속개되었다. 4차 회담에서 한반도 비핵화와 미국의 대북 불가침에 합의하는 '9 · 19공동성명'이 채택되었다. 5차 회담은 3차례 회의를 연 끝에 북한의 핵시설 불능화와 5개국의 대북 에너지 100만 톤 지원 합의를 이끌어냈다. 이후로도 북한은 합의와 파기를 거듭하다가 2007년 말까지 핵 불능화와 폐기 신고를 완료하겠다는 약속을 저버리는 등 핵포기 의지를 둘러싼 논란이 가중되면서 6자회담도 난항을 겪게 됐다.

이에 2008년 12월 8일 유엔이 안보리회의에서 대북제재를 담은 의장 성명을 발표하고 이듬해 유엔과 미국이 경제적 대북 규제를 시행하자, 북한은 6자 회담 불참과 모든 핵시설의 원상복구 선언으로 맞받아쳤다. 실제로 북한은 2009년 4월 한 해 전 서방언론에 원자로 냉각탑 폭파장면을 공개했던 영변핵시설 내 폐연료봉 재처리 작업 착수를 공식 발표했다. 그러나 이미 미 국방부 합동 군사령부는 「2008년 합동작전 환경 평가 보고서」(2008.12)에서 북한이 핵보유국에 새로 추가됐다고 밝힌 바 있었다. 2009년 5월 북한이 2차 핵실험을 실시하고 6월에는 우라늄 농축작업에 착수하면서, 핵 폐기 없이 대북 지원 없다는 강경 대응 방침을 표방한 한국에 대해 노골적으로 핵전쟁 위협을 가해왔다. 북한의 도발을 더욱 심해져 2010년 3월 26에는 서해 NLL을 침범해 천안함을 폭침시키고, 11월 23일에는 연평도에 포격을 가했다. 천안함 폭침사건으로 대한민국 해군 46명이 전사했으며, 연평도 해전에서도 해병 2명이 전사하고 16명 부상당했으며 민간인 3명이 사상하는 인명피해를 냈다. 미국은 2011년 4월 26일 급히 카터 전 대통령을 북한에 보내 6자회담의 불씨를 되살려 보려 했으나 실효를 거두지 못했다.

설령 6자회담이 재개되더라도 극심한 에너지난과 식량난을 무릅쓰고 국민의 기본권까지 강압통치로 눌리가며 얻은 핵무장을 북한이 쉽게 포기할 것 같지 않다. 결국 북한의 핵무장은 직접적인 피해자인 한국과 일본의 핵무장으로 이어져서 동아시아 지역은 중동지역과 함께 핵전쟁의 먹구름 아래 갇히게 되고 말 위험을 증대시키고 있다. 이 위험으로부터 벗어날 방법은 북한 주민들이 세계의 흐름에 눈을 떠 생존권과 인권을 요구하는 민중봉기를 일으켜 김씨 세습 독재를 타도하는 것이나 결코 쉬운 일이 아니다. 아니면 유엔 동의 하에 북한의 핵시설을 불능화시키는 극단의 처방으로 북한 집권세력의 투항을 기대해 볼 수 있겠으나 이 또한 실현 가능성이 희박하다. 아프리카와 중동지역에서는 장기 독재정권이나 세습 독재정권에 항거하는 민중봉기가 잇따라 일어나 독재정권들이 무너져 내렸다. 2011년 2월 이집트에서 일어난 민중 봉기는 장기 세습정권을 계획했던 무바라크를 퇴진시켰고, 2011년 10월 23일 미국에 맞서 무력으로 저항한 리비아의 카다피가 죽음을 맞았으며, 2011년 11월 10일 예멘의 살레는 권력 이양에 서명했다. 그러나 2011년 12월 17일 김정일이 급사한 후 김정은이 3대째 세습정권을 이어받았지만, 북한에서 어떠한 민중봉기의 움직임도 감지되지 않았다. 이로써 북한에서 중동지역에서와 같은 독재 타도의 물결이 일어날 것을 기대하기는 어렵다.

특히 일본의 약화와 중국의 강대국화도 북한의 핵보유에 제동을 걸기 어렵게 하는 요인 중 하나다. 일본은 2010년 규슈지방의 화산 폭발에 이어 2011년 동북부 센다이지방의 대지진이 몰고 온 쓰나미와 원전 폭발로 3만여 명이 죽거나 실종되고 수십 만 명의 이재민이 발생하고 엄청난 재산 피해를 입었다. 일본이 재해복구에 온통 힘을 쏟는 동안 상대적으로 중국의 영향력이 강화되고 있다. 이러한 한반도 주변상황은 중국의 후원 아래 핵보유를 기정사실로 만들려는 북한의 태도를 더욱 공고히 해주고 있다. 그러나 경제적 개방정책을 채택했는데도 정치적으로는 공산 독재통치를 고수해온 중국 역시 잦은 지진과 가뭄과 홍수 등 자연적 재앙이 지속되는 가운데 공산당 일당독재를 반대하는 민주화 운동이 확산되면서 내부혼란을 겪고 있다.

내몽골과 위구르와 티베트 등 소수민족들의 분리 독립운동도 빈발하여 중국의 지배적 영향력이 흔들리기 시작했다. 특히 인도북부에서 티베트 독립운동을 펴고 있는 티베트 망명정부는 연로한 달라이라마를 이어받을 하버드대 출신 롭상 상가이Lobsang Sangay 등 젊은 지도자들이 부상하면서 티베트 독립운동이 활발하게 전개되는 양상이다.

무엇보다 오늘의 세계는 기술개발경쟁이 가속화되면서 인간의 생활양식과 생활방식은 물론 전쟁수단에도 혁명적인 변화를 가져왔다는 점이다. 특히 전자기술의 발전은 통신의 입체화, 방송의 디지털화, 금융거래를 비롯한 모든 생활양식의 자동화를 급속히 진전시켰다. 이동전화 수준이었던 핸드폰은 2010년 스마트폰의 출시를 계기로 음성과 영상 통신은 물론 이동하면서 TV와 영화를 볼 수 있고, 금융거래와 문자 교신을 할 수 있으며 모든 분야에 대한 자료들을 검색할 수 있다. 모두가 모두와 소통이 가능한 소셜 미디어SNS의 세상이 도래하면서, 인터넷을 통한 일상의 관리, 쇼핑, 기술 정보의 교환이 개인생활과 국가 경영에 효율성을 높여주고 있다. 하지만 아날로그적 삶에서 멀어지면서 인간의 사고력과 판단력이 점점 떨어져 '기술의 노예'로 전락하고 말 것이라는 우려를 낳기도 했다. 또한 개인정보 유출에 의한 인권유린과 금융사기 범죄 그리고 계획적인 해킹작전으로 전산망이 마비되고 개인은 물론 조직의 정보가 통째로 유용되는 대혼란이 벌어졌다.

하지만 여러 우려되는 문제를 안고 있다 해도 전자기술 개발 경쟁은 결코 멈출 수 없는 시대적 요청이다. 왜냐하면 이미 지구는 말 그대로 지구촌이 되었고 지구인은 지구마을 주민이 되어 시간과 공간의 제약이 없는 무한대의 정보와 복잡한 생활 사이클에 익숙해져있기 때문이다. 지구마을 사람들의 그런 필요를 충족시켜주기 위해 미국의 애플과 구글, 한국의 삼성과 LG, 일본의 소니 등 세계적 기업들이 지금도 쉬지 않고 선의의 경쟁을 하며 연구를 거듭하고 있지 않은가. 기술개발 전쟁은 어느 나라도 결코 멈출 수 없는 생사를 건 싸움이기 때문이다.

1
노무현 정부의
종북 좌경화와 분배우선주의

　　노무현 좌파정부는 김대중 좌파정부의 국내외정책에서 조금 더
사회주의적이고 더 친북적 · 반미적 경향을 띠고 있다. 우리의 위대한 조
국, 대한민국을 만든 이들에 대해서 김대중은 공功보다 과過에 강조점을
찍었지만, 노무현은 아예 공功은 부정하고 과過만을 부각시켰다. 그래서
노무현은 대한민국은 아예 태어나서는 안 될 "친일 · 친미 · 기회주의 세
력이 세운 나라"로 폄하했다. 6 · 25 남침전쟁에 대해서도 김대중은 남북
한의 통일경쟁 과정에서 벌어진 이른바 '통일전쟁'으로 규정했지만, 노
무현은 아예 '내전內戰'으로 규정해서 북한의 북침주장에 이용될 수 있는
여지를 남겼다. 경제정책에서는 기업에 대한 세금 인상과 노무현 정부의
부정적 기업 정서가 확산됨에 따라 기업들의 투자활동이 부진하고 생산
과 수출 드라이브가 둔화되었다. 이 같은 현상은 김대중 정부 후반기부
터 나타나기 시작했는데, 이 때문에 그 동안 7% 안팎의 고도성장을 보였
던 한국경제가 4%안팎으로 떨어졌다.

　　IMF 이전까지 유지돼온 정부와 기업의 투자위험 분담 관행이 소

멸되자 기업들의 투자 의욕이 저하되고 성장률이 저하되면서 기부문화도 위축되고 일반 국민의 각종 성금모금도 줄어들었다. 거기에 2000년들어 고속성장한 중국과의 수출가격 경쟁력조차 떨어져 겹치기 마이너스 요인으로 성장률의 저하가 불가피했다. 노무현 정부는 정부재정을 정상화하기 위해 기업과 개인의 탈루세원을 철저히 찾아내고 공공요금을 과감히 올리는 동시에 복지정책과 대북지원을 추진했다. 또한 계층 간, 기업 간 소득 격차를 줄인다는 명목으로 이른바 '3불 정책'으로 불리는 평준화 정책을 밀고 나갔다. 대기업과 중소기업, 부자와 빈자, 공부 잘하는 학생과 못하는 학생, 강남 사람과 강북사람, 수도권과 지방에 사는 사람들이 모두 함께 잘 사는 세상, 이른바 '사람 사는 세상'을 정책의 슬로건으로 삼고 다방면의 방안을 제시했다.

주택을 소유 개념에서 주거 개념으로 바꾸기 위해 임대주택 건설을 대폭 늘렸다. 노무현 정부는 김대중 정부때 세운 20만 가구의 임대주택보다 무려 5배나 많은 100만 가구를 건실했다. 직장여성들을 위한 보육시설과 육아시설도 대폭 늘리고 전국 노인회관에 대한 유류비 지원을 크게 늘렸으며, 생활이 어려운 노인들에게 연금을 지급하는 기초노령 연금제도를 2007년 1월부터 시행했다. 나아가 국민연금제도의 적용대상을 전 국민으로 확대 시행하고 복지국가 위상에 걸맞은 사회보험 제도와 공공부조 제도를 완성했다. 장애자의 고용 비율을 높이도록 기업들에 강력히 권장하고 의료보험의 적용대상을 전국민으로 확대, 2006년에는 국민의 98.6%가 가입했다. 특히 암 등 중증질환을 앓는 환자들에 대한 지원을 강화, 장기치료에 지치고 병원비의 중압감으로 이중고통을 겪는 중증 환자들에게 희망과 용기를 주었다.

사회복지에 예산을 과감히 늘리는 일 못지않게 노무현 정부는 대북지원도 대폭 증대해나갔다. 김대중 정부가 5년간 대북지원에 쏟아 부은 금액이 1조 5,000억 원인데 비해 노무현 정부는 5년간 2조원이 넘는 돈을 북한에 지원했다. 같은 민족인 북한에 대한 지원을 시비할 일이 아니라 하지만 어디까지나 대북지원은 두 가지 원칙 위에서 시행되었어야 했다. 하나는 지원을 하는 우리나라의 재정 사정이고, 다른 하나는 지원을 받는 북한의 자세다. 북한은 우리의 대북자원을 받으면서도 고마워하기는커녕, 오히려 서해 도발 등 대남무력공세를 지속했을 뿐 아니라, 은밀히 핵무기를 개발해 대남위협을 수 없이 쏟아냈다. 게다가 북한으로 들어간 3조 5,000억 원의 막대한 지원금 가운데 상당액이 핵개발에 사용된 정황이 포착된 바 있고 이 기간 동안 대북 지원은 대한민국 경제에 큰 주름살을 남겼다.

국가 채무는 노무현 정부 5년간 123%, 금액으로 165조원이 늘어났고, 이 가운데 적자성 채무가 85조원으로 급증했다. 세금이 늘고 물가가 오르니, 국민의 소비가 둔화되었다. 정부의 반기업 정서와 규제 강화 정책이 기업의 투자와 생산 의욕을 감퇴시켰다. 그 결과, 경제 성장율이 둔화되고 취업률이 낮아졌다. 실업률 특히 청년 실업률이 높아졌다. 한영우는 『다시 찾는 우리역사』(경세원. 2005)에서 20~30대 네티즌 세대의 지지로 당선된 노무현 정부를 다음과 같이 평가했다.

노무현 참여정부는 네티즌 의견을 정부요직 인선에 참고해서 젊은 세대를 사회의 중심세력으로 부상시켰지만, 이에 대한 50~60대의 소외감과 반발이 만만치 않아 세대 간 갈등을 어떻게 푸느냐가 정치적 과제로 등장했다.

노무현 정부는 인터넷 산업을 미래 성장분야로 설정하고 젊은이들의 벤처기업 창업을 적극 지원했다. 그 결과 컴퓨터와 인터넷 분야의 급속한 성장이 이뤄져서 훗날 한국을 'IT강국'으로 만드는 기반을 구축했다. 그 과정에서 적지 않은 시행착오도 있었다. 특히 세칭 '바다 이야기'라는 이름으로 알려진 사행성 게임 산업의 과도한 육성은 전 국민의 도박심리를 부추기는 적지 않은 부작용을 낳았다.

국토개발이라는 대 전제를 두고 노무현 정부가 내놓은 정책의 키워드는 국토의 균형개발이었다. 즉 중앙과 지방의 균형개발이란 대전제 아래 수도권에 있는 관청과 공공기관, 그리고 기업들을 일거에 지방으로 이전한다는 일대 변혁과 같은 내용이었다. 이는 일종의 평등사상의 구현이라는 노무현의 심저心底에 깔려 있는 사상적 배경에서 나온 정책이기도 하다. 여하튼 국토의 균형적 개발이라는 정책 방향은 바람직하다. 그러나 방법에 있어서 납득하기가 어렵다. 수도권에 있는 관청과 공공기관, 그리고 기업들을 일거에 지방으로 이전한다 함은 오랫동안 기반이 다져지고 발전해온 수도권의 경제적 인프라를 외면하고 지역 발전, 그것도 어느 한 지역을 정해서 집중 발전을 시키고자 하는 의도적 계산이다. 이는 한 쪽을 죽이고 다른 한쪽을 살리고자 하는 무리수이다. 수도권의 밀집 발전을 견제하면서 지역의 발전을 제고하는 방법이라야 수도권과 지방의 균형발전이 순조롭게 진행될 수 있고 그렇게 함으로써 수도권 발전을 억제하고 지역발전을 촉진할 수 있을 것이다. 그러나 노무현은 국토 균형발전 정책의 핵심정책이라고 할 수 있는 '행정수도이전계획'을 대선 공약으로 이미 제시했던지라 2003년 2월 25일 대통령 취임 직후부터 강력히 추진하기 시작했다.

행정수도 이전계획은 노무현이 대선공약으로 제시한 정책인데 중앙과 지방의 균형발전이란 명분으로 포장됐지만, 사실상 대한민국의 수도를 충남의 연기·공주지역으로 이전한다는 역사적·정치적 의미를 지닌 '대사건'이었다. 모름지기 역사 속에서 왕조가 바뀌거나 새로운 변혁을 꾀하고자 할 때, 수도 이전에 관한 논의가 불거져 나오곤 했다. 대한민국의 현 수도 서울은 고려의 남쪽 수도였고, 또 조선의 수도로 정해진 이후 지금까지 일국의 명실상부한 수도로서 부동의 위상을 확립했고, 향후 전개될 한반도 통일수도 경쟁에서도 평양보다 절대적 우위를 확보한 세계적 도시다. 대한민국 수도를 서울에서 연기·공주지역으로 이전한다는 것은 국토 균형개발 차원이 아니라, 국가명운國家命運차원에서 다뤄져야 할 중대 사안이다. 국민들의 반대 목소리가 거세게 나오고 수도이전 반대 헌법소원이 제기되고, 헌법재판소는 행정기구의 이전은 서울이 대한민국의 수도라는 관습법에 위배된다는 판결을 내렸다. 노무현 정부는 수도이전계획이 무산되자, 일부 행정부처를 충남연기·공주지역으로 이전하는 이른바 '행정복합도시계획'을 다시 내놓았다. 국무총리실을 비롯한 정부의 9부 4처를 충남 연기·공주지역에 옮기는 이른바 '세종시 건설계획'은 사실상 수도이전에서 수도분할로 변질, 행정의 비효율과 국가안보 약화라는 문제점을 지금도 안고 있다 하겠다.

노무현 정부는 언론을 채찍과 당근으로 조종했다. 특히 언론을 정부정책 관련보도의 성향에 따라 친정부 매체와 반정부 매체로 구분, 비판언론에 대해서는 공정거래조사와 세무사찰로 다스리고 친여언론에 대해서는 정부광고를 몰아주고 방송광고요금을 올려주는 등 당근정책을 썼다. 나아가 2007년 1월 정부비판 보도에 대한 반감을 '취재 선진화 방안'이라는 새 언론정책을 내걸고 정부 부처 기자실을 폐쇄하고 통합브리핑 룸에서 대변인이 정책을 발표하면 기자들이 보충 질문을 하는 기상천외의 취재환경을 만들었다. 강력한 반대에도 불구, 정부부처 기자실이 폐쇄되고 언론은 정부정책에 대해 받아쓰는 기사밖에 쓸 수 없게 됐다.

특히 신문시장에서 경쟁력이 약한 친여신문들을 돕기 위해 이른바 신문유통기구를 신설, 신문배달 비용을 재정으로 지원했다. 국민세금으로 배달비용을 지원받는 신문, 그들이 어떻게 정부정책을 비판할 수 있으며, 정부를 비판하지 못하는 신문을 어찌 진정한 언론이라 할 수 있겠는가. 언론의 편 가르기는 시민단체의 편 가르기에까지 이어져 비판시민단체(보수우파)에 대한 지원을 줄이거나 폐지하고 실천연대 같은 친여시민단체에 대한 지원은 대폭 늘렸다. 한 예로 과거 범민련과 한총련 출신으로 조직된 실천연대에는 2006년 정부보조금 1억 원을 책정하고 2007년까지 6,000만 원을 지급했다. 실천연대의 핵심 간부들은 2004년 12월 중국 북경에서 북한 통일선전부 공작원들과 접촉해 "김영삼과 황장엽黃長燁을 응징하고 탈북자단체를 핍박하며, 미군철수 반미운동을 벌일 것" 등을 지시받았던 이적 단체의 일원이었다.

외교정책에 있어서 노무현 정부는 그간 미국 일변도의 외교 전략을 탈피해서 미국과 중국을 동시에 중시하는 전략으로 바꾸고자 했다. 미침 대선기간 중인 2002년 6월 13일 경기도 양주시 광적면에서 훈련 중이던 미군장갑차에 치여 두 여중생(심미선·신효순)이 희생되는 사건이 발생했다. 이를 기화로 친북좌파 단체들의 반미 촛불집회가 일어나고 "반미면 좀 어떠냐"고 말했던 노무현이 대통령은 취임 직후 미국의 이라크 파병 요청이 들어오자 크게 당황했다. 지지자들의 파병 거부 요청을 귀가 따갑게 들으면서 진퇴양란의 상황에서 노무현은 2003년 4월 일차로 수백명 규모의 공병·의료부대를 파병했다. 또한 노무현 정부는 한·미 FTA 체결과 진해 해군기지의 제주 이전을 추진했다. 경제발전과 안보강화를 위해 추진된 이 두 정책을 우파 정부에서 받아 추진하려는 데도 노무현의 지지자들이 반대·저지에 나선 것은 역사의 아이러니다.

노무현 정부는 이 밖에도 주한미군의 단계적 파병축소, 주한 미주둔군 지위협정SOFA 개정, 2012년 말까지 한미연합사 전시작전권의 한국군 이양 등 한미동맹의 약화 내지 폐기를 기도했다. 노무현의 이러한 대미전략은 대한민국의 자주권을 확보한다는 긍정적 측면보다는 그 이후의 국가안보 전략과 자주적 국방력 확보의 불확실성으로 인해 부정적 측면이 더 컸다. 노무현은 한미동맹을 굴레로 보고 벗어나려는 전략을 추진하면서 6·25전쟁 때 북한 측에 서서 개입했던 중국과의 관계를 돈독히 하는 전략을 구사했다. 중국을 방문한 노무현은 모택동을 존경한다는 대학생 상대 연설을 하는 등 친 중국 발언을 쏟아냈다.

　　노무현 정부에서 가장 첨예하게 국론이 분열되었던 부분은 역사교육 문제였다. 2002년 검인정을 통과해 2004년부터 교육현장에서 쓰게 된 좌경화된 고등학교 한국사 교과서는 미래세대의 정체성 상실을 초래했다. 2004년 10월 국정감사에서 고등학교의 근·현대사를 배우는 학생들의 49.5%가 금성출판사의 근현대사교과서를 사용한다는 사실이 밝혀졌다. 문제의 금성출판사 교과서는 이른바 민중民衆사관에 입각해 대한민국의 역사를 시종 부정적으로 기술하고, 북한 역사를 긍정적으로 묘사한 대표적 좌파 교과서다. 예컨대, 북한의 김일성과 남한의 김구가 통일정부를 세우려고 노력하는 중에 이승만이 주도하여 남한에 단독정권을 세웠다는 점을 기술함으로써 분단 고착화의 책임을 대한민국을 건국한 이승만 개인에게 돌리고 있다. 같은 시기 민중사관에 의해 편찬된 EBS 국사교재 또한 북한의 천리마 운동을 자력갱생 운동으로 기술하면서 대한민국의 새마을 운동은 정치적 운동으로 변질됐다고 썼다. EBS 국사교재는 특히 남북한 관계에서 이산가족 찾기, 금강산 관광, 6·15 공동선언, 10·4공동성명, 북한의 합영법 등 개방정책을 강조하고, 1·21무장공비 사건, KAL여객기 폭파사건, 판문점 도끼 만행 사건, 미얀마 아웅산 테러사건, 서해 NLL침범사건, 무차별 납북사건 등 북한이 6·25전쟁이후 저지른 대남 도발 테러행위에 대해서는 일체 기술조차 하지 않았다. 이 같은 좌편향 교과서와 EBS 교재로 한국사를 공부하고 나온 학생들이 어찌 올바른 국가관, 대북관對北觀, 안보관, 통일관을 가질 수 있겠는가!

　　노무현 정부는 수능시험 공통 필수였던 한국사를 2005학년부터 인문계 선택 과목으로 돌렸다. 이러한 역사교육의 실책은 고스란히 자라는 청소년들에게 돌아가 자신의 조국 대한민국을 부정적으로 보게 만들었다. 대한민국의 정체성과 가치를 찾아보기 힘든 역사교육의 현주소가 전쟁의 한 복판에서 소년시절을 보낸 필자를 우울하게 만들었다. 2003년 8월 21일 대한민국 대구에서 열린 유니버시아드 대회에서 대한민국 정부가 대한민국 국기인 태극기 반입을 금지시켜 국적 불명의 한반도기만으로 응원을 하는 해프닝이 벌어졌다. 이후 2005년 8월 14일 서울 상암 경기장에서 열린 남북통일축구대회 때도 정부는 북한의 심기를 염려해 태극기 반입을 금지하는 우愚를 범했다.

　　이런 상황에서 2007년 대선이 치러졌다. 좌파 후보들은 유세 중, 우파가 집권하면 북핵 폐기와 대북 제재를 주장함으로써 한반도에서 전쟁이 일어날 것이라고 경고했다. 좌파후보들의 이 같은 전쟁위협 전략은 친여 매체와 좌파 시민단체들의 보도와 선전을 통해 전쟁을 겁내는 국민들의 마음을 흔들었다. 그러나 이들의 전략은 역효과를 냈다. 안보우려에 국민들은 현실을 냉정하게 직시했다. 선거 결과는 예상을 깨고 우파의 이명박李明博이 승리했다. 하나의 통계자료를 소개하면, 2007년 대선에서 우파 후보에게 투표한 사람은 2002년 대선보다 무려 17%포인트 늘어난 반면, 좌파 후보에게 투표한 사람은 23%포인트 가까이 줄었다. 우파의 이명박은 좌파의 정동영鄭東泳 보다 무려 두 배 가까이 많은 득표로 압승했다. 노무현 정부의 공과功過는 역사의 평가로 넘어갔고 좌파정권을 우파에 넘겨준 노무현은 경남 김해의 고향으로 내려갔다. 대통령이 임기를 마치고 고향으로 돌아가 일상을 살아가는 것이 결코 쉽지 않은 우리네 정치사에서 그의 환향은 바람직한 모습이었다. 하지만 곧 이어 터진 비자금 사건에 휘말려 검찰조사를 받아야만 했다. 연일 언론에 폭로된 의혹들로 노무현의 깨끗한 정치인 이미지가 크게 손상되었다. 노무현은 부인 권양숙의 검찰소환조사가 예정되어 있던 날인 2009년 5월 23일 새벽에 사저 뒷산에 올라가 스스로 몸을 던져 생을 마감했다. 그리고 그의 죽음과 함께 전직 대통령의 비자금 수사는 중단되고, 비자금을 둘러싼 숱한 의혹들도 베일 속에 묻혔다.

요컨대, 노무현 정부는 복지확대, IT산업발전, 평등사상확대, 한미FTA협정, 제주해군기지 건설 등 민주화와 안보에 중요한 일들을 수행했지만, 북한의 핵무장을 저지하지 못하고 도리어 상호원칙이 증발한 일방적 북한 돕기로 국가재정을 악화시켰다. 또한 지나치게 평등사회 구현에 올인, 오히려 사회의 양극화 갈등구조를 부추기는 결과를 초래하고 말았다. 김대중 정부 때부터 조짐이 보이기 시작하던 중산층 붕괴는 노무현 정부 들어서 완전 무너지게 됐고 그에 따라 중산층이 주도해온 사회 안정망이 무너져 '있는 자'와 '없는 자'의 직접 충돌현상이 빚어졌다. 분배 우선과 보편적 복지정책, 선의의 경쟁을 배제한 평준화 정책, 일방적 대북 지원, 그리고 각종 세금의 증세와 종합부동산세(종부세)의 신설 등 중산층을 옥죄는 세금 중과정책으로 인해 중산층의 삶의 근간이 흔들렸다. 부동산 투기를 억제하기 위한 중세정책이 실수요자의 거래를 막음으로써 건전한 부동산 거래를 냉각시키고 그 연쇄작용으로 전반적인 불황이 이어졌다. 이 양극화 구조는 언제 터질지 모르는 뇌관으로 이명박 정부로 넘겨졌다.

2
이명박 정부의
중도 실용주의와 선진화 시동

　　범우파의 지지로 당선된 이명박 정부는 그의 정치적 인식의 나침반을 중도 실용주의에 두었다. 지난 10년간 좌클릭되었던 사회를 우클릭으로 끌어가지 않고 양쪽을 모두 포용하는 중심中心 자리로 놓겠다는 뜻이다. 그러나 중도 실용주의는 우파의 불만과 좌파의 저항에 부딪혀 침몰하고 말았다.

　　우리 국민은 대한민국 건국 이래 좌파정부와 우파정부를 번갈아 선택하면서 그 긍부肯否 양면을 다 맛본 성숙된 국민이 되었다. 보수우파의 주장대로 우리역사에서 좌파시대를 지워버린다면, 우리역사는 단절된 미완성의 역사로 전락할 것이다. 마찬가지로 좌파들의 주장대로 우리역사에서 우파 시대의 역사를 지워버린다면 우리역사는 역사 자체가 성립되지 않을 것이다. 대한민국의 역사적 정통성은 역대 대한민국 대통령으로 이어진다. 1948년 건국 이래 이승만, 장면, 박정희, 최규하, 전두환, 노태우, 김대중, 노무현, 이명박. 박근혜朴槿惠 모두 열 명의 통수권자가 대한민국 호號를 이끌어왔고 이끌고 있다. 이들을 중심으로 대한민국의 현대사를 통찰해보면, 통수권자마다 합치되지 않는 이념적 대척점이 분명 있으며, 그들의 치세는 나름의 공과功過를 갖고 있다. 그러나 달리 보면 대한민국 대통령이라는 하나의 직함 앞에 그들 모두를 하나로 아우를 수 있다.

이승만은 독재자라는 비판을 받았지만, 대한민국의 건국을 주도했고, 박정희와 전두환은 쿠데타를 일으켜 군사적 강압정치를 폈지만 나라의 안보를 튼튼히 하고 경제를 발전시켰으며, 김대중과 노무현은 성장 중심에서 분배와 복지에 역점을 두는 정책을 과감하게 수행했다. 이명박의 중도 실용주의 또한 어디까지나 대한민국 국체國體를 흔들지 않는, 헌법이 허용하는 범위 안에서 진보세력의 활동을 긍정적으로 수용하고자 했다. 그런데 허용범위가 지나치게 넓어 대한민국의 정체성은 물론 국체 자체를 부정하려드는 종북 좌파까지 포용하고 만 것이다. 교사들이 학생들을 지리산으로 데리고 들어가 '빨치산 학습'을 실시하는가 하면, 군부대에 침투한 여간첩이 장병들에 대한 안보교육을 실시하는 사태까지 벌어졌다.

그런 와중에서 미국산 쇠고기 수입문제가 터졌다. 광우병이 의심되는 미국산 쇠고기가 수입 판매 됐다는 소문이 퍼지면서 종북 세력이 주도한 미국산 쇠고기 수입 반대 촛불시위가 시작되었고 야당까지 가세하면서 반정부 시위로 변질되고 말았다. 시위대의 구호는 미국산 쇠고기 수입 반대에서 이명박 정부의 퇴진과 6·15, 10·4 남북공동성명의 조속한 이행촉구로 바뀌었다. 이명박 정부는 이 변질된 불법시위에 단호하게 대처하지 못해 국정 수행에 큰 차질을 빚었다. 선거로 당당히 통수권자가 되었음에도 집권 초부터 종북 좌파세력에게 발목을 잡힌 것이다.

실용정부를 표방한 이명박 정부는 학생들의 국가관·역사관에 지대한 영향을 미치는 교과서와 EBS 교재 수정작업을 조용히 수행했다. 좌 편향된 검인정 한국근현대사 교과서와 EBS 한국사교재들의 내용을 수정 · 보완, 대한민국에서 자라는 대한민국의 청소년들이 올바른 국가관, 역사관, 대북관, 통일관을 갖고 대한민국을 소중히 여기도록 길을 잡아주었다. 중앙교육진흥연구소와 미래앤 컬쳐그룹의 『고등학교 한국 근현대사』는 다른 교과서들이 "대한민국 정부수립"으로 기술한 것을 "대한민국 건립", "민주 독립국가 재건" 등으로 서술했으며, 대한민국 건국의 역사적 사실을 분명하게 표기했다. 대부분의 고등학교 한국근현대사 교과서들이 영구 분단의 책임을 1946년 6월 이승만의 정읍 발언에서 찾았는데, 미래앤 컬쳐그룹의 교과서는 북한이 1946년 2월 8일 먼저 북조선 임시 인민위원회를 만들어 사실상 한반도 분단의 단초를 열었다고 기술했다.

　　또한 대다수 교과서들이 이승만 정부의 친일파 청산 미흡을 신랄하게 비판했는데, 천재교육이 펴낸 교과서는 이승만 정부의 소극적인 친일 청산을 지적하면서도 『윤치호 일기』 1945년 10월 20일자를 상세히 소개, "국내에 살 수밖에 없었던 사람들로서는 일본의 신민으로 그들의 요구와 지령에 순종할 수밖에 없었으니, 어느 누가 누구를 비난한다는 것은 난센스"라는 반론을 실었다. 나아가 이 교과서는 북한의 친일파 청산은 철저했다는 주장은 사실과 다르며 이승만의 초대 내각 또한 독립운동가와 전문인들이 대거 참여한 사실을 지적하고 있다. 대다수 교과서가 무상몰수 · 무상분배 방식을 택한 북한의 토지개혁이 유상몰수 · 유상분배 방식을 택한 한국의 농지개혁보다 더 좋았다고 기술했는데, 법문사가 펴낸 교과서는 북한은 무상몰수 · 무상 분배했던 농지를 6 · 25 전쟁직후 모두 국유화하고 텃밭 농사만을 허용했다고 기술해 그 허구성을 지적했다.

　　6 · 25 남침전쟁에 대해서 12종 교과서 모두가 북한의 계획된 남

침전쟁으로 고쳐 쓰기 시작했다. 6·25전쟁이 소련의 무기지원과 중공의 병력지원을 약속받고 북한 김일성 정권이 저지른 대남적화 통일전쟁이며, 김일성과 스탈린의 대화내용을 소개하거나, 구체적 작전 명령까지 하달받은 사실 등을 기술했다. 그러나 금성출판사 교과서는 여전히 대남적화통일 전쟁을 선언한 1949년 1월 김일성 신년사와 북진통일을 암시한 1949년 10월 이승만 기자회견 내용을 같이 제시하면서, 옹진반도를 비롯한 38도선 부근에서 크고 작은 무력충돌이 6·25 전쟁으로 확전된 것으로 서술해 6·25전쟁이 내전內戰인 것처럼 보이게 했다.

　　6·25전쟁을 내전으로 보는 시각은 EBS의 한국근현대사 관련 인터넷 강의에서 더 심하게 나타났다. 최태성 강사는 2011년 6월 인터넷 동영상 국사 강의에서 6·25전쟁을 "조선민주주의인민공화국 세력과 대한민국 정부수립 대통령 이승만 세력 간의 충돌"로 규정했다. 휴전협상과 이승만의 반공포로 석방에 대해서도 금성출판사 교과서는 이승만의 임의적 반공포로 석방이 휴전협상 자체를 무산시킬 수 있는 사건이었다고 부정적으로 기술하고, EBS가 펴낸 수능 한국사 교재『기특한 한국사』도 이승만이 휴전협상을 방해했다고 폄하하는 기술을 하고 있다. 즉 '통일지상주의 사관'으로 이승만이 휴전반대와 반공포로 석방을 보았기 때문이었다.

　　이명박 정부가 추진한 교과서 바로잡기에 따라 그동안 좌파 역사학자들에 의해 누락되었던 역사적 사실을 있는 그대로 기술하는 교과서들이 늘어났다. 삼화출판사 교과서는 "북한이 대남 혁명 전략으로 무장간첩을 남파하는 등 대남 도발을 자행했고 북한의 체제유지를 위해 핵무기 개발을 추진하고 핵확산 금지조약을 탈퇴, 한반도에 다시 긴장이 감돌았다"고 기술했으며, 지학사 교과서는 "북한은 1968년 무장공비의 청와대 습격사건, 프에블로호 나포사건, 울진·삼척 무장공비 침투사건

등을 일으켜 남북 간의 긴장과 갈등이 크게 고조되었다"고 기술했다. 가장 좌 편향된 금성출판사도 상기한 대남도발 3건을 기술했고, 천재교육 교과서는 이 외에도 버마 아웅산 묘소 폭파 테러사건과 KAL기 공중폭파 테러사건, 북한의 비밀 핵개발 사건 등을 기술했다. 그런데 정작 EBS 국사 교재 중에는 『수능특강 한국 근·현대사』가 1·21 청와대 기습사건과 프에블로호 나포사건만 간단히 기술했을 뿐이다.

국민 또는 인민의 삶의 도약을 꿈꾸며 벌인 한국의 새마을 운동과 북한의 천리마 운동에 대해 지학사와 미래앤 컬쳐그룹가 모두 긍정적으로 기술했다. 천재교육 교과서는 "새마을 운동이 근면·자조·협동의 의식 개혁운동으로 확산되고 농업생산성 향상에 도움을 주었지만 획일적인 농촌의 모습과 생활양식을 가져왔다"라고 새마을 운동의 명암을 함께 제시했다. 또한 북한의 천리마운동에 대해서도, "북한은 1957년 경제개발 5개년 계획을 실시하면서 천리마 운동을 시작, 사회주의 건설의 생산성을 획기적으로 높이자는 운동이었지만 대외 고립적 경제성장의 한계가 들어나기 시작, 목표를 달성하지 못했다"고 비교적 냉정하게 기술했다. 이에 반해 EBS 국사교재 『기특한 고등한국사』는 "천리마 운동은 노동력을 최대한 동원, 생산력 증진과 대중의 정신력 강화를 가져왔고, 북한 사회주의 건설에 큰 기여를 했다"고 긍정일변도로 기술하면서도 "새마을 운동은 1970년 박정희 정부에 의하여 시작, 농촌 환경개선과 농가소득 증대 사업을 전개하다가 전국적 의식 개혁운동으로 변화되었지만, 유신체제 유지에 이용되기도 했다"고 부정적으로 기술했다. EBS 국사교재의 이 같은 편향된 기술은 금성출판사 교과서가 새마을 운동을 부정적으로 기술한 시각과 맥을 같이 하고 있다.

또한 한국근현대사 교과서들과 EBS교재들이 민주화에 비해 산업화에 대한 기술이 상대적으로 소홀하거나 소략하게 다루고 있는 편향성을 보였다. 대다수 교과서가 산업화에 대한 서술의 초점을 노동운동에 맞춤으로써 기업의 역할과 기여를 외면하고 있는데, 삼화출판사 교과서만 이병철과 정주영의 컬러사진과 함께 "한국을 대표하는 기업가인 이병철은 삼성을, 정주영은 현대를 창업하여 한국경제를 세계적인 규모로 끌어올렸다"고 기술하고 있다.

이처럼 이명박 정부가 3차(2008년, 2010년, 2012년)에 걸쳐 실시한 교과서 수정작업은 대한민국의 현대사를 좌클릭에서 우클릭으로 돌린 것이 아니라 사실에 근거한, '중심을 바로 잡는' 작업이었다. 그러나 이러한 수정작업은 대한민국의 국체와 정체성을 부정하는 좌파 편집위원들의 집요한 저지로 인해서 만족할 만한 성과를 거두지 못했다. 같은 이유로 EBS의 국사 관련 교재와 강의를 바로잡는 일도 더디게 진전되었다. 결국 이명박 정부 하의 교과서 바로잡기는 절반의 성공으로 만족하는 수밖에 없었다.

어느 정부나 마찬가지지만 이명박 정부의 선결과제는 경제였다. 집권 직후 '4대강 살리기' 등 대대적인 토목건설 사업을 일으켜서 고용을 개선하고, 건축경기 활성화, 법인세 인하 등으로 기업의 투자와 생산을 촉진시키려 했으며, 공기업을 민영화해 경쟁력을 높여나가고자 했다. 그러나 이명박 정부의 경제팀은 출발부터 엄청난 시련에 봉착했다. 밖으로는 원유를 비롯한 국제 원자재 값의 폭등과 미국 발 금융 위기의 칼바람이 몰아닥치면서 고물가와 소비 위축, 투자 감소, 고용악화, 고환율에 의한 수출채산성의 악화, 주가하락 등 온갖 악재에 시달렸다. 난국을 타개하기 위해 이명박 정부도 2010년 11월 G20 서울 정상회의를 주최하고, 미국 발 금융위기를 극복하고자 경제개혁 법안들을 국회에 제출했지만, 통과되지 않았고 특히 국민 소비와 기업투자를 늘리기 위한 'MB노믹스'의 핵심정책인 소득세·법인세 인하 방안도 야당의 반대로 철회되고 말았다.

　새 정부가 들어설 때마다 비켜가지 않는 것이 방송개혁이다. 이명박 정부 역시 집권 초부터 방송개혁을 추진했다. 방송·통신의 융합, 복수의 종합편성 채널과 보도전문 채널을 신규 인가하고, 여기에 신문 기업의 자본 참여를 허용하며 코바코Kobaco(한국방송광고진흥공사)의 공영 방송광고 체제를 폐지하는 '미디어 법'을 신설했다. 당시 방송 산업의 발전과 고용창출에 기대가 컸다. 그러나 이런 시장 경쟁원리에 입각한 방송 구조 개혁은 방송의 공공성을 크게 훼손한다는 우려를 낳았다. 한나라당에 의해 2009년 12월 일방처리 된 미디어 법은 신문기업의 지분한도를 30%~40%까지 높이고 방송지주회사의 최대주주의 지분한도를 60%까지 높여 자본의 방송에 대한 전횡적 지배를 가능하도록 하고 있다. 아무튼 2010년 12월 31일 중앙, 조선, 동아, MBN 등 새로 선정된 4개의 종합편성 채널 사업자와 연합뉴스의 보도 전문채널 사업자가 선정되었다. 새로 선정된 종합편성 채널들과 기존의 지상파 방송(KBS, MBC, SBS, EBS)간 무한 경쟁 속에서 자칫 훼손될 수 있는 방송의 공익성을 지키기 위한 후속조치가 필요한 사안이었으나 더 이상 진전은 없었다.

　국토개발에 있어 이명박 정부의 대표적 정책은 "4대강 유역 개발"이었다. 그러나 이 사업은 처음부터 지역별로 정치적 연결관계를 갖고 있는 민주당과 자유선진당, 또한 한나라당 내에서도 반대의 목소리가 만만치 않아 큰 시련을 겪었다. 그리고 이전 노무현 참여정부에서 수도 이전에서 수도 분할이라는 차선책을 택해 이미 결론이 난 행정복합도시의 건설과 9부 4처의 행정부처 이전을 골자로 한 세종시 원안이 행정의 비효율과 안보의 취약성을 내포하고 있다고 판단해, 이명박 정부는 2010년 6월 29일 '세종시 교육과학기업도시 건설 수정안'을 국회 본회의에 제출했으나 이 또한 찬성 105표, 반대 164표로 부결되고 말았다.

진해 해군기지의 제주이전 계획은 제주도민의 찬성과 법적 절차를 밟아 공사를 시작한 사업인데도 천주교 내 일부 단체와 환경 단체들이 공사를 저지하며 반대했다. 여기에 한국 해군의 활동 해역 확대를 막으려는 중국과 일본도 반대의 목소리를 냈다. 특히 중국은 2011년 8월 제주 해역 근처 이어도를 자국영토로 선언하고, 어선 감시선을 파견하는 등 도발행위를 벌였다. 이어도는 이승만 라인 선언 때 이미 한국의 영토가 되었고, 1970년 박정희 정부 때 제4광구로 지정되었으며, 전두환 정부 때인 1987년 이어도에 부표가 설치되고 이어도 종합해양기지 공사를 착수해 8년 만인 1995년에 완공되었다. 이어도는 평균 수심 50m, 길이는 남북으로 1,800m, 동서로 1,400m 정도의 크기에, 면적은 11만 3,000평 규모로, 4개의 봉우리를 가진 수중 암초로 대한민국 영토이다. 이어도 해상연구조사시설은 노무현 정부 때 한중회담에서 이어도가 수중 암초이므로 영토 분쟁의 대상이 될 수 없다고 양해된 사안인데, 중국 정부가 갑자기 자국 영토임을 주장하고 나선 것이다. 실제로 2007년 2월 24일 중국의 국토 해양국은 이미 중국 지도에 이어도를 200해리 안에 들어있는 중국 영토로 표기한 바 있었다. 이어도를 둘러싼 분쟁은 중국의 이중성을 극명하게 보여주는 한편 영토문제에 대한 정부의 미온적 대처가 인접국이 우리 영토를 넘보는 결과를 초래한다는 점을 보여주는 것이기도 하다.

이명박 정부 시절 일본과 독도 영유권 문제도 불거졌다. 일본 정부는 2011년 7월 교과서에 독도에 대한 일본 영유권을 명기하고 정부 관리가 공개적으로 독도 영유권을 주장하고 나섰다. 심지어 2011년 8월에는 일본의 우파의원 3명이 독도에 대한 일본 영유권을 확인한다며 한국에 입국하려 했지만, 정부는 이들을 강제 송환하는 강력한 대응조치를 취했다.

이명박 정부는 북한 조선노동당과 김일성 · 김정일 등을 추종하는 종북從北 좌파에 대한 엄정한 판별에 나섰다. 2011년 8월 14일 한상대韓相大 검찰총장이 취임사에서 종북 좌파와의 전쟁을 선언했고, 9월 6일에는 재향군인회를 비롯한 보수단체들이 국가보안법의 개정과 엄정한 법적용을 촉구하고 나섰다. 국가보안법 개정은 현행 국가보안법이 이적행위를 하는 개인만 처벌하고 단체의 경우 처벌규정이 없기 때문에 이적행위를 하는 단체도 해산할 수 있도록 국회의원 19명이 발의한 수정법안이지만, 여전히 국회에 계류 중이다.

2011년 8월 21일 북한 노동당 정치국 후보위원으로 활동한 거물 간첩 송두율宋斗律을 미화한 영화 '경계도시 2'가 EBS의 지상파 채널을 통해 104분간 방영되었다. 다른 방송 아닌 대한민국의 미래를 짊어질 청소년과 일반국민의 다양한 교육프로그램을 방영하는 이름 그대로 교육방송에서 적성국을 두둔하는 내용의 프로그램을 방영한 것이다. 이에 그 해 9월 5일 EBS 이사회는 임시 이사회를 긴급 소집해 '경계도시 2'의 방송 경위에 대한 정밀 감사 실시와 관련 책임자 징계, EBS 홈페이지 내 관련자료 삭제, 그리고 모든 방송프로그램에 대한 사전심의와 검증절차 강화 등을 집행부에 요구했다.

2011년 들어서 시장 자율의 신자유주의의 시장경제에 대한 반대 여론이 급속히 확산되었다. 선진국으로 진입은 했으나 경제가 성장할수록 시장경쟁에서 승리한 소수의 계층과 무너진 중산층을 포함, 다수의 빈자로 사회구조가 급속히 양분되어갔다. 계층 간 갈등이 완화될 기미가 보이지 않자, 2011년 8월 15일 이명박 정부는 '다 같이 행복한 자본주의'에로의 정책전환을 선언하고 복지정책을 강화했다. 그러나 다 같이 잘사는 세상 만들기는 재정적 뒷받침이라는 현실적 제약으로 말처럼 쉽지 않았다. 무상교육, 무상보육, 무상의료와 같은 보편적 복지의 목소리가 커지고 스스로 빈자라고 생각하는 국민 대다수가 박수를 보냈다.

국민 개개인의 진지한 사고와 분별을 바탕으로 한 생각들이 여론화되어 국가정책에 반영되는 대신 즉흥적 사고, 충동적 행동이 여론을 이끄는 무사색無思索의 질주시대와 혼돈의 중우정치衆愚政治 속으로 급속하게 빠져들었다. 이런 상황에서 단계적 무상급식을 주장하는 오세훈吳世勳 서울시장과 전면적 무상급식을 주장하는 곽노현郭魯炫 서울시 교육감의 싸움에서 곽노현이 힘을 얻었다. 오세훈 시장의 사퇴로 인한 10월 26일 보궐선거에서도 전면 무상급식실시를 내세운 무소속 박원순朴元淳 후보가 당선되었다. 박 후보의 당선 뒤에는 대중적 지지를 업고 갑자기 부상한 안철수安哲秀 서울대 교수의 간접지원이 있었다. 진보적 사고가 국정운영의 중심사고로 자리 잡는 대변혁이 일어났다. 이에 따라 건국 이후 줄곧 국정을 주도해온 기존 정치권이 뿌리째 흔들렸고, 기존 정당의 해체와 분열, 정당 간 합종연횡, 새로운 정당의 탄생 등, 엄청난 변화의 격동기를 맞았다.

한나라당은 새누리당으로 당명을 바꾸고 박근혜朴槿惠가 비상대책위원회 위원장으로 전면에 나섰고, 민주당은 노무현 세력과 재야단체, 종북 단체들을 끌어 모아 민주통합당을 만들고 한명숙韓明淑이 당대표로 제1야당의 지휘봉을 잡았다. 민주노동당과 일부 노무현 세력이 모여 통합진보당을 만들었다. 민주통합당과 통합진보당은 4·11 총선에서의 선거 연대를 형성, 민주통합당의 정책이 소수의 통합진보당에 끌려다니는 사태로 번졌다. 13명의 국회의원 당선자를 낸 통합진보당은 노골적으로 대한민국의 정통성과 가치를 부정하고 북한 중심의 사회주의 통일을 주장했다. 그들은 태극기에 대한 경례를 하지 않고 애국가 부르기를 거부하고 대한민국 국회의 의원 배지를 달고 대한민국 국민의 세금으로 세비를 받는 국회의원의 모든 특권을 누리며 공개적으로 대한민국 흔들기에 나설 수 있게 됐다.

　　그럼에도 국가 수호의 최고책임자인 대통령 이명박은 이러한 종북좌파의 국회 등정에 깊은 우려를 표명할 뿐, 어떤 단호한 행동도 보여주지 못했다. 뜨뜻미지근한 대통령의 정치행보는 국민을 불안하게 했다. 이러한 종북좌파의 당당한 제도권 입성은 김대중이 씨를 뿌리고 노무현이 물을 주어 키우고 이명박의 중도 실용주의 온상에서 크게 성장한 결과물이라 하겠다. 종북 좌파의 국회 등장으로 대한민국의 안보가 근본으로부터 흔들리고 대한민국의 성장판도 주춤했다.

　　이후, 지나친 좌클릭의 인식 위에 수립된 갖가지 정책과 법 제정, 좌 편향된 역사관과 가치관 등이 곳곳에서 튀어나옴으로써 대한민국의 정체성과 자유민주주의 가치를 정립하는 일이 참으로 어려운 상황이 되어갔다. 그 와중에도 대한민국의 중심을 잡고 버텨주는 국민이 있어 대외 무역규모가 1조 달러로 늘고 국민소득 2만 달러의 선진경제 강국으로 진입하는 데 성공했다. 2011년 11월 23일 한미자유무역협정 곧 한미 FTA와 15개 관련 부수 법안들이 국회에서 통과되어 세계시장에서 한국의 경제활동이 더욱 활성화되는 계기가 되었다.

　　유럽 국가들의 외환위기에 따른 세계 경제의 전반적인 침체 속에서도 한국 경제는 예상보다는 낮았지만 지속적인 성장을 유지했다. 세계 3대 신용평가 회사가 한국의 신용 등급을 일제히 한 등급씩 상향조정했다. 특히 세계적인 신용평가회사 피치Fitch가 한국의 신용도를 처음으로 일본보다 한 등급 올렸는데 이는 획기적 의미를 갖는 것이다.

　　2012년 8월 국내외로 도전이 끊이지 않는 가운데 이명박 정부는 대한민국 대통령으로서는 처음으로 독도를 방문, 독도가 실효적 지배영토임을 다시 한 번 확인하고, 당시 중국에서 일어난 1980년대 중반 대학가 주체사상 교범이었던 『강철서신』의 저자였던 북한 민주화운동가인 김영환金永煥 감금·고문사건에 대해서도 강력히 대응해 중국의 반 인권 행위를 규탄했다. 그해 10월 7일에는 한·미 미사일 지침을 변경해 북한 전역을 타격할 수 있는 수단을 확보한 데 이어 10월 18일에는 16년 만에 유엔 안전보장이사회의 비상임이사국으로 선출됨으로써, 유엔차원에서 북한의 대남도발을 억지할 수 있게 되었다. 또 10월 20일 독일 등 선진국들과의 치열한 경쟁에서 녹색기후기금GCF사무국을 인천 송도에 유치하는 데 성공함으로써 경제적 실익은 물론 외교적 위상을 높였다.

2012년 후반기에 접어들면서 대선이 가까워지자 북한 정권은 종북 세력을 당선시키기 위한 총력전을 전개했다. 북한국방위원회는 대변인 성명을 통해 괴뢰당국자들의 NLL고수 주장은 북남남북공동합의 경위와 내용조차 모르는 무지의 소치라고 비난했다. 이 같은 북한 주장에 발맞추기라고 하듯이 2012년 10월 4일 민주통합당 대통령 후보 문재인은 10·4공동선언 5주년 기념행사에 참석, NLL해상에 남북공동어로 수역설정과 평화수역 설정의 이행을 역설하고 새누리당 대통령 후보 박근혜도 북한이 NLL을 존중할 경우, NLL 공동어로 수역 설정을 검토하겠다는 애매모호한 발언을 하기에 이르렀다.

서해NLL은 6·25 전쟁 휴전 당시 우리 국군과 유엔군이 장악하고 있던 서해상의 북쪽 모든 섬들을 북한에 내주고 서해 5도(우도, 연평도, 대청도, 소청도, 백령도)만을 우리 영해로 설정한 영토선이다. 당시 북한도 이의 없이 이를 받아들여 합의된 해상 군사 분계선인 것이다. NLL을 지키면서 공동 어로수역과 평화지대를 설정한다는 것은 애시 당초 별개의 문제다. 즉 NLL을 유지하기 위해선 공동 어로수역을 설정할 수 없고, 공동 어로수역을 설정하려면 NLL을 폐기할 수밖에 없다. 상충되는 두 개의 사안을 동시에 추구한다는 공약은 유권자인 국민을 속이는 행위일 뿐이다. 야권 후보 단일화 경쟁을 벌이던 안철수 후보의 사퇴로 단일후보가 된 문재인은 한반도의 평화와 서해 5도에서의 잦은 무력 충돌에 의한 인명 피해를 막기 위해서라도 NLL 해역의 남북 공동어로수역 설정이 필요하다고 거듭 주장했다. 그러나 한반도의 평화는 우리가 스스로 지키는 것이지, 북한 정권이 지켜주는 게 결코 아니다.

역사적으로 볼 때에 마치 신라의 경순왕이 삼한三韓의 평화와 신라 백성의 안전을 위하여 삼한 통일을 주도하는 고려에 항복한 것이나 대한제국 말기의 소위 '을사 5적五賊'이 동아시아의 평화와 대한 백성들의 안전을 위한다는 명분을 내세워 조국을 일본에 넘겨준 것이나 무엇이 다른가? 대선의 결과, 제18대 대통령 당선자는 문재인이 아닌 박근혜였다.

2012년 대선이 우파 연합의 박근혜 승리로 돌아간 것은 대한민국을 세우고 지키며 키워온 대한민국 국민중심세력의 역사적 각성과 정치적 단결의 성과였다고 하겠다. 새누리당은 이번 대선에서 대한민국의 정통성과 가치를 지켜나가는 대표 싱킹으로시의 이미지를 굳혔고 향후 5년간 산적한 국내외 현안들을 풀어나갈 막중한 임무를 국민으로부터 부여받았다. 아울러 다음 세대를 위한 새로운 지도자 육성에도 힘을 기울이지 않으면 안 될 것이다. 그러기 위해선 무엇보다 당내 구성원들이 대한민국 역사에 대한 균형감각과 탁월한 정치적 식견을 가지고 미래 세대를 끌어들일 수 있어야 할 것이다.

한편 문재인을 내세워 패배한 민주통합당은 종북 좌파와의 연대로는 정권을 잡기 어렵다는 인식을 새로 하고 대한민국의 발전을 위해 경쟁하는 대한민국의 진보 정당으로의 개편을 시도하기 시작했다. 이제 더 이상 대한민국의 정체성과 가치를 부정하는 세력은 대한민국에서 자신의 입지를 굳힐 수 없다는 역사적 진실이 하나의 원칙으로 살아 숨쉬기를 소망해본다.

3

10 · 4남북공동성명과
비핵개방3000 정책

노무현 정부는 김대중 정부보다 더욱 적극적인 친북 성향이어서 집권 직후부터 제2차 남북정상회담을 성사시키는 데 총력을 기울였다. 그리고 김대중 정부와의 차별화를 위해 제1차 남북 정상회담에 대한 특별검사를 실시, 이 과정에서 5억 달러의 회담성사를 위한 뒷돈 거래가 있었음이 밝혀졌다. 정상회담 주선의 중심에 있던 박지원 등이 구속되고 현대그룹의 대북사업을 총괄하던 정몽헌鄭夢憲 현대아산 회장이 자살하는 등 큰 파장이 일어났다. 이로 인해 제2차 남북 정상회담의 가능성이 사라졌다. 이에 노무현 정부는 북한 정권을 달래기 위하여 북한의 핵무기 개발에 대한 당위성을 변호하면서 국제사회가 대북 강경정책을 포기하고, 6자회담장으로 끌어내야 한다고 주장했다. 나아가 북한과의 분쟁지역인 시해 일대를 평화벨트로 선성, 북한이 1999년, 2002년 두 차례에 걸쳐 도발했던 서해 NLL의 폐기방침을 선전하는 한편 북한을 테러 지원국에서 제외시키고자 1987년 KAL여객기 공중폭파사건의 주범인 북한 공작원 김현희金賢姬가 가짜라고까지 선전·선동했다. 문제의 KAL여객기 폭파사건은 북한이 서울 올림픽을 방해하기 위해 치밀한 훈련을 받은 공작원 김승일金勝一과 김현희로 하여금 바그다드 발 서울행 KAL여객기에 시한폭탄을 장치, 미얀마 상공에서 폭파시켜 115명의 탑승객 전원이 숨진 테러사건이었다. 이 사건은 공작조 조원인 김현희가 음독자살을 도모했지만 목숨을 건져 전향한 후 사건 전모를 밝힘으로써 북한의 테러임을 입증했다. 그런데 당시 국정원은 이 사건을 "공작조원 김현희 가짜 사건"으로 문제 제기를 하고 천주교 정의구현사제단이 이를 받아 또 대대적인 문제로 삼고 MBC와 SBS는 "김현희는 가짜"라고 주장하는 특집 방송을 경쟁적으로 내보내기까지 했다. 그러나 김현희 가짜 소동은 정밀 조사 결과 조작이 아닌 명명백백한 사실로 북한 공작원에 의한 비행기테러폭파사건으로 밝혀졌다.

또한 노무현 정부는 2003년 8월 15일 간첩 행위로 3년 6개월 집행형을 받은 이석기李石基를 공안사범 중 유일하게 특별 사면·복권시킴으로써 2012년 4월 11일 이석기 등 종북 세력이 대한민국의 국회의원으로 진출하는 발판을 만들어주었다. 노무현 정부 하에서의 남북 이산가족상봉 행사도 북한에 이용되고 말았다. 북한은 우리에게 통보도 없이 납북 어부, 납북 고교생을 상봉장에 데리고 나왔다. 1978년에 전남 홍도 해수욕장에서 납북된 학생은 어머니와 누나를 만나서 노동당 당원이 되어 김정일 훈장을 받고 결혼해서 잘 산다고 선전했다. 심지어 북한은 국군 포로를 이산가족의 일원으로 데리고 나왔다. 그동안 납북자나 국군 포로를 돌려보내라는 남측의 요구는 이산가족 상봉이란 변칙 쇼로 빛을 잃게 되었다.

원칙을 저버리는 북한의 행위를 저지하지 못한 채 소극적 대북정책으로 일관하는 노무현 정부는 아예 북한을 먼저 배려하는 정책을 추진했다. 남북이 함께 하는 스포츠 행사에서도 북한이 자비로 참가한 적은 거의 없다. 2003년 8월 21일 대구에서 열린 유니버시아드대회나 2005년 8월 14일 서울 상암 경기장에서 열린 남북통일축구대회 경비를 모두 남쪽이 부담했다. 심지어 2006년 제주에서 열린 한민족 평화축제에 참가한 북한 대표단은 체제비 외에 백만 불을 받기로 했는데, 50만 불만 지급받자 이에 인천공항에서 수 시간 비행기 출발을 지연시키면서 항의하는 해프닝을 벌이기도 했다. 게다가 남북한이 벌이는 모든 행사에 국적 불명의 한반도기가 펄럭이는 어처구니없는 일이 벌어지곤 했다.

　　그리고 북한은 남조선의 적화 통일을 규정한 노동당 규약을 그대로 고수하고 있는데도 좌파정부는 국방백서에서 일방적으로 북한 주적 개념을 삭제했다. 우리 젊은이들이 군 입대를 하고 주적이 누구냐고 물으면 대답을 하지 못하는 해프닝이 벌어지는 판이다. 노무현 좌파정부는 이러한 일방적 베풀기와 북한 비위 맞추기의 명분을 한반도평화와 통일의 기반을 만들기 위한 비용 지출이라고 강변했다. 그러나 지난 10년 동안 북한은 조금도 변하지 않았다. 개혁·개방은커녕, 대남 도발과 대남 협박을 거듭했다. 2005년 2월 10일 NPT 탈퇴와 핵무기 보유를 공식 선언했으며, 2006년 10월 9일에는 핵실험을 실시했다. 심지어 2006년 7월 5일 새벽에 북한은 8기의 미사일을 발사하기에 이르렀다. 이중 대포동 2호 미사일 1기는 미국 본토를 겨냥한 대륙 간 탄도 유도탄이고, 노동 1호 미사일 3기는 일본을 겨냥한 중거리 미사일이며, 스커드미사일 4기는 남조선을 목표로 한 단거리 미사일이다. 깜짝 놀라야할 사람은 대한민국 대통령인데, 노무현은 시종 입을 다물었고, 정부 당국자들은 미사일이 아니라 인공위성일 것이라고 발표했다. 오히려 아무 일 없다는 듯 다음 달로 예정된 남북 장관급 회담을 예정대로 열겠다고 밝히고 당일에 예정되었던 대북 비료지원 2만 톤이 북송되었고, 얼마 뒤 수해지원용 쌀 10만 톤도 예정대로 북송되었다.

2006월 6월 15일에서 19일까지 '6 · 15 공동선언 6주년 기념 민족축전'이 광주에서 열렸을 때, 광주 전역은 온통 한반도기로 뒤덮였고, "민족끼리"와 "미군철수"를 주장하는 함성이 진동했다. 이날 북한 대표단을 이끌고 대회에 참가한 안경호安炅浩는 평양으로 출발하기 전 "한나라당이 집권하면 조선 반도가 전쟁의 불바다가 되고, 그 가장 큰 피해는 남조선 인민들이 입게 될 것이다"라는 대남 협박 발언을 쏟아냈다.

대의민주주의 국가에서 정당은 서로 카운터 파트가 되어 언제든 국가 경영권을 국민으로부터 위탁받을 수 있기에 서로를 존중하며 선의의 경쟁을 벌이는 것이다. 안경호의 폭언은 대한민국의 한 정당이 아니라 대한민국 전체에 대한 무례의 극치이거늘 우리 정부는 안경호의 사과를 요구하기는커녕, 어떤 조처도 내리지 않았다. 안경호는 자기나라도 아닌 대한민국 광주를 나흘 동안이나 휘젓고 다니면서 민족공조와 미군 철수를 외쳐댔다.

2007년 대선에서 북한 김정일은 대한민국의 대통령 후보 이명박을 떨어뜨리고 정동영 후보를 당선시키기 위한 총력전을 펼쳤다. 2007년 1월 1일자 『로동신문』 등 3개 기관지의 공동사설 중 다음과 같은 대목은 이를 잘 보여준다.

지금 한나라당을 비롯한 반동 보수 세력은 외세를 등에 업고 매국 반역적인 기도와 재집권 야망을 실현해 보려고 발악적으로 책동하고 있다. 남조선의 각계각층 인민들은 반보수 대연합을 실현해 대통령 선거를 계기로 친미 보수 세력을 매장해 버리기 위한 투쟁을 더욱 힘 있게 벌여 나가야 한다.

북한 김정일은 대선을 두 달 보름 앞 둔 시점에서 노무현을 평양으로 초청, 제2차 남북 정상회담을 열었다. 2007년 10월 4일 회담에서 발표된 '10·4남북공동선언'의 주요 내용은 다음과 같다.

① 공동어로 수역설정: 서해 NLL수역에서 우발 충돌 방지를 위한 군사적 보장을 위해 11월 중에 국방장관 회담을 갖는다.

② 서해 평화협력 특별지대(해주공단) 설정: 해주일대를 경제 특구로 하고 해주항을 활용해서 민간 선박이 해주직 항로 통과하고 한강하구를 공동 이용한다.

③ 백두산 관광: 백두산과 서북 직항로 개설

④ 베이징 올림픽 공동응원: 남북 공동 응원단이 경의선 철도를 이용, 왕래한다.

⑤ 개성공단 2단계 개발: 문산·봉동 간 철도화물 수송시작, 통행·통신·통관 등을 위한 제도적 보장을 완비한다.

⑥ 안면과 남포에 조선造船 협력단지를 조성한다.

⑦ 이산가족 영상편지 교환: 금강산 면회소에 쌍방대표가 상주한다.

⑧ 개성·신의주간 철도와 개성·평양 간 고속도로 개·보수 문제를 협의·공동 이용한다.

이 밖에 포괄적 합의 내용이 다섯 가지 있다.

1) 북핵 6자회담의 9·19 공동성명과 2·13 합의가 이행되도록 공동 노력한다.

2) 평화체제: 직접 관련된 3자 또는 4자 정상들이 한반도지역에서 만나 종전을 선언한다.

3) 국가보안법·노동당 규약정비: 남북관계를 통일 지향적으로 발전시키기 위해 법률 적·제도적 장치를 정비한다.

4) 정상선언이행: 남북 총리 회담을 11월에 연다.

5) 남북경제협력공동위원회: 기존의 남북 경제협력 추진 위원회를 부총리 급으로 격상한다.

이 선언의 실행을 위한 남북 총리회담과 남북 국방장관회담이 2007년 11월에 열렸으나 남북 국방장관회담에서 우리 측 김장수金章洙 국방장관은 NLL은 남북 영토선이기 때문에 대통령도 마음대로 포기하거나 수정할 수 없으며 국민적 동의 없이 남북 공동어로수역 설정은 절대불가라고 반대했다. 국방장관 회담은 결론 없이 결렬되었고, 사실상 10·4 남북 공동선언의 핵심 내용은 불발로 끝났다. 이후 10·4 남북 공동선언은 국회 승인조차 받지 못했다.

이명박 정부가 들어서면서 정부는 '비핵개방3000'이란 대북정책을 표방하고 나왔다. 북한이 핵을 포기하고 개방정책으로 나오면, 대북지원을 대폭 늘려 북한 주민의 GNP를 3000불로 높이는 데 적극적으로 거들겠다는 새로운 대북정책이었다. 이는 인방적인 대북 퍼주기는 더 이상 없고, 북측에 끌려다니는 일방적인 대북지원은 하지 않겠다는 상호주의의 선언이었다. 그런데 취임을 계기로 이명박 정부의 대북정책의 기조가 바뀌었다. 2008년 2월 25일 취임사에서 "이념을 넘어선 실용주의"를 선언하면서 대북정책이 유연한 상호주의로 바뀌었다. 이명박 정부는 6·15선언과 10·4성명 중에서 이행할 수 있는 항목들을 골라서 단계적으로 실천해나가자고 제의했다.

그러나 북한정권은 이명박 정부의 유화적 제의를 거부했다. 이어 2008년 7월 11일 금강산에서 남측 관광객 박왕자씨가 북한 병사의 조준사격을 받고 숨진 사건이 발생했다. 대한민국의 국민적 분노가 비등해졌고, 이명박 정부는 7월 14일 단호하게 금강산 관광 사업을 중단시켰다. 이 사건은 유연한 상호주의로 선회했던 대북정책을 다시 강경으로 다시 바꾸는 계기가 되었다. 이명박은 8월 1일 '중앙 글로벌 포럼 2008' 석상에서 햇볕정책에 대해 원칙은 좋은 것이지만 결과가 좋지 않게 나타났다고 언급하며, 따뜻하게 해주면 먼저 옷을 벗어야 하는데 옷을 벗기려는 쪽이 먼저 옷을 벗었다며 햇빛정책을 에둘러 비판했다. 남북 관계도 풀리지 않고 대미 외교협상도 별다른 진전이 없자, 8월 26일 북한은 갑자기 미국이 북한을 테러 지원국에서 해제하지 않기 때문에, 6자회담 합의 사항인 핵 불능화 작업을 중단하고 영변 핵시설의 원상복구를 고려한다고 발표했다. 그리고 개성공단의 남측 인원을 대폭 철수시키고 개성 관광을 중단하는 등 대남 압박조치를 강행했다. 이에 이명박 정부는 북한의 강도 높은 대남 협박에도 직접 대응하지 않으면서 11월 5일 유럽 연합과 일본 등과 함께 유엔총회에 대북 인권 결의안을 공동으로 발의하는 등 차분히 대처했다.

6자 회담이 기약 없이 결렬된 가운데 북한은 핵보유국이 되었다. 2009년에 들어 북한은 6·15 공동선언과 10·4 남북 공동성명을 이행하라며 "서울을 불바다로 만들겠다"는 으름장을 놓고 그것으로도 모자라 서해 NLL을 침범해 천안함 폭침사건을 일으켰다. 2010년 3월 26일 북한 잠수정은 서해 NLL을 넘어와 훈련 중인 천안함을 어뢰로 공격해 폭침시켰다. 천안함은 두 토막으로 쪼개져서 침몰했고, 46명의 해군 장병이 전사했다. 천안함 폭침사건은 국민의 북한 정권에 대한 분노와 적개심을 불러 일으켰다. 이명박 정부는 북한의 사과와 재발금지를 강력히 촉구했다. 때마침 6·25 남침전쟁이 발발한 지 60주년을 맞아 정부 주관으로 대대적인 6·25전쟁 기념행사가 열려 6·25전쟁을 상기하자는 대북 경계심이 고조되었다.

이명박 대통령은 2010년 8·15 경축사에서 통일은 언제든 반드시 오게 마련인 만큼 통일에 대비해서 통일세統一稅를 신설해야 한다고 선언했다. 이제 산업화와 민주화를 거쳐 선진화를 이룩한 만큼 향후의 국가 목표는 남북의 평화적 통일로 설정돼야 한다는 논리였다. 북한 김 정일도 슬그머니 유화정책으로 선회를 했다. 악화된 식량난과 경제난을 풀어보고자 그동안 수령을 거부해온 대북 쌀 지원 5,000톤을 받아들이고, 2010년 11월 남북 이산가족 상봉의 재개를 제의해왔다. 그러나 그 같은 대남 평화 공세의 이면에는 항상 무자비한 도발의 음모가 도사리고 있었다. 이번에도 예외가 아니었다.

북한 군부는 한국군의 연례적인 연평도 사격훈련을 북침 도발의 시작이라며 연평도에 대한 무차별 포격을 퍼부었다. 2010년 11월 23일 북한군의 연평도 포격으로 민간인 2명과 해병대원 1명이 전사하고 17명이 중경상을 입었다. 그리고 군 시설과 민간인 시설물도 파괴되었다. 아무런 이유 없이 민간인 시설에 무차별 포격을 퍼붓는 북한 정권과 이들에 맞서 나라와 국민의 생명을 지켜야하는 것이 우리의 현실이다. 이명박 정부가 대응사격을 하고 재도발 시 강력한 응징을 표명했지만 이미 일어난 일은 비극이 아닐 수 없다.

한국과 유엔, 미국, 일본, EU 등의 대북지원이 장기간 중단되면서 북한의 식량 사정은 최악의 상태로 치달았다. 북한 곳곳에서 식량 폭동이 일어나고 탈북자가 급증했다. 마침내 북한 김정일 정권은 중국에 대해 식량지원과 경제 개발 지원을 요청했다. 중국은 상응하는 조건을 제시했다. 북한은 중국에 위화도 개발을 위한 100년간 조차와 나진항의 50년간 이용권, 그리고 북한 땅을 통과하는 새로운 백두산 관광도로의 건설권을 제공했다. 일시적 수권자에 불과한 김정일과 그 추종자들이 또다시 국토를 외세에 팔아넘기는 일을 저지른 것이다.

2010년 9월 28일 북한은 노동당 대표자 회의에서 김정일의 3남 김정은을 노동당 군사위원회 부위원장으로 선출, 김일성, 김정일에 이은

3대 세습 체제를 구축하고, 남조선 적화 통일을 담은 노동당규약을 재확인했다. 2011년 12월 17일 김정일이 갑자기 사망하자, 이명박 정부는 북한 주민에 대한 위로와 애도 성명을 내는 등 대북 유화정책을 구사했다.

그러나 북한은 신속히 김정은 3대 세습정권의 기반을 닦은 다음, 핵보유국을 자처하면서 대남 강경정책을 계속 구사하겠다고 공언했다. 북한은 여전히 대한민국의 "경쟁과 대화에 의한 평화적 통일 방안"을 거부하고 핵 보유의 기정사실화와 김정은의 삼대세습三代世襲을 통해 무력으로 대한민국을 적화 통일을 기도하고 있다. 그러나 2012년을 강성대국 완성의 해로 설정한 북한 정권은 식량난마저 해결하지 못하게 된 초조감에서 한국의 총선 다음날, 느닷없이 서해로 미사일을 발사했다. 그러나 북한의 미사일은 목표에 도달하지 못한 채 공중에서 폭발하는 데 그쳤다.

미국은 예정되었던 대북 식량지원을 중단하고, 유엔은 안정보장이사회를 열어 북한을 규탄하는 의장 성명을 채택했다. 이번 의장 성명에는 이례적으로 중국이 동의함으로써 북한의 국제적 고립을 더욱 심화시켰다.

특히 한국은 북한의 미사일 발사실험을 계기로 미국과의 협상을 강화해 10월 7일 한미 미사일지침을 개정함으로써, 우리 탄도 미사일의 사거리가 기준 300km에서 800km로 연장되고, 무인 항공기의 탑재 중량이 기존 500kg에서 2.5톤으로 증가되었다. 이는 우리 미사일이 북한의 전 지역을 타격, 북한 핵과 미사일 위협에 대응하기 위한 포괄적 대책으로서 독자적 대북 억제력을 갖추는 첫 걸음이라고 할 수 있나. 북한은 이틀 만에 아래와 같은 국방 위원회 대변인 성명을 냈다.

조선 반도의 정세를 극한계선으로 몰라가면서 북침전쟁의 도화선에 불을 지르려는 상전(미국)과 주구(남한)의 새로운 공모 결탁의 산물이다. 이제 남은 것은 우리의 단호한 행동뿐이다. 상상조차 할 수 없는 진짜 전쟁 맛을 보여주자는 것이 우리 군대와 인민의 철의 의지이다.

그동안 이명박 정부의 대북 정책을 집중 공격해오던 북한 정권은 한국의 대선이 다가오면서 다시금 박근혜 새누리당 후보를 직접 거론해 비방하기 시작했다. 대선 때마다 보이는 북한의 도발적 언사는 내정 간섭을 넘어서는 무례이다. 북한 김정은 정권은 2012년 11월 3일 조선 중앙 TV보도를 통해 "박근혜 후보가 당선되면 조선 반도에는 전쟁 밖에 다른 길이 없다"고 협박했고, 북한 노동당 대남 혁명 전위기구인 "반제민전"은 11월 17일 '대남격문'을 통해 "새누리당이 또 다시 정권을 장악한다면, 남북관계 악화는 물론이고, 제2의 6·25전쟁이 일어나게 된다"고 노골적인 전쟁 위협을 가해왔다. 한국 국민들을 전쟁 위협으로 겁박하여 좌파정권을 세우려는 북한 정권의 속셈이 엿보이는 대목이다.

북한 정권과 종북 좌파는 어떤 사람들인가? 그들은 적화통일을 위해서는 수단방법을 가리지 않는다. 그들은 목적이 수단을 정당화시킨다고 믿는 마키아벨리즘의 신봉자들이다. 실제로 북한 정권은 한반도 적화통일의 방해물이라면서 대한민국 건국을 주도한 이승만 암살을 세 차례나 시도했고, 대한민국을 부국강병한 나라로 만든 박정희 암살을 두 번이나 기도했으며, 물가안정과 수출 증대로 대한민국의 산업화를 완성한 전두환 암살을 한차례 시도했다. 이제 대한민국 제18대 대통령이 된 박근혜는 대한민국의 안보와 국민 행복을 지켜내야만 한다. 친북 좌파는 수용할 수 없는 요구들을 해올 것이며 북한정권은 핵무기와 미사일로 전쟁 위협을 해오거나 각종 도발 행위로 자신들의 목적을 달성하려고 할 것이다. 여기서 박근혜 정부가 선택할 수 있는 길은 지극히 제한적이

다. 대한민국 최초의 여성 대통령이자 아버지 박정희를 이은 부녀父女대
통령으로서 용기와 지혜를 겸비한 지도자가 되어야만 한다. 국가의 안
보와 국민행복을 지키기 위해서는 언제든지 목숨을 걸고 투쟁한다는 사
즉생死卽生의 결연한 의지로 단단히 무장해야 한다.

　　고대에서 오늘에 이르는 우리역사의 흐름을 보면 불변不變의 법
칙이 있다. 그것은 한민족의 남북 경쟁에서 항상 최후의 승자는 남방계
한민족이었다는 사실이다. 이제 박근혜 정부는 우리역사의 발전법칙에
따라 대한민국 중심의 한반도 통일을 달성하는 일에 매진해야 하는 역
사적 소명을 부여받았다. 이 소명은 차기 대한민국 통수권자에게도 이
어져야 한다.

참고 문헌

2012 통일의식 조사, 서울대 통일평화연구원 통일학 연구 12.

고조선 국가형성의 사회사, 신용하, 지식산업사, 2010.

고조선은 대륙의 지배자였다, 이덕일 · 김병기, 역사의 아침, 2012.

공산주의 운동사 1~5, 김준엽 · 김창순 공저, 청계연구소, 1986.

그때 그날, 최용호 · 김병준 공저, 삼우사, 2003.

김구, 조정래, 문학동네, 2007.

다시 찾는 우리역사, 한영우, 경세원, 2005

대쥬신을 찾아서 1. 2, 김운회, 해냄, 2007.

미국사, 앙드레 모로아, 신용석 옮김, 기린원, 1988.

미래를 여는 한국의 역사, 강종훈 외 3인, 웅진 지식하우스, 2011.

바로 보는 우리역사, 역사학 연구소, 거름, 1997.

발해고, 유득공, 송기호 옮김, 홍익출판사, 2011.

발해사(북한연구 자료선 10), 사회과학원 연사연구소 편저, 한마당, 1989.

백범일지, 김구, 도진순 옮김, 돌베개, 2005.

북한 상용 특이 용어집, 국가정보원, 1999.

뿌리 깊은 한국사(고조선 · 삼국), 서의식 · 강봉룡 지음, 솔, 2008.

새롭게 쓴 한국 고대사, 김기흥, 역사비평사, 1994.

서양현대사, 이주영 외 3인, 삼지원, 1995.

세계사 편력, J.네루, 장명국 옮김, 도서출판 석탑, 1986.

역사란 무엇인가, E.H. 카아, 곽복희 옮김, 청년사, 1989.

역사와 인간, 구중서, 작가, 2001.

영국사, 앙드레 모로아, 신용석 옮김, 기린원, 1986.

옆으로 본 우리고대사 이야기, 홍순만, 파워북, 2011.

예멘의 남북통일, 유지호, 서문당, 1997.

우리가 알아야 할 삼국유사, 고운기 지음, 현암사, 2002.

이승만의 삶과 꿈, 유영익, 중앙일보사, 1996.

이승만이 없었다면 대한민국이 없다, 로버트 올리버, 박일영 옮김, 동서문화사, 2008.

이야기 미국사, 이구한, 청아출판사, 2003.

이야기 세계사 여행, 현준만 엮음, 실천문학사, 1994.

이야기 일본사, 김희영, 청아출판사, 2003.

이야기 중국사, 김구진 · 김희영 편저, 청아출판사, 1986.

이야기한국사, 김도훈, 아이템북스, 2011.

일본 문화사, 홍윤기, 서문당, 1999.

일본의 역사 상 · 하, 이노우에 키요시, 차광수 옮김, 대광서점, 1995.

제7차 교육과정 국사교과서의 서술 내용과 개선방안, 한국사 연구회, 2002년 학술대회

제국주의 시대 열강과 한국, 최문형, 민음사, 1990.

조선 상고사, 신채호, 일신서적, 1988.

조선의 외교정책, 최동희, 집문당, 2004.

조선일보와 45년, 방우영, 조선일보사, 1998.

조선족략사, 연변조선족략사, 논장, 1989.

파주의 역사와 문화, 파주군 파주 문화원, 1995.

풍자와 신화의 세계사, 최태웅, 새벽이슬, 2010.

하룻밤에 읽는 세계사, 미야자키 마시카츠, 이영주 옮김, 랜덤하우스, 2007.

한국 근 · 현대사, 김흥수 외 5인, 천재교육, 2011.

한국 근 · 현대사, 주진오 외 4인, 중앙교육진흥연구소, 2010.

한국 상고사 입문, 이병도 · 최태영 공저, 고려원, 1989.

한국동란, 한국홍보협회, 1973.

한국사 새로 보기, 신복룡, 풀빛, 1990.

한국사 시리즈, 국사편찬위원회, 1998.

한국사 편지 1~5, 박은봉, 웅진 주니어, 2005.

한국전쟁, 김학준, 박영사, 1989.

한국현대사 비자료 125건, 월간 조선, 1996년 1월호 별책.

한권으로 읽는 삼국왕조실록, 임병주, 들녘, 1999.

한권으로 읽는 조선왕조실록, 박영규, 들녘, 1997.

한반도 국운론, 조회환, 전예원, 1992.

해방 전후사의 인식, 송건호, 한길사, 2007.

해방 전후사의 재인식, 박지향 · 김철 · 김일영 · 이영훈 엮음, 책세상, 2006.

아내의 헌사:
남기고 싶은 이야기

나의 남편 우석호는 세계대전의 먹구름이 온 지구를 뒤덮어갈 때, 임진강 남쪽 한촌에서 식민지 백성의 4대독자로 태어났다. 다섯 살 때 해방을 맞고 여덟 살 때 비로소 대한민국의 어린 국민이 되었다. 이후 영문도 모른 채 남북대립과 분단, 그리고 6·25 전쟁의 처절한 현장 한복판에서 고향의 집과 전답을 잃고 겨우 목숨만 챙긴 채 피난길을 나섰다. 등 따숩고 배부르던 유년의 평화가 외부로부터 유입된 이념의 깃발 아래 치러진 전쟁으로 인해 깡그리 사라지게 된 것을 훗날 학교에서 우리역사를 배우면서 알았다. 그러나 그 역사가 역사적 사실은 물론 진실까지도 훼손시키면서 때로 대한민국의 국체까지도 흔들려 함에 괴로워하곤 했다. 6·25를 북침이라고 주장하는 목소리 앞에서 그는 말했다.

6월 25일 새벽, 하늘이 무너지는 총성과 포탄이 터지는 임진강 건너편에서 인공기를 앞세우고 총을 멘 북조선 인민군 수색대가 안골을 지나 내가 사는 집 쪽을 향해 밀려들어오는 것을 어린 내 두 눈으로 똑똑히 보았다.

성인이 되어 캠퍼스에서 함께 공부하고 함께 언론사에 들어가고 하면서 옆에서 지켜본 우석호는 한시도 대한민국을 가슴에서 떼어놓지 않는 대한민국 사람이었다.

군 면제조건을 갖추었음에도 자원입대, 중동부 전선 최전방의 DMG 초소를 지키는 GP장 임무를 수행하고 방송 일선에서 마이크를 잡고 취재현장을 뛰면서도 대한민국의 평화와 국익을 우선해야 함을 역설했다. 막강한 전파력을 가진 방송언론의 정도를 주창하며 전파매체의 꽃인 방송이 권력과 자본의 구속을 받지 않는 국민의 것(저서 『방송은 국민의 것이다』 방일영재단의 저작지원금으로 출간함)이어야 함을 역설했다.

그는 대한민국의 정체성을 지키고자 하는 올곧은 역사관, 언론관의 연장선에서 이웃사랑, 더불어 삶을 지향했다.

　　대한민국의 국가 정체성이 흔들리는 상황에서는 애국의 주체 또한 모호해질 수밖에 없다. 나는 나의 탄생 꼬리표인 대한민국을 사랑하고 내가 태어나 자란 고향을 사랑하는 것은 바로 나 자신을 사랑하는 것이고 나의 부모형제, 이웃을 사랑하는 것이라는 믿음을 갖고 있다.

그의 그러한 믿음을 실천하고자 고향의 부모님이 살던 집을 작은 도서관으로 내놓고 만여 권의 도서를 손수 사거나 기증받아 채워넣었다. 거기서 고향의 어린이들이 다양한 독서를 통해 역지사지의 균형적 시각을 어릴 때부터 갖도록 소망했다. 또한 개간한 터를 쾌척, 고향사람들이 신앙 안에 더불어 삶을 실천하는 공간으로 쓰도록 했다.

우석호는 특히 지정학적으로 임진강을 포함, 경기북부지역이 한반도의 심장지대임을 강조한다. 북방계 한부족과 남방계 한부족이 연맹하여 대륙과 반도에 세운 한민족 최초의 초강대국이었던 고조선에서부터 이어져오는 유장한 한민족 역사의 중심적 역할을 수행할 미래도약지로서 이 지역이 균형적으로 발전되도록 남북이 상생하는 합의가 도출되기를 소망한다.

그 소망을 자신의 저서 『분단시대의 북부 개발』(도서출판 우석, 1988)에 조목조목 담아두었다. 또한 그는 대한민국 역사의 수레를 앞에서 끌고 갔던 현대사의 통치수장에 대한 시각 또한 냉엄하되 냉혹에 치우쳐서는 안 된다고 역설한다. 공功은 발전적 귀감으로, 과過는 반면교사로 삼아 큰 틀에서의 수용을 촉구하고 있다.

한마디로 어린 시절부터 '대한민국'이라는 국가브랜드를 믿고 희망을 걸었던 우석호는 어쨌든 이 브랜드를 지켜내야 한다는 신념을 지키고자 좌경화의 대척점에서 대한민국의 방송을 주창했고 은퇴 후 강단에서 대학생들에게 국가와 방송의 정도에 대해 강의를 하고 고향에 작은 이웃사랑의 실천을 했다.

그의 오직 일념은 대한민국 국민 모두의 따뜻한 체온을 믿고 한글의 시옷자처럼 서로 기대며 힘을 모아 대한민국이 역사가 더욱 융성하고 창대하기를 소망하는 것이었다.

치우치지 않는 사고로 우리와 같은 삶을 살다간 선조들의 삶을 들여다보고 힘자라는 데까지 우리역사의 진실을 정직하게 인식하고자 했다. 그리하여 비록 생각은 다를지라도 역지사지의 지혜를 모아 우리역사의 웅혼한 기상을 자라는 세대에 일깨워주는 알림이가 되고 싶어했다. 단일민족이라는 허구의 용어에 함몰되지 않는 합리적 사고의 결집체로서 국민국가로 나아가기를 소망했나.

우석호 연보

    장파 우석호는 1940년 경기도 파주군(지금은 파주시) 적성면 장파리 131번지에서 단양 우禹씨 구봉九鳳과 문화 유씨 갑술甲戌 사이 4대 독자로 출생했다. 커다란 가마솥 뚜껑 꼭지를 꽉 붙잡고 밤새 놓지 않는 태몽을 꾸고 낳았다는 어머니의 얘기대로 형제자매가 없어 다소 외로운 유년을 보내야만 했다. 그러나 삼태기처럼 아늑하게 들어앉은 자연부락 안에서 마을 어른들의 귀염을 받으며 친구들과 형제자매처럼 돈독하게 지낼 수 있었다. 적어도 6·25 전쟁이 발발하기 직전까지는 그랬다.

    1948년 정부가 수립되고 적서국민학교에 다니던 중 6·25전쟁이 발발, 고향땅이 전쟁의 한복판에 들어가 돌아갈 수 없게 되었다. 이후 집과 전답을 모두 놓아둔 채, 선대의 고향 양주로 피난을 나와 양주군 광적면 가납리 가납국민학교에 편입을 했다.

    피난민이라는 꼬리표에 잠시 풀이 죽기도 했지만 성실한 학생으로 인정을 받으면서 힘을 얻고 새 친구들과도 사이좋게 지내며 마지막 떠나는 날까지도 이 유년의 벗들이 우석호와 함께 애환을 나누었다.

    이후 소년 우석호는 서울로 올라와 용산중학교와 용산고등학교를 다녔다. 중·고등학교 시절엔 웅변과 검도로 심신을 단련하면서 건강한 청년의 자질을 함양하고 이어 대학(1960년 고려대학교 정경대학 정치외교학과)에서 정치학을 공부하면서 대한민국의 정체성, 대한민국 국민의 자긍심을 갖고자 애썼다.

1961년 12월 8일 재학 중 갑종간부후보생(OCS #172기)로 군문에 들어가 1962년 9월 15일 소위 임관을 하고 중동부 전선의 최전방 DMZ 208 초소 GP장으로 근무하면서 남북 대치 가운데 대한민국 국토방위 임무를 수행했다. 4대 독자 우석호의 군 입대 및 최전방 근무는 부모님에게는 모두 비밀에 부쳐졌다.

월남전 참전으로 초급 장교 부족사태가 일어나 전역이 사실상 정지된 상태에서 우석호는 어렵게 전역을 하고 복학 신청을 했다. 그런데 등록금 일부를 예납하고 입대를 하지 않아 복학 불가 판정이 났다. 다행히 학적과 과장이 학적부 성적을 보고 의논을 한 뒤 복학 허가가 떨어졌다. 어렵게 제대를 하고 어렵게 복학을 하고 공부를 다시 할 수 있게 된 것을 감사하며 새로운 세계로 나가기 위한 준비를 열심히 했다. 인촌장학금을 타서 학자금과 가용에 보태고 책을 사 보고 하면서 사회로 나갈 준비를 했다. 우석호가 처음 발을 내디딘 일터는 중앙일보·동양방송국(구 TBC, 1968년 입사)이다.

그런 중에 한 생의 반려가 될 김은숙을 캠퍼스에서 만나 함께 공부를 하고 함께 취직 시험을 보고 함께 기자가 되고, 그리고 1970년 5월 4일 결혼을 했다.

1980년 방송통폐합으로 지금은 없어졌지만, 글로 쓰는 신문 언론시대에서 말로 하는 방송 언론시대의 첫 관문을 통과하고 TBC에 입사한 우석호는 나이가 최대 7살이나 적은 후배들과 동기가 되어 몇곱의 노력을 해야 하는 현실 앞에서 그들과 동년배라 생각하며 자신을 낮추고 나이를 내세우지 않으며 방송기자 직분에 충실하고자 노력했다.

편집부, 사회부, 농림부, 문공부 출입, 해외 취재 등을 통해 특종의 기쁨도 얻고 위험한 일도 겪었다.

1971년 봄, 첫 아들 승도를 낳았다. 우석호의 부모는 4대 독자 아들에게서 첫 손자를 보고 매우 기뻐했다. 이어 1973년 딸 승연이 태어났다. 승연은 5대 독녀다. 이어 작은 아들 승규가 1975년 태어났다. 손이 귀한 집에 식구가 불어나는 것을 우석호는 부모님에 대한 효도로 생각하고 기뻐했다.

1980년, 방송기자 우석호에게 커다란 전환점이 왔다. 박정희 대통령의 시해 사건이 터지고 새로 정권을 잡은 신군부에 의해 TBC가 문을 닫은 것이다. 한번도 다른 방송국으로 이적을 생각하지 않았던 우석호는 잠깐 신문(중앙일보 경제부 차장)에 남았다가 KBS 경제부장으로 스카웃되어 옮겨갔다. 가기 전 , TBC 마지막 특집 프로그램 '세계의 식량전략'을 취재, 제작 방영하였고 방송국이 문을 닫는데도 정성을 다해 만든 프로그램으로 좋은 평을 받기도 했다.

1981년에서 1990녀 10년 동안 우석호는 KBS에서 경제부장, 뉴스제작실장, 지방부장, 부국장, 심의실장, 보도국장, 해설위원 등을 역임하면서 안으로는 방송통·폐합에서 야기되는 여러 문제들을 수습하고 밖으로는 명실상부한 공영방송시대를 열어나가는데 힘을 보탰다. 특히 국민경제교육에 힘을 쏟은 것으로 국민훈장 동백장 훈장(1983), 문화포장(1997)을 받기도 했다.

그리고 다양한 뉴스를 접하면서 고향인 경기북부 지역이 국가 균형발전 측면에서 많이 낙후되어 있음을 착안, 그 방법론적 제시로『분단시대의 북부 개발』(우석출판사, 1987)이라는 책을 냈다.

책을 냄과 동시에 재경 양주군민회 부회장직을 맡아 고향뿐 아니라 경기북부의 균형적 발전을 위한 방법론적 대안 궁구에도 힘을 쏟았다.

방송 언론 일선에서 눈코 뜰 새 없이 일하는 중 부모님이 별세했다. 1982년 부친이 먼저 돌아가시고 3년 뒤 모친도 돌아가셨다. 바쁘다는 핑계로 가까이서 살펴드리지도 못하고 병고에 시달리다 가시게 한 불효를 두고두고 아파했다.

이어 우석호에게 또 한번의 전환점이 왔다. 또 한번의 방송국 이적이었다.

1990년 12월 6일, 우석호는 신생 민영방송국의 개국 임원이 되어 서울방송(SBS)으로 옮겨갔다. 서울방송을 상징하는 대표적 표어로 우석호가 제안한 '건강한 방송, 건강한 사회'가 채택되었다. 또한 TV보다 먼저 개국한 서울방송국 라디오 방송(1991.3.20)의 첫 와이드 프로그램 '세계와 함께 미래를 향해' 라는 100분간의 특별 생방송 마이크를 우석호가 직접 잡고 진행했다. 신생 민영방송의 첫 전파테이프를 우석호가 끊은 것이다.

이어 TV 개국준비에 올인했다. TV종합뉴스 하면 으레 9시뉴스를 정설처럼 여기던 때 후발 방송국의 차별화 작전을 내세워 8시 종합뉴스안을 내놓았다. 8시뉴스는 지금도 서울방송의 보도 트레이드마크다.

그러나 신생 민영방송에서 방송 저널리즘의 정도를 실천코자 했던 우석호의 꿈은 지배주주에 의해 '보도이사'에서 '관리이사'로 자리를 옮기면서, 중계탑을 세우고 광고를 따오는 일을 수행하느라 술 상무가 되고 급기야 재생 불가의 선고를 받고 무위로 돌아갔다.

1997년 우석호는 SBS 이사직을 내놓고 나왔다. 방송현장은 떠났지만 투병과 정양을 하면서도 한국방송회관 사업이사(1998), 방송진흥연구위원(1999), 두 차례의 방송위원회심의위원(2000.3.13~2001.3.12/2003.8.1~2004.7.31), 광운대 겸임교수(2001~2005), 평화신문 · 평화방송 시청자위원(2003~2012), EBS 재단이사(2009~2012)로 생의 마지막까지 방송 관련 일에서 떠나지 않았다. 또한 투병 중『방송은 국민의 것이다』(민서출판사, 2002)를 방일영 문화재단의 저술지원금으로 출간, 방송 현장 체험과 이론으로 방송저널리즘을 끊임없이 주창하는가 하면 자전적 회고록『한쪽 문 닫히니 다른 문 열리네』(모아드림, 2007)를 출간, 체험적 현대사를 조명하기도 했다.

그리고 우석호는 생의 마지막 시간, 극심한 고통을 감내하며 자라는 세대들이 '대한민국의 정체성을 인식하고 대한민국 국민으로서의 자긍심을 갖고 살아가도록' 인도하고자, 이번에 간행하는 유고『우석호 기자의 우리역사 중심 찾기』를 남겼다.

또, 생의 마무리 시간에 건강하고 품격 있는 노후의 삶, 이웃과 함께 하는 더불어 삶을 추구하고자 마련해 두었던 작은 터를 성전터로 봉헌함으로써 이 생에서의 보속을 얼마큼 하고 평온한 소천을 했다.